PELLANERA ANDREA

Dialogo tra passato e presente

DIALOGO TRA PASSATO E PRESENTE - 2
card studente ExtraKit + OpenBook
Antonio Brancati, Trebi Pagliarani

CODICE PIN 962NYZUTIW

ExtraKit
OpenBook
Mosaico

ExtraKit è il pacchetto di contenuti multimediali che arricchisce ed espande il tuo libro di testo RCS Education. **OpenBook** è il nuovo libro di testo digitale, interattivo e multimediale. Puoi accedere al tuo ExtraKit e al tuo OpenBook inserendo il codice PIN indicato. Come?

- Collegati al sito **www.rcseducation.it**
- Registrati o effettua il login
- Accedi alla tua area personale MyStudio
- Inserisci il codice PIN nell'apposito spazio
- Accedi al tuo Extra**Kit** e al tuo Open**Book**!

In più per te **Mosaico**!
Mosaico è l'innovativo motore di ricerca per la scuola per creare e pubblicare percorsi di studio personalizzati.

Acquista **Mosaico** al prezzo speciale di 5€. Puoi farlo dalla tua area personale MyStudio!

ISBN 978-88-221-8174-9

Coordinamento editoriale: Amelia Sbandati
Coordinamento redazionale: Valentina Mazzanti
Redazione: Valentina Mazzanti, Lorenzo Bassi, Veronica Gabbrielli
Ricerca iconografica: Valentina Mazzanti

Progettazione e stesura degli apparati didattici: prof. Giovanni Casalegno

Redazione digitale: Elisa Gallo
Mappe digitali per la didattica inclusiva: Silvia Maffei e Chiara Petri dello Studio il Girasole, Firenze

Progetto grafico: Alessandro Gandini - Gandini & Rendina, Milano
Fotocomposizione e impaginazione: Massimo Vallese, Firenze
Cartografia: Editmedia, Omegna (VB)
Copertina: Zetalab, Milano
Stampa: Grafica Veneta, Trebaseleghe (PD)

In copertina: L'imperatore bizantino Costantino IX Monomaco, 1042, mosaico (particolare), Santa Sofia, Istanbul (De Agostini Picture Library / G. Dagli Orti / The Bridgeman Art Library)

Il materiale illustrativo proviene dall'archivio iconografico della Nuova Italia. L'editore è a disposizione degli eventuali aventi causa.

La realizzazione di un libro presenta aspetti complessi e richiede particolare attenzione in tutte le fasi della lavorazione. Revisioni e riletture vengono effettuate più volte; ciò nonostante, sappiamo per esperienza che è molto difficile evitare completamente errori o imprecisioni. Ringraziamo sin da ora chi vorrà segnalarli alla redazione.
Per segnalazioni relative al seguente volume scrivere a:
La Nuova Italia/RCS Libri S.p.A. - Redazione Scuole Secondarie di 2° grado
Via E. Codignola, 20 - 50018 Scandicci (FI)
e-mail: redazione@lanuovaitalia.it

Le fotocopie per uso personale del lettore possono essere effettuate nei limiti del 15% di ciascun volume dietro pagamento alla SIAE del compenso previsto dall'art. 68, commi 4 e 5, della legge 22 aprile 1941 n. 633 ovvero dall'accordo stipulato tra SIAE, AIE, SNS e CNA, CONFARTIGIANATO, CASA, CLAAI, CONFCOMMERCIO, CONFESERCENTI il 18 dicembre 2000.
Le riproduzioni per uso differente da quello personale potranno avvenire, per un numero di pagine non superiore al 15% del presente volume, solo a seguito di specifica autorizzazione rilasciata da CLEAREdi, Corso di Porta Romana n.108, 20122 Milano, e-mail autorizzazioni@clearedi.org

www.rcseducation.it

ISBN 978-88-221-8176-3
Proprietà letteraria riservata
© 2014 RCS Libri S.p.A., Milano
Prima edizione: marzo 2014

Ristampe
2019 2018 2017 2016 2015 2014   1 2 3 4 5 6 7 8

Antonio Brancati
Trebi Pagliarani

Dialogo tra passato e presente

CORSO DI STORIA PER IL PRIMO BIENNIO

2 Dall'impero romano all'Alto Medioevo

Indice

u1 L'impero romano

capitolo 1 — Il principato di Augusto ... 2

- **1.1** Il principe, "garante" delle istituzioni repubblicane e della pace ... 4
- **1.2** L'organizzazione dell'impero ... 9
- **Il territorio come fonte storica** Gli acquedotti romani ... 11
- **1.3** società e cultura La politica culturale e religiosa ... 12
- ▶ SINTESI ... 18
- ▶ PER COSTRUIRE LE COMPETENZE ... 19

Lavorare con le fonti
La falsa modestia di Augusto ... 5

Lavorare con le fonti
Un ritratto ufficiale di Augusto ... 8

Storia e letteratura
La letteratura dell'età augustea ... 13

Lavorare con le fonti
L'*Ara Pacis*: arte e propaganda ... 15

Scienza e tecnologia
Le terme romane ... 16

CONTENUTI DIGITALI
- Livia Drusilla, moglie di Augusto
- Viaggi e trasporti nell'impero
- Vitruvio Pollione, architetto e ingegnere romano
- Architettura ai tempi di Augusto: dai mattoni al marmo
- L'*Ara Pacis*
- La Roma di Augusto: cultura e propaganda
- Sintesi audio
- Test interattivo

CITTADINANZA E COSTITUZIONE
Le autonomie locali ... 21

capitolo 2 — La dinastia Giulio-Claudia e i Flavi ... 24

- **2.1** La dinastia Giulio-Claudia ... 26
- **Il territorio come fonte storica** Le città romane ... 34
- **2.2** La dinastia Flavia ... 36
- **Storia per immagini** Giochi e divertimenti: l'anfiteatro, i gladiatori e il circo ... 40
- ▶ SINTESI ... 43
- ▶ PER COSTRUIRE LE COMPETENZE ... 43

Lavorare con le fonti
Augusto e la sua dinastia ... 27

Lavorare con le fonti
Caligola e il culto imperiale ... 30

Storia al femminile
Le mogli degli imperatori e gli intrighi di corte ... 32

Lavorare con le fonti
Tito assedia Gerusalemme ... 39

CONTENUTI DIGITALI
- Seneca: un filosofo alla corte di Nerone
- L'antica fortezza di Masada
- Pompei ed Ercolano, città sepolte
- La crudeltà dei combattimenti fra gladiatori
- Sintesi audio
- Test interattivo

INDICE

capitolo 3
Il principato adottivo e l'età aurea dell'impero 46

3.1 Da Nerva a Traiano (96-117 d.C.)	48	
Passato/Presente La Romania	52	
3.2 Adriano (117-138 d.C.)	53	
Il territorio come fonte storica I confini dell'impero	55	
3.3 L'età degli Antonini (138-192 d.C.)	56	
3.4 società e cultura Società e vita quotidiana nell'età imperiale	60	
Una finestra sul mondo L'India dei Kushana	63	
Storia per immagini La tavola dei Romani	64	
▸ SINTESI	67	
▸ PER COSTRUIRE LE COMPETENZE	68	

Lavorare con le fonti
La colonna traiana — 51

Storia e letteratura
Memorie di Adriano — 54

Lavorare con le fonti
La statua di Marco Aurelio — 58

Storia al cinema Il gladiatore — 59

CONTENUTI DIGITALI
- Roma, la metropoli cuore dell'impero
- Le province romane
- La colonna traiana
- Il vino, una storia antica
- L'abbigliamento a Roma
- Il sale dei Romani: il *garum*
- ▶ Vita ai confini dell'impero
- 🔊 Sintesi audio
- ✓ Test interattivo

capitolo 4
Il cristianesimo 70

4.1 La nascita di Gesù e il messaggio cristiano	72	
4.2 La diffusione del cristianesimo nell'impero romano	75	
Storia per immagini Catacombe e simbologia paleocristiana	78	
▸ SINTESI	81	
▸ PER COSTRUIRE LE COMPETENZE	81	

Lavorare con le fonti
I cristiani nell'impero romano — 80

CONTENUTI DIGITALI
- La vita di Gesù Cristo, immagini nell'arte
- Paolo di Tarso, da persecutore ad apostolo
- 🔊 Sintesi audio
- ✓ Test interattivo

INDICE   VII

u2 Dal III secolo alla fine dell'impero d'Occidente

capitolo 5 — L'età dei Severi e la crisi del III secolo 84

- 5.1 La dinastia dei Severi (193-235 d.C.) 86
- 5.2 società e cultura La crisi del III secolo 90
- 5.3 La diffusione di nuovi culti e le persecuzioni contro i cristiani 92
- SINTESI 95
- PER COSTRUIRE LE COMPETENZE 95

Lavorare con le fonti
Il mondo è prossimo alla fine 94

CITTADINANZA E COSTITUZIONE
I diritti e le libertà 98

CONTENUTI DIGITALI
- Leptis Magna, antica città della Libia
- I culti misterici a Roma
- Sintesi audio
- Test interattivo

- L'ONU

capitolo 6 — Le minacce ai confini e la restaurazione di Diocleziano 102

- 6.1 Barbari e Sasanidi minacciano l'impero 104
- 6.2 Diocleziano e la tetrarchia 108
- Il territorio come fonte storica Milano, la nuova capitale dell'impero 110
- 6.3 Diocleziano instaura una monarchia assoluta 114
- SINTESI 117
- PER COSTRUIRE LE COMPETENZE 117

Lavorare con le fonti
L'impero diviso in quattro 109
Storia arte e architettura
Il palazzo di Diocleziano a Spalato 114
Scienza e tecnologia
Le antiche carte stradali 116

CONTENUTI DIGITALI
- Zenobia, regina di Palmira
- La divisione tetrarchica dell'impero romano
- Il palazzo di Spalato
- Sintesi audio
- Test interattivo

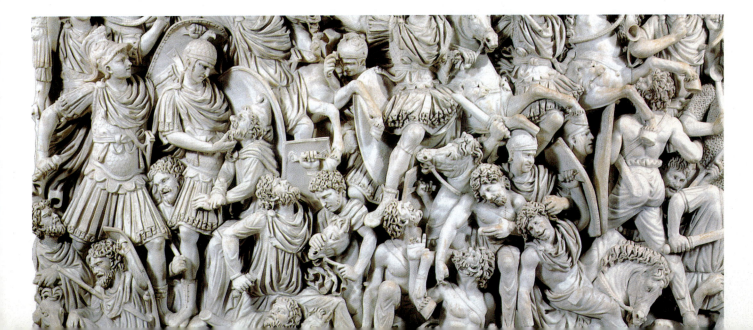

capitolo 7
Da Costantino al tramonto dell'impero d'Occidente
120

7.1	L'ascesa di Costantino: nasce l'impero cristiano	122
Passato/Presente	Bisanzio, Costantinopoli, Istanbul	127
7.2	I successori di Costantino: Giuliano l'Apostata e Teodosio il Grande	128
7.3	società e cultura Il nuovo ruolo della Chiesa	131
7.4	Il sacco di Roma e la fine dell'impero romano d'Occidente	133
▶	SINTESI	137
▶	PER COSTRUIRE LE COMPETENZE	138

Lavorare con le fonti
L'editto di Milano — 124

Storia arte e architettura
L'arco trionfale di Costantino — 126

Storia al cinema Agorà — 131

Storia al femminile
Il ruolo delle donne nelle prime comunità cristiane — 132

Storia al cinema L'ultima legione — 135

CONTENUTI DIGITALI
- Massenzio
- La battaglia del Ponte Milvio
- I padri della Chiesa: la figura di Agostino
- Ipazia, filosofa pagana
- Galla Placidia, regina dei Visigoti e augusta romana
- I barbari invadono l'impero
- **Sintesi audio**
- **Test interattivo**

CITTADINANZA E COSTITUZIONE

La libertà di culto	140
Migrazioni e integrazione	142

Ius soli e ius sanguinis

u3 Oriente e Occidente nell'Alto Medioevo

capitolo 8
I regni romano-barbarici e l'impero bizantino 146

8.1 I regni romano-barbarici e l'Italia di Teodorico	148	
8.2 **società e cultura** Il mondo dei barbari	154	
8.3 L'impero d'Oriente e le conquiste di Giustiniano	156	
Storia per immagini I mosaici di Ravenna	162	
8.4 Sviluppo economico e riordinamento politico dell'impero	164	
▶ SINTESI	167	
▶ PER COSTRUIRE LE COMPETENZE	168	

Storia al femminile
Le basilisse, regine d'Oriente — 157

Lavorare con le fonti
La situazione dell'Italia durante la guerra gotica — 159

Lavorare con le fonti
La sfarzosa corte di Giustiniano — 161

CONTENUTI DIGITALI
- Cassiodoro, senatore e letterato
- Il *pantheon* germanico
- Teodora, imperatrice bizantina
- L'abbigliamento in età bizantina
- Sintesi audio
- Test interattivo

capitolo 9
L'Italia longobarda e la Chiesa di Roma 170

9.1 La nascita del regno longobardo	172
9.2 **società e cultura** Economia e società nell'Italia longobardo-bizantina	175
Una finestra sul mondo La Cina dei Tang	177
9.3 Gregorio Magno e la nascita dello Stato della Chiesa	178
9.4 **società e cultura** Le origini del monachesimo	183
Passato/Presente La diffusione del cristianesimo	184
▶ SINTESI	191
▶ PER COSTRUIRE LE COMPETENZE	192

Lavorare con le fonti
L'editto di Rotari — 174

Storia arte e architettura
L'arte longobarda — 175

Storia arte e architettura
La basilica cristiana — 178

Lavorare con le fonti
La donazione di Costantino — 182

Scienza e tecnologia
Copisti, codici e miniature: la trasmissione del sapere nel Medioevo — 188

Lavorare con le fonti
Norme di vita monastica — 190

CONTENUTI DIGITALI
- La lamina di Agilulfo
- La regina Teodolinda, donna bella e intelligente
- Le sepolture longobarde
- Gregorio Magno: una missione politica e spirituale
- I monasteri benedettini
- Il *Libro di Kells*
- ▶ La nascita della Chiesa e le prime comunità monastiche
- Sintesi audio
- Test interattivo

CITTADINANZA E COSTITUZIONE
L'istruzione — 194

capitolo 10
La nascita dell'islam e la civiltà arabo-islamica 198

10.1 Maometto e le origini dell'islam	200
Una finestra sul mondo L'impero dei Khmer	203
10.2 I successori del Profeta e le prime conquiste	204
Il territorio come fonte storica L'eredità araba in Sicilia	208
10.3 società e cultura La civiltà islamica	209
Passato/Presente La diffusione della religione islamica	214
▸ SINTESI	216
▸ PER COSTRUIRE LE COMPETENZE	217

Lavorare con le fonti
Il Corano e le tradizioni ebraica e cristiana 202

Storia arte e architettura
La moschea 206

Scienza e tecnologia
I numeri dai Romani agli Arabi 211

CONTENUTI DIGITALI
- Alì e le origini dei musulmani sciiti
- Le moschee, luoghi di culto e capolavori dell'arte
- *Le mille e una notte*, novelle senza tempo
- Sintesi audio
- Test interattivo

Cittadinanza e Costituzione
Le donne: emancipazione e pari opportunità 219

8 marzo: giornata internazionale della donna

capitolo 11
Il Sacro romano impero e il feudalesimo — 222

- 11.1 Il regno dei Franchi e l'ascesa dei Carolingi — 224
- 11.2 Carlo Magno unifica l'Europa occidentale — 227
- 11.3 Il Sacro romano impero — 230
- 11.4 La nascita del feudalesimo — 234
- **Una finestra sul mondo** La nascita dell'impero giapponese — 236
- 11.5 **società e cultura** Società ed economia nell'Europa feudale — 237
- **Il territorio come fonte storica** Il borgo medievale — 241
- ▶ SINTESI — 242
- ▶ PER COSTRUIRE LE COMPETENZE — 243

Storia e letteratura
La *Chanson de Roland* — 227

Lavorare con le fonti
L'abilità diplomatica di Carlo Magno — 229

Storia al femminile
La donna nel Medioevo: i matrimoni per interesse — 239

CONTENUTI DIGITALI
- Ermengarda, sposa ripudiata
- La nascita delle lingue volgari
- La nascita della cavalleria
- Misurare il tempo nell'Alto Medioevo
- Le conquiste di Carlo Magno
- La società feudale
- Sintesi audio
- Test interattivo

CITTADINANZA E COSTITUZIONE
- Il diritto al lavoro — 245
- Dall'impero di Carlo Magno all'Unione Europea — 248

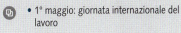
- 1° maggio: giornata internazionale del lavoro
- 9 maggio: festa dell'Europa

capitolo 12
I primi regni nazionali e la restaurazione dell'impero — 252

- 12.1 Le ultime incursioni e la formazione dei primi stati europei — 254
- 12.2 Gli imperatori sassoni e il Sacro romano impero germanico — 259
- ▶ SINTESI — 265
- ▶ PER COSTRUIRE LE COMPETENZE — 265

Storia al cinema Il 13° guerriero — 255

Storia arte e architettura
Il castello medioevale — 256

Lavorare con le fonti
L'arazzo di Bayeux — 258

Lavorare con le fonti
L'investitura di un vescovo-conte — 264

CONTENUTI DIGITALI
- "Uomini del Nord" e guerrieri del mare
- L'arazzo di Bayeux
- Sintesi audio
- Test interattivo

unità 1

L'impero romano

capitolo
1. Il principato di Augusto
2. La dinastia Giulio-Claudia e i Flavi
3. Il principato adottivo e l'età aurea dell'impero
4. Il cristianesimo

Cittadinanza e Costituzione
Le autonomie locali

69 d.C.
Lex de imperio Vespasiani

70-100 d.C.
Stesura dei Vangeli

27 a.C.
Ottaviano assume il titolo di Augusto

II secolo d.C.
Età aurea dell'impero e massima espansione

72-80 d.C.
Realizzazione dell'anfiteatro Flavio

79 d.C.
Eruzione del Vesuvio e distruzione di Pompei, Ercolano e Stabia

96 d.C.
Inizio del principato per adozione

capitolo 1

Il principato di Augusto

L'impero romano sotto Augusto (31 a.C.-14 d.C.)

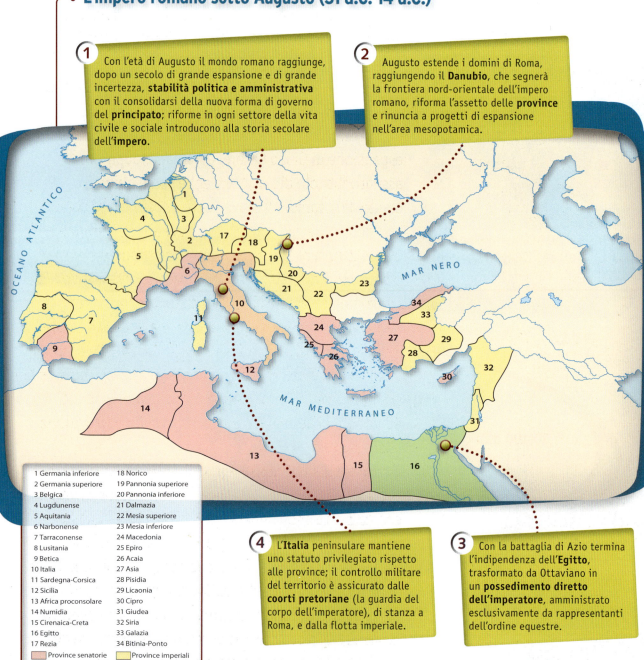

1 Con l'età di Augusto il mondo romano raggiunge, dopo un secolo di grande espansione e di grande incertezza, **stabilità politica e amministrativa** con il consolidarsi della nuova forma di governo del **principato**; riforme in ogni settore della vita civile e sociale introducono alla storia secolare dell'**impero**.

2 Augusto estende i domini di Roma, raggiungendo il **Danubio**, che segnerà la frontiera nord-orientale dell'impero romano, riforma l'assetto delle **province** e rinuncia a progetti di espansione nell'area mesopotamica.

4 L'**Italia** peninsulare mantiene uno statuto privilegiato rispetto alle province; il controllo militare del territorio è assicurato dalle **coorti pretoriane** (la guardia del corpo dell'imperatore), di stanza a Roma, e dalla flotta imperiale.

3 Con la battaglia di Azio termìna l'indipendenza dell'**Egitto**, trasformato da Ottaviano in un **possedimento diretto dell'imperatore**, amministrato esclusivamente da rappresentanti dell'ordine equestre.

1 Germania inferiore
2 Germania superiore
3 Belgica
4 Lugdunense
5 Aquitania
6 Narbonense
7 Tarraconense
8 Lusitania
9 Betica
10 Italia
11 Sardegna-Corsica
12 Sicilia
13 Africa proconsolare
14 Numidia
15 Cirenaica-Creta
16 Egitto
17 Rezia
18 Norico
19 Pannonia superiore
20 Pannonia inferiore
21 Dalmazia
22 Mesia superiore
23 Mesia inferiore
24 Macedonia
25 Epiro
26 Acaia
27 Asia
28 Pisidia
29 Licaonia
30 Cipro
31 Giudea
32 Siria
33 Galazia
34 Bitinia-Ponto

▢ Province senatorie ▢ Province imperiali

1 Il principato di Augusto

30-19 a.C.
Virgilio scrive l'*Eneide*

27 a.C.
Ottaviano si fa conferire dal senato romano il titolo di Augusto

20 a.C.
Augusto stipula la pace con i Parti

18-17 a.C.
Leggi Giulie

9 d.C.
Sconfitta romana a Teutoburgo contro i Germani

14 d.C.
Morte di Augusto

Dopo la battaglia di Azio del 31 a.C., **Ottaviano** attuò una nuova forma di governo che, raccogliendo i frutti delle trasformazioni politiche e sociali avvenute nel corso dell'ultimo secolo, segnava l'affermazione di un principio nuovo nella storia di Roma: **tutti i poteri** che l'ordinamento repubblicano aveva fino ad allora distribuito tra le singole magistrature si concentrarono **nelle mani di una sola persona**. Dopo più di sette secoli, tramontava la repubblica e nasceva il **principato**.
A differenza dell'ambizioso progetto militare di espansione di Giulio Cesare, Ottaviano, dopo aver assunto il titolo di **Augusto**, ebbe come obiettivo quello di ristabilire la **pace** nei territori romani dopo le gravose guerre civili del I secolo a.C., e di riformare la struttura amministrativa e fiscale. Augusto si preoccupò soprattutto di rafforzare i confini e suddivise i vasti domini romani in province senatorie, ormai definitivamente pacificate, e province imperiali, poste lungo le frontiere e presidiate dall'esercito. All'inizio del I secolo d.C. l'impero romano era esteso su tre continenti (Europa, Asia, Africa), con una popolazione di più di 50 milioni di abitanti, circa un terzo della popolazione allora presente sulla Terra.
Il programma politico di Augusto prevedeva inoltre il ritorno all'antica **tradizione romana**, custode di valori e virtù poste a fondamento del vivere civile. Questo progetto venne realizzato grazie a un uso nuovo e sapiente della **propaganda**, che poggiava sul contributo della letteratura e dell'arte. Nacque un nuovo modo di concepire la **cultura**, incentivata, finanziata e protetta affinché trasmettesse una determinata immagine del potere e diventasse uno strumento di governo.

1.1 Il principe, "garante" delle istituzioni repubblicane e della pace

Il ristabilimento della pace e dell'ordine: il governo forte di Augusto

Con la battaglia di Azio (31 a.C.) e la sconfitta di **Antonio**, giunse a compimento la crisi delle istituzioni repubblicane che era andata maturando nel lungo e sanguinoso periodo delle **guerre civili**. **Ottaviano** seppe condurre questa crisi verso un esito ormai inevitabile, cioè il potere personale di un solo uomo: ebbe così inizio una nuova età nella storia del mondo romano, il **principato**.

Il passaggio al principato però avvenne senza che la repubblica fosse ufficialmente dichiarata decaduta: memore della sorte toccata a Cesare, che aveva pagato con la vita il suo programma troppo assolutista, Ottaviano seguì una politica molto più accorta, tenendosi consapevolmente lontano dagli eccessi che avevano caratterizzato i protagonisti degli ultimi anni della repubblica. Sfruttando l'esperienza acquisita nella lotta contro Antonio, egli volle apparire il **restauratore della pace e dell'ordine** nel mondo romano, ma nello stesso tempo capì che era giunto il momento opportuno per creare a Roma un governo più forte, capace di costringere all'obbedienza l'esercito, di mettere fine alle lotte delle fazioni e di far valere il proprio prestigio e la propria autorità su tutti indistintamente, sia patrizi che plebei, sia Romani che stranieri. Per ottenere un tale risultato, Ottaviano poteva contare su un grande potere personale, fondato prima di tutto sul supremo controllo degli eserciti e sulla loro fedeltà. D'altra parte, però, doveva porsi al di sopra dei contrasti di parte e mostrare rispetto per le forme repubblicane tradizionali.

Il potere di Augusto

Ecco perché Ottaviano, rimasto signore di Roma, rifiutò di farsi chiamare re e di prendere qualsiasi altro titolo, fuorché quello di **imperator**, restituendo anzi i suoi poteri straordinari allo Stato e proclamando la restaurazione della repubblica.

Il rispetto formale per le istituzioni, tuttavia, non gli impedì di rafforzare la sua posizione: nel giro di pochi anni, pur conservando i **comizi** e le magistrature elette dal popolo e rafforzando la dignità del senato di cui cercò sempre l'appoggio e l'alleanza, riuscì a farsi conferire spontaneamente e secondo la consuetudine repubblicana tutte le cariche dello Stato, accentrando così nelle proprie mani un potere

> **ti ricordi?**
>
> **Antonio**: Marco Antonio (83-30 a.C.) fu il generale di Cesare che cercò di raccoglierne l'eredità, scontrandosi però con Ottaviano.
>
> **Guerre civili**: la prima guerra civile aveva visto l'opposizione di Mario e Silla (86-82 a.C.), la seconda aveva avuto invece per protagonisti Cesare e Pompeo (49-45 a.C.); la terza, infine, era scoppiata prima contro i Cesaricidi e poi tra Ottaviano e Antonio (44-43 a.C.).

> **ti ricordi?**
>
> **Imperator**: in età repubblicana era il titolo portato dai generali dal giorno in cui avevano vinto una battaglia fino a quello in cui era conferito loro l'onore del trionfo. Da Cesare in poi il termine venne adoperato per indicare il capo supremo dello Stato.
>
> **Comizi**: nel periodo repubblicano i comizi erano assemblee con funzioni legislative che riunivano tutti i cittadini romani.

concetti chiave

Principato

Nel corso della storia romana il principato segnò una tappa fondamentale nel processo di evoluzione politica e amministrativa che condusse alla fine dell'ordinamento repubblicano e all'inizio dell'impero romano vero e proprio. Con il termine "principato" si intende la forma di organizzazione politica ideata e attuata da Ottaviano. Le vicende storiche che avevano preceduto l'avvento di Augusto al potere, dalla dittatura di Silla al regime personale di Cesare, prepararono il terreno all'avvento del principato. Dal punto di vista formale, Augusto non introdusse alcun cambiamento istituzionale in nome del rispetto delle magistrature repubblicane, ma nella pratica svuotò le cariche politiche di ogni efficacia. I poteri effettivi dei vecchi magistrati repubblicani passarono nelle mani di un unico uomo, che non si presentò agli occhi dell'opinione pubblica come un sovrano, bensì come un *princeps*, ossia come il "primo" dei cittadini romani.

◀ **Onoreficenze per Augusto**
Riproduzione in pietra dello scudo d'oro offerto in dono ad Augusto dal senato per onorare il principe, che, nell'opinione dei senatori, aveva saputo recuperare lo spirito delle istituzioni repubblicane, governando con "clemenza, giustizia e devozione per gli dèi e per la patria".

eccezionale sul piano politico: principe del senato, console, censore, tribuno (con la relativa inviolabilità), proconsole (con l'*imperium* sugli eserciti) e pontefice massimo. Pur se tutto ciò avvenne nel rispetto della legislazione repubblicana, in pratica le magistrature furono svuotate del loro valore effettivo e trasformate in puri organi di rappresentanza. Ottaviano si fece attribuire nel **27 a.C.** il **titolo di Augusto**, evidenziando così la propria superiorità rispetto agli altri uomini.

In questo modo Ottaviano poté presentarsi come rispettoso della costituzione tradizionale, proprio mentre di fatto questa veniva abbandonata con il passaggio a un modello istituzio-

> **lessico**
> **Augusto** dalla radice di *auctòritas*, "persona degna di venerazione", e del verbo *augere*, "assicurare benessere e felicità".

lavorare con le FONTI

La falsa modestia di Augusto

L'imperatore Augusto, poco prima di morire nel 14 d.C., volle scrivere una breve autobiografia, che fu divulgata sotto forma di epigrafe, cioè incisa su pietra o su marmo. In lingua latina e greca, fu diffusa in tutto l'impero. In questo passo egli descrive gli inizi della sua carriera politica, a partire dalla vittoria su Antonio nella battaglia di Azio del 31 a.C., che pose fine al periodo delle guerre civili.

Laboratorio

Autore Augusto
Opera *Res gestae divi Augusti*
Data 13-14 d.C.
Tipologia fonte testo epigrafico

a mie spese: Ottaviano, adottato da Giulio Cesare, era divenuto erede di tre quarti delle sue ricchezze. Non avendo però ottenuto da Antonio i beni che gli spettavano di diritto, aveva deciso di impegnare i propri averi per soddisfare la richiesta che Cesare aveva espresso nel suo testamento di eseguire dei giochi per il popolo, procurandosi in questo modo l'appoggio di molti cesariani.

fazione: si tratta dello schieramento capeggiato da Marco Antonio.

alloro: nella mitologia greco-romana l'alloro era una pianta sacra ad Apollo e simboleggiava la sapienza e la gloria (una corona di alloro cingeva ad esempio la fronte dei vincitori nei giochi olimpici). Durante i cortei trionfali i generali vittoriosi sfilavano sui carri, tenendo in una mano lo scettro sormontato dall'aquila e nell'altra un ramoscello d'alloro.

A diciannove anni, per iniziativa privata e a mie spese, apprestai un esercito e con esso riscattai in libertà la Repubblica oppressa da una fazione. Per questo titolo di merito il senato mi inserì nel suo ordine. La Repubblica affidò a me, con poteri equivalenti alla pretura e ai consoli, l'incarico di proteggerla contro ogni danno. Il popolo nel medesimo anno, caduti in guerra entrambi i consoli, mi elesse console e triumviro per il riassetto dello stato.

Durante il mio sesto e settimo consolato, dopo aver spento le fiamme delle guerre civili, pur avendo ottenuto, grazie al consenso universale, tutta la direzione politica, trasferii lo stato dal mio potere alla libera scelta del senato e del popolo romano.

Per questo mio merito, in virtù di una delibera del senato, una volta ricevuto l'appellativo di Augusto, la porta del mio palazzo fu rivestita di alloro in segno d'onore conferitomi dal popolo e una corona civica fu attaccata al di sopra di essa.

Dopo di allora io fui superiore a tutti per prestigio politico ma, quanto al potere conferito dalle cariche, non ne ebbi più degli altri che mi furono colleghi nelle magistrature.

affidò a me: nel 43 a.C., la fazione del senato contraria ad Antonio aveva affidato al diciannovenne Ottaviano l'incarico di accompagnare il console Gaio Vibio Pansa a Modena, dove si trovava l'esercito di Antonio.

entrambi i consoli: nel corso della battaglia di Modena trovarono la morte entrambi i consoli in carica, Gaio Vibio Pansa e Aulo Irzio.

Busto di Ottaviano Augusto con la corona trionfale.

Per COMPRENDERE

1. Che cosa ottenne Augusto, secondo il testo, per aver posto fine alle guerre civili?
2. Come si comportò Augusto nei confronti del senato e del popolo romano?
3. Qual è la posizione che Augusto si attribuisce rispetto agli altri magistrati dello Stato?

nale che era repubblicano nella forma, ma monarchico nella sostanza. Per questi motivi gli storici moderni sono soliti chiamare "principato" la forma particolare del suo governo (da *princeps*, primo fra i senatori e i cittadini), mentre si è soliti definire "impero" quella dei suoi successori.

L'ingannevole speranza di un ritorno al passato

Per la verità, inizialmente senato e popolo si illusero di avere concesso a titolo straordinario un particolare riconoscimento giuridico a un "padre della patria" che aveva restaurato la pace e riorganizzato lo Stato.

Tutto ciò però non implicava, secondo loro, l'abbandono della costituzione repubblicana: una volta che il principe fosse morto, si sarebbe tornati alle precedenti forme politiche. Non per nulla il popolo, riunito nei comizi, continuava a eleggere i suoi magistrati e a votare le leggi; e il senato, a sua volta, continuava a deliberare in materia di politica interna ed estera, anche se ormai risultava essere nei fatti un docile strumento della volontà di Ottaviano.

Augusta Praetoria
La città di Aosta venne fondata sotto Augusto con il nome di *Augusta Praetoria Salassorum*; il nome deriva dalla tribù gallica dei Salassi che abitavano in quei luoghi e che furono sconfitti nel 25 a.C. In quella occasione venne eretto un arco trionfale di Augusto, ancora oggi visibile all'entrata della città.

COME NASCE IL PRINCIPATO DI AUGUSTO

Con la battaglia di Azio termina il sanguinoso periodo delle guerre civili
↓
Ottaviano si proclama **restauratore della pace** e dell'ordine interni e crea un nuovo tipo di governo, il **principato**:
↓
- **repubblicano nella forma**: restano in vita le magistrature popolari e il senato
- **monarchico nella sostanza**: vengono accentrate nella sua persona tutte le cariche più importanti

Ma la speranza di un ritorno al passato entro tempi più o meno brevi si rivelò ben presto un'illusione: infatti con il progressivo accentramento delle cariche e dei poteri più alti nelle mani di un solo uomo, la forma di governo era irrimediabilmente destinata a mutare da repubblicana in monarchica.

Il "secolo di Augusto": un periodo di pace

I quarantacinque anni di governo augusteo – dal 31 a.C. al 14 d.C. – furono complessivamente un periodo di pace (detta *pax Augusta*), come dimostra il fatto che nel 29 a.C. venne chiuso per la prima volta dopo la prima guerra punica il tempio di Giano – che rimaneva aperto in tempo di guerra –, mentre alcuni anni dopo per celebrare la raggiunta pacificazione dell'impero veniva eretta in Campo Marzio l'*Ara Pacis*, "Ara della pace".

Nel periodo in cui fu a capo dello Stato romano Augusto si dedicò a un'**intensa attività riformatrice** in tutti i settori, da quello politico a quello economico e religioso, nonché a innumerevoli iniziative nell'edilizia pubblica, nell'arte, nella cultura, imponendo su tutti la sua impronta profonda. Per questo motivo molti storici sono soliti definire questo particolare periodo della storia di Roma il "secolo di Augusto".

Il rafforzamento dei confini e la pace con i Parti

Al contrario di Cesare, il suo predecessore, Augusto, che non era un comandante militare altrettanto valoroso, si preoccupò soprattutto di **rafforzare i confini**, reprimendo alcune ribellioni in Spagna e in Gallia, e condusse **poche guerre offensive**, limitandosi a raggiungere verso est la linea del **fiume Danubio** e occupando importanti regio-

LE OPERAZIONI MILITARI SOTTO AUGUSTO

Augusto

- **Africa e fascia nord-occidentale della penisola iberica**
  Repressione delle insurrezioni di tribù nomadi e della resistenza delle popolazioni indigene.
- **Arco alpino**
  Stabilizzazione del controllo sul territorio.
- **Settore danubiano**
  Istituzione delle province di Pannonia e Mesia.
- **Fronte orientale**
  Nomina di un re filoromano in Armenia; restituzione dei prigionieri sopravvissuti alla sconfitta di Carre contro i Parti.

ni anche a nord delle Alpi, corrispondenti all'area delle attuali Austria, Svizzera e Ungheria.

Tra le più importanti iniziative prese nel difficile campo della politica estera, va senz'altro ricordata la **pace con i Parti**, stipulata nel 20 a.C. sulla base di un abile compromesso, visto che con essa si rinunciava per sempre all'occupazione dell'Asia centrale vagheggiata da Cesare e da Antonio. I benefici che Roma ne trasse furono in realtà incalcolabili, sia perché riuscì a ottenere la restituzione dei prigionieri e delle insegne militari trattenuti da quel fiero popolo come segno di una grande vittoria sui Romani, sia perché poté conquistare libertà d'azione in Europa e appoggiare le proprie frontiere a forti linee naturali, specialmente a settentrione, dove più temibili erano le incursioni barbariche.

> **ti ricordi?**
> **Parti**: popolazione che nel I secolo a.C. aveva fondato un vasto regno nell'area compresa tra la Mesopotamia e la valle del fiume Indo. Roma aveva inutilmente cercato di sottometterli con Crasso (53 a.C.) e con Antonio (36 a.C.).

Lo scontro con i Germani a Teutoburgo

Verso la fine del principato l'autorità di Augusto, che si era rafforzata in Germania per opera del generale Tiberio – uno dei due figli avuti da sua moglie Livia in un precedente matrimonio – subì proprio in quella regione un duro colpo. **Arminio**, principe germanico (ma anche ex prefetto di una coorte ausiliaria dell'esercito romano), si pose a capo di una ribellione di tribù germaniche contro il malgoverno di Publio Quintilio Varo. Nel settembre del **9 d.C.**, Arminio inflisse al governatore Varo, sorpreso nella **foresta di Teutoburgo**, una così grave sconfitta da bloccare ogni progetto di ulteriore espansione di Roma a nord del Danubio e a est del Reno: lo stesso Varo, per non cadere in mano dei nemici, si uccise con la propria spada.

◀ **La frontiera dell'impero**
Sesterzio di bronzo del II secolo d.C. con una raffigurazione emblematica del Danubio, l'estrema frontiera nord-orientale dell'impero di Augusto.

Gli ultimi anni e il problema della successione

Gli ultimi anni del principato furono per Augusto tutt'altro che tranquilli e sereni, anche per l'impellente necessità di scegliere un successore, dal momento che egli non aveva figli maschi. Infatti, l'uno dopo l'altro morirono in giovanissima età tutti i suoi eredi diretti, e di queste morti la voce pubblica accusava la terza moglie di Augusto, **Livia**. Per questo motivo, nel 4 d.C. Augusto decise di adottare **Tiberio**: costui per lungo tempo non riscosse però la simpatia dell'imperatore, nonostante i grandi servigi da lui resi in Germania. Solo negli ultimi anni egli venne rivestito della potestà tribunizia e proconsolare con diritto a succedergli. **Augusto morì** a Nola, all'età di settantasei anni, il 19 del mese sestile (da allora in poi chiamato "agosto" in suo nome) del **14 d.C.**

> **GUIDA allo STUDIO**
> 1. A quando si può far risalire l'inizio del processo di dissoluzione delle istituzioni repubblicane e perché?
> 2. Perché la politica di Augusto può essere definita "accorta"?
> 3. In che modo il rispetto formale delle istituzioni repubblicane rafforzò la sua posizione?

lavorare con le FONTI — Laboratorio

Un ritratto ufficiale di Augusto

Questa statua di Augusto è stata rinvenuta nel 1863 durante gli scavi nella villa di Livia Drusilla, moglie dell'imperatore, a Prima Porta presso Roma. La statua di marmo, attualmente conservata ai Musei Vaticani, è alta circa 2 metri e costituisce un ritratto ufficiale dell'imperatore vittorioso. Augusto, vestito con abiti militari, indossa una corazza (lorìca), riccamente decorata, sulla quale è rappresentato uno storico avvenimento: la pace stipulata con i Parti, per lungo tempo acerrimi nemici di Roma.

Opera Augusto loricato, detto "di Prima Porta"
Data dopo il 20 a.C.
Tipologia fonte scultura

Augusto tiene il braccio destro alzato per richiamare l'attenzione; in questo modo i generali richiedevano il silenzio alle truppe nel pronunciare il discorso prima della battaglia. L'atteggiamento è anche quello tipico dell'*imperator*, il generale vittorioso che durante il corteo trionfale alza il braccio in segno di saluto alla folla.

La **corazza** è interamente decorata. Nella parte alta è raffigurata **un'allegoria celeste**: al centro il dio Cielo sotto cui passa il carro del Sole e sulla destra la Luna e l'Aurora.

Al centro la scena con **vittoria militare** celebrata: il re dei Parti, Fraate IV, rende a un condottiero romano le insegne che erano state sottratte a Crasso in seguito alla disfatta di Carre (53 a.C.). Ai lati si notano due donne piangenti che simboleggiano le **province conquistate**; sotto di loro **Apollo** su un grifo (a sinistra) e **Diana** su un cervo (a destra).

L'**abbigliamento** è quello di un **militare**: una corta tunica sulla quale viene indossata una corazza. Intorno ai fianchi Augusto porta un *paludamentum*, il mantello indossato dai generali che comandavano l'esercito.

Nella parte bassa della corazza si trova una figura femminile con una cornucopia, probabilmente la *Tellus*, la **Madre Terra**.

Accanto ai suoi piedi nudi si trova **Cupido**, che testimonia l'origine divina di Augusto: la *gens Iulia*, infatti, discendeva da Enea, mitico fondatore di Roma e figlio, come Cupido, di Venere.

Per COMPRENDERE

1. Quali caratteristiche aveva, secondo l'iconografia del tempo, l'imperatore?
2. Secondo te, che cosa ha voluto rappresentare l'artista con la scena sulla corazza?
3. Quali benefici ottiene Roma dalla pace con i Parti?

1.2 L'organizzazione dell'impero

L'amministrazione dei territori imperiali

Augusto dette una nuova organizzazione all'impero e alle province in cui era suddiviso: alcune di esse divennero **province senatorie**, definitivamente pacificate con la fine delle guerre civili e affidate a un proconsole di nomina senatoria. Le altre divennero invece le cosiddette **province imperiali**, non ancora pacificate in modo definitivo: queste si trovavano per lo più lungo le frontiere e quindi erano più esposte ai pericoli di un'eventuale invasione e dovevano essere presidiate dall'esercito regolare. Erano perciò assegnate all'amministrazione di **legati**, governatori scelti dallo stesso imperatore in genere tra i cavalieri. In tal modo, nell'assicurarsi attraverso un rapporto diretto con l'esercito il comando indiscusso delle forze armate, Augusto otteneva la garanzia più valida del proprio primato sul senato.

Un'altra iniziativa che contribuì a sottolineare l'intenzione di Augusto di limitare la potenza del senato fu la decisione di non trasformare l'**Egitto** in una provincia, bensì in un suo **dominio personale**, che governò per mezzo di un proprio rappresentante, il "prefetto dell'Egitto", appartenente all'ordine dei cavalieri; tra l'altro Augusto vietò a qualunque senatore il libero ingresso in quel territorio.

"Panem et circenses"

L'Egitto era anche considerato una delle principali **fonti di rifornimento di grano** per la capitale e – come tale – strumento indispensabile per la gestione delle **frumentazioni**, le distribuzioni gratuite di grano che venivano compiute a favore della plebe romana e che pertanto costituivano un prezioso mezzo di controllo politico più che di assistenza sociale.

Le frumentazioni garantite dai nuovi possedimenti egiziani si rivelarono un nuovo motivo di soddisfazione per la plebe romana, che si vedeva così assicurati consistenti e regolari elargizioni di grano (*panem*) e grandiosi spettacoli gladiatori (*circenses*).

Le frumentazioni avevano anche lo scopo di legare la plebe urbana esclusivamente alla persona di Augusto ed erano quindi un abile mezzo mirato a una consistente limitazione del potere senatorio secondo il programma già intrapreso dai Gracchi e continuato poi da Mario e da Cesare.

Un nuovo assetto militare

Per poter predisporre una più razionale difesa dell'impero, Augusto si dedicò a una radicale **riorganizzazione dell'esercito**. Anzitutto congedò oltre 150.000 veterani: il che gli permise di sfoltire le forze militari, portando i soldati effettivi a venticinque legioni, contro le sessanta del periodo delle guerre civili.

Inoltre vi aggiunse come **guardia imperiale** nove **coorti di pretoriani** (9000 uomini) al comando di un prefetto del pretorio; quattro coorti urbane a difesa della capitale e otto coorti di **vigili** o guardie notturne, addette a estinguere gli incendi, a tenere d'occhio i ladri e a reprimere ogni disordine.

> **lessico**
> **Coorte** reparto militare, che nella Roma antica ha assunto funzioni diverse: dalla fine del II secolo a.C. fu la decima parte della legione romana; esistevano inoltre coorti con funzioni particolari (le coorti dei vigili, quelle dei pretoriani e le coorti urbane).

▲ **Le guardie dell'imperatore**
Gruppo di pretoriani; in origine facevano parte di questo corpo soldati scelti e ufficiali di provenienza italica.

Viaggiare nella Roma di Augusto
Allo scopo di rendere più agevoli i viaggi terrestri, le strade romane si arricchirono di *mutationes*, simili a delle "stazioni di servizio" dei nostri giorni, dove era possibile cambiare cavalli e cocchieri. A intervalli più ampi o comunque non superiori ai 60-70 km percorribili in una giornata, si trovavano poi le cosiddette *mansiones*, dove si poteva trovare ospitalità per la notte. In questo rilievo del I secolo a.C., alcuni viaggiatori fanno sosta a una delle stazioni di posta.

La flotta, riorganizzata e rafforzata e posta agli ordini di due prefetti, venne dislocata in diverse basi navali, due delle quali permanenti: quella di Miseno presso Napoli per controllare il Tirreno e quella di Ravenna sull'Adriatico.

Le riforme fiscali

Fra le iniziative più significative attribuite ad Augusto vi fu il riordinamento delle finanze pubbliche e l'imposizione ai cittadini romani abbienti, rimasti sino allora esenti da qualsiasi tributo, di tre tasse: la tassa sulle **successioni** di una certa entità, quella sulla **liberazione degli schiavi** e la loro trasformazione in liberti e quella sulle **compravendite**.

Le entrate provenienti da queste tasse permisero la **creazione di un erario militare**, cioè di una cassa destinata a pagare somme-premio ai soldati congedati e a consentire loro di dare inizio a una nuova attività nella vita civile. In precedenza, ogni volta che occorreva smobilitare i veterani, si ricorreva ai metodi disastrosi e iniqui della confisca delle terre, applicata a danno dei privati.

Tuttavia l'economia romana continuava a reggersi in gran parte sulla tassazione delle province: le imposte riscosse in tutto l'impero, tranne che in Italia, esente dalla tassazione, alimentavano sia il patrimonio personale di Augusto (*fiscus*) sia le casse dello Stato (*aerarium*).

Agricoltura, commerci, vie di comunicazione

Fra le attività economiche Augusto cercò di valorizzare l'**agricoltura**, incentivando – come abbiamo visto – il ritorno alla vita dei campi di molti veterani. Ma anche i **traffici commerciali** furono favoriti, grazie soprattutto allo **sviluppo di un'ampia e razionale rete stradale**, con cui si facilitarono moltissimo gli spostamenti da una parte all'altra dell'impero, che comprendeva ormai tre diversi continenti e dove la conoscenza della lingua latina e di quella greca permetteva di farsi capire ovunque ci si trovasse. Non contento di ciò, Augusto istituì anche un **servizio di posta** (*cursus publicus*) agevole ed efficiente, che mediante dei corrieri garantiva i collegamenti tra Roma e le altre parti dell'impero: egli era infatti fermamente convinto che il segreto della diffusione della civiltà romana fosse principalmente da attribuirsi alle vie di comunicazione.

LE RIFORME DI AUGUSTO

Riorganizzazione amministrativa
- Province senatorie
- Province imperiali
- Egitto dominio personale

Riforme di Augusto

Riforma dell'esercito
- riduzione delle legioni da 60 a 25
- creazione di coorti pretoriane (a difesa del principe), coorti urbane e di vigili (a difesa della capitale)
- riorganizzazione della flotta

Iniziative finanziarie ed economiche
- imposizione di tasse ai cittadini abbienti per finanziare l'erario militare
- valorizzazione delle attività agricole
- potenziamento delle vie di comunicazione

GUIDA allo STUDIO

1. Quale fu l'importanza dell'istituzione dell'erario militare?
2. Da dove provenivano le maggiori entrate del nuovo Stato augusteo?
3. In che modo Augusto riuscì a mantenere rapporti con le zone più lontane dell'impero?

Il Territorio come Fonte Storica

Gli acquedotti romani

Per gli antichi Romani l'acqua potabile più sana era quella piovana, raccolta dai tetti spioventi in cisterne private o pubbliche. Tuttavia, con il passare del tempo e con il mutare delle esigenze, le **cisterne** non bastarono più e si rese necessaria la creazione di imponenti strutture capaci di provvedere alla maggiore richiesta di rifornimento idrico delle città che si facevano sempre più popolose. Furono così ideati gli **acquedotti**, le testimonianze più significative e spettacolari dell'ingegneria idraulica romana, costruiti sia in Italia sia nelle tante province romane, comprese le più periferiche. Il primo acquedotto fu realizzato da **Appio Claudio Cieco** nel **312 a.C.**, lungo ben 68 chilometri; nella Roma del III secolo d.C. ben **11 acquedotti** portavano a una popolazione di un milione di abitanti circa 1000 litri di acqua a testa ogni giorno, alimentando decine di terme, fontane e bagni pubblici, oltre a migliaia privati. Nel mondo sopravvivono circa duecento acquedotti romani, tra i quali alcuni ancora oggi in uso.

L'acquedotto di Segovia, in Spagna; costruito alla fine del I secolo d.C., è composto da 118 arcate e raggiunge un'altezza di circa 30 metri.

Porta Maggiore a Roma, costruita dall'imperatore Claudio per far passare il suo acquedotto sopra la Via Prenestina.

Gli acquedotti romani iniziavano il loro percorso presso una sorgente, una diga o un corso d'acqua, necessariamente posto a un livello più alto del luogo di destinazione perché l'acqua scorreva per la sola forza di gravità. I canali di scorrimento degli acquedotti dovevano mantenere una lieve pendenza costante, talvolta anche solo pochi centimetri per ogni chilometro, in modo che l'acqua scorresse regolarmente ma senza accumulare troppo impeto. Il percorso alternava tratti in superficie, tratti interrati e tratti sopraelevati su una o più arcate per superare valli o letti di fiume. Nel punto di arrivo dell'acquedotto, l'acqua si riversava in un serbatoio di distribuzione, da cui veniva poi distribuita attraverso ulteriori canali o tubi in piombo alle varie strutture della città.

Gli acquedotti romani erano opere raffinate non solo nella tecnica costruttiva ma anche nelle forme architettoniche. Tra i meglio conservati, oltre a quello maestoso di Segovia in Spagna, vi è quello dell'Acqua Claudia a Roma; era l'ottavo più importante degli acquedotti della città e si estendeva per 69 chilometri, dei quali 15 sopraelevati.

Uno degli acquedotti romani più spettacolari è l'acquedotto del Pont du Gard, a Nîmes, in Francia; fatto costruire nel 19 a.C. da Agrippa sotto l'imperatore Augusto, è lungo 275 metri e alto ben 48 metri; aveva una portata di circa 20.000 metri cubi d'acqua al giorno.

L'acquedotto del Pont du Gard a Nîmes, in Francia.

società e cultura

1.3 La politica culturale e religiosa

Il richiamo ai costumi tradizionali e alle antiche virtù

Nel campo della vita pubblica e privata Augusto fu guidato dalla volontà di ripristinare quelle che erano considerate le "**buone abitudini antiche**" (*mores maiorum*, "costumi degli antenati"). Esortò perciò i cittadini alla pratica degli antichi riti e al recupero delle virtù romane, che dopo i primi contatti con il mondo greco e orientale erano state abbandonate, soprattutto dalle classi abbienti. A tal fine egli non solo promulgò particolari **leggi per colpire i lussi eccessivi** (leggi suntuarie), ma anche per promuovere fra i cittadini un più profondo attaccamento alle **tradizioni familiari** e per contrastare la loro ostilità al matrimonio, la frequenza dei divorzi e la diminuita natalità, considerati da Augusto un pericolo per la preservazione della romanità. Questi provvedimenti (**leggi Giulie**), fatti approvare fra il 18 e il 17 a.C., ebbero però effetti ridotti, dal momento che la società romana era mutata troppo perché un ritorno a un comportamento più tradizionale potesse avvenire per imposizione di legge.

Augusto velato
Testa di Augusto con il capo coperto (*capite velato*). A Roma si era soliti coprirsi la testa durante un qualsiasi rito sacro; l'imperatore è probabilmente ritratto mentre sta compiendo un sacrificio o una libagione agli dèi.

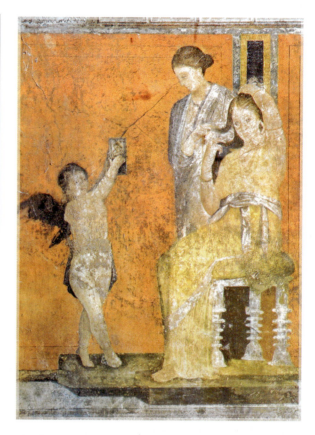

▲ **La matrona romana, regina della casa**
Una donna di buona estrazione si fa acconciare i capelli da una serva (affresco della fine del I secolo a.C.). In età augustea le matrone iniziarono a godere di una certa autonomia, in particolare nelle scelte relative alla vita familiare e domestica.

La progressiva emancipazione delle donne

Ad esempio, la situazione della donna romana era cambiata notevolmente da quando la *patria potestas* era stata limitata, permettendo alle donne di ampliare la loro libertà e di godere di diritti mai riconosciuti prima, al punto che si può parlare di una certa "uguaglianza" tra i due sessi.
Il **matrimonio** era divenuto sempre di più una **relazione paritaria** e liberamente scelta, ed era stato facilitato il divorzio per entrambi i coniugi. A partire dall'età di Augusto, la dote, precedentemente di proprietà del marito, venne riconosciuta come bene della sposa, che poteva controllarne l'utilizzo. Fu inoltre introdotto il diritto delle vedove di avere la **tutela dei figli**, che prima passava a un altro maschio della famiglia.
All'emancipazione giuridica corrispose naturalmente un'emancipazione dei costumi e le donne iniziarono a dedicarsi ad attività prima vietate: potevano

istruirsi, coltivare interessi intellettuali, frequentare terme, teatri e luoghi di svago. Soprattutto potevano godere di una certa libertà sessuale, cambiando spesso marito.

La politica religiosa di Augusto fra conservazione e innovazione

Ben maggiore efficacia ebbero invece le iniziative di Augusto in campo religioso. Coerentemente con il programma di ritorno al passato, egli impose infatti quei culti che fin dall'età più antica avevano costituito un aspetto essenziale della vita spirituale romana, ripristinando cariche religiose collegate alle **divinità tradizionali**, facendo restaurare numerosi templi e proibendo alcuni culti orientali. Nello stesso tempo, però, insieme al rispetto dei riti tradizionali Augusto introdusse una grande novità, la **creazione del culto imperiale**, che doveva rivestire di un alone religioso non solo l'impero rappresentato dal principe, ma la stessa sua persona: era l'ultima e più solenne consacrazione del suo potere personale. L'iniziativa partì dalle province d'Oriente, già abituate a prostrarsi davanti ai loro antichi re come ad altrettante divinità. Ora, se Augusto accettò gli stessi onori in queste province, dove ebbe templi e sacerdoti a lui dedicati, a Roma e in Italia, a differenza di quanto aveva tentato di fare Cesare, cercò invece di non forzare lo spirito tradizionale dell'antica religione: infatti, pur accogliendo favorevolmente onori eccezionali e quasi divini, non volle che si instaurasse l'adorazione ufficiale dell'imperatore vivente. E anche in virtù di questa scelta il suo prestigio fu altissimo.

La cultura al servizio del potere

La riscoperta delle tradizioni fu favorita inoltre grazie a una produzione culturale ispirata alla grandezza mitologica di Roma. Nessuno più di Augusto "utilizzò" la **cultura** come **strumento al servizio della propaganda politica** mirata a giustificare e consolidare la sua persona e il suo nuovo potere, nella convinzione, al contempo, che la cultura fosse il mezzo fondamentale per l'elevazione morale e l'educazione politica del popolo. Perciò incentivò la presenza nella capitale degli artisti, poeti e letterati più importanti del tempo, come **Virgilio**, **Orazio**, **Ovidio** e lo storico **Tito Livio**, avvalendosi della collaborazione di un uomo di grande valore quale **Mecenate**, nobile di origine etrusca, il cui nome avrebbe per **antonomasia** indicato nei secoli futuri ogni grande protettore delle arti, capace di promuovere la cultura, l'apertura di biblioteche pubbliche, la fondazione di nuovi circoli letterari: ogni iniziativa insomma mirata a elevare il gusto e la sensibilità dei cittadini. Fra i letterati augustei particolarmente importante fu Virgilio, il quale nel poema epico *Eneide* esaltò le virtù fondamentali del popolo romano incarnate dal suo protagonista, Enea,

> **lessico**
> **Antonomasia**
> figura retorica che consiste nell'indicare una persona o una cosa con un nome comune che ne sintetizza le caratteristiche, ma anche nell'estendere il nome proprio di un personaggio celebre a individui che presentano le sue stesse caratteristiche.

Storia e... Letteratura — La letteratura dell'età augustea

La letteratura latina, che pure nell'ultimo secolo della repubblica aveva annoverato fra i suoi più insigni cultori lo stesso Giulio Cesare, Lucrezio, Catullo, Sallustio e Cicerone, al tempo di Augusto conobbe un'eccezionale fioritura grazie alle opere di poeti quali Virgilio, Orazio, Properzio, Tibullo, Ovidio, e storici come Tito Livio. Tutti questi autori diedero un importante contributo alla diffusione del progetto di restaurazione morale voluto da Augusto.
Tito Livio, per esempio, scrisse una monumentale storia di Roma, purtroppo in gran parte perduta, in cui le glorie del passato repubblicano si rinnovavano grazie ad Augusto, che aveva riportato la pace dopo il cupo periodo delle guerre civili. L'ideologia augustea trovò però la sua più alta affermazione nell'*Eneide*, poema commissionato dall'imperatore al poeta Virgilio per celebrare la grandezza di Roma: scritta tra il 29 a.C. e il 19 a.C., è senz'altro l'opera più rappresentativa dell'epica latina e racconta la leggendaria storia di Enea, un principe troiano fuggito dalla città conquistata dai Greci, che giunse in Italia dopo mille peregrinazioni e dette origine al popolo romano.

Il poeta Virgilio con il papiro dell'Eneide, tra le muse della storia (Clio, con il rotolo) e della tragedia (Melpomene, con la maschera).

INIZIATIVE PER "RIFORMARE" LA SOCIETÀ

Iniziative per moralizzare i costumi
- leggi suntuarie contro il lusso
- leggi Giulie per favorire i matrimoni e l'aumento della natalità

↓

falliscono perché i costumi romani sono mutati irreversibilmente

Politica religiosa
- restaurazione dei culti e delle cariche religiose tradizionali
- proibizione di alcuni culti orientali
- creazione del culto imperiale, diffuso però solo nelle province orientali

↓

ha successo perché mette insieme abilmente elementi di conservazione e di innovazione

Politica culturale
- incentivazione della presenza nella capitale di artisti, poeti e letterati
- apertura di biblioteche pubbliche e di nuovi circoli letterari
- costruzione di nuove opere pubbliche (monumenti, palazzi, basiliche, terme e teatri)

↓

ha successo perché Augusto utilizza sapientemente la cultura come strumento al servizio della propaganda politica

---

il cui figlio, Iulo, avrebbe dato origine alla *gens Iulia* alla quale l'imperatore apparteneva.

Oltre che alle classi più colte, Augusto si rivolse anche al popolo, sia attraverso una sorta di "ritorno alla terra", sia attraverso la costruzione di **nuove opere pubbliche** che abbellirono Roma e le altre città dell'impero, la diffusione di monete e di iscrizioni celebrative, dando vita insomma a una vera e propria "organizzazione del consenso". La capitale dell'impero in particolare fu arricchita di monumenti, palazzi, basiliche, terme e teatri, grazie soprattutto all'iniziativa del suo collaboratore **Marco Vipsanio Agrippa**, al quale si deve, tra le altre cose, la costruzione del Pantheon, il grande tempio dedicato al culto di tutti gli dèi. Per questo Augusto si vantava di aver trovato una Roma di mattoni e di averla lasciata di marmo.

L'istruzione nell'antica Roma

In età augustea l'**istruzione** restava un **privilegio** riservato al ristrettissimo numero di quanti appartenevano ad ambienti socialmente ed economicamente elevati; presso le famiglie più ricche l'educazione dei figli era affidata perlopiù a uno schiavo o a un liberto dotato di particolare cultura, il **pedagogo**: questi aveva il compito di assistere il ragazzo nei suoi studi e, in alcuni casi, era anche incaricato di insegnargli i primi elementi del sapere. Tuttavia verso la fine della repubblica si cominciarono ad avere **scuole** poste **sotto il controllo dello Stato** e affidate a pubblici insegnanti. Il corso di studi era diviso in tre ordini o gradi: un'istruzione elementare, per i figli delle famiglie meno agiate, che non potevano permettersi un pedagogo; una secondaria e una superiore, destinate a formare gli oratori e presupposto indispensabile per la carriera politica.

Lo stilo e la tavoletta
Su questo affresco proveniente da Pompei una giovane fanciulla è stata ritratta con lo stilo, una canna appuntita, che serviva per incidere su delle tavolette di legno ricoperte da un sottile strato di cera.

A 17 anni, indossata la toga virile (dal latino *vir*, "uomo", detta anche "pura", in quanto interamente bianca), il giovane entrava nella vita pubblica interrompendo gli studi superiori o li proseguiva per ottenere una vera e propria specializzazione. Nel primo caso rimaneva a Roma e si affiancava a un importante uomo politico; nel secondo caso invece si recava all'estero, e in particolare ad Atene, Alessandria, Rodi o Pergamo, dove poteva seguire corsi tenuti da retori famosi o grandi filosofi.

GUIDA allo STUDIO

1. A quale scopo Augusto reintrodusse la pratica di antichi rituali e restituì vitalità alle antiche virtù?
2. Per quale motivo a Roma e in Italia Augusto rinunciò all'adorazione ufficiale dell'imperatore vivente?
3. In che modo Augusto riuscì a piegare la cultura al servizio del potere?

le FONTI — Laboratorio

L'Ara Pacis: arte e propaganda

Opera Ara Pacis
Data 13-9 a.C.
Tipologia fonte altare in pietra

Eretta nel Campo Marzio in prossimità della via Lata (oggi via del Corso) fra il 13 e il 9 a.C. per volontà di Ottaviano, l'Ara Pacis rappresenta uno dei più significativi monumenti dell'età augustea. Si tratta di un maestoso altare di ispirazione ellenistica, ancora perfettamente conservato, fatto costruire da Augusto per celebrare la pacificazione dell'impero da lui raggiunta e diffondere gli ideali della operosità dello Stato e della pace. Il monumento fu decorato con emblematiche immagini propagandistiche.

Di struttura rettangolare, l'*Ara Pacis* risulta formata da due elementi fondamentali: l'**altare** propriamente detto e il **recinto**, dotato di due porte e ornato nella parte più bassa di una ricca decorazione a volute; la parte più alta è decorata da splendidi **bassorilievi** realizzati con intento celebrativo.

La scena qui rappresentata ha un alto valore simbolico: la donna, che reca in braccio due bimbi sorridenti e alcuni frutti sul grembo, è la **Madre Terra**, mentre il toro e la pecora ai suoi piedi rappresentano rispettivamente l'agricoltura e l'allevamento del bestiame, attività che furono promosse nel programma augusteo di **ritorno agli antichi costumi**.

Le due ninfe, sedute su un cigno ad ali spiegate e su un drago marino, sono le personificazioni dell'**Aria** e dell'**Acqua** e sembrano sottolineare la **prosperità universale** assicurata dalla pace instaurata dal principato.

Per COMPRENDERE

1. Che funzione ha, secondo te, questa scultura nel programma di propaganda politica voluto da Augusto e organizzato da Mecenate?
2. Qual è il significato simbolico del bassorilievo in alto?

Le terme romane

La grande disponibilità d'acqua delle città romane, grazie all'elevato numero di cisterne, pozzi e acquedotti, veniva sfruttata non solo per gli usi privati e per le fontane pubbliche, ma anche per uno dei luoghi più amati dai Romani: le **terme**. Il bagno alle terme, già praticato nell'antico Egitto e in Grecia, raggiunse nell'antica Roma il più alto livello di diffusione, diventando uno dei piaceri più amati dai Romani. Luoghi per il bagno pubblico, i *balnea*, esistevano fin dalla tarda repubblica, ma fu alla fine del I secolo a.C. che le terme si diffusero enormemente a Roma (dove se ne contavano circa 170) e nelle altre città italiche e provinciali. Nel 25 a.C. Agrippa fece costruire le prime terme pubbliche, le *thermae*, che erano, oltre a un luogo dedito alla **cura del corpo** e all'**igiene personale**, anche **centri di vita sociale** e **culturale**. Le terme pubbliche più grandi includevano infatti anche spazi per l'attività fisica, librerie, taverne per mangiare, stanze in cui dormire e persino piccoli teatri dove ascoltare poesia e musica.

L'area termale vera e propria era costituita da una successione di stanze con temperature diverse: il *calidarium*, la sala con acqua e aria calda, simile a un odierno bagno turco, il *tepidarium*, un locale di transito per consentire al corpo di acclimatarsi, e il *frigidarium*, una vasca con acqua fredda.

Alle terme avevano accesso tutti i cittadini, compresi i più poveri, perché l'ingresso era quasi sempre gratuito. Nell'età imperiale, le terme si ingrandirono e divennero ancora più lussuose, spesso strumento da parte degli imperatori per mostrare la loro grandezza e la loro munificenza: famose erano le terme di Nerone, di Traiano, di Caracalla, di Diocleziano e, in ultimo, quelle di Costantino.

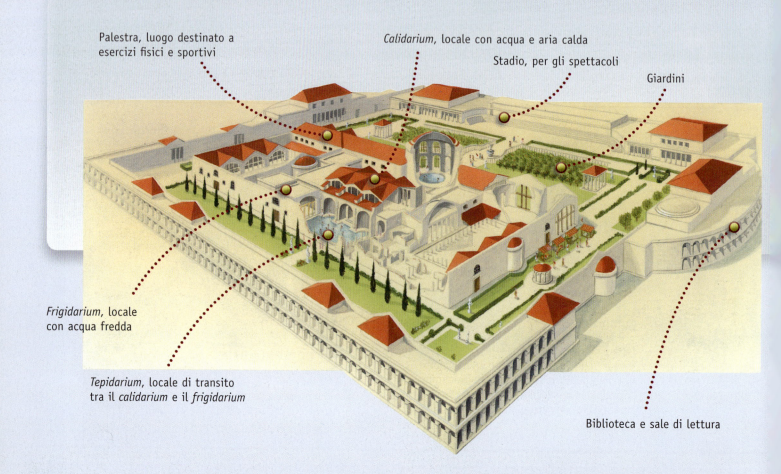

Palestra, luogo destinato a esercizi fisici e sportivi

Calidarium, locale con acqua e aria calda

Stadio, per gli spettacoli

Giardini

Frigidarium, locale con acqua fredda

Tepidarium, locale di transito tra il *calidarium* e il *frigidarium*

Biblioteca e sale di lettura

SCIENZA E TECNOLOGIA

Per riscaldare l'acqua e l'aria del *calidarium*, i Romani avevano ideato un ingegnoso sistema, chiamato **ipocausto**. Da alcune fornaci continuamente alimentate da schiavi usciva aria molto calda che circolava nelle intercapedini sotto il pavimento del calidario; questo infatti poggiava su dei pilastri di mattoni, detti *suspensurae*. Inoltre, grazie al passaggio del calore in tubi di laterizio a sezione quadrata, venivano riscaldate anche le pareti, e la temperatura poteva raggiungere i 50/60 gradi. Apposite caldaie riscaldavano l'acqua nella vasca del *calidarium*. Nell'immagine la ricostruzione dell'ipocausto delle Terme di Caen, in Francia.

Nelle terme erano presenti anche i **gabinetti pubblici**, le *latrinae*, grandi stanze circondate da assi di marmo lungo le pareti, con sopra dei fori, ognuno dei quali costituiva una seduta; le acque reflue scorrevano in appositi canali di scolo al di sotto delle assi, che poi defluivano nel sistema fognario, la *cloaca maxima*, posto nel sottosuolo di Roma.
I gabinetti quindi erano in comune: non era prevista la riservatezza se non nei bagni privati degli imperatori e della sua corte, e addirittura spesso risultavano essere **luoghi di socialità e di chiacchiere**. Vi erano inoltre dei contenitori con acqua, e delle spugne legate ad aste usate come carta igienica, che venivano poi lavate per essere riutilizzate.
A noi oggi tutto ciò può apparire alquanto disgustoso, ma va considerato che i Romani avevano una cura per l'igiene personale notevole per gli standard dell'epoca, molto più di tante altre civiltà precedenti e successive. Nell'immagine le latrine di Ostia antica.

Mentre i bagni pubblici erano inizialmente riservati ai soli uomini, alle terme avevano accesso anche le **donne**, sebbene con orari di ingresso differenti e spazi separati. Oltre al bagno, le donne potevano dedicarsi alla cura del corpo con **cure estetiche** e **massaggi profumati**, e potevano anche praticare attività fisica nelle palestre, come dimostra questo mosaico che ritrae delle ragazze impegnate in esercizi atletici (Villa del Casale, piazza Armerina). Famosa è la massima latina di Giovenale: *mens sana in corpore sano*, cioè "una mente sana in un corpo sano".

SINTESI

1.1 Dopo il 31 a.C., trovandosi a essere il solo arbitro del mondo romano, Ottaviano si presenta come il **restauratore della pace e dell'ordine**.
Nel rispetto delle forme repubblicane tradizionali, Ottaviano preserva i comizi e le magistrature elette dal popolo e, cercando sempre l'appoggio e il sostegno del senato, riesce a poco a poco a farsi attribuire tutte le cariche dello Stato. Si fa poi conferire l'appellativo di *imperator* ("comandante vittorioso") e di Augusto ("degno di venerazione" e "capace di assicurare benessere").
Viene così costituendosi un **modello istituzionale**, che è **repubblicano nella forma**, ma **monarchico nella sostanza**; per questi motivi gli storici moderni hanno sempre dato il nome di "**principato**" al governo di Augusto, definendo invece come "impero" il governo dei suoi successori.
Sotto Augusto Roma vive un periodo di **relativa pace**. Per quanto riguarda gli interventi **in campo militare**, Augusto si preoccupa soprattutto di **rafforzare i confini**: reprime alcune ribellioni in Spagna e in Gallia e raggiunge a nord delle Alpi la linea del fiume Danubio; stipula poi un'importante pace con i Parti, rinunciando per sempre all'occupazione dell'Asia centrale. Alla fine del principato, a seguito di una sconfitta subita dai Germani, deve rinunciare all'espansione di Roma a nord del Danubio e a est del Reno. Nel 4 d.C. Augusto, non avendo eredi diretti, adotta **Tiberio**, uno dei due figli di Livia, la sua terza moglie, e lo designa come successore. Muore nel 14 d.C.

1.2 Al tempo di Augusto l'impero è diviso in **dodici province senatorie**, affidate a un proconsole nominato dal senato, e in **venti province imperiali**, presidiate dall'esercito, poste lungo le frontiere e affidate all'amministrazione di legati (governatori) scelti dall'imperatore stesso.
L'**Egitto** invece, territorio di fondamentale importanza in quanto principale fonte di rifornimento del grano destinato alla capitale, non è trasformato in provincia, ma diventa **dominio personale dell'imperatore**, che lo governa attraverso il "prefetto dell'Egitto".
In politica interna Augusto **riorganizza l'esercito** creando nuovi reparti militari, le coorti; tra queste, nove coorti di pretoriani, una speciale guardia imperiale comandata dal prefetto del pretorio, quattro reparti per la difesa della capitale e otto per la vigilanza notturna. Anche la flotta viene rafforzata e dislocata in diverse basi navali.
In campo economico Augusto **riforma il sistema fiscale** imponendo anche ai cittadini più ricchi, rimasti sino a quel momento esenti da tributi, delle tasse che gli permettono di creare un **erario militare** per risolvere il problema della paga per i soldati congedati. Favorisce inoltre la ripresa delle attività agricole ma anche di quelle commerciali, grazie all'**ampliamento della rete stradale** associato all'istituzione di un efficiente servizio postale, convinto che il modo per rendere possibile una sempre più ampia diffusione della civiltà romana sia quello di facilitare i contatti tra tutte le zone dell'impero e tra queste e la capitale.

1.3 Augusto richiama i cittadini alla **pratica degli antichi riti**, allo scopo di preservare o ripristinare le antiche virtù romane, sempre più abbandonate dopo i contatti con il mondo orientale e nel corso delle guerre civili. A questo scopo promulga leggi contro il lusso eccessivo e per la riscoperta delle tradizioni familiari romane. Questi provvedimenti hanno però effetti ridotti, dal momento che la società romana è ormai troppo mutata perché un ritorno a un comportamento più tradizionale possa avvenire per imposizione di legge.
In ambito religioso introduce il **culto imperiale** nelle province orientali dell'impero. A Roma e in Italia, invece, pur accogliendo favorevolmente onori eccezionali e quasi divini, non vuole che si instauri l'adorazione ufficiale dell'imperatore vivente.
Augusto vede con favore la presenza nella capitale dei **poeti e letterati** più importanti del tempo; fra questi spicca soprattutto **Virgilio**, al quale l'imperatore commissiona un poema epico per celebrare la grandezza di Roma e le virtù del popolo romano, l'*Eneide*. L'imperatore, convinto dell'importanza dell'arte quale mezzo per l'elevazione morale, l'educazione politica del popolo e la celebrazione dell'imperatore, favorisce ogni iniziativa in questo senso. Da qui la costruzione di **opere pubbliche**, la diffusione di monete e di iscrizioni celebrative: tutto ciò al fine di dare vita a un'efficace "**organizzazione del consenso**".

PER COSTRUIRE LE COMPETENZE

TEMPO

1. Completa la cronologia.

63 a.C.	Nasce Gaio Giulio Cesare ....
31 a.C.	Battaglia di .... Inizia il potere di Augusto
27 a.C.	Ottaviano assume il titolo di ....
20 a.C.	Viene stipulata la pace con la popolazione dei ....
18 a.C.	Vengono promulgate le leggi Giulie che riguardano ......
9 d.C.	A .... l'armata romana di Varo viene sconfitta dai ....
14 d.C.	.... muore a Nola

LESSICO

2. Associa a ogni termine il relativo significato.

A. Augusto
B. Imperator
C. Frumentazione
D. Principe
E. Coorte
F. Cherusci
G. Parti
H. Legati
I. Leggi suntuarie
J. Mecenate

a. Capo supremo dello Stato
b. Rappresentanti imperiali nelle province
c. Popolazione asiatica
d. Potere supremo
e. Reparto militare
f. Tribù germanica
g. Provvedimenti contro il lusso eccessivo
h. Distribuzione di cereali alla plebe
i. Venerabile
j. Promotore della cultura

EVENTI E PROCESSI

3. Completa il testo utilizzando i seguenti termini.

Augusto • censore • console • costituzione • esercito • *imperator* • monarchia • pace • pontefice massimo • repubblica • venerabile

Le basi del potere erano due: la guida dell' .... e il mostrarsi come colui che ristabiliva la .... Il titolo che assunse fu prima quello di .... e poi di .... , che significa .... Egli assunse su di sé le principali cariche dello Stato: .... , ... , ... , però mantenne la forma della .... repubblicana. Nella sostanza si stava passando dalla .... alla ....

4. Indica se le seguenti affermazioni sono vere [V] o false [F].
- Le province romane erano in totale 32 [......]
- Le province imperiali erano presidiate dall'esercito [......]
- I legati erano gli amministratori delle province senatorie [......]
- L'Egitto era una provincia gestita da Augusto attraverso il prefetto dell'Egitto [......]
- Le tasse riscosse in Italia finivano in parte nel patrimonio personale dell'imperatore [......]
- La locuzione *panem et circenses* indica i doni dell'imperatore al popolo romano [......]
- Il prefetto del pretorio comandava la guardia personale dell'imperatore [......]
- I vigili si occupavano di ordine pubblico ed erano anche pompieri [......]
- Chi liberava uno schiavo doveva pagare una tassa [......]
- Il ricavato delle tasse veniva speso per i veterani congedati [......]
- Augusto introdusse il servizio postale [......]
- A Roma esisteva la pratica del divorzio [......]
- Il culto dell'imperatore si diffuse da Occidente a Oriente [......]

NESSI

5. Perché il governo di Augusto è stato chiamato "principato" mentre quello dei suoi successori "impero"?

6. Con quale espressione viene definita la politica imperiale attuata per accattivarsi il consenso della plebe?

7. Il prelievo fiscale andava ad alimentare due diverse tipologie di casse. Quali erano?

8. A quali principi si ispiravano le leggi Giulie? Quali risultati ottennero e perché?

9. Chi era Mecenate e quale ruolo ebbe per la cultura a Roma?

ARCHEOLOGIA ED EPIGRAFIA

10. Le *Res gestae divi Augusti* ("Imprese del divino Augusto") sono il racconto biografico della sua vita, che sarebbe dovuto essere scolpito nel bronzo e messo nel suo mausoleo. Il testo più completo lo troviamo ad Ankara (Turchia) nel tempio di Roma e Augusto, inciso sulle pareti, in latino e in greco. Dopo aver letto il seguente testo, tratto da questa iscrizione, rispondi alle seguenti domande.

Nel mio sesto e settimo consolato, dopo aver sedato l'insorgere delle guerre civili, assunsi per consenso universale il potere supremo, trasferii dalla mia persona al senato e al popolo romano il governo della repubblica. Per questo mio atto, in segno di riconoscenza, mi fu dato il titolo di Augusto per delibera del senato e la porta della mia casa per ordine dello Stato fu ornata con rami d'alloro, e una corona civica fu affissa alla mia porta, e nella Curia Giulia fu posto uno scudo d'oro, la cui iscrizione attestava che il senato e il popolo romano me lo davano a motivo del mio valore e della mia clemenza, della mia giustizia e della mia pietà. Dopo di che, sovrastai tutti per autorità, ma non ebbi potere più ampio di quelli che mi furono colleghi in ogni magistratura.
Quando rivestii il tredicesimo consolato, il senato, l'ordine equestre e tutto il popolo Romano, mi chiamò padre della patria, decretò che questo titolo dovesse venire iscritto sul vestibolo della mia casa, e sulla Curia Iulia e nel Foro di Augusto sotto la quadriga che fu eretta a decisione del senato, in mio onore. Quando scrissi questo, avevo settantasei anni.

- Per quale motivo gli è stato conferito il titolo di Augusto?
- Chi ha dato il consenso al suo potere?

- Cos'è la Curia Giulia?
- In quale anno Augusto ha redatto le *Res gestae*?

LAVORO SULLE FONTI

11. Il poeta Orazio, che frequentava il circolo di Mecenate, ha scritto un'ode celebrativa di Augusto. Dopo averla letta rispondi alle seguenti domande.

Il tuo tempo, Cesare, ha ridato ai campi
ricche messi ed al nostro Giove le insegne
strappate alle porte superbe
dei Parti; ha rinchiuso il tempio
di Quirino in pace, ha frenato
la licenza che andava oltre il segno;
ha tolto le colpe e rimesso
in vita le antiche virtù,
per cui crebbero il nome del Lazio e le forze
d'Italia, e la gloria, e la maestà dell'impero
si estese dal letto del sole
fino all'oriente. Con Cesare
alla guida dello stato, né guerra civile
né alcuna violenza potrà scacciare la pace,
né l'ira che forgia le spade,
e inimica l'una all'altra le città infelici.
Non violeranno la legge di Cesare
né quelli che bevono l'acqua del profondo Danubio,
né i Geti, o i Seri, o i Parti infidi.
(Orazio, *Odi*, IV 15)

- Chi è Cesare?
- Spiega il riferimento ai Parti e al tempio di Quirino.
- Individua nel testo i riferimenti alla politica culturale di Augusto studiata nel paragrafo 1.3.
- Qual è il merito massimo che Orazio attribuisce ad Augusto?

RIELABORAZIONE (verso l'orale)

12. Riorganizza le conoscenze e i concetti del capitolo sviluppando la seguente scaletta che ti può servire anche per un eventuale colloquio.

● **Principato di Augusto**

  Interventi politici
  - Riporta la pace a Roma
  - Conserva i comizi e il sistema elettivo
  - Assume alcune cariche fondamentali
  - Rafforza i confini

  Interventi amministrativi
  - Organizza le province
  - Riforma il sistema fiscale
  - Ristruttura l'esercito

  Interventi sociali e culturali
  - Crea il consenso attraverso *panem et circenses*
  - Propone un ritorno alle tradizioni familiari
  - Introduce il culto imperiale
  - Favorisce lo sviluppo culturale

LABORATORIO DELLE COMPETENZE

PASSATO/PRESENTE

13. Intorno al 7 d.C. Augusto ha diviso la penisola italica in 11 regioni, usando criteri soprattutto etnici (cioè relativi alle popolazioni che abitavano da secoli quei territori). Sulla base di questa ripartizione, fai un confronto con l'attuale divisione regionale oggi.

Regioni augustee	Regioni oggi in Italia
Regio I Latium et Campania	Lazio e Campania
Regio II Apulia et Calabria	Molise, Puglia
Regio III Lucania et Bruttium	Basilicata, Calabria
Regio IV Samnium	Abruzzo
Regio V Picenum	Marche
Regio VI Umbria et ager Gallicus	Umbria
Regio VII Etruria	Toscana
Regio VIII Aemilia	Emilia Romagna
Regio IX Liguria	Liguria
Regio X Venetia et Histria	Veneto/Friuli-Trentino
Regio XI Transpadana	Piemonte Lombardia

Cittadinanza e Costituzione

Le AUTONOMIE locali

Le province nell'antica Roma

Quando, a partire dal III secolo a.C. e dopo le guerre con Cartagine, i confini di Roma si estesero, si rese necessaria una ripartizione amministrativa del territorio al fine di garantire una più efficiente gestione e organizzazione dello Stato. Nacquero così le province, termine con cui si indicavano tutti i territori diversi da Roma e dall'Italia subappenninica.

A capo delle varie province – 13 in epoca repubblicana – all'inizio di ogni anno veniva inviato un magistrato (detto proconsole o propretore), al quale erano affidati ampi poteri in materia di ordine interno, di amministrazione della giustizia e di riscossione dei tributi.

> **lessico**
> **Provincia** il termine deriva dal latino *pro* e *victa*, ovvero "ulteriormente debellata, vinta", e indicava i territori conquistati da Roma e non aventi diritto alla cittadinanza romana.

Man mano che i territori conquistati divennero sempre più estesi e il loro controllo più difficile, si rese necessario un nuovo assetto amministrativo. Al tempo di Augusto le province – divenute ben 32 –, furono quindi suddivise in **senatorie** e **imperiali**: le province senatorie continuavano a essere governate sulla base del modello vigente nell'età repubblicana; quelle imperiali, acquisite di recente e non ancora del tutto pacificate, ma importantissime dal punto di vista finanziario e strategico-militare, furono gestite da funzionari di nomina imperiale che rispondevano direttamente al principe. I governatori delle province mantenevano un'ampia libertà di azione, garantendo così il funzionamento e l'efficacia di un **sistema decentrato**, imperniato sulle **autonomie locali**.

La sede della Regione Piemonte a Torino.

> **Costituzione Italiana**
> **Art. 5** • La Repubblica, **una e indivisibile**, riconosce e promuove le **autonomie locali**; attua nei servizi che dipendono dallo Stato il più ampio **decentramento** amministrativo; adegua i principi ed i metodi della sua legislazione alle esigenze dell'autonomia e del decentramento.

Il decentramento amministrativo nella Repubblica italiana

Benché in modo assai differente rispetto all'antica Roma, anche l'ordinamento amministrativo dell'Italia di oggi si basa sul decentramento, come afferma l'**articolo 5** della nostra Costituzione. Gli articoli 114-133 (Titolo V) avevano previsto, oltre al governo centrale, una serie di **enti territoriali o locali** come il **Comune**, le **Province** e le **Regioni**, con il compito di amministrare le varie parti in cui è suddiviso il territorio della repubblica. Nel 2001 è stata approvata una **legge costituzionale** che **modifica il Titolo V** e prevede maggiore autonomia degli enti locali, soprattutto in materia fiscale e finanziaria (artt. 114 e 119). Con la legge del 2009 nota come **Codice delle autonomie locali** la riforma del 2001 ha trovato completa applicazione.

Il principio di sussidiarietà

Il **principio di sussidiarietà** (art. 118) è la novità più importante introdotta dalla riforma del Titolo V: questo principio prevede che i bisogni dei cittadini devono essere soddisfatti dall'**ente territoriale** a loro **più vicino** (il Comune); soltanto quando l'amministrazione comunale non dispone di strumenti adeguati, oppure quando è opportuno garantire servizi omogenei per tutto il territorio nazionale, la competenza passa agli enti progressivamente più "distanti", come la Provincia, la Città metropolitana, la Regione e, infine, lo Stato. Mentre prima del 2001 l'articolo 114 sanciva la Repubblica come divisa in Regioni, Province e Comuni, adesso l'ordine è invertito: "La Repubblica è costituita dai Comuni, dalle Province, dalle Città metropolitane, dalle Regioni e dallo Stato".

Il Comune

Il **Comune**, spesso il più importante punto di riferimento per la popolazione, ha assunto come abbiamo visto una sua specifica rilevanza in seguito all'introduzione del principio di sussidiarietà.

A capo del Comune c'è il **Sindaco**, eletto direttamente dai cittadini ogni cinque anni. I consiglieri comunali, eletti attraverso il voto di lista ai partiti, vanno a com-

Cittadinanza e Costituzione

> **COSTITUZIONE ITALIANA**
>
> **Art. 114** • La Repubblica è costituita dai Comuni, dalle Province, dalle Città metropolitane, dalle Regioni e dallo Stato.
>
> I Comuni, le Province, le Città metropolitane e le Regioni sono enti autonomi con propri statuti, poteri e funzioni secondo i principi fissati dalla Costituzione.
>
> Roma è la capitale della Repubblica. La legge disciplina il suo ordinamento.
>
> **Art. 118** • Le funzioni amministrative sono attribuite ai Comuni salvo che, per assicurarne l'esercizio unitario, siano conferite a Province, Città metropolitane, Regioni e Stato, sulla base dei principi di sussidiarietà, differenziazione ed adeguatezza. [...]
>
> **Art. 119** • I Comuni, le Province, le Città metropolitane e le Regioni hanno autonomia finanziaria di entrata e di spesa. [...] I Comuni, le Province, le Città metropolitane e le Regioni hanno risorse autonome. Stabiliscono e applicano tributi ed entrate propri, in armonia con la Costituzione e secondo i principi di coordinamento della finanza pubblica e del sistema tributario. Dispongono di compartecipazioni al gettito di tributi erariali riferibile al loro territorio. [...]

porre il **Consiglio comunale**, un organo collegiale che con il suo voto approva le deliberazioni del Sindaco e della Giunta e stabilisce le linee guida della loro azione di governo. La **Giunta comunale**, infine, è l'organo di governo del Comune; è presieduta dal Sindaco e i suoi membri sono detti **assessori**.

La Provincia

La **Provincia** è un ente locale che comprende il **territorio di più Comuni** e ha specifici ambiti di competenza, tra cui:
- pianificazione territoriale
- viabilità e trasporti
- manutenzione delle strade
- difesa del suolo e dell'ambiente
- risorse idriche
- edilizia scolastica.

Negli ultimi anni la politica sta discutendo, per motivi di efficienza e di risparmio generale, intorno all'abolizione delle Province. Un primo passo è stato compiuto nell'aprile 2014, con la legge che trasforma le Province in organi di secondo livello, non elettivi, ma composti dai sindaci dei Comuni di quel territorio.

La Città metropolitana

Le **Città metropolitane** corrispondono a **nuove aree amministrative** già previste da una riforma del 1990, poi confermate nell'articolo 114 della Costituzione: sono formate dalle principali città italiane (le "metropoli" appunto) e dai Comuni a esse strettamente legati per motivi geografici, economici, sociali, culturali e di servizio.

La Città metropolitana è competente a prendere decisioni, a far collaborare i Comuni che la compongono e a coordinarne l'azione in materie come la regolazione della **mobilità**, il sistema dei **trasporti**, l'individuazione degli spazi da dedicare al **commercio** o all'**industria**.

L'iter legislativo è in corso, e si prevede che si possa concludere con l'istituzione di 10 Città metropolitane: Bari, Bologna, Firenze, Genova, Milano, Napoli, Reggio Calabria, Roma, Torino e Venezia. Nelle Regioni a statuto speciale è prevista la creazione di altre 4 Città metropolitane: Cagliari, Catania, Messina e Palermo.

La Regione

La **Regione** è l'ente territoriale che detiene il **grado più elevato di autonomia politica e organizzativa**, anche in virtù della riforma del 2001 che ne ha ulteriormente esteso le competenze.

I cittadini eleggono ogni cinque anni sia il **Presidente** sia i componenti del **Consiglio regionale**; organo esecutivo è la **Giunta regionale**, guidata dal Presidente. Le Regioni sono in tutto venti, cinque delle quali (Valle d'Aosta, Trentino-Alto Adige, Friuli-Venezia Giulia, Sicilia e Sardegna) a **statuto speciale**. Oltre a esercitare le competenze amministrative, ogni Regione ha uno Statuto che stabilisce i criteri generali (art. 123).

> **lessico**
> **Statuto speciale** l'espressione si riferisce a quelle Regioni che godono di particolari forme di autonomia, indicate in uno Statuto regionale approvato – secondo quanto stabilisce l'articolo 116 della Costituzione – con una legge costituzionale.

La piana di Firenze, Prato e Pistoia. Da qualche decennio si assiste al fenomeno della cosiddetta "conurbazione", una grande e unica area urbana al cui interno il Comune più grande e quelli più piccoli che gli gravitano intorno si sono praticamente saldati, disponendosi in una perfetta continuità territoriale.

LE AUTONOMIE LOCALI

◀ Le Regioni italiane con il loro stemma.

COSTITUZIONE ITALIANA

Art. 117 • [...] Spetta alle Regioni la potestà legislativa in riferimento ad ogni materia non espressamente riservata alla legislazione dello Stato. [...]

Art. 123 • Ciascuna Regione ha uno statuto che, in armonia con la Costituzione, ne determina la forma di governo e i principi fondamentali di organizzazione e funzionamento. Lo statuto regola l'esercizio del diritto di iniziativa e del referendum su leggi e provvedimenti amministrativi della Regione e la pubblicazione delle leggi e dei regolamenti regionali. [...]

Le competenze regionali

La Regione ha inoltre **competenze legislative** stabilite dall'art. 117. La riforma del 2001 ha stabilito che lo Stato conserva le sue competenze legislative nelle materie fondamentali (diplomazia, difesa, sicurezza, giustizia, cittadinanza); in altre materie, come l'istruzione, la previdenza e i trasporti, il potere legislativo è esercitato sia dalle Regioni che dallo Stato; in realtà, a quest'ultimo spetta di fissare i princìpi generali, lasciando alle Regioni il compito di elaborare la legge. L'ambito che maggiormente impegna le risorse economiche regionali è la sanità.

ATTIVITÀ

1. Completa la tabella sugli organi dei vari enti della Repubblica.

	Organo di indirizzo e controllo / Organo legislativo	Organo di governo	Capo dell'organo di governo
Comune	Consiglio comunale		
Città metropolitana	Consiglio metropolitano	–	Sindaco metropolitano
Regione			Presidente della Regione (o Governatore)
Stato	Parlamento (Camera dei Deputati e Senato)		

2. In una tabella elenca quali sono gli enti locali del territorio in cui abiti e per ciascuno esplicita il suo compito istituzionale.
3. Cerca il sito del tuo Comune e indica i nomi degli amministratori e dei servizi che offre ai cittadini.
4. Qual è il tuo parere sull'abolizione delle Province?

capitolo 2
La dinastia Giulio-Claudia e i Flavi

Le conquiste di Roma da Tiberio ai Flavi

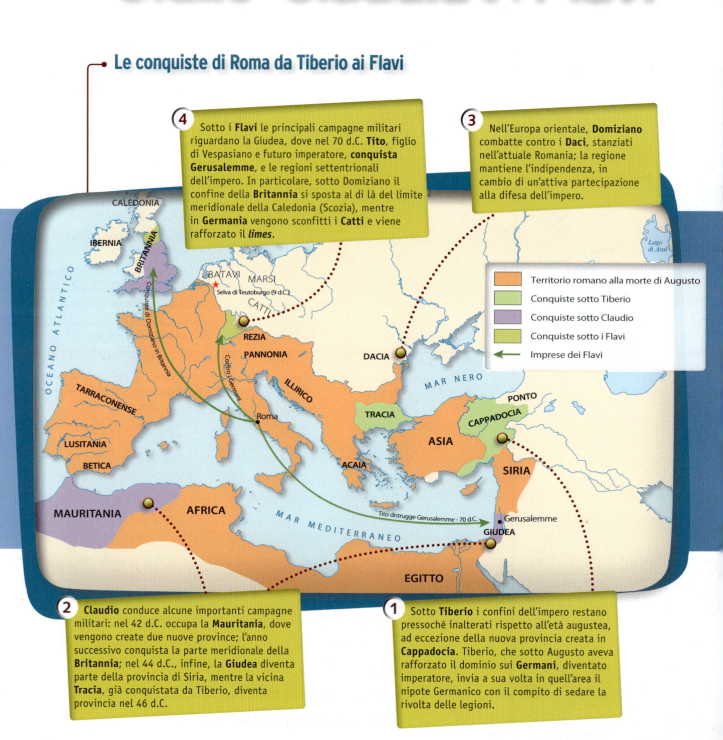

4 Sotto i **Flavi** le principali campagne militari riguardano la Giudea, dove nel 70 d.C. **Tito**, figlio di Vespasiano e futuro imperatore, **conquista Gerusalemme**, e le regioni settentrionali dell'impero. In particolare, sotto Domiziano il confine della **Britannia** si sposta al di là del limite meridionale della Caledonia (Scozia), mentre in **Germania** vengono sconfitti i **Catti** e viene rafforzato il *limes*.

3 Nell'Europa orientale, **Domiziano** combatte contro i **Daci**, stanziati nell'attuale Romania; la regione mantiene l'indipendenza, in cambio di un'attiva partecipazione alla difesa dell'impero.

2 **Claudio** conduce alcune importanti campagne militari: nel 42 d.C. occupa la **Mauritania**, dove vengono create due nuove province; l'anno successivo conquista la parte meridionale della **Britannia**; nel 44 d.C., infine, la **Giudea** diventa parte della provincia di Siria, mentre la vicina **Tracia**, già conquistata da Tiberio, diventa provincia nel 46 d.C.

1 Sotto **Tiberio** i confini dell'impero restano pressoché inalterati rispetto all'età augustea, ad eccezione della nuova provincia creata in **Cappadocia**. Tiberio, che sotto Augusto aveva rafforzato il dominio sui **Germani**, diventato imperatore, invia a sua volta in quell'area il nipote Germanico con il compito di sedare la rivolta delle legioni.

2 La dinastia Giulio-Claudia e i Flavi

14-68 d.C.
Dinastia Giulio-Claudia

64 d.C.
Incendio di Roma e prima persecuzione contro i cristiani

69-96 d.C.
Dinastia Flavia

69 d.C.
Lex de imperio Vespasiani

70 d.C.
Tito assedia e distrugge Gerusalemme

79 d.C.
Eruzione del Vesuvio e distruzione di Ercolano, Stabia e Pompei

Il nuovo sistema politico e istituzionale creato da Augusto si rivelò irreversibile, e inaugurò un nuovo periodo della storia di Roma in cui il **potere**, ormai concentrato nelle mani di un singolo **imperatore**, iniziò a essere trasmesso per via **ereditaria**: nacque così la **Roma imperiale**. Protagoniste dello scenario politico divennero le **dinastie** di imperatori, per prime la **Giulio-Claudia** (14-69 d.C.) e la **Flavia** (69-96 d.C.), durante le quali assunse particolare rilevanza l'**apparato burocratico** di corte. Le strutture amministrative augustee di gestione dei territori imperiali vennero consolidate e perfezionate, fino a quando l'imperatore Vespasiano, nel 69 d.C., ufficializzò definitivamente la base costituzionale del principato.

Nel I secolo d.C. iniziarono a presentarsi alcuni aspetti che sarebbero divenuti drammatici soltanto dopo molti decenni: atteggiamenti sempre più autoritari degli imperatori fino a forme di **monarchia assoluta**, la **corruzione** della corte imperiale, i primi contrasti con la religione cristiana.

Le campagne militari condotte da alcuni imperatori ampliarono ulteriormente i confini dell'impero, e le **province** furono rese partecipi non solo della floridezza economica ma anche della vita politica, militare e culturale, entrando sempre più a far parte della nuova compagine imperiale.

Alcuni imperatori della dinastia Giulio-Claudia e Flavia, come Caligola, Nerone o Domiziano, furono condannati aspramente con giudizi del tutto negativi dalla storiografia del tempo, per lo più espressione della classe senatoria a loro avversa; gli storici tendono oggi a prendere le distanze da simili giudizi, per giungere a valutazioni più obiettive e realistiche.

2.1 La dinastia Giulio-Claudia

La successione di Augusto: Tiberio (14-37 d.C.) e la dinastia Giulio-Claudia

Le profonde modifiche apportate da Augusto al sistema politico e istituzionale di Roma furono tanto irreversibili che non risultarono solo una fase temporanea, ma inaugurarono un nuovo periodo della storia di Roma; il potere, allontanandosi sempre di più dalle tradizioni repubblicane era ormai concentrato nelle mani dei singoli imperatori e iniziò nei fatti, anche se non supportato da alcuna legge, a essere trasmesso per via ereditaria: nasceva così la **Roma imperiale**.

Augusto infatti, essendo morti tutti i suoi discendenti diretti, sin dal 4 d.C. aveva prima associato al governo e poi designato come erede il figlio adottivo **Tiberio**, facendo ratificare questa investitura da un regolare voto del senato ed evitando così lotte per la successione. Tiberio diede inizio a una nuova dinastia, detta **Giulio-Claudia** perché nasceva dall'unione di due famiglie: la *gens* Giulia, a cui appartenevano Giulio Cesare e Augusto per adozione, e la *gens* Claudia, a cui apparteneva Tiberio per nascita.

> **lessico**
> **Ratifica** nel diritto pubblico è il riconoscimento da parte dell'organo competente della piena validità di un provvedimento adottato da un organo del potere esecutivo.

Tiberio, il nuovo "principe" di Roma

Una volta assunto il potere, Tiberio, dopo una lunga esperienza diplomatica e militare, si sforzò nei primi anni di governo di **seguire le direttive politiche di Augusto**, mostrando un atteggiamento ancora più rispettoso verso il senato e ricorrendo continuamente a esso. D'altra parte, dotato com'era di temperamento riservato e schivo, egli non aveva fatto mistero delle proprie incertezze ed esitazioni nell'accettare il principato, non avendo né l'autorità né il prestigio che avevano caratterizzato il padre adottivo: di qui anche il suo netto rifiuto a farsi chiamare "imperatore" e "padre della patria", ma soltanto *"princeps"*, vale a dire il primo dei senatori.

In campo amministrativo, Tiberio, amministratore capace e attento, prese iniziative anzitutto volte a eliminare molti abusi nella pubblica amministrazione e a migliorare le condizioni di vita degli agricoltori. A tale scopo, in seguito a una grave crisi agraria che colpì l'impero, egli mise a disposizione parte del suo patrimonio personale per istituire un **fondo di credito** senza alcun interesse, destinato ai piccoli proprietari fondiari.

Nonostante questo Tiberio non riuscì a impedire lo scoppiare di gravi **tumulti in Italia e nelle province**: da una parte l'Italia voleva conservare l'assoluta preminenza di paese-guida sino ad allora goduta, dall'altra le province, il cui peso sul piano economico e politico andava crescendo sempre di più, chiedevano una maggiore partecipazione alla vita dello Stato.

La famiglia di Augusto
Su questo bassorilievo dell'*Ara Pacis* è rappresentata gran parte della *gens* Giulio-Claudia durante una processione sacra preceduta da Augusto con il capo coperto.

2 La dinastia Giulio-Claudia e i Flavi

Iniziative in campo militare

Tiberio dovette anche fare i conti con la **situazione incerta ai confini** dell'impero. Infatti, proprio nel primo anno del suo regno, le legioni che erano stanziate in Pannonia, regione sul medio corso del **Danubio**, e quelle assegnate sul **Reno** avevano dato inizio a una rivolta ostinata e violenta a causa di un arbitrario prolungamento della ferma e delle paghe insufficienti; ristabilire fra esse l'obbedienza e la disciplina fu un'impresa ardua. Tale delicato compito fu portato a termine con successo dal nipote dell'imepatore, **Germanico**, suo successore designato, il quale, dopo aver ottenuto l'onore del trionfo, avrebbe desiderato intraprendere nuove conquiste militari ma la morte lo colse improvvisamente (19 d.C.).

le FONTI — Laboratorio

Lavorare con

Augusto e la sua dinastia

Il *Gran Cammeo di Francia*, conservato presso la Bibliothèque Nationale di Parigi, è un'opera di straordinaria fattura, appartenuta per secoli al tesoro dei re.
La sua interpretazione è stata a lungo oggetto di discussione: la sua datazione risale probabilmente ai primi anni del regno di Tiberio, quando i due potenziali successori al trono, Germanico e Druso Minore, erano ancora in vita.

Opera *Gran Cammeo di Francia*
Data I secolo d.C.
Tipologia fonte cammeo

Sul cammeo sono rappresentati **tre ordini di figure**: in alto, col capo velato e lo scettro, si riconosce l'imperatore **Augusto** divinizzato, sostenuto dal capostipite della **gens Iulia**, il troiano Iulo, in abiti orientali, che tiene tra le mani il mondo.

Il giovane armato di fronte a Tiberio è **Germanico**, nipote dell'imperatore, forse in partenza per le regioni del Reno. Accanto a lui la madre, **Antonia Minore**, mentre le due figure dietro a Germanico vengono identificate con sua moglie **Agrippina** insieme al figlio minore, il futuro imperatore **Caligola**.

Nell'ordine centrale, l'imperatore **Tiberio**, seduto sul trono, è affiancato da sua madre **Livia**. A destra vi è **Druso Minore**, figlio di Tiberio, con sua moglie **Livilla**.

L'ordine inferiore, separato nettamente dagli altri due, è costituito da un gruppo di **barbari prigionieri**: essi rappresenterebbero i popoli sconfitti dalla potenza di Roma.

Per COMPRENDERE

1. Che grado di parentela esisteva fra Augusto e Tiberio?
2. Che relazione esiste, secondo te, fra i barbari rappresentati nell'ordine inferiore del cammeo e la figura di Germanico?
3. Osservando la disposizione dei personaggi sul cammeo, qual è l'imperatore che può aver commissionato tale opera?

Tiberio, d'altronde, nonostante fosse un abile generale, aveva la salda convinzione che fosse molto più opportuno reprimere le ribellioni, difendere i confini dell'impero e **pacificare l'Oriente**, piuttosto che impegnarsi in nuove operazioni di conquista costose e pericolose.

Gli ultimi anni di Tiberio: il potere nelle mani dei pretoriani

Della morte di Germanico fu accusato già allora lo stesso Tiberio, il quale probabilmente lo aveva fatto avvelenare per assicurare al figlio Druso Cesare la successione. Ciò contribuì a rendere sempre più cupo e chiuso il carattere di Tiberio e a determinare in lui un **crescente distacco dalle cure del governo**.

Negli ultimi anni della sua vita, Tiberio, incapace ormai di porre un freno ai **frequenti intrighi di corte**, si trasferì in una villa sull'isola di Capri, pur continuando a comunicare la propria volontà al senato per mezzo di lettere. L'imperatore, ormai vecchio, si avvicinò così a **Lucio Elio Seiano**, prefetto del pretorio di rango equestre, uomo astuto e ambiziosissimo, il quale spinse l'imperatore, sebbene in contrasto con la sua moderazione politica, a fare un continuo uso dei tribunali di **lesa maestà**, che emanavano **condanne a morte e confische dei beni** contro chiunque fosse accusato di mancare di rispetto alla persona del sovrano. In questo clima di terrore **i pretoriani acquistarono** a Roma **sempre più potere** a scapito dell'oligarchia senatoria, che si vedeva sfuggire dalle mani ogni possibilità di predominio e che tentò invano di opporsi. Nel **37 d.C. moriva** lo stesso Tiberio, tra l'**entusiasmo della classe senatoria**, lieta di essersi liberata dall'incubo della **delazione**, e la non minore **soddisfazione dei ceti popolari**, desiderosi più che mai delle costose frumentazioni e delle pubbliche feste, che la linea di rigido risparmio assunta da Tiberio aveva drasticamente limitato.

> **lessico**
>
> **Lesa maestà**
> delitto commesso contro la persona del sovrano.
>
> **Delazione**
> denuncia segreta motivata da interessi personali.

La nascita e la crocifissione di Gesù e le prime comunità cristiane

Durante il principato di Augusto era nato in Palestina **Gesù**, il quale iniziò a predicare al mondo l'avvento di un nuovo regno guidato da una pace diversa e più profonda, fondata sulla libertà e sull'uguaglianza degli uomini. Intorno a Gesù si raccolsero i **primi seguaci**, tra cui dodici fedeli apostoli, e si crearono le prime comunità di fedeli cristiani.

Sebbene provenisse dalla cultura e tradizione ebraica, la dottrina di Gesù se ne distaccava suscitando la reazione sia dei sacerdoti ebraici che dei governatori romani, preoccupati per le idee considerate sovversive dell'ordine politico, sociale e religio-

◄ **Tiberio**
Statua di Tiberio vestito con la corona e il manto imperiale.

La villa di Sperlonga ►
La villa di Sperlonga (Latina), appartenuta a Tiberio, era un grande complesso costruito su terrazze rivolte verso il mare. La grotta naturale che sorgeva vicino alla villa venne trasformata in un triclinio all'aperto abbellito da piscine e statue, dove l'imperatore intratteneva i suoi ospiti durante i banchetti estivi.

I primi messaggeri della fede cristiana

Vetro dorato con le immagini degli apostoli Pietro e Paolo.

so imposto dal dominio romano in Giudea. Per questo la reazione delle autorità non tardò ad arrivare, e intorno al 33 d.C. (ma più probabilmente nel 30 d.C.), durante l'impero di Tiberio, Gesù fu arrestato dalle autorità religiose ebraiche e consegnato al governatore romano **Ponzio Pilato** che lo condannò alla **crocifissione**.

Da allora in poi furono i suoi seguaci, per primi i due apostoli **Pietro e Paolo**, a diffondere nei territori dell'impero romano la nuova dottrina di Gesù: era nata una **nuova religione**, il **cristianesimo**, destinato ad avere una profonda influenza sulla successiva storia dell'umanità, non prima però di scontrarsi molte volte con il potere politico e religioso romano.

Caligola (37-41 d.C.): l'imperatore folle e il suo ideale monarchico

Prima di morire Tiberio, dopo aver fatto uccidere Seiano che aspirava al trono, aveva designato a succedergli il **pronipote** Gaio Cesare, figlio di Germanico, detto **Caligola** per la calzatura militare (*caliga*) che indossava da bambino. Il ventiquattrenne imperatore sembrò da principio intenzionato a far dimenticare i tristi avvenimenti degli ultimi anni del suo predecessore, assumendo un indirizzo politico favorevole all'antica tradizione repubblicana, sospendendo la legge di lesa maestà e restituendo ai comizi l'autorità tolta loro da Tiberio. Tuttavia il buon governo di Caligola durò soltanto pochi mesi: in seguito a un improvviso aggravarsi di un **disturbo nervoso**, il giovane imperatore si abbandonò infatti a una **lunga serie di stravaganze e follie**, non ultima quella di eleggere senatore il proprio cavallo, dimostrando la scarsa considerazione che egli nutriva nei confronti del senato. Inoltre, forse per emulare le gesta del padre Germanico, progettò di invadere la Britannia, ma la campagna militare fu presto abbandonata.

L'aspetto più originale del suo regno fu il **tentativo** d'instaurare per la prima volta a Roma **una monarchia assoluta di tipo ellenistico**, non dissimile da quella orientale e faraonica e quindi **incompatibile con la tradizione** romano-italica, la quale ignorava il concetto del re-dio e della sua venerazione. Il senato, intimorito e corrotto, finì per accettare la divinizzazione di Caligola e ordinarne il culto. Non soddisfatto l'imperatore, spinto da **mania di persecuzione**, diventò terribilmente sospettoso e ordinò l'**eliminazione** di numerosissimi cittadini e parenti.

La reazione a questo clima di terrore non tardò ad arrivare: dopo soli quattro anni d'impero, in seguito a una **congiura**, Caligola fu ucciso da alcuni **pretoriani**, sempre più influenti sugli imperatori e sulla loro elezione.

Caligola

Le stravaganze di Caligola (qui in una statua conservata al Museo Archeologico di Napoli) possono essere in parte spiegate a causa del clima di congiure, intrighi e violenza che aveva caratterizzato la sua infanzia; Gaio Cesare non era destinato a diventare imperatore ma lo divenne poiché ultimo superstite della sua famiglia.

le FONTI — Laboratorio

lavorare con

Caligola e il culto imperiale

In questo testo lo storico Svetonio, autore del *De vita Caesarum*, una serie di biografie degli imperatori da Cesare a Domiziano, descrive come progressivamente Caligola instaurò a Roma il culto della propria persona, inaugurando, secondo il costume orientale, la divinizzazione dell'imperatore vivente.

Autore Svetonio
Opera *De vita Caesarum*
Data 121 d.C.
Tipologia fonte testo storiografico

romano: fin dall'età classica ogni influenza ellenica od orientalizzante era vista con sospetto dai Romani, assertori intransigenti della necessità di conservare i costumi tradizionali e di respingere le innovazioni degli altri popoli, che avrebbero potuto alterare le strutture stesse della società romana.

attributi degli dei: il tema della divinizzazione del monarca trovava le sue radici nella tradizione faraonica e siriana, ma anche nelle monarchie ellenistiche, caratterizzate dalle genealogie divine dei sovrani: ad esempio la discendenza da Ercole dei sovrani della Macedonia. Proprio da quest'ultima tradizione presero spunto i *principes* romani, attraverso Iulo, fondatore della *gens Iulia*, figlio di Enea, a sua volta nato dalla dea Venere.

> Le sue vesti, le sue calzature, il suo portamento in generale non furono mai degni di un <u>romano</u>, di un cittadino e nemmeno del suo sesso e, per concludere, neanche di un essere umano. Spesso apparve in pubblico indossando mantelli ricamati, tempestati di pietre preziose, una tunica con larghe maniche e braccialetti vari; qualche altra volta invece vestito di seta, con una lunga veste bordata d'oro; ai piedi portava ora dei sandali o dei <u>coturni</u>, ora scarpe da esploratore, qualche volta calzature femminili. Spesso lo si vide con la barba dorata, mentre teneva in mano gli <u>attributi degli dei</u>, il fulmine, il tridente o il caduceo, e perfino vestito da Venere. Per quanto concerne le <u>insegne del trionfo</u>, le portò normalmente anche prima della sua spedizione e qualche volta indossò perfino la corazza di Alessandro Magno che aveva fatto togliere dal suo sepolcro.

coturni: erano i tipici calzari, alti e dalla suola stretta, simili a degli stivaletti allacciati con stringhe, indossati dagli attori di tragedie romane di ambientazione greca, dette, proprio per questi calzari, *cothurnate*.

insegne del trionfo: l'adorazione delle insegne regali, l'usanza di ritrarre i sovrani cinti da una corona radiata sulle monete e la *proskùnesis*, ovvero l'atto di inginocchiarsi davanti all'imperatore come gesto di sottomissione e devozione, erano pratiche che facevano parte del culto del sovrano ellenistico e furono introdotte a Roma da Caligola, a partire dal I secolo d.C.

Per COMPRENDERE

1. Per quale motivo i comportamenti di Caligola hanno suscitato tanto scalpore nell'opinione pubblica romana?
2. La descrizione dell'aspetto di Caligola a quali altri popoli può rimandare?
3. Di che cosa può considerarsi il simbolo Alessandro Magno?

◀ Ritratto dell'imperatore Caligola.

Claudio (41-54 d.C.): l'imperatore scelto dai pretoriani

Alla morte di Caligola, mentre i senatori discutevano sul modo di attuare una **restaurazione repubblicana**, i pretoriani, di estrazione equestre, agirono imponendo con un colpo di mano militare la nomina dello zio del defunto imperatore, il cinquantenne **Tiberio Claudio Nerone**, uomo colto e dedito allo studio di storia romana ed etrusca. Claudio vagheggiava un ritorno all'equilibrio di forze attuato dalla scaltra diplomazia di Augusto: ecco perché, nel tentativo di ridare vita alla **collaborazione fra imperatore e senato**, si allontanò con decisione dalla politica attuata di Caligola e respinse con fermezza il culto dell'imperatore in vita. Il nuovo imperatore però, privo di grandi abilità diplomatiche, non riuscì a realizzare una vera conciliazione con le istituzioni repubblicane, incontrando in breve tempo la ferma ostilità dei senatori. Perciò, per non correre il rischio di essere spodestato, egli decise di **accentrare** tutto **il potere nelle proprie mani**, cercando l'appoggio dell'esercito. Si circondò inoltre di un grande numero di **liberti**, più facilmente controllabili dei cavalieri e dei senatori: gli ex servi della famiglia del principe, a cui distribuiva onori e cariche, si trasformarono così in importanti funzionari, accumulando ingenti ricchezze e andando a formare una **potente** ed efficiente **burocrazia di corte**.

Claudio: tra innovazioni e corruzione della sua corte

Claudio tentò di fare dell'impero un organismo unico e compatto, attenuando la disparità esistente fra l'Italia e le province delle quali promosse la romanizzazione: **estese il diritto di cittadinanza** alle élite della Gallia e ai soldati dei reparti **ausiliari** ed elevò al rango senatorio molti provinciali, avviando così la trasformazione del senato da organo dell'aristocrazia italica a organo dei ceti ricchi di tutto il mondo romano.

In **politica estera**, Claudio mirò a **mantenere saldi i confini** e a esercitare nello stesso tempo un controllo sui popoli non sottoposti, creando piccoli **regni tributari**. Ciò non gli impedì tuttavia di compiere alcune conquiste di rilievo in **Africa** e **Giudea** e di creare numerose nuove province tra cui quella della **Britannia**.

Sotto il governo di Claudio, l'impero fu in grado di risollevarsi dalla grave situazione finanziaria in cui le folli spese di Caligola lo aveva ridotto. Fu per l'appunto la sua opera di **risanamento finanziario** a permettere di promuovere **numerose opere pubbliche**, quali la costruzione di strade, di un grande acquedotto e l'ampliamento del porto di Ostia, l'approdo delle flotte che rifornivano di frumento la capitale.

> **Lessico**
> **Ausiliari** reparti militari che cooperavano con le legioni; erano formati da soldati reclutati nelle province, fra i "peregrini" (coloro che non avevano la cittadinanza romana).

Volubilis
Veduta della città di Volubilis (oggi in Marocco), importante centro amministrativo del regno di Mauretania, che venne annesso all'impero romano nel 42 d.C. La sua lealtà nei confronti dell'autorità romana le valse la concessione della cittadinanza sotto l'imperatore Claudio.

I CAPISALDI DELLA POLITICA DI CLAUDIO

Politica di Claudio

- **Sviluppo del centralismo e risanamento finanziario**
  - Chiamata di liberti fedeli all'imperatore alle più alte cariche dello Stato
  - Creazione di un apparato burocratico efficiente

- **Coinvolgimento delle province**
  - Estensione del diritto di cittadinanza ai soldati impiegati nei reparti ausiliari.
  - Ammissione della nobiltà e dei ceti possidenti provinciali al rango senatorio

- **Rafforzamento ed estensione dei confini**
  - Creazione di piccoli regni tributari.
  - Conquiste in Africa, Britannia e Giudea

L'ultimo periodo del regno di Claudio è ricordato soprattutto per i numerosi **intrighi di corte** e per l'influenza negativa i suoi **liberti-ministri** e le sue **mogli** ebbero su di lui. Dopo avere mandato a morte la terza consorte **Messalina**, accusata di tradimento, il sovrano sposò la propria nipote **Agrippina**, sorella di Caligola, madre di Lucio Domizio Nerone, il futuro imperatore. La nuova consorte riuscì a poco a poco a convincerlo non solo ad **adottare Nerone**, ma anche a **designarlo come successore al trono** al posto di Britannico, unico figlio legittimo di Claudio.

Gli studi di Claudio
Durante gli anni della sua giovinezza, Claudio scrisse una *Storia degli Etruschi*, dei quali volle imparare anche la lingua, una *Storia di Cartagine* e iniziò una *Storia di Roma*, che partiva dai tempi della monarchia.

Nerone (54-68 d.C.): i primi anni di governo illuminato e la svolta tirannica

Nell'ottobre del 54 d.C. Claudio morì avvelenato da Agrippina, la quale aveva già fatto proclamare imperatore da parte dei pretoriani il figlio **Nerone**. Il diciassettenne Nerone cominciò, come i suoi predecessori, a governare con illuminato equilibrio, tanto che i **primi cinque anni** del suo regno furono **uno dei periodi più felici dell'impero**. Ciò non stupisce, se si considera che, per la sua giovane età, egli era ancora sotto l'influenza diretta della madre e dei due maestri e consiglieri che questa gli aveva posto al fianco: il filosofo stoico **Lucio Anneo Seneca**, favorevole a una politica filosenatoria, e il prefetto del pretorio **Sesto Afranio Burro**. Nerone tuttavia cercò ben presto di sottrarsi all'influenza della madre, determinata a interferire sempre di più negli affari dello Stato. Così, quando la spregiudicata Agrippina si avvicinò all'altro suo figlio **Britannico** nell'intento di aiutarlo a rivendicare i suoi diritti al trono, Nerone per tutta risposta la allontanò dalla corte e **la fece uccidere** insieme al **fratellastro** (59 d.C.).
Da quel momento Nerone cominciò a non appoggiare più il senato e a sognare, come Caligola, l'instaurazione di **una monarchia assoluta** di tipo orientale, legandosi a personaggi ambigui, alcuni dei quali ricordati per la loro rozzezza e crudeltà, come il prefetto del pretorio **Gaio Onofrio Tigellino**. Con il tempo Nerone eliminò qualsiasi persona che potesse metterlo in ombra, comprese le sue consor-

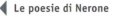
Le poesie di Nerone
L'imperatore Nerone era amante della poesia; lui stesso scrisse numerosi versi, che spesso recitava durante i suoi banchetti.

LA DINASTIA GIULIO-CLAUDIA

- Tiberio (14-37 d.C.)
- Caligola (37-41 d.C.)
- Claudio (41-54 d.C.)
- Nerone (54-68 d.C.)

Storia al femminile: Le mogli degli imperatori e gli intrighi di corte

Tra le figure più rilevanti nella storia dell'impero romano vi sono le mogli degli imperatori, alcune delle quali ebbero grande influenza sul marito e sulla sua corte.
Livia Drusilla fu la prima imperatrice dell'impero romano perché moglie di Ottaviano Augusto, che la convinse a divorziare offrendole un ruolo più prestigioso. Dal precedente matrimonio Livia aveva avuto due figli, uno dei quali Tiberio, il futuro successore di Augusto; in quanto figlia di un Claudio, portò alla nascita della dinastia Giulio-Claudia. Inoltre Livia fu l'antenata di una serie di imperatori: nonna di Germanico e Claudio, bisnonna di Caligola e trisavola di Nerone. Le fonti storiche hanno dato un ritratto positivo di Livia e del suo fine acume politico che tanta ascendenza ebbe sul marito.
Una pronipote di Augusto, Agrippina Minore, fu spinta da Tiberio a sposare il console Enobarbo, da cui ebbe il futuro imperatore Nerone. Morto il primo marito, cospirò contro l'imperatore Caligola che la mandò in esilio, e quando anche Caligola morì sposò l'imperatore Claudio e lo costrinse ad adottare Nerone come successore al posto del suo figlio legittimo. Ma il carattere energico e ambizioso di Agrippina la spinse a intromettersi eccessivamente nella politica del figlio che la fece uccidere.
Valeria Messalina era famosa per la sua bellezza già a dodici anni, quando fu obbligata dall'imperatore Caligola a diventare la terza moglie di Claudio, dal quale ebbe Britannico e Ottavia. Quando poco dopo Caligola fu ucciso e Claudio salì al trono, Messalina divenne imperatrice, sfruttando subito il suo ascendente sull'imperatore e i privilegi della sua posizione. Dispotica e dissoluta, Messalina non esitò a mandare a morte chi le risultasse scomodo; inoltre si concedeva ogni lusso e piacere, passando da un amante all'altro, addirittura sposando illegalmente uno di loro durante un'assenza del marito, il quale la condannò a morte senza perdono. Per questo gli scrittori del tempo ne hanno consegnato un ritratto a tinte fosche.
Non meno travagliate furono le vicende dell'affascinante Poppea Sabina, conosciuta a Roma per la sua ambizione e spregiudicatezza senza scrupoli. Mentre era sposata in seconde nozze, Poppea divenne amante di Nerone e, per poterlo sposare, lo convinse a uccidere sia la madre Agrippina, che avversava la relazione con lei, sia la precedente moglie Ottavia.

Nerone e la madre Agrippina Minore.

ti, la prima moglie **Ottavia** e poi la sua nuova moglie, **Sabina Poppea**, che lo aveva istigato a sbarazzarsi di Ottavia.

Dai successi militari alla persecuzione dei cristiani

Negli anni del suo regno Nerone si dedicò a una serie di **dispendiose iniziative militari**, che, nonostante i successi (per esempio in Britannia e in Armenia), misero in gravi difficoltà le casse dello Stato, rendendo a un certo momento indispensabile il ricorso non solo a nuove tassazioni, ma anche a una drastica **riforma monetaria**. Tale riforma era basata su una svalutazione delle monete, da allora alleggerite nella quantità d'oro e d'argento, grazie alla quale Nerone ottenne in effetti un rilevante **guadagno per lo Stato** che coniava monete con lo stesso valore legale ma con minore quantità di metallo. L'iniziativa, però, finì per scontentare soprattutto le classi più abbienti, che avevano maggiore disponibilità di moneta aurea. A Nerone è attribuita anche la responsabilità di un grande **incendio** di Roma scoppiato in una notte del 64 d.C. e rapidamente estesosi a tutta la città. Nonostante sia probabile che Nerone non abbia avuto una diretta responsabilità dell'accaduto, iniziarono a circolare voci sulla sua **colpevolezza**, anche perché egli ne approfittò per edificare sui quartieri devastati una nuova e splendida **reggia**, la famosa *Domus aurea*, per la cui costruzione impegnò immensi tesori, forzatamente raccolti dall'Italia e dalle province. In seguito ordinò la **ricostruzione della città** secondo un progetto più razionale e più rispondente alle nuove esigenze della Roma imperiale.

Sembra anche che per allontanare da sé i sospetti, **accusasse come autori dell'incendio i cristiani**, i quali furono mandati a morte in massa. In quella **prima violenta persecuzione** subirono il martirio anche l'apostolo Pietro, crocifisso sul colle Vaticano, e l'apostolo Paolo, decapitato fuori delle mura, là dove oggi sorge la basilica a lui dedicata.

La reazione alla tirannide

Prima ancora che Nerone potesse portare a termine il grandioso progetto, i suoi avversari politici cercarono di reagire. Nel giro di pochi anni furono ordite **varie congiure** a opera soprattutto di aristocratici e di alti ufficiali. Tra queste la più celebre fu quella guidata da Caio Calpurnio Pisone, scoperta e soffocata nel sangue: basti ricordare che restarono vittime della repressione il giovane poeta **Marco Anneo Lucano**, lo scrittore **Caio**

Petronio e lo stesso **Seneca**, il maestro e consigliere di Nerone. La **rivolta** allora, repressa a Roma, **scoppiò nelle province**.

I primi segni della ribellione si ebbero in **Palestina** (o Giudea), dove nel 66 d.C. Nerone si affrettò a inviare truppe al comando del generale Tito Flavio Vespasiano. Questi, dopo aver occupato tutte le più importanti città della Giudea, pose l'assedio alla stessa Gerusalemme.

Nel frattempo i governatori della Gallia e della Spagna si ribellarono a Nerone; quest'ultimo, deposto dal senato e dichiarato nemico pubblico con addirittura la cancellazione della sua memoria (*damnatio memoriae*), dopo un inutile tentativo di fuga **si suicidò** nel 68 d.C. con l'aiuto di un liberto. Aveva inizio così la **prima grave crisi dell'impero**. Di Nerone la storiografia antica, per lo più filosenatoria, ne ha sempre dato un giudizio particolarmente negativo, che oggi gli storici hanno in parte mitigato, ponendo l'attenzione non solo sulla sua munificenza nei confronti della plebe urbana e sul suo amore per le arti, ma soprattutto sul fatto che con Nerone erano definitivamente emerse le tendenze all'autocrazia già insite nel potere imperiale fin dalle sue origini.

GUIDA allo STUDIO

1. Qual era e in che cosa consisteva l'iniziativa originale di Tiberio in campo amministrativo?
2. Quale fu la politica di Claudio verso le province?
3. Per quale motivo Nerone dette inizio alla prima persecuzione contro i cristiani?

IL TERRITORIO COME FONTE STORICA

Le città romane

La città romana era divisa in **isolati quadrangolari** delimitati da **strade parallele e perpendicolari** tra loro. Questa struttura a **pianta quadrata**, che deriva dalla forma degli accampamenti militari (*castra*), è riconoscibile in quasi tutte le città fondate dai Romani nelle regioni via via conquistate. In città come Pavia, Verona, Lucca, Torino, Reggio Emilia, Firenze, ma anche Colonia e Treviri in Germania, Vienna in Austria, la struttura urbanistica ricalca ancora l'originaria pianta romana, soprattutto nel centro storico. Ma l'idea di strutturare il nucleo urbano geometricamente, su assi ortogonali, ha avuto successo anche in tempi recenti e in aree geografiche diverse (ad esempio la città di New York, suddivisa in isolati perpendicolari fra loro).

▲ Un'immagine di Torino in cui si nota chiaramente l'impianto a scacchiera di origine romana.

La fondazione di una città rispondeva a criteri razionali: per prime si tracciavano le due vie principali, centrali e perpendicolari tra loro, il **cardo** (con orientamento nord-sud) e il **decumano** (con orientamento est-ovest), che costituivano i due assi della città, lungo i quali sorgevano gli edifici più importanti. Tutte le altre strade erano parallele a queste e ortogonali tra loro, e delimitavano i **quartieri** (*vici*). All'incrocio del cardo e del decumano si apriva il **foro**, la piazza principale, centro della vita politica ed economica della città, sul quale si affacciavano gli edifici pubblici e religiosi più importanti, dai templi alle basiliche. Le città erano circondate da **mura** (*moenia*), con quattro porte agli sbocchi delle due strade principali.

Il Foro dell'antica Gerasa nella provincia di Siria (oggi in Giordania).
▼

Il Territorio come Fonte Storica

Dall'alto al basso: resti di *insulae* a Ostia antica, l'interno del *thermopolium* di Ostia antica, il teatro di Leptis Magna, nell'attuale Libia.

Nel resto della città, oltre a spazi comuni ed edifici pubblici, vi erano anche i **quartieri residenziali**, dove viveva la maggior parte della popolazione. Erano costituiti da casamenti di diversi piani, detti ***insulae***, con numerosi appartamenti. I piani inferiori erano abitati dalle famiglie più ricche, che avevano dimore più ampie e lussuose, mentre i piani superiori erano destinati ai più poveri, relegati in abitazioni anguste. Le *insulae* potevano raggiungere anche i sei piani, i trenta metri di altezza e ospitare centinaia di persone.

Al pian terreno delle *insulae* si trovavano numerose **botteghe**, **magazzini**, **taverne**. Tra i locali di ristoro vi era il *thermopolium*, una specie di bar-tavola calda aperto sulla strada, al cui interno vi erano banchi sui quali venivano serviti cibi e bevande, e un piccolo forno per riscaldare gli alimenti. Numerose erano anche le **osterie**, che oltre al cibo fornivano un alloggio ai viandanti. Ogni città era dotata poi di acquedotti, fognature, fontane e altri servizi.

Fra i luoghi di incontro vi erano – oltre alle terme, all'anfiteatro e al circo (dove si disputavano gare di natura sportiva) – i **teatri**, dove si rappresentavano con successo le commedie e le tragedie. A differenza del teatro greco, costruito all'aperto e su un pendio naturale, quello latino dell'età imperiale aveva una forma chiusa ed era edificato in piano, più simile dunque ai teatri moderni. Ancora oggi è possibile ammirare i resti di numerosi teatri romani.

2.2 La dinastia Flavia

L'anno dei quattro imperatori (69 d.C.)

Dopo la morte di Nerone il mondo romano andò incontro a un anno di **guerra civile e militare per la successione all'impero**. Fra il 68 e il 69 d.C., infatti, si avvicendarono ben **quattro imperatori**, **Galba**, **Otone**, **Vitellio** e **Tito Flavio Vespasiano**, ognuno dei quali era stato acclamato dagli eserciti delle diverse province.

Per un anno Roma fu dominata da lotte fratricide e sanguinose stragi, mentre il senato cercava invano di riportare l'ordine. Alla lotta politica parteciparono non solo i pretoriani, ma anche le truppe ordinarie. L'anno dei quattro imperatori vide dunque la **definitiva ascesa dei ceti militari**, ai quali era ormai evidente infatti di poter avere un ruolo nel determinare le sorti della politica imperiale, promuovendo e sostenendo il proprio comandante anche essendo di stanza lontano da Roma. Segnò inoltre il **rafforzamento delle province**, che intervennero attivamente nella scelta dell'imperatore.

Vespasiano (69-79 d.C.): il ripristino dell'autorità imperiale e la riforma dell'esercito

Alla fine, fra i quattro imperatori prevalse **Vespasiano**, uno dei generali di Nerone; alla testa di un forte esercito raccolto in Oriente entrò vittorioso a Roma, dando inizio alla **dinastia Flavia**.
Vespasiano fu il primo imperatore **non appartenente all'aristocrazia di Roma**. Discendente da una modesta famiglia della Sabina, ed estraneo ancor più dei predecessori al rispetto per l'autorità e i privilegi del senato, Vespasiano non ebbe scrupoli nell'allontanare dal senato gli elementi ostili e nel sostituirli con altri a lui favorevoli.

I QUATTRO IMPERATORI (69 d.C.)

Galba
Con la morte di Nerone, viene acclamato imperatore dalle **legioni di Spagna**. Gradito al senato, dopo pochi mesi si inimica la plebe romana e i soldati, delusi per non avere ottenuto i privilegi richiesti. Viene assassinato dai pretoriani.

↓

Otone
Viene eletto al posto di Galba; già governatore della Lusitania (l'attuale Portogallo) e comandante delle **legioni sul Danubio**, governa per soli 95 giorni, sconfitto da Vitellio.

↓

Vitellio
Viene eletto dalle **legioni stanziate in Germania** e appoggiato da tutto l'Occidente. Entra in Italia con il suo esercito, che si abbandona a violenze di ogni genere. Viene assassinato in seguito a una ribellione dei soldati e della plebe.

↓

Vespasiano
Già governatore in Africa e comandante in Palestina, viene acclamato imperatore dalle **legioni d'Oriente**, da quelle del **basso Danubio**, della **Pannonia** e dell'**Illiria**. In seguito alla morte di Vitellio, entra a Roma.

Egli era inoltre dotato di una lunga esperienza militare e conosceva quindi bene la situazione degli eserciti e il grave pericolo derivante da una loro ribellione contro l'autorità del governo centrale. Vespasiano, una volta salito al potere, cercò infatti di far uscire l'impero dalla crisi politica in cui si dibatteva; il problema più urgente che affrontò fu quello di limitare la potenza destabilizzante degli eserciti e di ricondurli alla loro funzione naturale, al di fuori di ogni eventuale interferenza politica. A tale scopo Vespasiano attuò una profonda riforma con cui oltre a **smobilitare alcune legioni**, incoraggiò l'allontanamento dalla carriera militare degli Italici, più legati alle clientele di Roma, e nello stesso tempo **aumentò il reclutamento fra i provinciali** dei centri urbani più romanizzati.

Una tale iniziativa doveva avere in seguito importanti conseguenze: essa, infatti, se da un lato favorì il ripopolamento della penisola e il ritorno di un certo numero di cittadini alla produzione agricola,

"Pecunia non olet"
Secondo lo storico Svetonio, Vespasiano avrebbe messo una tassa sul prelievo dell'urina (utilizzata per tingere i panni) dai gabinetti pubblici (che da lui presero il nome popolare di "vespasiani"). Rimproverato dal figlio Tito come fatto sconveniente, l'imperatore avrebbe risposto *"pecunia non olet"*, ovvero "il denaro non ha odore".

2 La dinastia Giulio-Claudia e i Flavi

LA RIFORMA DELL'ESERCITO: LUCI E OMBRE

Vespasiano smobilita alcune legioni; allontana dall'esercito gli Italici, più legati alle clientele di Roma, e aumenta i soldati fra i provinciali delle città romanizzate

Conseguenze positive:
- limitazione della potenza dell'esercito, che ha effetti destabilizzanti
- ripopolamento dell'Italia
- incremento della produzione agricola

Conseguenze negative:
- perdita da parte dell'Italia della funzione di Stato-guida dell'impero
- rallentamento della diffusione della lingua latina nei territori conquistati

dall'altro contribuì a **far perdere all'Italia la sua funzione di Stato-guida** dell'impero, in favore delle province.

La valorizzazione delle province e la nuova legge per l'impero

Come già prima di lui aveva tentato di fare l'imperatore Claudio, Vespasiano mirò anzitutto alla **piena valorizzazione del mondo provinciale**, attuando un processo di romanizzazione nelle province occidentali mediante l'ampia **concessione della cittadinanza** e incoraggiando con ogni mezzo l'ingresso nel senato e nella vita politica ed economica dello Stato di elementi provinciali provenienti soprattutto dalla **Gallia** e dalla **Spagna**. Questa iniziativa rese vivissima l'ostilità del senato nei suoi riguardi.

Attraverso queste iniziative, Roma, da città-stato impegnata a difendere i privilegi dei nobili e dei ricchi, si andava ormai trasformando in **Stato sopranazionale e universale**.

Vespasiano, a tal scopo, riorganizzò lo Stato su più solide basi costituzionali, promulgando nel **69 d.C.**, con la collaborazione del senato, la **Lex de imperio Vespasiani**, una specie di "**carta costituzionale**" dell'impero che mirava a dare fondamento giuridico al principato, legalizzando il potere che dal tempo di Augusto gli imperatori romani si erano tramandati in via non ufficiale. Questa legge sanciva per la prima volta i poteri del sovrano rispetto al senato e riconosceva fra l'altro la piena legalità del regime **autocratico** dell'imperatore, autorizzato ora a compiere qualsiasi atto ritenuto indispensabile per la difesa e il progresso dello Stato, con l'evidente conseguenza di rendere sempre più inconsistente il peso politico dei senatori.

Ormai soltanto l'imperatore e gli organi supremi dello Stato costituivano la vera base del potere, al di fuori di ogni possibile rivendicazione dell'elemento militare e con assoluta esclusione di ogni carattere **teocratico** della monarchia.

La politica estera e interna di Vespasiano

In politica estera, Vespasiano allargò il territorio dell'impero attuando numerose campagne militari in Britannia e in Germania, dove fu occupato tutto il territorio compreso fra il Reno e il Danubio e fu costruita una cinta fortificata, chiamata **limes** ("confine" in latino), costituita da un insieme di fosse, palizzate, torri di controllo e accampamenti stabili, che sarebbe stata ulteriormente allungata dagli imperatori successivi.

> **lessico**
> **Autocratico:** regime politico che non deriva la propria autorità e investitura da nessun altro organismo esterno.

> **ti ricordi?**
> **Teocrazia:** termine composto di *theòs*, "dio", e *kratós*, "potere", indica un sistema di governo in cui l'autorità politica, considerata come emanante da Dio, è esercitata da chi detiene il potere religioso. Il termine può essere utilizzato anche per indicare una forma di monarchia assoluta, in cui il sovrano si fa adorare come un dio.

◂ **Lex de imperio Vespasiani**
Tavola bronzea con la trascrizione della *Lex de imperio Vespasiani* oggi conservata ai Musei Capitolini di Roma.

Vespasiano inoltre aveva incaricato il figlio **Tito** di portare a termine l'**assedio di Gerusalemme**, che oppose una strenua resistenza finché fu presa d'assalto e distrutta (70 d.C.). Tre anni dopo venne conquistata, non senza gravi difficoltà, anche la fortezza di **Masada**, ultima roccaforte dei ribelli. In seguito la **Palestina** fu nuovamente assoggettata. Anche nel campo delle opere pubbliche e della tutela artistica Vespasiano si distinse per la sua attività: infatti dette inizio a numerose costruzioni, fra cui il famoso **anfiteatro Flavio**, noto come Colosseo, e aprì nuove strade. Inoltre protesse lettere e arti e riformò i costumi, punendo gli scandali e frenando il lusso smodato. Vespasiano provvide tra l'altro a rendere più efficiente l'amministrazione della giustizia, a sopprimere i tribunali di lesa maestà e a risanare le finanze dello Stato, ormai dissanguate dalle spese di Nerone e dagli sconvolgimenti provocati dalla guerra civile del 69 d.C.

Tito (79-81 d.C.), "delizia del genere umano"

Nel 79 d.C. Vespasiano morì. Gli succedette Tito, che durante il suo breve impero fece di tutto per attenuare il contrasto con il senato, instaurando in tal modo un clima di collaborazione politica, e per questo fu definito "delizia del genere umano" dalla storiografia ufficiale, espressione della classe aristocratico-senatoria.

La fortezza di Masada
A Masada si erano asserragliati gli ultimi ribelli, i quali preferirono darsi la morte insieme alle mogli e ai figli piuttosto che essere fatti prigionieri dal vincitore. La fortezza naturale è posta su una collina rocciosa nel deserto di Giuda a ovest del Mar Morto; in basso a destra sono visibili anche i resti dell'accampamento romano.

A turbare il corso del suo regno intervennero **tre gravi calamità**, che funestarono in modo particolare Roma e l'Italia: nel 79 d.C. la spaventosa **eruzione del Vesuvio** che distrusse le città di Ercolano, Stabia e Pompei sepolte sotto una coltre di cenere e fango; nell'80 d.C. una **terribile pestilenza**, che decimò la popolazione italiana e dell'impero, e il grande **incendio di Roma**, che distrusse il Campidoglio e gran parte della città, non ancora del tutto ricostruita dopo quello del 64 d.C. Prima di poter far fronte a tali calamità, il 13 settembre dell'81 d.C., Tito morì, mentre i pretoriani acclamavano imperatore il fratello **Tito Flavio Domiziano**, già indicato dal padre Vespasiano come eventuale successore.

Citazione d'Autore
L'eruzione del Vesuvio
Plinio il Vecchio si trovava a Miseno, dove teneva il comando della flotta. Il 24 agosto, verso le due pomeridiane, mia madre lo avvertì che si vedeva una nube di vastità e di apparenza insolite [...]. Essendogli parsa una cosa notevole e degna di essere studiata più da vicino, mise in mare alcune quadriremi e si diresse colà donde gli altri fuggivano [...]. Già cominciava a cadere sulle navi cenere sempre più densa e calda quanto più si avvicinava; cadevano anche pomici e pietre annerite, cotte e scomposte dal fuoco; poi ecco che da un improvviso ritirarsi delle acque venne a lui impedito di accostarsi al lido. [...] Altrove ormai aggiornava, ma colà era notte più nera e più fitta d'ogni altra notte, rotta tuttavia da numerose faci [stelle] e lumi. Decisero perciò di avviarsi al lido e di vedere da vicino che cosa permettesse il mare, ancora minaccioso e impraticabile.
(Plinio il Giovane, *Lettera a Tacito*, I secolo d.C.)

le FONTI — Laboratorio

Tito assedia Gerusalemme

Nelle province orientali Tito, figlio di Vespasiano e futuro imperatore, fronteggiò la rivolta della Giudea. Nel 70 d.C., come ci narra questo brano di Tacito, egli assediò la capitale Gerusalemme, la distrusse e ne disperse la popolazione. A celebrazione della vittoria venne costruito a Roma l'Arco di Tito.

Autore Tacito
Opera Annales
Data I-II secolo d.C.
Tipologia fonte testo storiografico

Gerusalemme: città principale della Giudea, regione storica della Palestina annessa nel 6 d.C. come prefettura alla provincia romana di Siria.

fame: la strategia di Tito consistette nel ridurre le riserve di cibo e acqua degli assediati, continuando a permettere ai pellegrini di entrare in città per la consueta visita al tempio in occasione della Pasqua ebraica (che cadeva proprio in quel periodo), ma impedendo loro di uscire.

volontà di resistere: parte degli Ebrei riuscì a trovare la fuga attraverso gallerie sotterranee, ma la maggior parte di essi resistette strenuamente all'attacco romano, rallentandone l'avanzata.

Bassorilievo dell'arco di Tito con il trionfo dell'imperatore dopo la conquista di Gerusalemme.

Posti gli accampamenti dinanzi alle mura di Gerusalemme, Tito schierò le legioni in pieno assetto di combattimento. A loro volta gli Ebrei disposero le milizie sotto le mura stesse, in modo che – qualora le cose fossero andate bene – essi avrebbero potuto avanzare, se invece fossero andate male, avrebbero avuto un luogo in cui rifugiarsi. [...] I Romani si accinsero allora ad espugnare la città, poiché non pareva loro conveniente aspettare che la fame costringesse i nemici ad arrendersi; essi, inoltre, desideravano vivamente affrontare subito i pericoli, alcuni per l'innato valore, altri per istinto sanguinario e per desiderio di fare bottino. Lo stesso Tito pensava a Roma e aveva fretta che Gerusalemme cadesse. Ma la città era su un'altura e perciò assai difficile da espugnare; e, per di più, era munita di così poderose fortificazioni che sarebbero bastate a difendere anche una città posta in pianura. [...] Seicentomila erano – a quanto si dice – gli assediati: vecchi e giovani, maschi e femmine; tutti armati, quelli che appena potevano portare le armi, e moltissimi dotati di un'audacia assai maggiore di quel che il loro numero potesse loro consentire. Uomini e donne erano animati dalla stessa ostinata volontà di resistere; e questo anche perché, nel caso di una sconfitta, essi correvano il pericolo di essere strappati al loro paese: cosa che dava loro più paura di vivere che di morire.

Tale era la città e tale il popolo contro cui Tito – giacché la natura del luogo non consentiva assalti e sorprese – stabilì di combattere, servendosi di terrapieni e di graticciati, nonché di tutte le macchine di vecchia e di nuova invenzione, adatte ad espugnare la città.

legioni: Tito disponeva di quattro legioni: tre erano accampate sul lato orientale della città, mentre una, sul versante occidentale, occupava il Monte degli Olivi, altura tatticamente importante per la difesa di Gerusalemme.

fortificazioni: la più imponente e importante da un punto di vista strategico era la Fortezza Atonia, che i Romani riuscirono a conquistare con un attacco a sorpresa, cogliendo gli assediati nel sonno.

macchine: per espugnare Gerusalemme i Romani ricorsero agli arieti, macchine militari costituite da una grossa trave posta su un carrello e munita all'estremità di una testa di bronzo a forma di ariete, e alle torri d'assedio, costruzioni in legno trainate da buoi, le cui pareti erano rivestite di pelli a protezione dei dardi nemici; all'interno vi erano diversi piani e in cima un "ponte levatoio" che permetteva l'accesso sulle mura.

Per COMPRENDERE

1. Quali diverse motivazioni spingevano, secondo Tacito, i soldati romani all'assedio di Gerusalemme?
2. Chi partecipò alla difesa della città?
3. Perché, nel giudizio di Tacito, la resistenza degli abitanti di Gerusalemme fu particolarmente accanita?

Storia per Immagini

Giochi e divertimenti: l'anfiteatro, i gladiatori e il circo

A Roma c'erano diversi modi per far **divertire il popolo** e nello stesso tempo distrarlo dalle tensioni sociali. Molti dei divertimenti preferiti dai Romani in età imperiale si svolgevano nell'**anfiteatro**, una rielaborazione tutta romana del teatro greco, e nel **circo**. Molto diffusi in tutte le grandi città dell'impero, gli anfiteatri erano in genere di forma ellittica e circondati da gradinate disposte in file concentriche. Gli spettacoli, che avevano luogo in corrispondenza dei giorni festivi del calendario romano, erano di varia natura: le **rappresentazioni teatrali** (*ludi scaenici*), le **corse** dei cavalli e quelle delle bighe, le **cacce con le fiere** (*venationes*), che consistevano in esibizioni di animali addomesticati, le **battaglie navali** (*naumachìae*) e i **combattimenti dei gladiatori** (*ludi gladiatori*), di gran lunga i più amati e i più seguiti.

Il Colosseo L'anfiteatro Flavio o Colosseo era il più importante edificio dell'età imperiale. Venne così chiamato per le sue gigantesche proporzioni e per la vicinanza a una colossale statua di Nerone, chiamata appunto *Colossus* dal popolo. Iniziato dall'imperatore Vespasiano e completato da suo figlio Tito nell'80 d.C., costituisce una delle più **mirabili opere dell'ingegneria romana**: aveva 50.000 **posti a sedere**, ma poteva contenere fino a 80.000 persone, dato che alla popolazione povera era riservata l'ultima gradinata con **soli posti in piedi**. Un sistema di canali permetteva di trasformare i 3600 metri quadrati dell'arena in uno specchio d'acqua per le **battaglie navali**. Nei sotterranei erano custodite le **bestie feroci** provenienti dall'Africa e dall'Oriente, che tramite apposite gabbie venivano fatte salire in superficie. A copertura si utilizzavano **grandi tendoni** (velari) che difendevano il pubblico dai cocenti raggi del sole o da improvvisi acquazzoni e che servivano anche a regolare gli effetti acustici.

Storia per Immagini

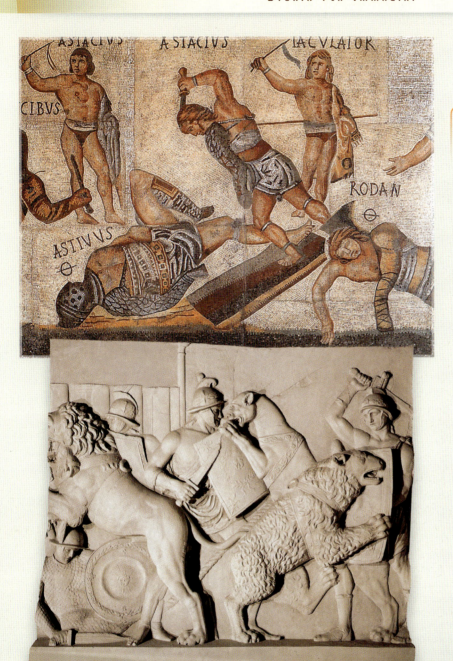

I combattimenti I combattimenti potevano svolgersi tra due **gladiatori** oppure tra gladiatori e **bestie feroci**, come tori, orsi e leoni. Vi erano quindi diversi tipi di gladiatori, armati in modo differente: il reziario (*retiarius*) aveva un tridente per tenere lontano l'avversario e una rete per catturarlo, il mirmillone (*mirmillo*) si difendeva con una spada corta e uno scudo, il *laqueator* era armato di laccio e mazza, l'*eques* duellava a cavallo, il *dimachaerus* era provvisto di due coltelli; il *provocator* infine aizzava gli altri gladiatori a combattere. A volte gli **scontri** erano simulati e combattuti con armi rese inoffensive, ma più spesso erano **all'ultimo sangue**, cioè terminavano quando uno dei due contendenti moriva: in questo caso il gladiatore poteva sfuggire alla morte solo uccidendo il proprio avversario. In alcuni combattimenti, però, il gladiatore perdente gettava lo scudo in segno di resa: in questo caso era l'organizzatore dello spettacolo (in seguito l'imperatore) a decidere della sua vita, attenendosi solitamente alle incitazioni del pubblico.

Le corse al circo Nel circo si svolgevano le **corse con i carri**, che davano origine a spettacolari scene di **tifo** da parte delle migliaia di Romani che per ore dalle gradinate urlavano e incitavano il guidatore preferito, contraddistinto solitamente da una casacca verde, rossa, bianca o azzurra. Al centro della pista si trovava la **spina**, ai lati della quale c'erano le **mète**, due cippi destinati a essere pericolosamente sfiorati dai carri in competizione che vi giravano attorno, come si vede in questo mosaico del II secolo d.C. proveniente da Lione.

Domiziano (81-96 d.C.), monarca assoluto

Domiziano, che dalla storiografia antica filosenatoria è presentato come un nuovo Nerone, accusato di uno sfrenato amore per gli spettacoli, di una folle prodigalità e di una particolare ferocia, in realtà dimostrò di avere **notevoli capacità di governo**.

In politica interna, Domiziano sorvegliò l'applicazione delle leggi e il funzionamento dei tribunali, preoccupandosi di questioni di bilancio, favorendo le attività economiche e portando a compimento o iniziando numerose opere pubbliche.

Domiziano tuttavia **entrò ben presto in contrasto con il senato**: non solo egli governava con la collaborazione di consiglieri di sua fiducia, non più scelti fra i membri dell'aristocrazia senatoria, ma pretendeva di essere onorato quale "padrone e dio" (*dominus ac deus*), con una formula che rievocava la sgradita immagine di una monarchia di tipo orientale.

In politica estera Domiziano, forte dell'appoggio dell'esercito, si impegnò a **proseguire la conquista della Britannia**, spingendosi con il generale Gneo Giulio Agricola al di là del limite meridionale della Caledonia (Scozia). Nell'83 d.C. inoltre l'imperatore condusse personalmente una campagna contro le bellicose popolazioni della zona del Reno, rafforzando la presenza romana nelle due nuove province della Germania superiore e della Germania inferiore, anche attraverso il **perfezionamento del *limes***.

Il regime di terrore e la fine della dinastia Flavia

Domiziano non riuscì a ottenere altrettanti successi militari nell'Europa orientale, nell'area corrispondente all'attuale Romania, dove le legioni romane furono sconfitte dai **Daci**, i quali si impegnarono però in un'attiva partecipazione alla difesa dell'impero in quell'area.

La pace con i Daci, considerata dagli avversari di Domiziano un vergognoso compromesso, fece aumentare l'attrito fra imperatore e senato. Si giunse così a una **lotta serrata**, fatta di congiure e di repressioni, che colpirono anche numerosi membri della corte imperiale. Nel 96 d.C., in seguito a una nuova cospirazione di cui faceva parte la stessa moglie di Domiziano, Domizia Longina, il principe, appena quarantacinquenne, venne **pugnalato a morte**: in tal modo anche la dinastia dei Flavi, come quella dei Giulio-Claudi, si concludeva nel sangue.

LA DINASTIA FLAVIA

Vespasiano (69-79 d.C.)
↓
Tito (79-81 d.C.)
↓
Domiziano (81-96 d.C.)

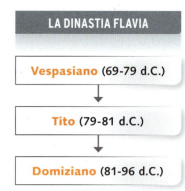

Domiziano
Busto marmoreo dell'imperatore Domiziano conservato al Louvre di Parigi.

La reggia di Domiziano
Resti della *Domus Flavia*, la parte pubblica della reggia che insieme alla *Domus Augustana*, la parte privata, costituiva il palazzo degli imperatori sul Palatino.

GUIDA allo STUDIO

1. Qual era lo scopo della riforma dell'esercito di Vespasiano?
2. Che cosa turbò il corso del regno di Tito?
3. Perché Domiziano entrò in contrasto con il senato?

SINTESI

2.1 **Augusto designa come suo erede Tiberio** (14-37 d.C.), con il quale ha inizio la dinastia **Giulio-Claudia**. Tiberio, nonostante promuova importanti iniziative per sostenere i piccoli proprietari, **non sana i profondi contrasti fra l'Italia**, gelosa della preminenza sino allora goduta di paese-guida, **e le province**, di cui cresce l'importanza economica e politica.
In politica estera Tiberio affronta le ribellioni delle legioni stanziate in Pannonia e sul Reno, sedate poi dal nipote **Germanico**. L'improvvisa morte in Oriente di Germanico genera a Roma un clima di violenze, sospetti e delazioni; Tiberio si ritira definitivamente a Capri (26 d.C.), da cui governa attraverso **Lucio Elio Seiano**, prefetto del pretorio, e istituisce **tribunali di lesa maestà** che condannano a morte chiunque manchi di rispetto alla persona dell'imperatore. Nel 37 d.C. **a Tiberio succede il figlio di Germanico, Caligola** (37-41 d.C.), che dopo otto mesi di buon governo manifesta **segni di follia** e tenta di instaurare una **monarchia teocratica di tipo ellenistico**. In breve tempo il suo comportamento folle provoca congiure che ne causano la morte.
I pretoriani eleggono dunque imperatore **Tiberio Claudio Nerone** (41-54 d.C.), fratello di Germanico. Claudio estende la cittadinanza ad alcune province e si circonda di una **burocrazia di corte** formata da **liberti**; compie **imprese vittoriose** in Mauritania, Britannia meridionale, Palestina e Giudea; interviene nella realizzazione di **opere pubbliche**. La seconda moglie Agrippina gli fa adottare il figliastro Lucio Domizio Nerone per designarlo come successore; poi lo avvelena.
Nerone diviene imperatore (54-68 d.C.). Dopo cinque anni di regno avveduto ed equilibrato, il giovane sovrano intende liberarsi dalle interferenze della madre Agrippina. Una volta eliminata Agrippina, egli dà libero sfogo ai suoi piani assolutistici. Intanto nel 64 d.C. la capitale è funestata da un terribile incendio, di cui viene incolpato lo stesso imperatore. Per allontanare ogni sospetto su di sé Nerone accusa i cristiani di essere i veri responsabili e dà inizio alla prima **persecuzione contro di loro**. La svolta tirannica dell'imperatore induce i suoi avversari politici a ordire diverse congiure ai suoi danni, mentre nelle province porta a vere e proprie ribellioni. Deposto dal senato e dichiarato nemico pubblico, Nerone si suicida dopo un inutile tentativo di fuga (68 d.C.).

2.2 Alla morte di Nerone segue nel 69 d.C. un **anno di anarchia**, nel corso del quale si succedono **quattro imperatori** (Galba, Otone, Vitellio, Flavio Vespasiano). Fra loro prevale **Vespasiano**, acclamato dalle legioni orientali.
Vespasiano (69-79 d.C.), un italico, discendente da una modesta famiglia della Sabina, è il primo imperatore **non aristocratico** e con lui inizia **la dinastia dei Flavi**: gli succedono i suoi due figli, prima Tito e poi Domiziano. Vespasiano **riforma l'esercito** cercando di limitarne il potere, smobilita alcune legioni ed espelle gli Italici, più legati alle clientele di Roma. Continua il programma di **valorizzazione delle province**, estendendo il diritto di cittadinanza e favorendo la partecipazione dei provinciali al governo dello Stato, provvedimenti che portano al declino del ruolo guida della penisola italiana nell'ambito dell'impero. Dà inizio alla costruzione dell'anfiteatro Flavio, noto come Colosseo, e in politica estera rinsalda i confini in Gallia, Britannia e Germania, mentre il figlio Tito conquista la Palestina; riorganizza lo Stato su più solide basi costituzionali, promulgando, con l'assenso del senato, la *lex de imperio Vespasiani*, con lo scopo di legalizzare il potere inerente al principato.
Il governo di Tito, iniziato nel 79 d.C., **è breve e funestato da gravi calamità**: l'eruzione del Vesuvio, la pestilenza e l'incendio di Roma dell'80 d.C. Nell'81 gli succede il fratello **Tito Flavio Domiziano** (81-96 d.C.), che si pone sin da subito in contrasto con il senato, dando alla propria **monarchia un indirizzo assolutistico** di stampo orientale. Domiziano **rafforza i confini** dell'impero e prosegue la conquista della Britannia, oltrepassando il limite meridionale della Caledonia (Scozia); nella regione del Reno consolida il *limes*, mentre nell'Europa orientale subisce una cocente sconfitta dai Daci. Questo insuccesso contribuisce al deterioramento dei rapporti dell'imperatore con il senato finché, per una congiura, Domiziano muore pugnalato (96 d.C.).

PER COSTRUIRE LE COMPETENZE

TEMPO

1. Completa la cronologia.

14 d.C.	Diventa imperatore	69 d.C.	È l'anno in cui si avvicendarono .... imperatori
....	Muore Tiberio e diventa imperatore	70 d.C.	Il figlio di Vespasiano .... distrugge il tempio di ....
41 d.C.	Diventa imperatore .... nominato dai pretoriani	79 d.C.	Muore .... e diventa imperatore il figlio ....
64 d.C.	Scoppia un grande .... a Roma e ne consegue l'inizio della .... verso i	96 d.C.	Con l'assassinio di .... si conclude la dinastia dei ....

LESSICO

2. Associa a ogni termine il relativo significato.

A. Autocrazia
B. Caliga
C. Delazione
D. Frumentazione
E. Limes
F. Lesa maestà
G. Teocrazia

a. Delitto contro l'imperatore
b. Denuncia anonima
c. Potere assoluto
d. Calzatura militare
e. Confine fortificato dell'impero
f. Coincidenza del potere politico con quello religioso
g. Distribuzione di grano alla plebe

EVENTI E PROCESSI

3. Indica se le seguenti affermazioni sono vere [V] o false [F].
- Caligola era il soprannome del figlio di Druso Cesare [__]
- Caligola venne ucciso dai pretoriani dopo circa vent'anni di regno [__]
- Claudio diventò imperatore su nomina dei pretoriani [__]
- Germanico diventò molto popolare per i suoi successi militari [__]
- Germanico era figlio di Druso, figlio di Tiberio [__]
- Nerone era nipote di Caligola [__]
- Seiano era il prefetto del pretorio che creò a Roma un clima di terrore [__]
- Tiberio apparteneva alla dinastia Giulia [__]
- Tiberio fece uccidere suo figlio Druso [__]
- Nerone fu inizialmente un imperatore esemplare [__]
- La riforma monetaria di Nerone portò grandi guadagni allo Stato [__]

4. Metti in relazione i seguenti personaggi con il ruolo ricoperto o l'evento in cui furono coinvolti.

A. Burro
B. Vitellio
C. Seneca
D. Britannico
E. Tigellino
F. Lucano
G. Paolo
H. Pietro
I. Tito
J. Galba

a. Apostolo decapitato fuori dalle mura
b. Distrusse Gerusalemme
c. Figlio di Claudio
d. Governatore della Spagna
e. Imperatore eletto dalle legioni in Germania
f. Maestro di Nerone
g. Prefetto del pretorio negli ultimi anni di regno di Nerone
h. Poeta vittima della repressione neroniana
i. Prefetto del pretorio nei primi anni di regno di Nerone
j. Apostolo crocifisso sul colle Vaticano

NESSI

● La dinastia Giulio-Claudia

5. Assegna al rispettivo imperatore gli eventi o i concetti indicati.

Popolarità iniziale | Rispetto del senato | Malattia mentale | Controllo della spesa pubblica | Disprezzo del senato | Interventi a favore degli agricoltori | Fallita invasione della Britannia | Rivolta delle legioni sul Reno | Mania di persecuzione | Potere ai provinciali | Si fece costruire la *Domus Aurea* | Fa uccidere la moglie | Ucciso dai pretoriani | Fece uccidere il nipote | Muore suicida | Si affidò a Seiano | Limitazione delle frumentazioni | Monarchia assoluta | Potere ai liberti | Ostilità con il senato | Divinizzazione | Fratello di Germanico | Controllo dei confini | Comincia a far costruire un grande acquedotto | Viene ucciso dalla moglie | Fa uccidere due mogli | Riforma monetaria

Tiberio	
Caligola	
Claudio	
Nerone	

● La dinastia dei Flavi

6. Assegna al rispettivo imperatore gli eventi o i concetti indicati.

Definito "delizia del genere umano" | Pestilenza | Era un generale | Rapporti positivi con il senato | Eruzione del Vesuvio | Represse la ribellione in Giudea | Prodigo e feroce | Non era aristocratico | Contrasto con il senato | Riforma dell'esercito | Ingresso dei provinciali nel senato | Conquista della Britannia | Opere pubbliche | Sconfitto dai Daci

Vespasiano	
Tito	
Domiziano	

7. Cosa stabiliva la *Lex de imperio* promulgata da Vespasiano?

8. Perché il Colosseo si chiama così? E perché si chiama anche Anfiteatro Flavio?

CONFRONTI

9. Crea una tabella che metta a confronto la politica, interna ed estera, degli imperatori studiati nel capitolo, attraverso concetti sintetici. Segui l'esempio sotto riportato.

Imperatore	Politica interna	Politica estera

LAVORO SULLE FONTI

10. Dopo aver letto questa descrizione della *Domus Aurea* fatta dallo storico Svetonio (I-II secolo d.C.), rispondi alle seguenti domande.

Ma il denaro lo sperperò soprattutto nelle costruzioni; si fece erigere una casa che andava dal Palatino all'Esquilino, e la battezzò subito "il passaggio" e quando un incendio la distrusse, se la fece ricostruire e la chiamò Domus Aurea [Casa d'oro]. Per dare un'idea della sua estensione e del suo splendore, sarà sufficiente dire questo: aveva un vestibolo in cui era stata rizzata una statua colossale di Nerone, alta centoventi piedi; era tanto vasta che la circondava un portico, a tre ordini di colonne, lungo mille passi e vi si trovava anche uno specchio d'acqua simile al mare, sul quale si affacciavano edifici che formavano tante città; per di più vi era un'estensione di campagna dove si vedevano campi coltivati, vigneti, pascoli e foreste, abitate da ogni genere di animali domestici e selvaggi. Nel resto dell'edificio tutto era ricoperto d'oro e rivestito di pietre preziose e di conchiglie e di perle; i soffitti delle sale da pranzo erano fatti di tavolette d'avorio mobili e percorsi da tubazioni, per poter lanciare sui commensali fiori, oppure profumi. La principale di queste sale era rotonda, e girava continuamente, giorno e notte, su se stessa, come il mondo; nei bagni fluivano le acque del mare e quelle di Albula. Quando un tale palazzo fu terminato e Nerone lo inaugurò, tutta la sua approvazione si ridusse a dire a che finalmente cominciava ad avere una dimora come si addice ad un uomo. Dopo di che avviava la costruzione di una piscina che si estendeva da Miseno al lago Averno, interamente coperta e circondata da portici, nella quale dovevano essere condotte tutte le acque termali di Baia; poi intraprendeva la realizzazione di un canale dall'Averno fino a Ostia. (Svetonio, *Vite dei Cesari*)

- Chi la fece costruire? In seguito a quale avvenimento?
- Da quali particolari si comprende il nome della costruzione?
- Descrivi sinteticamente la *Domus*.
- Dalla descrizione del palazzo, quali caratteristiche del carattere dell'imperatore ne deduci?

RIELABORAZIONE (verso l'orale)

11. Riorganizza le conoscenze e i concetti del capitolo sviluppando la seguente scaletta che ti può anche servire per il colloquio.

● **Il primo secolo dell'impero**

La dinastia Giulio-Claudia
- La politica di Tiberio
- La politica di Caligola
- La politica di Claudio
- La politica di Nerone

La dinastia Flavia
- Il 69 d.C.: l'anno dei quattro imperatori
- La politica di Vespasiano
- La politica di Tito
- La politica di Domiziano

  LABORATORIO DELLE COMPETENZE

PASSATO/PRESENTE

12. Immagina di dover organizzare una gita scolastica nella Roma imperiale. Ipotizza un percorso che preveda la visita ai seguenti monumenti (connessi con il capitolo): *Domus Aurea*, Arco di Tito, Colosseo, *Domus Flavia*. Per ognuno prepara una scheda che contenga:
- La localizzazione del monumento
- Quando e perché fu costruito
- La funzione originaria
- Lo stato di conservazione
- Altre notizie interessanti

capitolo 3
Il principato adottivo e l'età aurea dell'impero

L'impero da Nerva a Marco Aurelio (96-180 d.C.)

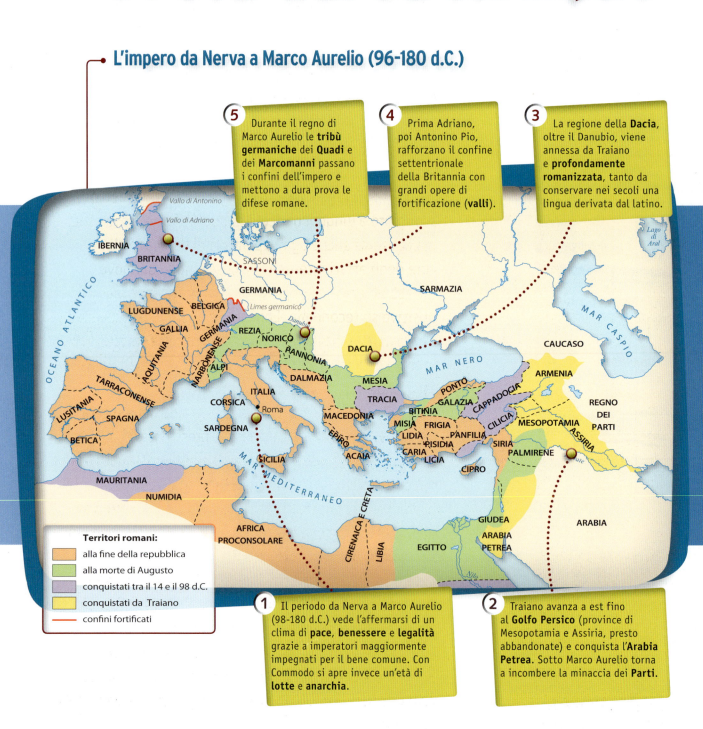

5 Durante il regno di Marco Aurelio le **tribù germaniche** dei **Quadi** e dei **Marcomanni** passano i confini dell'impero e mettono a dura prova le difese romane.

4 Prima Adriano, poi Antonino Pio, rafforzano il confine settentrionale della Britannia con grandi opere di fortificazione (**valli**).

3 La regione della **Dacia**, oltre il Danubio, viene annessa da Traiano e **profondamente romanizzata**, tanto da conservare nei secoli una lingua derivata dal latino.

Territori romani:
- alla fine della repubblica
- alla morte di Augusto
- conquistati tra il 14 e il 98 d.C.
- conquistati da Traiano
- confini fortificati

1 Il periodo da Nerva a Marco Aurelio (98-180 d.C.) vede l'affermarsi di un clima di **pace**, **benessere** e **legalità** grazie a imperatori maggiormente impegnati per il bene comune. Con Commodo si apre invece un'età di **lotte** e **anarchia**.

2 Traiano avanza a est fino al **Golfo Persico** (province di Mesopotamia e Assiria, presto abbandonate) e conquista l'**Arabia Petrea**. Sotto Marco Aurelio torna a incombere la minaccia dei **Parti**.

3 Il principato adottivo e l'età aurea dell'impero

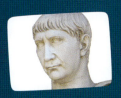

98-117 d.C.
Regno di Traiano e massima estensione dell'impero

101-106 d.C.
Campagne per la conquista della Dacia

122-128 d.C.
Costruzione del Vallo di Adriano

133 d.C.
Editto perpetuo

138-192 d.C.
Età degli Antonini

177 d.C.
Marco Aurelio ricaccia le tribù germaniche al di là del Danubio

Gli eccessi dispotici di alcuni imperatori delle dinastie Giulio-Claudia e Flavia provocarono il forte malcontento della cittadinanza e del senato, che finì con l'imporre un cambiamento radicale nella successione al potere. Si affermò così il **principato adottivo**, una nuova modalità di scelta del successore che ora spettava all'imperatore in carica con l'appoggio del senato. Dal 98 al 180 d.C., così, salirono al trono coloro che erano stati scelti e adottati dal loro predecessore non più per i legami di sangue, ma per i meriti personali: si aprì **l'età d'oro dell'impero**. Questa diversa gestione del potere politico non solo scongiurò a lungo il pericolo di nuove figure dispotiche, ma consentì anche agli imperatori di dedicarsi alla cura degli affari interni e alla costruzione di nuove infrastrutture in ogni provincia, con conseguenze positive sull'economia. Ebbe inizio anche una nuova fase di espansione dei confini, in particolare grazie alle doti militari dell'imperatore **Traiano**, con cui l'impero romano raggiunge la sua **massima estensione**.
I successori di Traiano, oltre a impegnarsi nella difesa dei nuovi territori dalla crescente pressione dei nemici confinanti, rinnovarono la loro attenzione alle questioni di politica interna e agli aspetti sociali e culturali della vita dell'impero. **Adriano** e **Antonino Pio** furono imperatori pacifici e giusti, e **Marco Aurelio** addirittura fu definito "l'imperatore filosofo".
L'età d'oro si concluse con il regno di **Commodo**, tra i più nefasti nella storia di Roma: i suoi eccessi dispotici gettarono una luce sinistra sulla dinastia degli Antonini e riproposero scenari politici già tristemente noti a Roma. La storia successiva dell'impero, alternando fasi di crisi e fasi di ripresa, non conoscerà più lo splendore del II secolo d.C.

3.1 Da Nerva a Traiano (96-117 d.C.)

Nerva e l'inizio di una nuova fase della storia romana (96-98 d.C.)

Subito dopo l'uccisione di Domiziano, nel 96 d.C., il senato, deciso a porre fine alla prepotenza dei pretoriani e delle legioni, scelse come successore, tra i suoi membri, **Marco Cocceio Nerva**, un vecchio e saggio uomo politico di sicura lealtà all'aristocrazia senatoria. Con Nerva ebbe inizio il periodo più luminoso della storia imperiale di Roma, nel corso del quale **il conflitto fra principe e senato si attenuò progressivamente**. Il ricostituito equilibrio delle forze politiche, insieme alla sempre più intensa opera di integrazione e "romanizzazione" di tutti i popoli dell'impero e alle generali condizioni di tranquillità e di sicurezza, favorì la diffusione di un evidente benessere in tutto l'impero.

Nerva inaugurò quindi il *beatissimum saeculum*, cioè l'**età aurea** dell'impero, il **II secolo d.C.**

Un nuovo modello di principe

Al successo del nuovo indirizzo politico contribuì anche il diffondersi delle **dottrine stoiche**, di culti religiosi provenienti dall'Oriente e dello stesso cristianesimo.

In base a questi nuovi orientamenti filosofici e spirituali, infatti, era ritenuto vero principe solo colui che si presentava in qualità di benefattore dei propri sudditi e non come il loro tirannico padrone, in quanto **il potere era inteso** non come un privilegio personale, bensì **come un dovere** da compiere a vantaggio della comunità: il principe doveva avere dunque delle **qualità morali**, oltre che politiche e militari. Tale nuova concezione nasceva come reazione agli eccessi dispotici di alcuni imperatori del passato, non più tollerabili. Nerva, infatti, dimostrando grande liberalità ed equilibrio, inaugurò il suo regno con una serie di atti di clemenza che lo portarono a richiamare in patria gli esiliati, a vietare le delazioni, ad abolire i processi di lesa maestà e persino a proibire le accuse contro il rito cristiano.

L'adozione

Nerva si preoccupò anche di tutelare la **successione al potere** dalle prepotenze dell'ambiente militare, adottando come collaboratore, già destinato alla successione, il generale di origine spagnola **Marco Ulpio Traiano** che godeva di profonda stima presso l'ambiente senatorio e aveva già dato prova di grandi qualità militari come governatore della Germania. L'espediente politico dell'**adozione**, che rimase in vigore per oltre ottant'anni, comportava che l'imperatore scegliesse **un successore da lui giudicato competente** e che la **designazione fosse approvata dal senato**. Questo meccanismo rappresentò una **grande innovazione** in quanto sostituiva il diritto di successione familiare, che fino ad allora ave-

> **lessico**
> **Stoicismo** indirizzo filosofico greco-romano, che mirava a indurre l'uomo a essere indifferente alle cose materiali e a liberarsi dalle passioni.

> **concetti chiave**
> ### Impero romano
> Nella lingua latina il termine *imperium* ("comando") indica il potere supremo, ovvero il comando militare e civile. Durante l'età monarchica, l'*imperium* fu proprio dei re; poi, nell'età repubblicana, fu affidato a consoli, pretori, propretori, dittatori, governatori di province ed era limitato nel tempo, in quanto le cariche duravano un anno. In seguito Ottaviano Augusto fondò il suo potere sull'accentramento nelle proprie mani dell'*imperium* militare e civile, riguardante tutte le province. Da allora questo potere fu proprio dei suoi successori e caratterizzò un'intera fase della storia romana: l'età imperiale. Dal punto di vista geografico, il termine impero indica inoltre anche il territorio su cui si estende l'autorità di Roma. A partire da Traiano, il vocabolo imperatore, che dapprima indicava un generale vittorioso dotato di *imperium*, venne usato per designare il capo supremo dell'impero romano.

◀ **L'imperatore che veniva dalla Spagna**
Traiano era nato a Italica (nei pressi dell'odierna Siviglia), una colonia fondata da Scipione l'Africano per insediarvi alcuni veterani della seconda guerra punica.

va dominato la scena politica, con la **scelta del "più degno"**.
L'adozione di Traiano permise inoltre di **migliorare i rapporti tra Roma e le province**: il fatto che un "provinciale" fosse stato per la prima volta designato alla dignità imperiale stava a indicare chiaramente che il contrasto fra le province e l'organismo politico romano si andava sempre più attenuando.

La politica di Traiano (98-117 d.C.) a favore dell'Italia

Quando nel 98 d.C., dopo un regno di soli sedici mesi, Nerva morì, **Traiano** rivelò subito le sue doti di equilibrio e la sua sensibilità politica garantendo il rispetto della libertà di voto al senato e ai comizi, e per questo fu definito *optimus princeps*. La **politica di rinuncia al dispotismo** inaugurata da Nerva fu dunque portata avanti dal suo successore. Preoccupato di **risollevare l'economia dell'Italia**, che aveva attraversato nel periodo precedente una fase di crisi a vantaggio delle altre province, Traiano **favorì con ogni mezzo l'iniziativa privata**, un libero svolgimento dei traffici e la ripresa di tutte le attività agricole e in particolare la piccola proprietà contro il latifondo.

A tal proposito basti ricordare il potenziamento delle cosiddette **istituzioni alimentari** (*alimenta*), un sistema di prestiti a vantaggio dei piccoli e medi proprietari terrieri grazie al quale gli agricoltori potevano ottenere, a modico interesse, somme di denaro da investire nel miglioramento della produttività delle terre. Inoltre, al fine di **incentivare la ripresa demografica**, gli interessi derivanti dalle somme prestate agli agricoltori venivano ceduti alle famiglie più povere per allevare i propri figli. Nel complesso, Traiano si rivelò un attento amministratore, con la caratteristica di tendere verso un rafforzamento del controllo sull'amministrazione dell'impero.

Le grandi opere pubbliche

Traiano inoltre impegnò i ceti più poveri nella costruzione di **grandi monumenti** e di **opere di pubblica utilità**: i porti di Ancona, Civitavecchia e il nuovo di Ostia, quest'ultimo un vero capolavoro dell'ingegneria antica; l'inizio del prosciugamento delle paludi pontine; la creazione di importanti **strade**, come quella dal Ponto Eusino (Mar Nero) alle Gallie e quella da Benevento a Brindisi a continuazione della via Appia, che agevolarono il commercio e resero più facile il governo del vastissimo impero.

L'energica personalità dell'imperatore Traiano lasciò una traccia indelebile di sé soprattutto nell'architettura di **Roma**, che fu abbellita da monumenti ed edifici fatti erigere *ex novo* o in continuità con quelli realizzati dai suoi predecessori: fra questi ricordiamo il **Foro** e i **mercati**, detti appunto "traianei".

La vittoria sui Daci

Impegnato nell'amministrazione del regno, Traiano fu altrettanto attivo in politica estera: egli infatti intraprese varie azioni belliche per **espandere i confini**.
La prima guerra combattuta da Traiano fu contro i **Daci**, che costituivano una costante minaccia per il mantenimento del confine danubiano. Dopo due difficili spedizioni militari, fra il 101 e il 106 d.C., l'imperatore uscì dalla guerra pienamente vincitore e si affrettò a trasformare l'ampio territorio occupato in una **nuova provincia**, la **Dacia**, costituendovi numerose colonie civili e militari e favo-

I mercati traianei
A ridosso delle pendici del colle Quirinale, vicino al suo foro, Traiano fece costruire un complesso di edifici, oggi visibili solo in parte e noti come mercati traianei, costituiti da un centinaio di negozi (*tabernae*) e da vari locali distribuiti su tre piani. I mercati divennero ben presto il cuore del commercio romano: qui infatti avvenivano le contrattazioni sui prezzi di vendita di vino, olio e grano e qui veniva distribuito il grano alla popolazione.

▲ **Sarmizegetusa Regia**
La città di Sarmizegetusa (i cui resti sono ancora oggi visibili in Romania) era la capitale dei Daci fino alla sconfitta inflitta loro da Traiano. Al suo posto venne fondata Ulpia Traiana Sarmizegetusa, costruita sull'accampamento militare dell'imperatore a circa 50 Km dalla vecchia capitale.

LE PRINCIPALI INIZIATIVE DI TRAIANO

Traiano

Politica interna
Risolleva l'economia dell'Italia attraverso:
- creazione di istituzioni alimentari (*alimenta*) e *pueri alimentari* a vantaggio dei piccoli e medi proprietari terrieri
- costruzione di opere pubbliche (mercati, strade, porti) che favoriscono la ripresa dei commerci.

Rispetta il diritto di voto del senato e dei comizi e rinuncia al dispotismo

Politica estera
Grande espansione territoriale:
- sconfigge i Daci e crea una nuova provincia
- conquista l'Arabia Petrea, regione fra le province di Siria ed Egitto
- combatte contro i Parti, trasformando il loro impero in due province, la Mesopotamia e l'Assiria

---

rendo l'arrivo di cittadini romani provenienti da tutte le parti dell'impero, attratti dal miraggio di un facile arricchimento per la presenza delle ricche miniere d'oro della Transilvania.
Si spiega in tal modo il **rapido processo di romanizzazione** di quella popolazione e perché ancora oggi in quella regione, l'attuale **Romania**, si parli una lingua che è una diretta filiazione di quella latina, sebbene sia rimasta sotto l'impero romano per soli due secoli.

Dalla conquista dell'Arabia Petrea alla guerra contro i Parti

Negli stessi anni, Traiano portava felicemente a termine la **conquista dell'Arabia Petrea**, un vasto territorio posto fra le province d'Egitto e di Siria (105-106 d.C.). L'acquisizione di quest'area non solo conferiva unità ai possedimenti diretti di Roma nel Mediterraneo orientale, ma poneva anche sotto il suo controllo alcune fra le principali strade carovaniere che conducevano verso i ricchi mercati dell'India e dell'Oriente. Otto anni dopo Traiano iniziò le ostilità anche contro i **Parti**, fermamente deciso a porre fine una volta per sempre alle tensioni in quella regione.
Recatosi con un forte esercito in Asia, con una grande offensiva sconfisse il nemico, riuscendo a entrare nella capitale Ctesifonte (117 d.C.) e a creare le due province della **Mesopotamia** (a sud del Tigri) e dell'**Assiria** (a nord).

La massima espansione dell'impero

Durante il regno di Traiano, pertanto, grazie alla sua ambiziosa politica estera e all'eccezionale espansione militare, l'impero romano raggiunse la massima estensione territoriale. Attorno alle fortificazioni nelle zone di frontiera nacquero **numerosi agglomerati cittadini**, destinati a trasformarsi da primitivi accampamenti in veri e propri centri urbani: Vindobona (Vienna), Singidunum (Belgrado), Aquincum (Budapest) e Argentoratum (Strasburgo).
Il controllo di alcune regioni, tuttavia, era ancora poco saldo e Traiano ben presto fu costretto a fronteggiare alcune ribellioni nelle nuove province dell'Assiria e della Mesopotamia; mentre cercava di riportare quelle popolazioni all'obbedienza, morì improvvisamente l'11 agosto del 117 d.C., non senza avere prima adottato il cugino **Publio Elio Adriano**, riconosciuto come legittimo successore dall'esercito e dal senato.

GUIDA allo STUDIO

1. Quale nuovo modello di principe venne inaugurato da Nerva?
2. Perché la successione per adozione è considerata una grande innovazione?
3. In che modo Traiano incentivò la ripresa demografica?

Lavorare con le FONTI — Laboratorio

La colonna traiana

Unico monumento del Foro di Traiano pervenuto intatto fino a noi, la colonna traiana presenta un lungo rilievo a spirale di 23 giri per circa 200 metri che illustra le vicende che portarono alla conquista della Dacia (101-106 d.C.).

Opera Colonna traiana
Data 113 d.C.
Tipologia fonte monumento commemorativo

La colonna traiana appartiene alla categoria delle colonne dette **còclidi** (dal latino *còclea*, "chiocciola") in quanto contiene nell'interno una scala a chiocciola, che la rende praticabile fino alla cima.

Dopo la morte di Traiano, il successore Adriano ne fece trasportare a Roma le ceneri e ne ordinò la **sepoltura** alla base della colonna, come testimoniava la statua in bronzo di Traiano, posta sul punto più alto della costruzione e sostituita nel 1587 da una statua di san Pietro.

I bassorilievi, mentre esaltano la **grandezza di Roma** attraverso la raffigurazione dei momenti decisivi della campagna militare, **narrano in modo dettagliato** gli eventi: dagli assedi alle battaglie; dalla costruzione di un accampamento alla sottomissione dei capi indigeni; dalla costruzione di opere pubbliche ai momenti di vita quotidiana dei soldati.

La rappresentazione di **Traiano** appare priva di intenti celebrativi, volti a mostrare un principe dotato di capacità straordinarie o addirittura "sovrumane", ma sembra voler documentare realisticamente sia le sue doti di comandante, sia le sue capacità militari e l'autentico coraggio, come se si trattasse di un qualsiasi soldato romano.

Per COMPRENDERE

1. Quali notizie possiamo ricavare dalla colonna traiana?
2. Quale immagine dell'imperatore emerge dai bassorilievi che lo raffigurano?

PASSATO PRESENTE

La Romania

Il termine "**Romania**" identificava tutta l'area dell'impero romano. La zona dell'attuale paese era invece chiamata **Dacia**. Romania diventa il nome ufficiale dello Stato soltanto nel 1859 quando i Principati di Moldavia e Valacchia si unirono sotto il principe moldavo Alexandru Ioan Cuza. La completa unità giunse con l'annessione della Transilvania, della Bucovina e della Bessarabia. Dal 1881 nacque il **Regno di Romania**, dopo una guerra di indipendenza dall'impero ottomano, che durò fino alla fine del secondo conflitto mondiale, quando nacque la Repubblica Socialista di Romania, paese satellite dell'Unione Sovietica. L'ultimo segretario del Partito Comunista Rumeno è stato **Nicolae Ceaușescu**, che ha gestito il paese da dittatore dal 1965 al 1989, fino alla caduta del regime. La Romania fu l'unico paese che attraversò la caduta del comunismo in maniera violenta, attraverso una rivoluzione piuttosto caotica che ha portato il paese verso una progressiva democrazia. Nel 2007 la Romania è entrata nell'**Unione Europea**.

Istantanea

BUCAREST Il nome significa, secondo l'etimologia più accreditata, "la città della gioia". Sarebbe stata fondata nel 1459 dal celebre Vlad III. Bucarest ha attraversato momenti difficili: nel 1916 è stata occupata dall'esercito tedesco, nella seconda guerra mondiale i bombardamenti anglo-americani hanno fatto seguito al terremoto del 1940. Un altro forte sisma ha distrutto e danneggiato molti edifici e causato più di mille vittime. Oggi la città è in fase di rapida trasformazione: convivono ancora il liberty ottocentesco (Bucarest è stata definita "la piccola Parigi") con l'architettura socialista, i casermoni delle periferie con il gigantesco Palazzo del Parlamento (che è il secondo edificio più grande al mondo).

3.2 Adriano (117-138 d.C.)

Un imperatore pacifico

Al conquistatore Traiano successe **Adriano**, anch'egli originario della Spagna, un imperatore pacifico che adottò una **politica di difesa** anziché di espansione, preoccupandosi solo di **assicurare i confini** contro le invasioni e **consolidare la compagine statale** con una saggia amministrazione della giustizia. Per queste ragioni il nuovo imperatore cominciò subito con il rinunciare ai territori appena conquistati oltre l'Eufrate, considerandoli giustamente indifendibili e causa di future e interminabili guerre con i Parti.

In Occidente Adriano si limitò a proteggere la Britannia dalle incursioni di popolazioni stanziate nel Nord dell'isola, erigendo, tra il 122 e il 128 d.C., una **grande muraglia difensiva**, il cosiddetto **vallo di Adriano**, che partiva dalla costa occidentale sul Mar d'Irlanda e attraverso monti, vallate e fiumi giungeva al Mare del Nord. In Germania fece costruire un'altra muraglia, detta **limes germanicus**, che da Ratisbona (sul Danubio) arrivava fino a Magonza (sul Reno), a difesa degli appezzamenti agricoli assegnati ai veterani.

La politica interna: innovazioni nella burocrazia e accentramento del potere

Assicurati in tal modo i confini con una stabile barriera che separava il mondo romano da quello esterno, considerato barbarico, Adriano poté mantenere durante tutto il suo regno la pace e occuparsi degli ordinamenti interni. L'imperatore curò la **formazione di una capillare burocrazia**, aumentando il numero dei funzionari, per lo più provenienti dall'ordine dei cavalieri, e inquadrandoli in carriere ben definite, con una precisa progressione di incarichi e di stipendi. Questa burocrazia era destinata a sostituire in modo definitivo i superstiti organi tradizionali, nonché i liberti, unici esecutori fino al tempo dei Flavi degli ordini imperiali nelle province. Adriano inoltre eliminò le logore forme repubblicane ancora in uso per creare un governo spiccatamente accentrato nelle mani dell'imperatore e quindi di carattere monarchico, riunendo tutti i poteri in un *consilium principis* ("**consiglio del principe**"), ossia in un'assemblea formata da alcuni fra i più dotti giuristi del tempo, incaricata di redigere atti che prima erano di competenza dei senatori.

L'imperatore con la barba
Un biografo di Adriano lo descrive alto, di aspetto distinto con capelli ben pettinati e la barba fluente. Adriano fu infatti il primo imperatore romano a portare la barba, alla maniera dei filosofi greci.

Villa Adriana
La villa di Tivoli fu realizzata tra il 118 e il 133 d.C. e occupava un terreno di ben 120 ettari. Questa splendida residenza, concepita secondo un progetto complesso ma unitario, voleva essere l'espressione dell'ideale di sintesi universale dell'imperatore e si ispirava infatti ai temi architettonici e artistici dei più imponenti edifici visti nel corso dei suoi numerosi viaggi.

Con l'aiuto di questo organo consultivo, l'imperatore provvide a intervenire direttamente anche nell'amministrazione della giustizia con iniziative del tutto eccezionali, tra le quali l'**Editto perpetuo** (133 d.C.), un codice che raccoglieva tutti gli editti degli antichi pretori, edili e proconsoli, destinato a contribuire all'eliminazione di molte incertezze legislative e alla preparazione di leggi comuni a tutte le province.

Valorizzazione delle province, riassetto del bilancio e opere pubbliche

Mentre Traiano si era dimostrato favorevole a promuovere il ruolo dell'Italia e in conseguenza restio a fare concessioni al mondo extraitalico, Adriano adottò invece una politica del tutto opposta, che mirava al **decentramento** e quindi alla valorizzazione delle risorse proprie di ciascuna provincia.

Adriano dedicò molte energie anche al **riassetto del bilancio**, gravemente deficitario a causa delle costose imprese belliche compiute da Traiano. Tale impegno non gli impedì di dare corso a **importanti opere pubbliche**; a Roma edificò il **Tempio di Venere**, la mole Adriana, una monumentale tomba trasformata in fortezza nel Medioevo e oggi chiamata **Castel Sant'Angelo**, e ricostruì il Pantheon, il tempio dedicato a tutti gli dèi e risalente all'età augustea, andato distrutto in un incendio. Famosa è la grandiosa **Villa** che l'imperatore fece costruire a breve distanza da **Tivoli**. Anche nelle province realizzò splendide opere, e fondò numerose città, molte delle quali con il nome di Adrianopoli.

Adriano però non si accontentò di fare delle riforme e di praticare una saggia politica finanziaria: egli trascorse **viaggiando** ben diciassette anni dei ventuno in cui regnò, prendendo diretto contatto con le varie province e provvedendo di persona alle loro necessità più urgenti. Per questo motivo egli è stato giustamente riconosciuto come uno degli imperatori che più profondamente sentirono, secondo i piani di Cesare, l'universalità di Roma.

> **Editto**: nella Roma antica, qualsiasi ordinanza emanata da una pubblica autorità.

Adriano amante della cultura

Adriano era un uomo colto e raffinato, **amante delle arti** e soprattutto della **cultura greca**, come dimostrano le molte opere di ricostruzione e il tempo spesi nella città di Atene; si circondò di intellettuali in molti campi delle arti e delle scienze, cercando di diffondere con ogni mezzo la cultura e l'istruzione. Il suo carattere inquieto e tormentato, infatti, non gli impedì di prendere provvedimenti tolleranti nei confronti dei suoi sudditi, sia verso gli schiavi sia verso le altre religioni compresa quella cristiana, anche se nel 132 a.C. represse duramente la **seconda rivolta giudaica** scoppiata per la decisione di rendere Gerusalemme una colonia romana.

Storia e... Letteratura — Memorie di Adriano

Memorie di Adriano è un romanzo della scrittrice franco-belga Marguerite Yourcenar (1903-1987), pubblicato nel 1951, che narra la vita dell'imperatore Adriano. L'opera ha la forma di un'epistola che Adriano, in punto di morte, scrive all'allora diciassettenne Marco Aurelio, destinato a diventare imperatore nel 161 d.C. In questa lunga lettera, Adriano ripercorre gli episodi più importanti della sua vita, dalla giovinezza all'età matura, e si abbandona a una sorta di monologo interiore in cui esprime i suoi pensieri più intimi. La figura che emerge da questo ritratto è quella di un uomo di immensa cultura, amante dell'arte e della filosofia greche, tanto che la Yourcenar gli fa pronunciare queste parole: "ho governato l'impero in latino, ma ho pensato e vissuto in greco". Ma Adriano ci appare anche come uno dei più illuminati imperatori della storia romana, dotato di un altissimo senso dello Stato, pur proclamando la sua inettitudine al comando.

Il romanzo della Yourcenar è il frutto di un'accuratissima ricerca documentaria; tuttavia il suo valore letterario consiste soprattutto nel fatto che consegna ai lettori il ritratto delicato e autentico di un uomo dotato di una profonda sensibilità, che, nonostante sia vissuto duemila anni fa, rende il personaggio molto moderno. Questo secondo aspetto emerge in tante pagine del romanzo, ma soprattutto nella poesia con cui esso si chiude, realmente scritta da Adriano poco prima di morire: "*Piccola anima smarrita e soave, compagna e ospite del corpo, ora t'appresti a scendere in luoghi incolori, ardui e spogli, ove non avrai più gli svaghi consueti. Un istante ancora, guardiamo insieme le rive familiari, le cose che certamente non vedremo mai più... Cerchiamo d'entrare nella morte a occhi aperti [...]*".

Bassorilievo che raffigura Antinoo, intimo amico di Adriano, rappresentato come Dioniso.

GUIDA allo STUDIO

1. A quale scopo venne edificato il vallo di Adriano?
2. In che modo Adriano eliminò le ultime forme repubblicane?
3. Perché Adriano può essere ricordato tra gli imperatori che più sentirono l'universalità di Roma?

Il Territorio come Fonte Storica

I confini dell'impero

I vasti confini dell'impero romano richiedevano un **controllo** e una **difesa** continui. Lunghi tratti coincidevano con barriere naturali, come coste, fiumi, monti o deserti; molti altri, invece, ne erano privi ed erano di continuo sottoposti ad attacchi da parte di popoli confinanti o nomadi. Dal I secolo d.C. nacque la necessità di presidiare i confini dell'impero con possenti **fortificazioni**. Queste consistevano in opere artificiali di vario tipo, dai più semplici fossati scavati nel terreno a strutture ben più complesse. Il *limes* (termine latino per "frontiera") inizialmente era una lunga palizzata in legno, intervallata da capanne o torri. Successivamente, l'aumentata pressione dei popoli confinanti rese necessaria la costruzione di opere in pietra o mattoni, in particolare lunghe mura, intervallate da torri di guardia in muratura.

▲ La porta pretoria e un tratto di cinta muraria di Saalburg (oggi in Germania), accampamento militare sul *limes* germanico.

Le aree di confine che più necessitavano di solide difese erano situate nelle regioni del Nord Europa, dove furono costruite importanti barriere. Il **limes germanico-retico** era fatto di fossati, torri, mura e palizzate, serviva per proteggere le province della Germania superiore e della Rezia, tra Reno e Danubio, dalle aggressive popolazioni germaniche. Fu abbandonato dall'imperatore Gallieno (III secolo d.C.) di fronte all'impossibilità di difenderlo. Ne restano numerose tracce, riportate alla luce da scavi archeologici.

Il **vallo di Adriano** venne fatto costruire dall'imperatore a partire dal 122 d.C. Tagliava in due l'isola britannica, dall'Atlantico al Mare del Nord, ed era lungo quasi 120 Km. Era formato da una muraglia (alta dai 4 ai 6 metri e larga 3), costeggiata da una strada per lo spostamento delle truppe, da un fossato e da un terrapieno. Oltre alla funzione militare aveva anche il significato simbolico di **separare il mondo civile da quello "barbaro"**.

A ogni miglio c'era un forte presidiato da militari, con una porta da cui era possibile controllare il passaggio di persone e merci, e tra un forte e l'altro vi era una torre di vedetta. La solidità della costruzione ne ha garantito la sopravvivenza di molti tratti, ancora oggi visibili e percorribili. Vent'anni più tardi, 160 km più a nord, l'imperatore **Antonino Pio** fece costruire un **altro vallo**, oltre al quale si trovava la **Caledonia** (l'attuale Scozia). La fortificazione, costruita in soli due anni e lunga 63 km, venne abbandonata dalle truppe romane dopo vent'anni, per poi essere rioccupata, solo per poco tempo, da Settimio Severo (193-211 d.C.).

◀ Un tratto del vallo di Adriano, in Inghilterra.

3.3 L'età degli Antonini (138-192 d.C.)

Una nuova dinastia: gli Antonini

Nel 138 d.C., al termine di una lunga malattia, Adriano morì indicando come successore il senatore di origine gallica **Tito Aurelio Antonino**, suo genero, alla condizione però che quest'ultimo designasse a sua volta come successori **Marco Aurelio** e **Lucio Vero**, suoi figli di adozione. Questi tre imperatori e il figlio di Marco Aurelio, **Commodo**, costituirono la **dinastia degli Antonini**, che rimase al potere per circa sessant'anni. Gli storici sono soliti indicare questo periodo della plurisecolare storia di Roma come la "felice età degli Antonini", in quanto la politica degli imperatori fu finalizzata, con successo, a mantenere la pace e garantire la **prosperità** dell'impero.

Antonino Pio (138-161 d.C.): giustizia e pace

Durante il suo regno, Antonino non si allontanò mai dall'Italia ed ebbe il soprannome di **Pio** per la devozione dimostrata verso il padre adottivo e per i consensi ricevuti da ogni parte dell'impero. Di carattere semplice e mite, egli si dedicò con grande impegno all'amministrazione interna dello Stato, basata su un ulteriore accentramento nelle mani dell'imperatore rispetto al suo predecessore Adriano. Curò specialmente la **giusta applicazione della legge**, preoccupandosi di ridurre la miseria e di promuovere l'educazione della gioventù, a favore della quale fondò anche nelle province molti **centri di studio e di assistenza**.
In campo sociale, fra i tanti provvedimenti, emise un **editto in favore degli schiavi**, in base al quale era ritenuto reo di omicidio il proprietario che avesse ucciso il proprio servo: per la prima volta nella storia di Roma, dunque, lo schiavo cessava di essere un oggetto (*res*) per divenire un soggetto che godeva di determinati diritti. L'imperatore dimostrò grande tolleranza anche verso i cristiani. Sotto la guida di Antonino il mondo romano godette di una **pace profonda e mai interrotta**. Il suo regno può essere infatti definito il più tranquillo di questa "età aurea"; le **uniche azioni militari** compiute in **Germania** e in **Britannia**, dove tra l'altro fece erigere un nuovo vallo più a settentrione di quello precedente, il Vallo di Antonino, non furono dei veri e propri conflitti, ma degli interventi mirati ad ampliare i confini dell'impero.

Marco Aurelio (161-180 d.C.), l'"imperatore filosofo"

Secondo la volontà di Adriano, alla morte di Antonino Pio, avvenuta nel 161 d.C., seguirono Marco Aurelio e Lucio Vero, che furono nominati co-imperatori, con Vero in posizione subordinata. Questo **sistema diarchico** fu probabilmente motivato da esigenze militari: durante il loro regno, infatti, i due imperatori furono quasi costantemente in guerra con vari popoli al di fuori dell'impero. Vero morì nel 169 d.C., mentre combatteva in Oriente, lasciando il governo nelle mani del solo **Marco Aurelio**, detto "**il filosofo**" per la sua particolare **passione per la filosofia**, in particolare quella **stoica**.
Nel corso delle sue molte imprese militari egli trovò il tempo per scrivere in lingua greca i *Colloqui con se stesso*, opera nella quale raccolse gran parte delle sue meditazioni filosofiche. Egli d'altra parte

> **lessico**
> **Diarchia** "governo di due". Indica due imperatori regnanti insieme.

◀ **Il culmine del secolo felice**
Basamento della colonna di Antonino Pio: il rilievo rappresenta l'ascesa al cielo dell'imperatore e della sua sposa Faustina.

visse il proprio ruolo di sovrano come **un gravoso servizio reso alla comunità** nell'interesse della pace e della prosperità di tutti: la sua immagine è perciò diametralmente opposta a quella dell'imperatore-tiranno, personificato dalla storiografia in uomini come Nerone e Domiziano.

La guerra contro i Parti e le tribù germaniche

Nonostante la sua fama di filosofo stoico, Marco Aurelio dovette fronteggiare gravi emergenze ai confini dell'impero. Nel 168 d.C. infatti i **Parti** avevano invaso l'Armenia, impegnando Marco Aurelio in una **guerra durissima**, conclusasi cinque anni dopo con la **distruzione della capitale Ctesifonte**. Al ritorno dall'Oriente, inoltre, i legionari portarono con sé il morbo della **peste**, che si diffuse rapidamente facendo milioni di vittime in tutto l'impero che si trovava improvvisamente spopolato, con gravi danni per l'economia.

Nel frattempo l'imperatore dovette combattere in Occidente le **tribù germaniche** dei Quadi e dei Marcomanni, i quali si erano spinti oltre il *limes* danubiano fino ai confini d'Italia: era la prima volta dai tempi di Caio Mario che i Germani penetravano nei territori dell'impero. La guerra durò,

LE DIFFICOLTÀ DELL'IMPERO SOTTO MARCO AURELIO

- Rivolta dei **Parti**
- Epidemia di **peste**
- Invasione in Occidente dei **popoli germanici**
- Rivolta del governatore di **Siria** Caio Avidio Cassio
- Nuove aggressioni di tribù germaniche al **confine danubiano**

→ Difficoltà dell'impero

con fasi alterne, per oltre quindici anni, finché nel **177 d.C.** Marco Aurelio riuscì a **ricacciarli al di là del Danubio**.

Dopo questi successi, l'imperatore provvide alla sicurezza dei territori di confine costruendovi accampamenti (*castra*) e colonie militari, fino ad allora assenti. Marco Aurelio però commise l'errore di **assoldare molti barbari** come mercenari, dando così inizio a quel processo di "imbarbarimento" dell'esercito che avrebbe ulteriormente accelerato l'allontanamento da esso dell'elemento romano.

Nuove rivolte: l'"età dell'oro" volge al termine

Nel maggio del 174 d.C., mentre era ancora impegnato nella guerra danubiana, Marco Aurelio ebbe la notizia di una nuova **rivolta sul fronte orientale**, capeggiata da Caio Avidio Cassio, governatore della **Siria** che si era fatto proclamare imperatore. Marco Aurelio si affrettò a raggiungere la Siria per combattere, ma il rischio di una guerra fu scongiurato dall'uccisione di Cassio da parte dei suoi stessi soldati. Ritornato a Roma, vi celebrò il trionfo, mentre il senato riconoscente gli dedicava anche a nome del popolo due mirabili monumenti: la famosa **colonna antonina** (così detta da Marco Aurelio Antonino), oggi in piazza Colonna, e la non meno nota **statua equestre**, ancora visibile in Campidoglio.

Le guerre tuttavia non erano finite e ben presto Marco Aurelio fu obbligato a recarsi ancora una volta sulle rive del Danubio per opporsi alle **rinnovate aggressioni di popoli ribelli**. Caduto infermo a Vindobona (Vienna), vi morì nel 180 d.C.

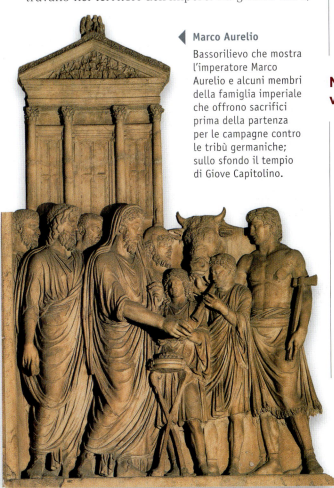

◀ **Marco Aurelio**
Bassorilievo che mostra l'imperatore Marco Aurelio e alcuni membri della famiglia imperiale che offrono sacrifici prima della partenza per le campagne contro le tribù germaniche; sullo sfondo il tempio di Giove Capitolino.

ti ricordi?
Mario sconfisse definitiva-mente le **tribù germaniche** dei Teutoni, che si erano spinte verso sud alla ricerca di nuove sedi, ad Acque Sestie, in Provenza, nel 102 a.C., e quelle dei Cimbri ai Campi Raudi, nell'Italia settentrionale, nel 101 a.C.

lavorare con le FONTI — Laboratorio

La statua di Marco Aurelio

La statua di Marco Aurelio è l'unica statua equestre giunta integra fino ai giorni nostri: numerosi monumenti romani furono infatti distrutti in epoca cristiana, ma poiché l'immagine di Marco Aurelio venne confusa con quella di Costantino, imperatore convertitosi al cristianesimo, fu risparmiata.

Trattandosi di una statua celebrativa, è possibile che in origine fosse collocata nel Foro romano o nei pressi della colonna Antonina. Nel 1538 il monumento fu sistemato nella piazza del Campidoglio per ordine di papa Paolo III; l'anno successivo venne affidato a Michelangelo il compito di risistemare la piazza e la statua divenne il perno del complesso architettonico. Nel gennaio del 1981 la statua fu rimossa dal basamento per essere restaurata.

Nel 1990 il monumento è stato riportato in Campidoglio e collocato all'interno del cortile dei Musei Capitolini in un ambiente protetto, mentre nella piazza è attualmente visibile una perfetta copia.

Opera Monumento equestre di Marco Aurelio
Data 176 d.C. (prima età di Commodo)
Tipologia fonte scultura

Il ritratto di Marco Aurelio venne commissionato da Commodo in occasione dell'apoteosi del padre. I **tratti del viso** sono simili a quelli di **Filippo di Macedonia**, padre di Alessandro Magno, e non rappresenterebbero del tutto le reali fattezze dell'imperatore.

Dell'**antica doratura** che ricopriva la statua restano tracce sul viso e sul manto dell'imperatore, sulla testa e sul dorso del cavallo.

La scultura rappresenta l'**imperatore** vestito con **tunica** e **mantello**. Un simile abbigliamento, pratico e comodo in viaggio e in guerra, ma mai utilizzato direttamente nelle azioni belliche, sottolinea il **duplice incarico** dell'imperatore, **amministrativo** e **militare**.

L'imperatore è raffigurato già avanti negli anni, con la mano destra tesa in un **segno pacificatore**: la statua faceva probabilmente parte di un monumento trionfale a lui dedicato in onore della **vittoria su Cassio**.

Per COMPRENDERE

1. Da chi e in quale occasione venne commissionata questa scultura?
2. Perché, secondo te, Marco Aurelio viene rappresentato con abiti pratici e adatti alla guerra?
3. Per quale motivo, a tuo avviso, i tratti del viso della statua equestre sono simili a quelli di Filippo di Macedonia?

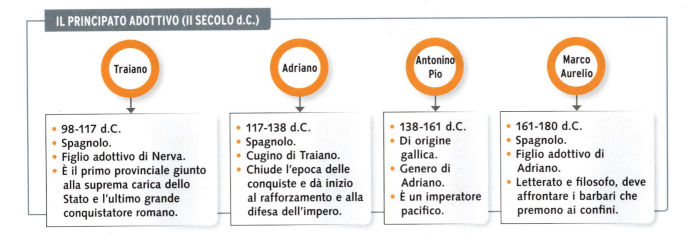

Commodo (180-192 d.C.), ultimo degli Antonini

La scomparsa di Marco Aurelio segnò la fine dell'"età dell'oro" e l'inizio di uno dei più tristi periodi della storia di Roma: a lui infatti seguì il figlio diciannovenne **Lucio Aurelio Commodo**, associato al governo quattro anni prima con un'improvvisa **interruzione del principio dell'adozione** sino allora applicato.

Ben diverso per temperamento dal genitore, il giovane principe, appena eletto, invece di continuare la guerra contro i ribelli Marcomann, già vinti dal padre, si affrettò a concludere la pace a dure condizioni.

Rientrato a Roma nell'ottobre del 180 d.C., si dedicò ai divertimenti più sfrenati, facendo fra l'altro il gladiatore negli anfiteatri, e tentò anche di farsi venerare come un dio, abbandonando il governo dello Stato ai prefetti del pretorio e ai liberti. Scontratosi perciò con il senato, cercò sempre più l'appoggio dell'esercito e del popolo, che favorì in tutti i modi con **una politica demagogica**.

La fine degli Antonini

Dal malcontento dell'aristocrazia senatoria nacque una congiura, alla quale l'imperatore sfuggì per caso. In seguito a questo attentato, Commodo istituì **un regime di terrore** e si abbandonò a una feroce repressione, fino a che nel 192 d.C., dopo dodici anni di tristissimo regno, venne **avvelenato da un liberto**.

Terminava così nella tirannide l'illuminata età degli Antonini, cui doveva seguire un **torbido periodo di lotte sanguinose** e di profondi rivolgimenti sociali, nel corso dei quali varie legioni si ribellarono ed elessero imperatori i loro capi, ripetendo in tal modo a distanza di quasi un secolo la caotica e drammatica situazione di **disordini e conflitti civili** seguita alla morte di Nerone e aprendo così la via all'**arbitrio dei militari**, e in particolare dei pretoriani.

STORIA al cinema

IL GLADIATORE

Stati Uniti, 2000, 184'
Regia di Ridley Scott

Il film racconta la vicenda di un valoroso generale dell'esercito romano, Massimo Decimo Meridio (personaggio di fantasia), che l'imperatore Marco Aurelio, ormai prossimo alla morte, decide di nominare come successore al posto del crudele e inetto figlio Commodo. Questi, però, pronto a vendicarsi, uccide il padre e ordina l'eliminazione di Massimo e della sua famiglia. Dopo esser scampato alla morte e avere attraversato mille disavventure, Massimo si ritroverà a combattere come gladiatore a Roma, diventerà l'idolo del popolo romano e riuscirà a vendicarsi di Commodo uccidendolo nell'arena. Il film resta memorabile per la grandiosa ricostruzione della Roma imperiale, oltre che per le scene di battaglia, che rispecchiano fedelmente le tattiche belliche dell'epoca. Tuttavia il regista ha interpretato in modo molto libero quanto tramandato dalle fonti storiche: per esempio, non vi è alcuna prova che Commodo, nonostante venga ricordato come uno degli imperatori più crudeli, abbia avuto un ruolo nella morte del padre. I combattimenti tra gladiatori, inoltre, contengono diverse inesattezze: non sempre erano considerati carne da macello, ma spesso erano uomini ammirati per la loro forza e il loro coraggio. Inoltre nell'arena non furono mai utilizzate tigri, poiché in quel periodo questi animali erano pressoché sconosciuti; erano invece impiegati i leoni, che arrivavano dalle province africane.

GUIDA allo STUDIO

1. Perché Antonino Pio godette di ampi consensi da parte di tutti?
2. Quale grande errore commise Marco Aurelio?
3. Per quali aspetti si caratterizzò il regno di Commodo?

3.4 Società e vita quotidiana nell'età imperiale

L'agricoltura alla base dell'economia romana

Le grandi conquiste militari e l'attenzione che gli imperatori dell'età adottiva posero nella costruzione di opere pubbliche e nella cura degli affari interni fecero sì che l'impero conoscesse un felice periodo di pace e prosperità economica.

L'**agricoltura** era ancora la **principale fonte di ricchezza** per i Romani, che sin dall'età arcaica consideravano il lavoro nei campi particolarmente onorevole. Un simile modo di pensare venne però messo da parte dopo il periodo delle grandi conquiste, allorché si diffuse la tendenza ad affidare la direzione dei campi a personale dipendente. Tuttavia a causa dell'utilizzo sempre più massiccio degli **schiavi** non si verificarono innovazioni significative nell'ambito delle tecniche di coltivazione e degli strumenti agricoli, che restarono sempre piuttosto rudimentali.

Alla base della produzione agricola restarono, comunque, per secoli il farro, il miglio, il frumento, l'orzo, la vite e l'olivo e gli alberi da frutto; diffusi erano anche l'apicoltura, la coltivazione del lino, oltre all'allevamento.

Le attività industriali e i commerci

Le attività "industriali" continuavano ad avere sin dall'età repubblicana un **carattere essenzialmente artigianale**, sia perché era quasi del tutto sconosciuto l'uso di macchinari, sia perché quasi inesistente era l'impiego di grossi capitali. I luoghi di produzione erano una via di mezzo tra il posto di smercio e il laboratorio dell'artigiano: il che non toglie che esistessero "fabbriche" in grado di esportare i loro manufatti un po' ovunque, non escluse le isole britanniche e la penisola scandinava. Fra i maggiori centri di produzione italiani vi erano **Arezzo** (vasellame), **Sorrento** (vetrerie), **Capua** (oggetti in bronzo) e **Pozzuoli** (lavorazione dell'alabastro e del ferro, proveniente dall'isola d'Elba). A Pompei e a Ostia sono stati trovati grandi laboratori di filatura e di tessitura e importanti oreficerie e fonderie, oltre a un discreto numero di forni e di mulini. La stessa **Roma**, che era il massimo centro di consumo di tutto l'impero, pullulava di attive botteghe artigianali specie nelle zone di periferia.

Per quanto riguarda il commercio, quello **minuto** era esercitato perlopiù da schiavi, liberti o comunque persone di condizione piuttosto modesta; quello **all'ingrosso**, invece, era in mano alle classi più ricche, le sole che potevano disporre di rilevanti capitali per le importazioni dai paesi più lontani.

La disciplina del lavoro

Grande interesse riveste la regolamentazione del lavoro nel mondo romano, così come si presenta a noi attraverso la lettura di testi storico-letterari, giuridici ed epigrafici. Le **norme** che disciplinavano i rapporti fra lavoratore e datore di lavoro non erano prefissate dallo Stato, bensì **determinate in via del tutto privata fra gli interessati o addirittura in base alla tradizione**. In generale, entrare nel mondo del lavoro prevedeva un lungo periodo di **apprendistato**, in seguito al quale era possibile ottenere un contratto, in cui si stabiliva la durata della prestazione e la paga dovuta. La giornata lavorativa durava circa 12 ore, dall'alba al tramonto senza alcuna interruzione, tranne un breve intervallo per consentire una rapida colazione. Nei mulini, nelle fabbriche di

Il trasporto delle merci
Operazioni di carico e scarico delle mercanzie da una nave oneraria, la tipica imbarcazione romana per il trasporto delle merci.

mattoni e in ogni altro luogo ove si rendeva necessario per esigenze tecniche un lavoro continuativo, si osservavano, come avviene oggi, dei **turni**. A rendere più lieve il carico del lavoro contribuivano il **riposo settimanale**, le **ferie speciali annue**, nonché le numerose **feste pubbliche**, di cui era ricco il calendario romano.

Ai lavoratori romani non mancò neppure la possibilità di organizzarsi in **collegi o corporazioni** particolari, le quali non ebbero carattere né politico né sindacale, bensì esclusivamente religioso e assistenziale.

L'attività bancaria

Fra le corporazioni più importanti vi era quella dei **banchieri o *argentarii***. Sull'attività e sul ruolo da essi svolto durante l'età repubblicana le fonti sono piuttosto frammentarie. Inizialmente gli *argentarii* (come quelli greci) svolgevano la funzione di **cambiavalute** e controllori di monete: si trattava di un lavoro particolarmente importante, data la **varietà delle monete** che affluivano o circolavano all'interno dell'impero.

Con l'intensificarsi delle attività commerciali e industriali poi, si ebbe un sempre più intenso movimento di capitali e conseguentemente un notevole sviluppo delle attività bancarie: non diversamente da quanto era avvenuto in Grecia, i cambiavalute, acquistando a poco a poco la fiducia e la stima degli esponenti del mondo economico, finirono così per trasformarsi in **veri e propri banchieri**, sempre pronti ad accettare depositi di denaro, a pagare interessi, a trattare complessi affari e a concedere prestiti a quanti potevano offrire garanzie adeguate.

▲ **I banchieri dell'antichità**
Bassorilievo marmoreo del II secolo d.C. che raffigura l'interno della bottega di un argentario, professionista che offriva servizi bancari e finanziari. Nei locali adibiti ad attività bancaria (*tabernae argentariae*) il cambiavalute attendeva al proprio lavoro, dietro a uno speciale banco.

I contatti con il mondo extraeuropeo

In epoca imperiale aumentarono considerevolmente non solo gli scambi con le **regioni settentrionali dell'Europa**, che grazie allo sviluppo delle vie commerciali in età augustea divennero abbastanza frequentate, ma anche con il Medio e l'Estremo Oriente e con l'Africa centrale.

Per lo sviluppo del commercio con l'Asia ebbe un'importanza decisiva, all'epoca dell'imperatore Clau-

concetti chiave

Banca

Per lunghissimo tempo i popoli antichi rimasero legati a un'economia di tipo naturale, basata sulla pratica dello scambio in natura e quindi sul baratto. Persino presso gli Egizi, uno dei popoli più evoluti dell'antichità, il pagamento dei tributi al faraone veniva effettuato di volta in volta con prodotti agricoli e bestiame. Diversamente avveniva presso i Sumeri, che nella città di Uruk dettero vita alla prima e più antica struttura bancaria che la storia ricordi: un tempio monumentale, risalente al periodo compreso fra il 3400 e il 3200 a.C., all'interno del quale sono stati ritrovati inventari, rendiconti, bilanci e altre testimonianze inconfutabili dell'esistenza di operazioni "bancarie". Fra i popoli del Vicino Oriente, anche i Babilonesi si dedicarono ad attività bancarie: del resto, l'impero era attraversato dalle principali vie carovaniere provenienti dalla Cina e dall'India, e costituiva un importantissimo emporio commerciale. La pratica bancaria assunse enorme importanza anche per i Fenici e gli Ebrei, in concomitanza con la diffusione della moneta.

Anche in Grecia le più antiche istituzioni bancarie nacquero all'interno dei templi, ma già nel VI secolo a.C., accanto a cambiavalute-sacerdoti, cominciarono a essere attivi anche operatori privati nei mercati e nei porti: questi non si limitavano a cambiare le monete messe in circolazione negli altri stati con quella in corso nella città in cui operavano, ma ricevevano anche depositi e concedevano prestiti sulla base di ben precise garanzie e a determinate condizioni di mercato.

Per quanto riguarda Roma, le prime banche risalgono alla fine del V secolo a.C., ma solo con la coniazione delle prime monete si svilupparono delle attività bancarie vere e proprie e i cambiavalute si trasformarono in banchieri. Questi, chiamati *argentarii* in seguito all'introduzione dell'argento accanto al bronzo (nel III secolo a.C.), utilizzavano i capitali accumulati anche in operazioni finanziarie, in Italia e nelle province: a questo punto, perciò, la loro attività era assimilabile a quella di una banca moderna.

dio (41-54 d.C.), la **scoperta dei monsoni**, venti che spirano regolarmente per sei mesi da est a ovest e per altri sei mesi da ovest a est sull'Oceano Indiano. Grazie a questa scoperta la **durata del viaggio** tra l'India e l'Europa, che in precedenza richiedeva mesi e mesi, **venne molto ridotta** seguendo la via marittima, permettendo relazioni più regolari e più frequenti tra Asia ed Europa; in secondo luogo fu possibile **aggirare l'ostacolo rappresentato dai Parti**, che controllavano da sempre i traffici terrestri con il Levante in quanto il loro territorio costituiva una vera e propria barriera tra Oriente e Occidente.

A causa dello sbarramento attuato dai Parti, anche i contatti con la **Cina** non dettero risultati duraturi e furono tenuti soltanto da pochi avventurosi mercanti. Rapporti limitati esistevano anche con l'**Africa orientale e centrale**, un amplissimo territorio praticamente sconosciuto e misterioso. Il **deserto del Sahara**, di solito indicato sulle carte con la significativa espressione *hic sunt leones* ("qui vivono i leoni"), si frapponeva come un'insuperabile muraglia tra le coste mediterranee e l'Africa centrale. Nonostante ciò, attraverso le **piste carovaniere** giungevano nelle province romane della Mauritania, della Numidia, dell'Africa proconsolare, della Cirenaica e dell'Egitto, **avorio, legni rari, pietre preziose, spezie, pelli di animali esotici e schiavi**, oltre che **belve feroci** per gli spettacoli nel circo.

Un commercio a senso unico

Ma che cosa spingeva le relazioni commerciali dei Romani così lontano? La risposta è abbastanza semplice, se si tiene presente la costante crescita del tenore di vita della società romana e le sempre più raffinate esigenze delle classi dominanti. Era soprattutto l'acquisto dei **prodotti esotici** ricercatissimi come **spezie** (specialmente il pepe), **sostanze aromatiche, pietre preziose, seta e raffinati tessuti**, a spingere gli intraprendenti commercianti in terre così lontane. Va osservato che il commercio di prodotti esotici era realizzato quasi **a senso unico**, in quanto il mondo romano importava molto, ma **non esportava quasi nulla**.

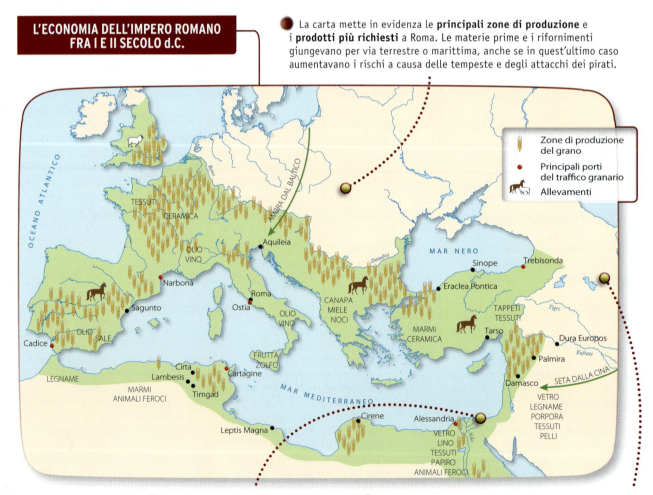

L'ECONOMIA DELL'IMPERO ROMANO FRA I E II SECOLO d.C.

La carta mette in evidenza le **principali zone di produzione** e i **prodotti più richiesti** a Roma. Le materie prime e i rifornimenti giungevano per via terrestre o marittima, anche se in quest'ultimo caso aumentavano i rischi a causa delle tempeste e degli attacchi dei pirati.

I mercanti romani raggiungevano l'Oriente attraverso il **Mar Rosso**, dove Traiano aveva fatto restaurare il **canale dei Faraoni**.

Tutte le vie di comunicazione terrestre per l'Estremo Oriente attraversavano l'**impero dei Parti**; ciò implicava l'obbligo da parte dei mercanti romani che le percorrevano di pagare **pesanti tributi**, destinati a far **lievitare il prezzo** delle merci.

una finestra sul mondo

INDIA

L'INDIA dei KUSHANA

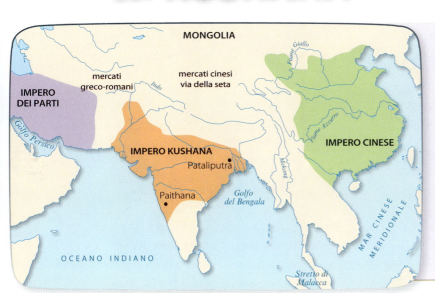

Intorno al I secolo d.C. quasi tutta l'India occidentale cadde sotto il controllo dei **Kushana**. Il nome deriva dal cinese Guishuang, che indicava una delle cinque tribù degli Yuezhi, la popolazione di **stirpe turco-mongolica** proveniente dalle regioni del nord-ovest della Cina, a cui i Kushana appartenevano e che prese il sopravvento sulle altre. Qui fondarono un potente regno che, nel periodo di massima espansione (alla fine del II secolo d.C. circa), arrivò a comprendere i vasti territori tra la valle del Gange e l'attuale Afghanistan.

Nel 127 d.C. salì al trono **Kaniska**, il più grande sovrano Kushana, che amava definirsi "grande re" ma anche "figlio del cielo", secondo la consuetudine degli imperatori cinesi. Egli inaugurò un periodo di **grande sviluppo economico e culturale**, accogliendo alla sua corte artisti, letterati, musici, mercanti e religiosi provenienti da ogni parte dell'Asia. Sotto il suo regno si intensificò un processo di assimilazione della cultura e dei costumi delle popolazioni preesistenti. In particolare, i Kushana assimilarono il buddismo, che avevano conosciuto dalle popolazioni assoggettate. Lo stesso Kaniska si convertì e diffuse questa religione, senza tuttavia privare il suo popolo della libertà di praticare anche altri culti.

Statua di Buddha in meditazione risalente all'epoca Kushana.

Ciò che però, più di tutto, caratterizzò il regno di Kaniska, e più in generale quello Kushana, fu il **marcato cosmopolitismo** e l'apertura nei confronti di altri popoli e di altre civiltà. Entrarono in contatto con Cinesi e Persiani, e anche con i Romani, con cui ebbero rapporti commerciali e diplomatici, in particolare con Adriano e Antonino Pio (come attestano alcuni storici, soprattutto Appiano).

I resti del monastero buddista di Takht-i-Bahi (nell'attuale Pakistan), fondato nel I secolo d.C.

Storia per Immagini

La tavola dei Romani

Nell'antica Roma i pasti erano tre: la **prima colazione** (*jentaculum*), il **pranzo di mezza giornata** (*prandium*) e la **cena** a fine giornata (*coena*). La colazione era in genere a base di pane, uva secca, datteri, olive e formaggio, mentre il pranzo, che si svolgeva intorno a mezzogiorno, oltre al pane e alle olive prevedeva carne fredda, uova, frutta e vino. Il **pasto principale** della giornata era la **cena**, che poteva iniziare già a metà pomeriggio, attorno alle quattro, e protrarsi anche fino all'alba del giorno successivo. Nella Roma arcaica si svolgeva nell'atrio, vicino al focolare; quando però le case diventarono più grandi e articolate, si cominciò a banchettare nel **triclinio**, la sala da pranzo in cui i convitati mangiavano semisdraiati sui **letti triclinari**, appoggiandosi sul braccio sinistro e tenendo libero il destro per prendere il cibo.

Il banchetto Diversi erano i tipi di cena nella Roma imperiale: vi era quella domestica, consumata con i familiari; il pranzo conviviale, chiamato *fercula*, a cui erano invitati amici e conoscenti; più raro era il grande **banchetto pubblico** offerto per migliaia di invitati. Prima dell'inizio del banchetto gli schiavi lavavano i piedi e le mani dei commensali, che indossavano *vestimenta cubitoria*, riservati appositamente a queste occasioni. Dato che nei banchetti si mangiava solo con la mano destra (con l'altra ci si appoggiava al triclinio), le vivande venivano divise in piccole porzioni (*pulmenta*) da un apposito schiavo (*scissor*), in modo che i commensali mangiassero più facilmente e senza sporcarsi. Il coltello era quindi poco utilizzato e l'unica posata era il **cucchiaio** (*colcher*). Il **tovagliolo** (*mappa*) era invece portato spesso dagli invitati, che alla fine della cena vi potevano avvolgere gli avanzi per portarseli a casa. Da notare il mosaico con gli avanzi di cibo buttati per terra.

STORIA PER IMMAGINI

Cibi di base In epoca arcaica il cibo di base era la **polenta** (*puls* o *pulmentus*), fatta perlopiù con il **farro**, cereale che veniva consumato in grani interi o macinato a farina (termine che deriva proprio da *far*, farro). Con il tempo venne sostituita dal **pane**, che occupò nell'alimentazione romana lo stesso posto che occupa nella nostra. Molto apprezzati erano anche i **legumi** (fave, ceci, lenticchie) e gli **ortaggi** (cipolle, rape, porri, cavoli, cicoria). Assai diffuso era anche il consumo di **frutta** (soprattutto di **fichi**), di **formaggio**, di **uova** (di cui si preferiva la chiara al tuorlo) e di **miele**.

Carne e pesce Tra le 150 varietà di **pesci** presenti nelle mense romane prevalevano dentici, orate, sogliole, polipi, aragoste, anguille, storioni, seppie, gamberi e ostriche. Tra le **carni** dominavano quelle di maiale, cinghiale e ghiro, considerato una prelibatezza per i più facoltosi, e quella di **volatili** (tordi, piccioni, cicogne, gru, pavoni e fagiani), di cui i Romani erano assai ghiotti. Amavano invece poco il pollo, la cui carne era considerata di scarso pregio.

Salse, condimenti e vino I Romani amavano molto il gusto **agrodolce** e accostavano spesso la frutta e il miele con la carne e il pesce. Uno dei principali ingredienti della gastronomia romana era però il *garum*, un condimento a base di pesci usato per dare sapore a diversi tipi di piatti. Per cucinare si usava soprattutto il **lardo di maiale**, mentre l'**olio** d'oliva era impiegato maggiormente per preparare cosmetici e unguenti e per alimentare le lampade. Per quanto riguarda il vino, i Romani lo consumavano annacquato o mescolato con vari ingredienti: per l'antipasto prediligevano il *mulsum*, vino miscelato a miele, mentre per la cena preferivano il *merum*, vino puro allungato con acqua calda d'inverno e fredda d'estate.

Questo sistema, tuttavia, comportando una lenta ma dannosa "emorragia di oro", ebbe conseguenze negative per l'economia dell'impero e rappresentò una delle cause della sua progressiva decadenza. Basti pensare che secondo i dati forniti da Plinio il Vecchio (23-79 d.C.), i commercianti del tempo importavano ogni anno dall'India prodotti per un valore non inferiore a 55 milioni di sesterzi: una somma enorme per quei tempi. I prezzi con cui queste merci venivano rivendute a Roma, inoltre, erano cento volte più elevati di quelli praticati sui mercati d'origine.

La medicina e la sanità pubblica

Se in numerosi campi i Romani riuscirono non solo a imitare, ma addirittura a superare i loro maestri greci, in altri (ad esempio negli studi filosofici) non furono originali creatori di nuovi sistemi. Con tutto ciò essi seppero ottenere positivi risultati in ogni sorta di studi, non escluso quello della medicina. Grande interesse destano tutt'oggi gli scritti di **Aulo Cornelio Celso** (I secolo d.C.), che trattò in maniera sistematica di igiene, di odontoiatria e di oculistica, ma anche di chirurgia, descrivendo dettagliatamente malattie come, ad esempio, la tisi polmonare, e veri e propri interventi chirurgici di plastica facciale, o per l'asportazione delle tonsille e dei calcoli.

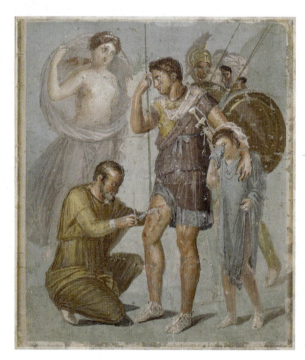

▲ **Curare le ferite**
Affresco proveniente da Pompei in cui si vede Enea ferito in battaglia e curato dal medico. La medicina romana raggiunse un alto livello di specializzazione in tre settori in particolare: chirurgia, otorinolaringoiatria e oculistica.

Roma ha anche il merito di aver messo ordine nell'esercizio professionale dei medici e sviluppato con cura del tutto particolare l'**organizzazione della sanità pubblica** nel periodo imperiale. Infatti, mentre in un primo momento l'arte medica era considerata non degna del cittadino e quindi riservata esclusivamente agli stranieri (quasi sempre Greci), già nella seconda metà del I secolo a.C., in seguito a un decreto di Cesare che prevedeva la concessione dei pieni diritti di cittadinanza a quanti avessero esercitato la medicina, si cominciò a diffondere la pratica di tale professione. Nel II secolo d.C. si ebbero addirittura le prime associazioni mediche e le prime **pubbliche scuole mediche** sovvenzionate dallo Stato.

Lo sviluppo della geografia

Grande rilevanza assunsero anche gli **studi geografici**. Padroni del mondo, i Romani avvertirono la necessità di avere a disposizione una razionale **rappresentazione cartografica** delle province, delle strade, dei luoghi e delle distanze. A scopo di pubblica utilità Augusto riprese il progetto cesariano di creare un **rilievo plastico dell'impero**, che fu corredato anche di un commento illustrativo. Venne inoltre preparata una carta gigantesca, che riportava il tracciato di tutti gli itinerari verso ogni parte dell'impero e indicava persino le giornate di marcia occorrenti per raggiungere le diverse località.

Non mancarono inoltre insigni studiosi di geografia come **Pomponio Mela** (I secolo d.C.) e l'alessandrino **Claudio Tolomeo** (II secolo d.C.): quest'ultimo in particolare, pur scrivendo in lingua greca, lasciò chiaramente trasparire quanto profonda fosse in lui l'influenza di Roma, specie per l'uso che egli fece delle numerose carte stradali già da tempo compilate dai Romani. La vera novità dell'opera di Tolomeo consiste però nell'aver intuito la **sfericità della Terra** e nell'aver per primo segnato, sulla base di un reticolato geografico fatto di **meridiani** e **paralleli** abbastanza regolari, la distanza di un luogo da un altro.

GUIDA allo STUDIO

1. Perché le attività "industriali" a Roma avevano un carattere artigianale?
2. Qual è il significato dell'espressione "emorragia di oro" e per quali motivi si verificò questo fenomeno?
3. Quali sono i meriti che Roma ha avuto in campo scientifico?

SINTESI

3.1 Con **Marco Cocceio Nerva**, scelto dal senato nel 96 d.C., inizia l'**età aurea** dell'impero (II secolo d.C.). Il ricostituito equilibrio fra senato e imperatore garantisce, insieme all'opera di unificazione e di giustizia iniziata da Roma a favore di tutte le genti mediterranee, un alto tenore di vita e il diffondersi di un evidente benessere, favoriti dalle generali condizioni di tranquillità e sicurezza in cui si trova l'impero.
Nerva inaugura il **principato adottivo**, "adottando" come successore il generale di origine spagnola **Marco Ulpio Traiano**. Con questo sistema, in vigore per oltre ottant'anni, l'imperatore sceglie un successore che giudica competente e che è approvato dal senato. Con Traiano, inoltre, per la prima volta un "provinciale" è designato alla dignità imperiale, segno che il contrasto fra le province e l'organismo politico romano si è ormai attenuato.
In campo sociale Traiano attua il progetto delle "**istituzioni alimentari**", intrapreso già da Nerva, che consiste in prestiti a basso tasso d'interesse per gli agricoltori e nella distribuzione del ricavato dagli interessi alle famiglie povere; i più poveri sono inoltre impiegati nella costruzione di **opere di pubblica utilità** come il Foro traianeo, i mercati, i porti e le strade. Traiano intraprende con successo varie **azioni belliche per estendere i confini**: vince contro i **Daci**, conquista l'**Arabia Petrea** e conduce una spedizione vittoriosa contro i **Parti**. L'**impero raggiunge** quindi **la sua massima estensione** e attorno alle fortificazioni di frontiera sorgono numerosi centri urbani. Traiano muore improvvisamente in Asia Minore (117 d.C.).

3.2 La politica del successore **Adriano**, anche lui originario della Spagna, è finalizzata soprattutto al **rafforzamento dei confini** e non a un'ulteriore espansione. Ne sono prova il **vallo** costruito in **Britannia** contro i Caledoni e la muraglia eretta contro i Germani. Egli dà al governo una **forma monarchica**, riunendo tutti i poteri in un **consiglio del principe**. Interviene direttamente anche nell'amministrazione della giustizia con l'**editto perpetuo**, contenente gli editti degli antichi pretori, edili e proconsoli e destinato alla preparazione di leggi comuni a tutte le province; si dedica alla creazione di un **efficace apparato burocratico** con funzionari stipendiati. Inoltre Adriano dà l'avvio a importanti **opere pubbliche** e visita personalmente tutte le province.

3.3 Dopo la morte di Adriano nel 138 d.C. gli succede il genero **Tito Aurelio Antonino**, detto **il Pio**: con lui ha inizio la dinastia degli Antonini. Alla sua morte, nel 161 d.C., gli succedettero, secondo la volontà di Adriano, **Marco Aurelio**, l'"imperatore filosofo" e Lucio Vero, che costituirono una diarchia. Nel 169 d.C., tuttavia, Vero muore lasciando Marco unico imperatore.
La difficile situazione venutasi a creare in politica estera costringe Marco Aurelio a combattere i **Parti** in Oriente e le tribù germaniche dei **Quadi** e dei **Marcomanni** in Occidente. Le spedizioni sono vittoriose e i confini sono rafforzati grazie anche alla costruzione di nuove fortezze e colonie militari. Assolda molti barbari come mercenari, dando così inizio a un processo di **imbarbarimento dell'esercito**. Marco Aurelio muore a Vienna nel 180 d.C.
Interrompendo il principio dell'adozione, a Marco Aurelio succede il figlio **Lucio Aurelio Commodo**, che si affretta a concludere la pace con i Marcomanni e, tornato a Roma, si dedica a divertimenti e lussi, lasciando il governo ai prefetti e ai liberti. Sfuggito a una prima congiura, instaura un **regime di terrore**, ma nel 192 d.C. muore avvelenato da un liberto. All'età illuminata degli Antonini segue un periodo di lotte sanguinose e di nuova anarchia militare.

3.4 Le grandi conquiste militari e l'attenzione che gli imperatori dell'età aurea pongono nella cura degli affari interni fanno sì che l'impero conosca nel II secolo d.C. un lungo periodo di pace e prosperità economica.
L'**agricoltura** e l'allevamento restano la principale fonte di ricchezza per i Romani, mentre le **attività "industriali"** hanno carattere essenzialmente artigianale. Per quanto riguarda il **commercio**, quello minuto viene esercitato perlopiù da schiavi o persone di condizione modesta; quello all'ingrosso, invece, è in mano alle classi più ricche.
La **regolamentazione del lavoro** del mondo romano avviene in via del tutto privata, senza l'intervento dello Stato. La giornata lavorativa dura circa 12 ore, ma prevede il riposo settimanale e le ferie speciali annue. I lavoratori romani hanno anche la possibilità di organizzarsi in **collegi o corporazioni**, che però hanno un carattere esclusivamente religioso e assistenziale.
Fra le corporazioni più importanti vi è quella dei **banchieri o argentari**, che inizialmente svolgono la funzione di cambiavalute e controllori di monete, ma che in età imperiale finiscono per trasformarsi in veri e propri banchieri.
Nel II secolo d.C. aumentano considerevolmente non solo gli scambi con le regioni settentrionali dell'Europa, ma anche con il Medio e l'Estremo Oriente e con l'Africa. Il **commercio** di prodotti esotici avviene **quasi a senso unico**, in quanto il mondo romano importa molto, ma **non esporta quasi nulla**: ciò determina una lenta ma dannosa "**emorragia di oro**", con grave danno per l'economia dell'impero.
Fra le discipline scientifiche, la **medicina** raggiunge a Roma livelli molto avanzati e grande impulso viene dato anche allo **studio della geografia**. Padroni del mondo, i Romani avvertono la necessità di avere a disposizione una razionale rappresentazione cartografica delle province, delle strade, dei luoghi e delle distanze.

PER COSTRUIRE LE COMPETENZE

SPAZIO

1. Utilizzando la carta di pagina 46, individua, in una tabella i territori conquistati in età imperiale e distinguili per fasi.

Età di Augusto	
Conquiste del I secolo d.C.	
Conquiste di Traiano	

TEMPO

2. Completa la cronologia.

96 d.C.	Il senato nomina imperatore _____, un anziano politico
98 d.C.	Diventa imperatore, secondo il principio dell'_____, il generale spagnolo _____
106 d.C.	Si conclude la conquista della _____ da parte dell'imperatore _____
117 d.C.	Muore in Turchia l'imperatore _____
161 d.C.	Diventano imperatori _____ e il fratello _____, già designati da _____
177 d.C.	Marco Aurelio respinge oltre il confine i _____
180 d.C.	L'imperatore _____ muore a Vindobona (l'attuale _____)
192 d.C.	Muore _____ l'imperatore, figlio di _____

LESSICO

3. Associa a ogni termine il relativo significato.

A. Alimenta
B. Argentario
C. Castrum
D. Diarchia
E. Garum
F. Monsone
G. Vallo

a. Condimento a base di pesce
b. Fortificazione costruita lungo un confine
c. Prestito da parte dello Stato destinato agli agricoltori
d. Governo di due re o imperatori
e. Banchiere
f. Accampamento militare
g. Vento stagionale dei climi tropicali che ogni sei mesi cambia direzione

EVENTI E PROCESSI

4. Indica se le seguenti affermazioni sono vere [V] o false [F].
- L'espressione *"Hic sunt leones"* indicava una zona dell'Africa [___]
- Nerva venne ucciso dai pretoriani [___]
- Antonino fece costruire un vallo difensivo più a sud di quello di Adriano [___]
- Commodo si identificava in Ercole [___]
- I mercati traianei erano una specie di grande centro commerciale [___]
- Il II secolo d.C. fu un periodo prospero per l'impero romano [___]
- L'editto di Antonino riconosceva la dignità umana degli schiavi [___]
- L'Editto perpetuo di Adriano era una raccolta organica di leggi [___]
- L'età degli Antonini fu un periodo sanguinoso di guerre civili e tradimenti [___]
- La Dacia venne conquistata per la sua posizione strategica [___]
- La romanizzazione veloce della Dacia avvenne per la corsa all'oro [___]
- Traiano contrastò l'usura [___]
- Traiano era stato governatore della Germania [___]

NESSI

5. Assegna al rispettivo imperatore gli eventi o i concetti indicati.

Alleanza con il senato | Vasto programma di opere pubbliche | Sistemò il debito pubblico | Inaugurò l'età aurea | Creò una nuova burocrazia | Favorì il decentramento | Migliorò l'economia | Considerava il potere come un servizio | Fu un poeta | Gli fu dedicata una colonna | Favorì gli agricoltori | Guerra contro i Parti | Favorì il sistema educativo | Fece atti di clemenza | Istituì il principato adottivo | Integrazione delle province | Fece raccontare su una colonna la conquista della Dacia | Consolidò i confini | Pace interna | Scavalcò il senato | Fece costruire il proprio mausoleo | Fu un filosofo | Guerra con i Marcomanni | Con lui finisce l'età dell'oro

Nerva	
Traiano	
Adriano	
Antonino	
Marco Aurelio	

6. Sviluppa i settori dell'economia romana, utilizzando le indicazioni dello schema. Quindi, utilizzando i dati inseriti, elabora un testo discorsivo di circa due pagine.

Agricoltura
- Evoluzione del valore sociale dell'agricoltura: ....
- Prodotti fondamentali: ....
- Interventi dello Stato: ....
- Involuzione: ....

Artigianato
- Centri produttivi maggiori: ....
- Tipologia della manodopera: ....
- Commercio al dettaglio: ....
- Commercio all'ingrosso: ....

Normativa del lavoro
- Apprendistato: ....
- Orario di lavoro: ....
- Turnazione: ....
- Festività: ....
- Organizzazioni dei lavoratori: ....

Attività bancaria
- Evoluzione degli argentari: ....

Commercio
- Mercati: ....
- Prodotti: ....
- Concetto del "senso unico": ....

CONFRONTI

7. Crea una tabella che metta a confronto la politica, interna ed estera, degli imperatori studiati nel capitolo, attraverso sintetici concetti. Segui l'esempio sotto riportato.

Imperatore	Politica interna	Politica estera

8. In base a quanto appreso nella scheda "Storia per immagini" di pp. 64-65 redigi un breve elaborato (circa una pagina) che metta a confronto le abitudini alimentari dei Romani con quelle odierne.

RIELABORAZIONE (verso l'orale)

9. Riorganizza le conoscenze e i concetti del capitolo sviluppando la scaletta che ti può anche servire per il colloquio.

 l'età aurea dell'impero

La politica interna
- Le opere pubbliche (Traiano, Adriano)
- La politica economica (Traiano, Adriano)
- La burocrazia (Adriano)
- La giustizia (Adriano, Antonino)

La politica estera
- Conquiste di Traiano (Dacia, Arabia, Mesopotamia, Assiria)
- La politica di Adriano (protezione dei confini)
- Le guerre di Marco Aurelio (Parti, Germani)

La vita economica, culturale e sociale
- Agricoltura e artigianato
- L'organizzazione del lavoro
- Il sistema bancario
- Il sistema delle importazioni
- Il cibo a Roma
- Medicina e geografia

LABORATORIO DELLE COMPETENZE

PASSATO/PRESENTE

10. Utilizzando la carta di p. 46, il lavoro già fatto nell'esercizio 1 e servendoti di un atlante geografico moderno, crea una tabella comparativa (eventualmente anche in forma cartografica) che metta a confronto le province romane del II secolo d.C. con la divisione geo-politica attuale.

STORIA GENERALE/STORIA LOCALE

11. Individua la città di origine romana a te più vicina – oppure scegline una a tuo piacere, anche non italiana – e ricerca informazioni su Internet o su libri di storia locale. Quindi prepara una scheda che contenga i seguenti dati:
    - Nome romano
    - Anno o epoca di fondazione
    - Ruolo durante l'epoca imperiale (*castrum*, emporio, snodo stradale, sede di istituzioni ecc.)
    - Individuazione del foro
    - Resti e stato di conservazione

capitolo 4

Il cristianesimo

Le prime comunità cristiane

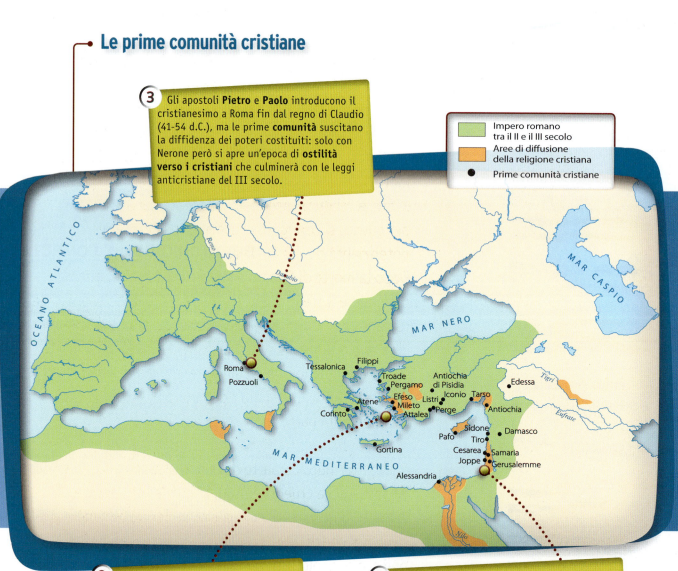

3 Gli apostoli **Pietro** e **Paolo** introducono il cristianesimo a Roma fin dal regno di Claudio (41-54 d.C.), ma le prime **comunità** suscitano la diffidenza dei poteri costituiti: solo con Nerone però si apre un'epoca di **ostilità verso i cristiani** che culminerà con le leggi anticristiane del III secolo.

- Impero romano tra il II e il III secolo
- Aree di diffusione della religione cristiana
- Prime comunità cristiane

2 Favorito dall'unità politica garantita dall'impero romano, dal bisogno di un rinnovamento spirituale avvertito in tutti gli strati della società e dalla diaspora ebraica, il cristianesimo viene inizialmente **predicato e accolto** nelle **province orientali**, dall'Egitto alla Grecia.

1 In **Palestina**, sotto Tiberio, svolge la sua predicazione e viene messo a morte **Gesù**, detto il **Cristo**, alla cui figura è legato il sorgere del cristianesimo, che si presenta come il compimento dell'antico patto tra Dio e il popolo ebreo, come **religione di salvezza** individuale ultraterrena e di **carità** e **giustizia** nei rapporti tra gli uomini.

4 Il cristianesimo

7-6 a.C.
Data presunta della nascita di Gesù

6 d.C.
Augusto trasforma la Giudea in provincia romana

67 d.C.
San Paolo subisce il martirio a Roma

70 d.C.
Distruzione del Tempio di Gerusalemme e diaspora degli Ebrei

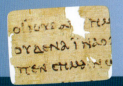

70-100 d.C.
Stesura dei quattro Vangeli

Sin dall'età di Augusto, la storia dell'impero fu segnata da un fenomeno di portata sempre più vasta, destinato a permeare di sé i secoli futuri: lo sviluppo della **religione cristiana**. Assimilato inizialmente all'ebraismo, poiché anch'esso professava la fede in un **unico Dio**, il cristianesimo nacque dalla predicazione di **Gesù Cristo**, vissuto in Palestina a cavallo tra il regno di Augusto e quello di Tiberio. Cuore del messaggio cristiano era l'amore verso il prossimo che superava le differenze etniche, politiche e religiose, e la promessa di una vita migliore dopo la morte. La **fede** cristiana forniva nuovi stimoli spirituali di cui la religione pagana di allora era carente, e per questo si configurava come un evento dalle potenzialità rivoluzionarie.

Dopo la morte di Cristo i suoi seguaci continuarono a diffondere il credo del loro maestro, prima nelle province romane orientali e poi in quelle occidentali. I discepoli, che proclamavano la **resurrezione** di Cristo dalla morte, si riunirono nelle prime comunità, dando vita a vere e proprie **chiese**, che si moltiplicarono nel corso di alcuni secoli in ogni parte dell'impero.

Il grande successo del cristianesimo determinò un vero e proprio rifiuto da parte delle autorità romane, che da sporadici e cruenti episodi di condanna a morte dei cristiani si avviarono ad attuare forme ben più sistematiche di **persecuzione**. In particolare il sistema politico e ideologico romano si sentiva minacciato da una religione che contrapponeva alla tipica concezione romana, basata sulla compenetrazione di potere politico e religione, la netta separazione tra le due sfere e che pertanto non riconosceva all'imperatore né la giurisdizione sulle questioni spirituali, né la sua natura divina.

4.1 La nascita di Gesù e il messaggio cristiano

La figura storica di Cristo

Proprio durante quella che fu definita "età aurea dell'impero", si diffusero a Roma nuovi culti di provenienza orientale, fra i quali il **cristianesimo**, che nacque all'interno del mondo ebraico, nella provincia romana di Palestina. Questa religione ha origine dalla predicazione di **Gesù** detto il **Cristo**, nato nella piccola città di Betlemme intorno al 7 o al 6 a.C., cioè qualche tempo prima dell'anno preso poi a riferimento per il nostro sistema di datazione. Al di là del significato religioso che i credenti attribuiscono a questa figura, dal punto di vista storico, quasi tutti gli studiosi oggi concordano nel riconoscere che Gesù sia realmente nato e vissuto a cavallo tra il regno di Augusto e quello di Tiberio.

La Giudea durante l'età imperiale

La Palestina o Giudea, dove Gesù nacque, era una delle province in cui il controllo delle autorità romane era più instabile a causa dell'**insofferenza delle popolazioni locali**. La regione era entrata sotto la sfera d'influenza romana sin dal I secolo a.C., quando Pompeo, dopo aver sconfitto Mitridate, aveva stretto un trattato di alleanza con il regno di Giudea; da allora si erano succeduti dei sovrani fedeli a Roma, fra i quali Erode (37 a.C.-4 d.C.), sotto il cui regno nacque Gesù. La Palestina fu in seguito trasformata in provincia da Augusto.
Sotto Nerone, nel 66 d.C., esplose una prima violenta ribellione contro la dominazione romana, repressa definitivamente nel **70 d.C.**, quando **Tito**, il figlio di Vespasiano, **distrusse il tempio di Gerusalemme**. Da questo episodio ebbe origine la **diaspora**, ovvero l'abbandono degli Ebrei della loro terra, che divenne definitivo nel 135 d.C., quando una nuova rivolta convinse l'imperatore Adriano ad allontanare tutti gli Ebrei dalla Palestina.

lessico

Cristo traduzione greca del termine ebraico *Mashiah*, "Messia", cioè "unto del Signore".

Diaspora termine di origine greca, che descrive la migrazione e dispersione di un intero popolo costretto ad abbandonare la propria terra natale. Riferito alla storia ebraica, indica sia la fuga cui furono costretti gli Ebrei nel 586 a.C., quando Israele fu conquistata dai Babilonesi, sia quella iniziata in epoca romana a partire dal 70 d.C.

GLI EBREI E ROMA

49 a.C.
Pompeo Magno impone il **protettorato** romano alla Giudea: segue una serie di re sotto protezione romana, tra cui **Erode** (37 a.C.-4 d.C.)

↓

6 d.C.
Augusto trasforma la Giudea in **provincia** romana, ma vengono lasciati ampi poteri legislativi, amministrativi e giudiziari al **sinedrio**

↓

66-70 d.C.
Scoppia una grande **rivolta**, soffocata nel sangue da **Vespasiano e Tito**

↓

70 d.C.
Ha inizio la grande **diaspora** degli Ebrei nel mondo

↓

132-135 d.C.
Sotto l'imperatore **Adriano** scoppia una seconda **rivolta**, che viene duramente repressa

Il mondo ebraico

Le ragioni dell'ostilità del popolo ebraico al dominio di Roma sono in parte da ricercare nei fondamenti della loro religione. L'ebraismo era caratterizzato dal **monoteismo**: sin dai tempi del profeta **Mosè**, infatti, gli Ebrei credevano in un Dio unico, Signore di tutte le cose; inoltre il loro libro sacro, la **Bibbia**, annunciava la venuta di un inviato di Dio, il Messia, che avrebbe protetto e salvato il "popolo eletto".

ti ricordi?

La religione ebraica fu la prima religione monoteista della storia. In base alla narrazione biblica, durante il ritorno in Palestina dall'Egitto, nel 1250 a.C., **Mosè** ricevette da Dio sul Monte Sinai le Tavole della Legge, contenenti i Dieci Comandamenti.

◀ *Iudaea capta*
"Giudea conquistata", così recita questo rovescio di sesterzio che celebra la caduta di Gerusalemme ad opera di Tito; la Giudea è rappresentata come una donna con il capo chino.

LE SETTE ALL'INTERNO DELLA RELIGIONE EBRAICA

Ebraismo: correnti principali

Sadducei
Consideravano vincolante solo la Legge scritta, ossia quanto tramandato nei libri della Bibbia ebraica o *Torah*. Non credevano alla resurrezione dei morti, né all'esistenza di un'anima immortale.

Farisei
Più aperti e moderati, sostenevano che avesse uguale importanza la Legge orale. Costituivano una nuova aristocrazia fondata sulla cultura. L'ebraismo moderno (rabbinico) è fondamentalmente derivato dal fariseismo.

Esseni
Rifiutavano il giudaismo tradizionale. Furono coinvolti nelle sommosse degli anni 66-70 d.C. e si legarono agli zeloti di Masada, di cui condivisero la sorte.

Il mondo ebraico non era monolitico, ma esistevano al suo interno **diverse correnti spirituali** che interpretavano in modo diverso le sacre scritture. Le principali erano quelle dei **sadducei**, dei **farisei** e degli **esseni**. I primi due costituivano le componenti più importanti dell'aristocrazia e della classe sacerdotale, organizzata nel **sinedrio**, il supremo consiglio religioso ebraico responsabile dell'ordine pubblico. Mentre i primi consideravano vincolante solo la Legge scritta, i secondi attribuivano uguale importanza anche alla Legge orale, ossia alla tradizione interpretativa della *Torah* (i primi cinque libri dell'Antico testamento), trasmessa verbalmente di generazione in generazione. Gli esseni invece si tenevano ai margini della società ed erano organizzati in comunità isolate di tipo monastico, che rifiutavano il giudaismo tradizionale. All'inizio del I secolo apparve un nuovo gruppo politico-religioso, gli **zeloti**, partigiani accaniti dell'indipendenza politica del regno ebraico e legati agli esseni per la rigida difesa dell'ortodossia ebraica; essi furono fra i principali protagonisti della rivolta giudaica degli anni 66-70 d.C.

Il messaggio di Cristo

In tale contesto era nato Gesù, il quale dopo avere trascorso la prima parte della sua vita a Nazareth, in Galilea (una regione della Palestina), verso il trentesimo anno d'età cominciò a predicare al popolo il suo messaggio, viaggiando da un luogo all'altro della Palestina in compagnia di un gruppo di fedeli discepoli. Gesù nelle sue predicazioni invitava le persone ad amare "il prossimo", anche se nemico, poiché questo amore si fondava sull'amore che Dio ha per tutte le sue creature. Egli proclamava inoltre la libertà e l'uguaglianza di tutti gli uomini, e condannava contemporaneamente l'eccessivo attaccamento alle ricchezze materiali e ad ogni forma di potere. Il cristianesimo si presentava perciò come la **religione della carità e della giustizia**; esso inoltre si rivolgeva sin dal principio a tutti gli uomini di tutti i Paesi; esaltando la libertà degli individui, condannava sia il predominio di un popolo su un altro, sia quello di una categoria di individui su un'altra. Infine Gesù annunciava la fine del mondo terreno e l'**avvento del "regno di Dio"**, che avrebbe salvato le anime degli umili e dei giusti e condannato i malvagi.

Cristo redentore
Particolare del mosaico di Sant'Apollinare Nuovo a Ravenna che rappresenta Cristo redentore. Per i cristiani Gesù si è sacrificato per salvare gli uomini liberandoli dal peccato e riavvicinandoli a Dio.

Gli apostoli
Bassorilievo di epoca romana che mostra Gesù al centro circondato dagli apostoli.

La condanna a morte di Gesù

Tali idee rivoluzionarie raccolsero in breve tempo un enorme seguito presso il popolo, ma incontrarono contemporaneamente l'**ostilità del sinedrio**, che temeva un turbamento dell'ordine costituito e l'abbandono della religione tradizionale. Dopo tre anni dall'inizio delle sue predicazioni, Gesù fu perciò fatto arrestare da Caifa, capo del sinedrio, con l'accusa di essersi proclamato senza diritto "re dei Giudei", e fu **condannato a morte**.

Le condanne capitali dovevano essere emesse ufficialmente dai **tribunali romani**, perciò Gesù fu sottoposto a un nuovo giudizio da parte del governatore romano della Palestina **Ponzio Pilato**. Questi sotto la pressione del sinedrio confermò la condanna emessa da Caifa: Gesù fu quindi **crocifisso**, sotto il regno di Tiberio (14-37 d.C.). Secondo la tradizione cristiana tre giorni dopo la sua morte, i suoi discepoli annunciarono che Gesù era **risorto**, dando inizio alla diffusione della fede in un'esistenza della vita eterna per tutti coloro che avessero creduto in lui.

> **CITAZIONE D'AUTORE**
> **La religione degli umili**
> *Beati i poveri di spirito, perché di essi è il regno dei cieli.*
> *Beati gli afflitti, perché saranno consolati.*
> *Beati i miti, perché erediteranno la Terra.*
> *Beati quelli che hanno fame e sete della giustizia, perché saranno saziati.*
> *Beati i misericordiosi, perché troveranno misericordia.*
> *Beati i puri di cuore, perché vedranno Dio.*
> *Beati gli operatori di pace, perché saranno chiamati figli di Dio.*
> *Beati i perseguitati per causa della giustizia, perché di essi è il regno dei cieli.*
> *Beati voi quando vi insulteranno, vi perseguiteranno e mentendo diranno ogni sorta di male contro di voi per causa mia.*
> *Rallegratevi ed esultate, perché grande è la vostra ricompensa nei cieli.*
>
> **(Vangelo di Matteo 5, 15)**

Le fonti sulla vita di Cristo e sulla diffusione del cristianesimo

Le **fonti** sulla vita di Gesù e sulla dottrina che egli aveva predicato provengono dall'attività degli **apostoli**, dodici dei suoi discepoli che gli erano stati più vicini. Esse vennero raccolte fra il 70 e il 100 d.C. nei **quattro Vangeli**, ciascuno dei quali prese il nome dal suo autore: Marco, Matteo, Luca e Giovanni. I primi tre Vangeli sono detti sinottici (in greco "visibili con un solo sguardo") perché le tre stesure poste su colonne affiancate in una stessa pagina rivelano notevoli concordanze; quello di Giovanni invece si differenzia nei contenuti e include anche considerazioni di natura teologica. I Vangeli divennero parte integrante della **Bibbia**, divisa dai cristiani in Antico e Nuovo Testamento: mentre la prima parte conteneva la storia dell'alleanza di Dio con il popolo di Israele, nella seconda parte si narravano gli episodi della vita di Cristo al fine di fissarne la memoria e di dare uno strumento a tutti gli uomini per approfondire le ragioni della propria fede. Del Nuovo Testamento fanno parte inoltre gli **Atti degli Apostoli**, che descrivono l'attività degli apostoli negli anni fra il 30 ed il 63 d.C. e il percorso della diffusione del cristianesimo da Gerusalemme a Roma. Essi consentono di far luce sulle prime comunità cristiane in cui nacquero e si formarono i Vangeli.

> **lessico**
> **Apostoli** dal greco *apóstolos*, "inviato".
> **Vangeli** dal greco *eu*, "bene", e *ánghelos*, "messaggero", "annunzio", e pertanto "buon annunzio", "buona novella".

> **GUIDA allo STUDIO**
> 1. Che cosa si intende per diaspora e a che epoca risale?
> 2. Perché il cristianesimo si presentava come religione della carità e della giustizia?
> 3. Quali sono le fonti relative alla vita di Gesù?

4.2 La diffusione del cristianesimo nell'impero romano

Cristianesimo ed ebraismo

Per qualche tempo la religione cristiana fu **confusa con quella ebraica**, sia perché nata sullo stesso territorio, sia perché entrambe le religioni si basavano sulla convinzione che esistesse un solo Dio. Con il tempo però i cristiani stessi presero coscienza di non essere un'altra setta del giudaismo, ma **un gruppo religioso dotato di un'identità propria**. A **distinguere** il monoteismo dei cristiani da quello degli Ebrei era soprattutto la concezione della **divinità di Gesù Cristo**: gli Ebrei non accettavano infatti l'esistenza di un "figlio di Dio" e non riconoscevano Gesù come un Messia. La predicazione di Gesù poi negava l'esistenza di un "**popolo eletto**": in base ad essa *Jahvè* cessava di essere il **dio esclusivo** degli Ebrei e diventava il **padre comune** di tutte le genti.

La diffusione della nuova fede

Il **carattere universale** del cristianesimo ne favorì il rapido sviluppo nei secoli successivi. Gli apostoli si **sparsero** nelle regioni dell'**impero romano** e oltre i suoi confini per predicare il Vangelo nelle lingue latina e greca, ovunque esse fossero parlate e comprese. Quasi tutto il mondo allora conosciuto era unito in un solo impero e ciò favorì ulteriormente la **diffusione** della nuova religione. Il cristianesimo inoltre trovava il terreno già preparato dalle nuove **teorie filosofiche con radice spiritualistica**, quali lo stoicismo, che esaltavano la virtù, la fratellanza e la carità fra gli uomini e che avevano avuto particolare seguito a Roma specie fra le classi culturalmente più elevate. Il nuovo culto si diffuse nel corso del I secolo d.C. **prima in Palestina e in Oriente, poi a Roma**, fra le comunità ebraiche sparse ovunque dopo la diaspora, grazie soprattutto all'azione degli **apostoli Pietro e Paolo**. Si può dire infatti che l'evangelizzazione del mondo antico iniziò con il viaggio di Paolo, il quale, dopo aver fatto una prima tappa ad Antiochia di Siria, tra il 45 e il 60 d.C. compì numerosi viaggi che lo portarono ad attraversare tutta l'Asia Minore e lo condussero fino in Italia.

Pietro e Paolo
I volti dei santi Pietro e Paolo incisi su una lastra funeraria del IV secolo d.C. (Cimitero cristiano di Sant'Ippolito, Roma).

LA PREDICAZIONE DI SAN PAOLO

La carta indica le regioni visitate da Paolo nel corso dei viaggi intrapresi per svolgere la sua opera di evangelizzazione.

- 1° viaggio (45-49)
- 2° viaggio (50-52)
- 3° viaggio (53-58)
- 4° viaggio (60-62)

▸ **Il buon pastore**
In questo mosaico Gesù è rappresentato come un pastore. Questa immagine si rifà a un passo del Vangelo di Giovanni, in cui Cristo paragona se stesso a un pastore che si prende cura del gregge a lui affidato.

Le prime comunità cristiane

Grazie all'operato degli apostoli, agli inizi del II secolo d.C. si formarono le prime **comunità cristiane**, dette **chiese**, che si dettero un'**organizzazione** molto **semplice**. Alla guida di ogni comunità vi era un consiglio di anziani o "**presbiteri**" (da cui deriva la parola "preti"), che aveva il compito di **predicare** la nuova dottrina. Successivamente, in aiuto dei presbiteri furono eletti i **diaconi** (dal greco "ministri"), che si occupavano di **amministrare** i beni della comunità e di **assistere** i poveri e gli ammalati.

Ogni apostolo aveva svolto la propria missione anche in più chiese. Alla loro morte, venne eletto nell'ambito di un determinato territorio, detto **diocesi**, il più degno dei presbiteri, che divenne cioè la **vera guida** di ogni singola chiesa e che assunse il nome di **vescovo**.

> **lessico**
> **Chiesa** dal greco *ecclesía*: "adunanza", "assemblea".
> **Vescovo** dal greco *epíscopos*: "ispettore".

Cristianesimo e mondo romano

Profonda era la **diffidenza** che il mondo romano nutrì inizialmente **per il Dio dei cristiani**. I Romani nel corso della loro storia avevano accettato le **religioni politeiste** dei popoli di volta in volta sottomessi, avevano fatto propri i più strani **culti** e le più bizzarre **tradizioni orientali**, avevano rispettato anche il monoteismo ebraico. Il cristianesimo tuttavia sembrava rappresentare un caso del tutto particolare, troppo lontano dalla mentalità e dai costumi romani. Si presentava infatti come una religione di salvezza, che predicava la rinuncia al mondo, la bontà, la fratellanza e la solidarietà fra gli uomini, tutte cose che risultavano in aperto contrasto con certi caratteri della società romana del tempo, che esaltavano viceversa la forza, la potenza, il successo, il piacere e la ricchezza.

In particolare, il cristianesimo esaltava gli umili, definendoli i prediletti da Dio. Una concezione, questa, rivoluzionaria da un punto di vista sociale, perché tendeva a **eliminare la distinzione fra liberi e servi** e le

▸ **Il battesimo**
Gesù riceve il battesimo da san Giovanni. Con il sacramento del battesimo i cristiani entrano a fare parte della Chiesa.

differenze di classe su cui, per i Romani, si basavano i rapporti sociali.

La separazione tra politica e pratica religiosa

Il fatto poi che i cristiani si servissero esclusivamente di tribunali, scuole e templi propri sembrava confermare l'accusa loro mossa di voler costituire uno Stato nello Stato: a sostegno di tale tesi si ricordava che il cristianesimo, sulla base delle parole di Cristo ("date a Cesare quel che è di Cesare e a Dio quel che è di Dio"), propugnava una completa distinzione fra attività civile e vita spirituale, fra potere politico e pratica religiosa. Proprio questo aspetto urtava in maniera evidente contro uno dei capisaldi della società romana: quello cioè di una religione *instrumentum regni*, strumento per legare il cittadino alla vita dello Stato, il cui capo, nella sua qualità di pontefice massimo, era chiamato a svolgere un'attività politica e religiosa insieme. I cristiani inoltre non accettavano il culto imperiale, considerato dai Romani come una garanzia di unità e di lealismo, e si rifiutavano di venerare l'immagine dell'imperatore e di offrirgli incenso, per cui furono ben presto accusati di empietà e di costituire una pericolosa minaccia per la stabilità dello Stato.

Le prime persecuzioni contro i cristiani

In un primo tempo, tuttavia, i cristiani poterono vivere indisturbati all'interno dei confini dell'impero. Il fatto che non si integrassero con il resto della società però attirò su di loro le **ostilità delle autorità romane**: ben presto diventarono vittime di **persecuzioni**, non solo per opera di imperatori tirannici, come **Nerone** e Domiziano, ma anche di principi moderati, come Marco Aurelio.

Per sfuggire alle angherie dei Romani e celebrare indisturbati i propri riti, i cristiani erano costretti a riunirsi segretamente in luoghi appartati all'aperto o, più spesso, in case private; gli storici tuttavia escludono che abbia qualche fondamento la credenza popolare secondo cui queste "riunioni clandestine" si tenessero nelle catacombe, cunicoli sotterranei adibiti a cimiteri, dove si svolgevano cerimonie liturgiche in onore dei martiri, cioè di coloro che avevano preferito andare incontro alla morte piuttosto che rinnegare le proprie convinzioni religiose.

> **ti ricordi?**
> Nel 64 d.C. un incendio distrusse larga parte della città di Roma. **Nerone**, indicato dal senato come responsabile dell'accaduto, incolpò a sua volta la piccola comunità di cristiani che viveva in città, scatenando contro di loro la prima di molte persecuzioni.

PERCHÉ IL CRISTIANESIMO ERA PERCEPITO COME UNA MINACCIA

- Perché era una **religione di salvezza**, che predicava valori (rinuncia al mondo, fratellanza e solidarietà) contrastanti con quelli romani (forza, potenza, piacere, ricchezza).
- Perché **negava tutto ciò che fino ad allora era stato ritenuto sacro**.
- Perché **esaltava gli umili** in quanto prediletti da Dio, andando così a eliminare le differenze di classe e la distinzione fra liberi e servi su cui poggiava la società romana.
- Perché organizzava misteriose riunioni ritenute pericolose, in quanto chi vi partecipava asseriva di voler **sostituire la società attuale con una nuova**, con un *regnum Dei*.
- Perché dotandosi di istituzioni proprie sembrava voler **creare uno Stato nello Stato**, negando quel principio fondamentale a Roma per cui la religione era uno strumento del potere.
- Perché con le elemosine e con il sostegno ai poveri si accollava una **funzione sociale che creava tanti più proseliti**, visto che l'impero non era più in grado di garantirla.

Dalle persecuzioni alle leggi contro i cristiani

I cristiani venivano perseguitati anche se ancora nel II secolo **non esisteva una legge** specifica per punire il cristianesimo come reato in sé. **Traiano** stabilì che i cristiani potevano essere perseguiti non in quanto tali, ma solo dietro **denuncia non anonima** e che potevano essere **assolti**, se dimostravano di non essere cristiani.

L'imperatore **Adriano** migliorò tali disposizioni, stabilendo che le denunce dei cristiani fossero sostenute da prove concrete. Solo nel corso del III secolo lo Stato romano cominciò a **preoccuparsi seriamente della diffusione** della nuova religione, ritenuta una delle cause della grave crisi politica da cui era travagliato, e decise di emanare delle **leggi specifiche**, dando avvio a violente persecuzioni di massa.

> **GUIDA allo STUDIO**
> 1. In che cosa consiste la differenza tra il monoteismo ebraico e quello cristiano?
> 2. Perché, inizialmente, i Romani nutrivano una profonda diffidenza verso i cristiani?
> 3. Per quale motivo a partire dal III secolo vennero emanate leggi sempre più severe e violente contro i cristiani?

Storia per Immagini

Catacombe e simbologia paleocristiana

Diversamente dai pagani, i quali bruciavano i cadaveri e ne raccoglievano le ceneri entro piccole urne (cremazione), i cristiani erano soliti **seppellire** i loro morti nelle **catacombe**. Si trattava di veri e propri cimiteri sorti in aree poste al di fuori delle città, per lo più nel sottosuolo. Per i cristiani tuttavia le catacombe erano solo un "luogo di transito", destinato ad accogliere il defunto prima della resurrezione finale e il passaggio alla vita eterna. In alcuni casi le catacombe venivano usate come **luogo di culto**, sia per la segretezza, soprattutto durante le persecuzioni, sia per la presenza di sepolture di alcuni martiri.

Le catacombe erano ornate con iscrizioni, affreschi e bassorilievi, dove comparivano i **simboli cristiani**. Questi simboli erano fortemente allegorici, e alcuni di loro addirittura oscuri, allo scopo di mantenerli segreti agli occhi delle autorità romane, ostili o sospettose nei confronti della religione cristiana prima che questa divenisse religione ufficiale dell'impero. Un'altra funzione della simbologia cristiana era quella di essere un **segno di riconoscimento** tra cristiani, sia come sorta di parola d'ordine sia come codice tra estranei.

Il pesce Il simbolo del pesce, dettagliato o in alcuni casi semplicemente stilizzato, è stato uno dei più utilizzati dai primi cristiani. Le lettere che compongono la parola greca per pesce, *ichthùs* sono infatti l'acronimo di *Iesùs Christòs Theù Uiòs Sotèr*, ovvero Gesù Cristo figlio di Dio Salvatore. Questo simbolo veniva usato anche come segno di riconoscimento tra estranei; un cristiano segnava in terra un solo arco del pesce stilizzato, e se lo sconosciuto era anch'egli cristiano, si identificava completando il simbolo con l'altro arco.

Storia per Immagini

Il pavone Il pavone è considerato, nel mondo cristiano, un simbolo di resurrezione e di vita eterna. Tale significato derivava dal fatto che in inverno questo uccello perde le piume per poi acquisirne di nuove e altrettanto colorate in primavera. Si credeva poi che le sue carni fossero incorruttibili e che non andassero mai in putrefazione, come il corpo di Cristo nel sepolcro. L'uso del pavone deriva dal mondo classico, in cui era spesso celebrato per la sua straordinaria bellezza.

L'ancora L'ancora è per antonomasia simbolo di stabilità e sicurezza, e nel mondo cristiano divenne sinonimo di fede e speranza. Inoltre per la sua forma, con due bracci che si incrociano in modo perpendicolare, l'ancora diventava una sorta di croce "mascherata", con lo scopo di celarne il significato agli occhi delle autorità imperiali. Dopo l'età di Costantino il simbolo dell'ancora sparì del tutto.

La colomba Fin dagli albori la colomba è sempre stata simbolo di purezza, mitezza, amore e pace, nonché protagonista di un importante episodio biblico: fu infatti una colomba a portare a Noè un rametto di ulivo annunciando così la fine del diluvio universale. Con il tempo passò a simboleggiare lo Spirito Santo.

L'agnello L'agnello è il simbolo della creatura pura, candida e innocente, e per questo veniva offerto come animale sacrificale. Per i cristiani l'agnello si identifica con Gesù che, come "agnello di Dio", prende su di sé i peccati del mondo e si sacrifica per gli uomini. Un concilio, tenutosi a Costantinopoli nel 692, stabilì però che da allora in poi il Cristo fosse rappresentato con figura antropomorfa sulla croce e non come un agnello affiancato dal sole e dalla luna.

lavorare con le FONTI — Laboratorio

I cristiani nell'impero romano

Riportiamo qui uno scambio di lettere fra Plinio il Giovane, governatore della Bitinia, provincia romana sul Mar Nero, e l'imperatore Traiano (98-117 d.C.). Il documento fornisce importanti testimonianze da una parte sui comportamenti e sulla diffusione delle prime comunità cristiane, dall'altra sulla reazione delle autorità romane all'inizio del II secolo d.C.

Autore Plinio il Giovane
Opera Lettere a Traiano
Data 97-100 d.C.
Tipologia fonte epistolario

istruttoria: i cristiani erano sottoposti a processi (*cognitio*) che venivano celebrati di fronte a magistrati muniti di *imperium* (un proconsole o un legato imperiale) e al tribunale da loro presieduto. Essi, dunque, non venivano condannati in base a semplici e automatici provvedimenti dell'autorità di polizia, ma attraverso regolari processi e istruttorie.

la tua immagine: per quanto si cercasse di tenere a freno la diffusione del cristianesimo con un atteggiamento indulgente, era tuttavia prevista la pena di morte inappellabile per coloro che si rifiutavano di abiurare e di fare sacrificio all'immagine dell'imperatore e agli dèi di Roma.

perdono: la concessione del perdono al cristiano pentito di aver professato la propria fede non trova riscontro nel diritto penale romano, ma è presentata come norma straordinaria richiesta dall'eccezionalità del caso.

Plinio a Traiano

Non ho mai preso parte a nessuna <u>istruttoria</u> sul conto dei cristiani: pertanto sono stato fortemente in dubbio se si debba punire il nome in se stesso, anche quando sia immune da turpitudini, oppure le turpitudini connesse con il nome.
Fu presentata una <u>denuncia anonima</u> che conteneva un elenco di molti individui. Mi parve conveniente rimandare in libertà quelli che negavano di essere cristiani, quando invocavano gli dèi e veneravano, con un sacrificio d'incenso e di vino, <u>la tua immagine</u>.
Attestavano poi che tutta la loro colpa, o tutto il loro errore, consisteva unicamente in queste pratiche: riunirsi abitualmente in un giorno stabilito prima del sorgere del sole, recitare tra di loro un'invocazione a Cristo considerandolo un dio e obbligarsi con giuramento non già a compiere qualche delitto, ma a non commettere né furti né aggressioni a scopo di rapina, né adulteri, a non eludere i propri impegni, a non rifiutare la restituzione di un prestito, quando ne fossero richiesti. Dopo avevano la consuetudine di prendere <u>un cibo</u>, che era, ad ogni modo, quello consueto e innocente. Per indagare che cosa ci fosse effettivamente di vero ricorsi anche alla tortura. Non ho trovato nulla, all'infuori di una superstizione balorda e squilibrata. Pertanto mi sono affrettato a chiedere il tuo parere, pensando che ne valesse la pena soprattutto in considerazione del gran numero di coloro che sono coinvolti in questo pericolo. L'epidemia di questa deleteria superstizione è andata diffondendosi non solo negli agglomerati urbani, ma anche per i villaggi e nelle campagne; perciò sono d'avviso che si possa ancora bloccare e riportare sulla giusta via.

Traiano a Plinio

I cristiani non devono essere ricercati: se vengono accusati, devono essere puniti, con questa limitazione, però, che ottenga <u>perdono</u> chi negherà di essere cristiano e renderà ciò manifesto nel fatto stesso, cioè rendendo omaggio alle nostre divinità. Le denunce anonime non devono essere prese in considerazione per nessun crimine. Infatti sono di pessimo esempio e indegne dell'età nostra.

denuncia anonima: la denuncia di cristianesimo o *delatio nominis* doveva esser presentata da privati cittadini, che, nonostante spesso fossero mossi da semplici sospetti e odi personali, avevano l'obbligo di sostenere le loro accuse con prove concrete; in caso contrario, infatti, poteva esser loro mossa l'accusa di *calumnia*: è appunto per questo che non erano insolite denunce anonime.

un cibo: i cristiani, durante i pranzi comunitari, partecipavano alla cerimonia dell'*agape*: si trattava di una commemorazione eucaristica dell'Ultima Cena. Il rituale dell'eucaristia si prestava però facilmente a essere frainteso dal mondo pagano che lo interpretava come un atto di cannibalismo.

Per COMPRENDERE

1. Quale è stato il comportamento di Plinio nei confronti dei cristiani?
2. Quali pratiche religiose dei cristiani vengono prese in esame da Plinio e qual è il suo giudizio su di esse?
3. Che cosa risponde Traiano a Plinio a proposito dei provvedimenti da prendere nei confronti dei cristiani?

SINTESI

4.1 Sotto il principato di Augusto, intorno al 7 o al 6 a.C., cioè qualche tempo prima dell'anno preso poi a riferimento per il nostro sistema di datazione, **nasce** nella provincia romana di **Palestina Gesù Cristo**, figura che ormai tutti gli storici concordano essere realmente esistita.

La Palestina, o Giudea, è stata una regione di difficile controllo per il governo di Roma sin dai tempi di Pompeo; diventa provincia con Augusto e sotto l'impero di Nerone si verifica una prima ribellione alla dominazione romana, repressa nel 70 d.C. con la distruzione del tempio di Gerusalemme ad opera di Tito, che ha come conseguenza il progressivo allontanamento degli Ebrei dalla loro terra e la loro dispersione nel mondo (**diaspora**). Le ragioni dell'ostilità al dominio di Roma sono dovute in parte al carattere monoteistico della religione ebraica, che associa alla credenza in un unico Dio l'annuncio della venuta di un inviato di Dio, il Messia, che avrebbe salvato il "popolo eletto". In tale contesto, negli ultimi anni del regno di Tiberio (14-37 d.C.), si svolge la predicazione di Gesù, che, annunciando la fine del mondo terreno e l'avvento del "regno di Dio", viene considerata rivoluzionaria e pericolosa dal sinedrio ebraico di Gerusalemme, l'organo preposto all'emanazione delle leggi e alla gestione della giustizia. Arrestato e condannato a morte, Gesù viene sottoposto al giudizio del governatore romano della Palestina, **Ponzio Pilato**; questi, sotto la pressione del sinedrio, conferma la condanna capitale. Gesù viene messo a morte tramite **crocifissione**. I suoi seguaci sostengono il suo ritorno alla vita (**resurrezione**).

Le testimonianze sulla nascita, vita, morte e resurrezione di Gesù e sulla dottrina che egli aveva annunciato, sono diffuse dalla viva voce degli **apostoli**. Queste testimonianze vengono raccolte fra il 70 e il 100 d.C. nei quattro **Vangeli**, che prendono il nome dai loro rispettivi autori, Marco, Matteo, Luca e Giovanni, e che per i cristiani sono parte integrante della Bibbia.

4.2 Per un certo tempo la religione cristiana viene confusa con quella ebraica perché entrambe hanno come fondamento il monoteismo cioè la convinzione dell'esistenza di un solo Dio. Dall'ebraismo tuttavia il cristianesimo si differenzia per l'affermazione della **natura divina** di Gesù Cristo e per il **carattere universale** della sua predicazione, senza distinzione fra il popolo eletto e gli altri.

Il **nuovo culto si diffonde nel corso del I secolo d.C.** prima in Palestina e in Oriente, poi anche a Roma, fra le comunità ebraiche sparse ovunque dopo la diaspora seguita alla conquista romana della Palestina. Si formano così, agli inizi del II secolo d.C., le prime comunità cristiane, dette **chiese**, alla guida delle quali vi è il consiglio degli anziani (presbiteri) tramite i quali si diffonde la nuova dottrina; li affiancano i diaconi che amministrano i beni della comunità. Alla morte di un apostolo nell'ambito del territorio (diocesi) dove ha svolto la propria missione viene eletta tra i presbiteri una guida che prende il nome di vescovo.

I Romani giudicano con diffidenza il cristianesimo, in particolare per la sua dottrina sociale, che non riconosce le differenze di classe fondamentali nella società antica, per la sua predicazione dell'umiltà e della rinuncia alle cose materiali, per la separazione fra sfera religiosa e sfera politica e per il rifiuto dei cristiani di praticare il culto imperiale considerato un vero e proprio atteggiamento di **ribellione allo Stato**.

Ancora nel II secolo non esiste una legge specifica per punire il cristianesimo come reato in sé: non si hanno infatti che dei precedenti, i quali permettono di presentarlo solo come una pericolosa setta e quindi perseguitabile come tale. Nel III secolo, invece, lo Stato comincia a preoccuparsi della diffusione della nuova religione, ritenuta una delle cause che hanno determinato la grave crisi politica da cui è travagliato, e decide di intervenire direttamente contro i cristiani anche con una legislazione specifica. Di qui il fenomeno delle **persecuzioni**, aperte e violente.

PER COSTRUIRE LE COMPETENZE

TEMPO

1. Completa la cronologia.

7 o 6 a.C.	Presunta data di nascita di ....
6 d.C.	La Giudea, per volere di Augusto, diventa ....
37 a.C.-4 d.C.	Periodo in cui visse ...., re della Giudea
66 d.C.	Prima rivolta in ...., già diventata una provincia romana
67 d.C.	A Roma viene decapitato san ....
70 d.C.	Il tempio di Gerusalemme viene distrutto da ...., figlio dell'imperatore
135 d.C.	Attuazione definitiva della .... degli ebrei.

LESSICO

2. Associa a ogni termine il relativo significato.

A. Apostolo
B. Chiesa
C. Cristo
D. Diaspora
E. Sinedrio
F. Catacomba
G. Diacono
H. Presbitero
I. Diocesi
J. Vescovo

a. Dispersione degli Ebrei
b. Il consiglio ebraico dei sacerdoti
c. Propriamente significa "assemblea"
d. Propriamente significa "inviato"
e. Territorio gestito da un vescovo
f. Anziano che guidava le prime comunità cristiane
g. Guida di ogni chiesa cristiana
h. Cimitero sotterraneo cristiano
i. Propriamente significa "unto (del Signore)"
j. Colui che amministrava i beni della comunità cristiana

EVENTI E PROCESSI

3. Indica se le seguenti affermazioni sono vere [V] o false [F].
- La diaspora ebbe inizio nel 70 d.C. dopo la distruzione del tempio di Gerusalemme [____]
- La Giudea e la Palestina sono due territori confinanti [____]
- Gesù Cristo è nato a Betlemme durante l'età di Augusto [____]
- Gli zeloti erano alleati dei governatori romani [____]
- La Galilea è una regione della Giudea [____]
- Erode è stato colui che ha fatto arrestare Gesù [____]
- Caifa era il sacerdote capo del sinedrio [____]
- Gesù Cristo è morto a Gerusalemme durante l'età di Tiberio [____]
- Il Vangelo di Giovanni fa parte dei Vangeli sinottici [____]
- I cristiani considerano sacro anche l'Antico Testamento [____]
- I cristiani si consideravano il popolo eletto da Dio [____]

● La diffusione del cristianesimo nell'impero romano

4. Scegli le risposte corrette.
- **Motivi**: affinità con i culti pagani | diffusione di correnti filosofiche affini
- **Dove**: prima a Roma | dopo in Oriente | presso gli Ebrei dispersi dopo la diaspora | in seguito a Roma
- **Chi**: Paolo di Tarso | Giuda Iscariota | gli apostoli | Ponzio Pilato
- **Organizzazione**: divisione in assemblee | comunità guidate dai diaconi | divisione in diocesi
- **Accoglienza**: iniziale integrazione | mescolanza con il politeismo | avversione | accettazione lenta

NESSI

● La Bibbia

5. Completa le seguenti affermazioni.

Significato della parola: _____

Divisione cristiana:

Antico _____ : _____
_____ ; _____

Divisione del Nuovo Testamento:

Vangeli: _____

Atti _____ : _____

6. Quali furono i motivi per cui i sacerdoti ebraici erano ostili a Gesù? E con quale accusa la condannarono a morte?

7. Perché i vangeli di Marco, Matteo e Luca vengono detti sinottici?

8. Cosa distingue il monoteismo ebraico da quello cristiano?

9. Quali furono i motivi per cui i Romani consideravano il cristianesimo un pericolo?

CONFRONTI

10. Assegna le giuste caratteristiche alla corrispondente corrente dell'ebraismo: Sadducei [S], Farisei [F], Esseni [E], Zeloti [Z].
- Rifiutavano la tradizione [____]
- Erano vincolati alla legge scritta nella *Torah* [____]
- Erano aperti anche alla Legge orale [____]
- Composta dai sacerdoti del sinedrio [____]
- Volevano l'indipendenza dai Romani [____]
- Sono gli antesignani dell'ebraismo rabbinico [____]
- Vivevano in comunità isolate [____]
- Erano promotori delle rivolte [____]
- Non credevano nella resurrezione [____]

● Ebraismo e cristianesimo

11. Sulla base di quanto studiato nel capitolo, crea una tabella che metta a confronto le affinità e le differenze tra la religione cristiana e quella ebraica.

RIELABORAZIONE (verso l'orale)

12. Riorganizza le conoscenze e i concetti del capitolo sviluppando la seguente scaletta che ti può anche servire per il colloquio.

La situazione in Giudea
- Le divisioni all'interno dell'ebraismo
- L'occupazione romana
- La biografia di Gesù Cristo
- Le fonti

La diffusione
- Il ruolo degli apostoli e di Paolo di Tarso
- L'organizzazione delle comunità cristiane

Roma e il cristianesimo
- La visione romana del cristianesimo
- Il culto nascosto
- Le persecuzioni

▶ LABORATORIO DELLE COMPETENZE

PASSATO/PRESENTE

13. Immagina di dover organizzare una gita scolastica per la tua classe alle catacombe romane. Prepara un percorso scegliendone 3 tra quelle aperte al pubblico (San Callisto, Domitilla, San Sebastiano, Priscilla, Santa Agnese). Il lavoro da produrre è una scheda che comprenda:
- Una introduzione generale alle catacombe (utilizza anche la scheda di p. 78)
- La presentazione di ogni sito scelto
- Una spiegazione sulla simbologia usata

unità 2

Dal III secolo alla fine dell'impero d'Occidente

capitolo
- **5** L'età dei Severi e la crisi del III secolo
- **6** Le minacce ai confini e la restaurazione di Diocleziano
- **7** Da Costantino al tramonto dell'impero d'Occidente

CITTADINANZA E COSTITUZIONE
I diritti e le libertà
La libertà di culto
Migrazioni e integrazioni

212 d.C.
Editto di Caracalla

235-284 d.C.
Periodo dell'anarchia militare

395 d.C.
Divisione dell'impero tra Oriente e Occidente

286 d.C.
Diocleziano istituisce la tetrarchia

313 d.C.
Editto di Milano

380 d.C.
Editto di Tessalonica: cristianesimo religione di Stato

410 d.C.
I Visigoti di Alarico saccheggiano Roma

476 d.C.
Crollo dell'impero romano d'Occidente

capitolo 5
L'età dei Severi e la crisi del III secolo

La diffusione del cristianesimo

1. All'inizio del III secolo il **cristianesimo** viene professato da un numero sempre maggiore di fedeli, non solo tra le **classi più basse** della società romana, ma anche tra i **ceti abbienti**.

2. All'interno dei confini dell'impero, la religione cristiana si diffonde soprattutto in **Italia**, **Spagna**, **Gallia**, **Pannonia** e **Africa**.

3. Fuori dai confini dell'impero si costituiscono consistenti comunità cristiane in **Armenia**, in **Persia** e nel Regno dei Parti.

5 L'età dei Severi e la crisi del III secolo

193 d.C.
Lucio Settimio Severo diventa imperatore

212 d.C.
Editto di Caracalla: estensione della cittadinanza a quasi tutto l'impero romano

218-222 d.C.
Regno di Eliogabalo

222-235 d.C.
Regno di Alessandro Severo

235 d.C.
Inizio dell'anarchia militare

Agli inizi del III secolo d.C., dopo i nefasti anni di regno di Commodo, l'impero venne assumendo sempre di più un'**impronta militare**. Accentrata ogni autorità nelle mani dell'imperatore, il senato vide i suoi poteri legislativi e giudiziari fortemente limitati. Ciò permise all'imperatore **Caracalla**, con un **editto**, di estendere la cittadinanza a gran parte dei cittadini dell'impero, diffondendo le istituzioni e la cultura romane ma segnando anche la perdita di centralità di Roma e dell'Italia.

Il regno della dinastia dei **Severi**, tra il 193 e il 235 d.C., è spesso giudicato negativamente, ma il loro operato venne fortemente condizionato dalla minaccia esercitata dai **barbari** ai confini dell'impero: le esigenze di difesa finirono infatti per provocare disordini e insubordinazioni nelle file dell'esercito, e aprirono la strada a un lungo periodo di **anarchia militare**.

Nel III secolo d.C. la crisi investì anche altri settori: il susseguirsi di carestie e pestilenze provocò un forte calo della popolazione, con conseguenze negative per l'intera economia. Lo spopolamento delle campagne determinò a sua volta la **crisi** dell'agricoltura, con la scomparsa delle colture tipiche, come la vite e l'olivo. L'impoverimento generale causò inoltre il decadimento dei trasporti, delle comunicazioni, dei commerci e il degrado dei numerosi centri urbani.

In tale contesto, la crescente diffusione della **religione cristiana** alimentava sospetti e tensioni delle autorità romane nei confronti dei suoi fedeli, i quali non accettavano il culto imperiale. Questa avversione darà luogo a una serie di leggi contro i cristiani, e, negli anni successivi, anche a violenze e persecuzioni nei loro confronti.

5.1 La dinastia dei Severi (193-235 d.C.)

Primi segni di crisi per l'impero

Sul finire del II secolo d.C., fin dal regno di Marco Aurelio ma in modo più evidente sotto il regno di suo figlio **Lucio Aurelio Commodo**, l'impero iniziò a manifestare i primi segnali di crisi, per la presenza contemporanea di vari fattori quali le prime devastanti incursioni dei popoli germanici, un accresciuto carico fiscale e una terribile epidemia di peste. A ciò si deve aggiungere un graduale **mutamento degli equilibri politici e istituzionali**, con l'imperatore che tendeva sempre di più a sottrarsi al controllo del senato e dei comizi e ad accentrare il potere nelle proprie mani, dando vita a forme di governo in tutto simili a quelle di una **monarchia assoluta**. Il popolo, dal canto suo, mostrava un'evidente incapacità di vedere al di là dei problemi quotidiani del lavoro, della sussistenza, del divertimento, e rivelando quindi la sua sostanziale indifferenza alla difesa dei propri diritti e delle proprie libertà.

Alla morte di Commodo (192 d.C.) l'impero era stato travolto da lotte sanguinose per la conquista del potere e da profondi sconvolgimenti sociali, nel corso dei quali la violenza e la prepotenza dei militari avevano finito per prevalere sul diritto. Questa difficile situazione, tuttavia, trovò in parte soluzione nel giugno 193 d.C., quando il governatore della Pannonia Superiore, **Lucio Settimio Severo**, originario di Leptis Magna (in Africa), riuscì a farsi elevare al soglio imperiale grazie all'appoggio dei soldati, che tornavano preponderanti nella scelta dell'imperatore. Con lui ebbe inizio la **dinastia dei Severi**, che doveva regnare fino al 235 d.C., quando si sarebbe aperto un lungo periodo di anarchia.

La riforma dell'esercito di Settimio Severo

Il nuovo imperatore si preoccupò innanzitutto di riorganizzare gli eserciti: **istituì una milizia stabile ai confini dell'impero**, dove poterono stanziarsi anche le famiglie dei soldati; **liquidò i pretoriani** come corpo privilegiato, in quanto fonte di improvvisi e violenti sovvertimenti, e **aumentò il numero dei legionari**, che per lo più appartenevano al mondo provinciale, **favorendo l'ingresso** nelle legioni di numerosi **elementi germanici**; aprì infine a tutti i soldati l'accesso ai gradi superiori, fino ad allora riservati solo agli Itali-

> **ti ricordi?**
> I **pretoriani** erano la guardia imperiale, cioè la milizia adibita alla difesa personale dell'imperatore. Comandata dal prefetto del pretorio, era stata istituita da Augusto.

L'arco di Settimio Severo
Eretto nel 203 d.C. per celebrare la vittoria dell'imperatore sui Parti, l'arco a tre fornici completava la piazza del Foro romano, dove è visibile ancora oggi.

ci, e concesse la cittadinanza a tutti i soldati all'atto dell'arruolamento. In tal modo anche i "barbari" poterono accedere a posti chiave nell'esercito, nell'amministrazione, nella politica. Settimio Severo non aveva in realtà molte alternative, data l'urgente necessità di rafforzare i quadri e di mantenere alle armi un certo numero di effettivi e data anche la disaffezione e l'indifferenza – nei riguardi dell'esercito, dello Stato e delle sue istituzioni – ormai ampiamente diffuse tra la popolazione italica.

L'istituzione dell'annona militare

Una diretta conseguenza della **politica militaristica** di Severo fu l'istituzione dell'**annona militare**, che obbligava ciascun proprietario agricolo a consegnare allo Stato una parte del raccolto per il vettovagliamento delle truppe.
Poiché la quota da versare era fissa e non era prevista alcuna diminuzione in caso di cattivo andamento stagionale o di calamità, ne derivava per i coloni il pericolo continuo di perdere ogni avere, per soddisfare le pressanti richieste dei funzionari imperiali.
Di qui un progressivo aumento dei casi di **abbandono della terra**, con conseguente **impoverimento delle campagne** e un'intensificazione del negativo fenomeno dell'**urbanesimo**.

I nemici esterni e la politica interna

Sul piano della politica estera Severo dovette affrontare tutta una serie di problemi riguardanti i sempre più difficili rapporti tra Romani e barbari e nello stesso tempo impegnarsi in Oriente contro i Parti e nella Britannia contro i Caledoni, che riuscì a respingere oltre il Vallo di Adriano.

Sul piano della politica interna, egli prese una decisione di particolare significato politico: quella cioè di scegliere come successore il proprio figlio tredicenne **Marco Aurelio Antonino**, soprannominato **Caracalla** (dal nome di una tunica gallica che egli prediligeva), fra il malumore e il risentimento di tutta l'aristocrazia senatoria che temeva, dopo l'esperienza di Commodo, di vedere di nuovo sostituito il principio dell'adozione con quello meno sicuro della successione familiare. D'altra parte, a rendere ancora più profondo il malcontento, contribuì la tendenza di Settimio a **indebolire** con ogni mezzo **la superstite potenza del senato**, favorendo il **ceto equestre**, valorizzando le province al punto di equipararle all'Italia e instaurando una **monarchia militare**.

> **ti ricordi?**
> Già nella Roma repubblicana il **ceto equestre** costituiva un ben distinto ceto sociale, che si era arricchito con gli affari in seguito alle grandi conquiste e di cui facevano parte appaltatori, banchieri, usurai, esattori di tasse.

Il più celebre giurista del tempo, **Papiniano**, ebbe l'incarico di legittimare con il diritto la nuova politica assolutistica dell'imperatore. I tempi, infatti, precipitavano e la collaborazione imperatore-senato appariva destinata a restare un ricordo ormai lontano: malgrado le resistenze opposte, malgrado qualche sporadico tentativo di arginare la situazione contro il pericolo del militarismo dilagante, fu inevitabile per il senato riconoscere a un certo momento la propria sconfitta dinanzi al **prevalere dell'elemento militare e delle province** in lotta per il primato.

◀ **Settimio Severo**
Busto dell'imperatore Settimio Severo, conservato alla Gliptoteca di Monaco di Baviera.

Annona

Originariamente l'annona – termine latino, derivato dal nome attribuito alla dea delle biade prodotte nell'anno e indicante anche il sistema di approvvigionamento dell'Urbe e della penisola italiana – consisteva in requisizioni di tipo fiscale che lo Stato imponeva alle province. Queste, infatti, erano tenute a fornire ai Romani e ai municipi italiani una certa quantità annuale di grano, olio, carne, vino ecc. Parte di tali derrate era destinata alla distribuzione a basso prezzo, il resto era venduto a prezzi di mercato. Nel tardo impero, oltre alla raccolta di vettovaglie per l'esercito (annona militare), il termine annona venne a significare la distribuzione gratuita da parte dello Stato di generi alimentari ai cittadini privi di mezzi di sussistenza. Nel corso del IV secolo coloro che avevano diritto alle distribuzioni annonarie nella città di Roma erano circa 200.000 cittadini, su un totale probabile di 800.000: una percentuale considerevole, che denota la difficile situazione economica in cui versava la capitale dell'impero e più in generale la penisola italica.

L'assassinio di Geta

Dopo diciassette anni di governo, nel corso dei quali aveva accumulato un'immensa ricchezza (aveva per la prima volta creato un proprio *patrimonium privatum* o "cassa personale"), Settimio Severo morì a Eboracum (l'odierna York) nel 211 d.C. durante un'azione di guerra contro i Britanni ribelli, lasciando il trono ai suoi due figli, **Caracalla** e **Geta** (negli ultimi tempi aveva ritenuto opportuno associare il secondo al primo). Caracalla però, per poter regnare da solo, uccise il fratello insieme a molti suoi sostenitori, tra i quali lo stesso Papiniano, che, secondo la tradizione, si era rifiutato di giustificare in senato la follia del **fratricidio**.

◀ **I Severi**
Settimio Severo con la moglie Giulia Domna e i figli Geta e Caracalla. Il volto di Geta venne cancellato dopo la sua uccisione da parte del fratello.

La costituzione antoniniana o editto di Caracalla

Il breve regno di Caracalla, oltre che per le sue crudeltà (si mostrò liberale soltanto verso i soldati e i ceti meno abbienti, gli unici disposti ad appoggiare le sue tendenze assolutistiche in cambio di ricche elargizioni e di feste), è soprattutto ricordato per la promulgazione della **costituzione antoniniana**, meglio conosciuta come **editto di Caracalla** (212 d.C.), che estendeva la cittadinanza romana alla quasi totalità degli abitanti liberi dell'impero e quindi segnava ufficialmente la conclusione del secolare processo di parificazione e di romanizzazione del mondo mediterraneo, auspicato da Giulio Cesare e perseguito, sia pure parzialmente, da Nerone, Traiano e Adriano.

Conseguenze dell'editto di Caracalla

A proposito di questo editto va osservato che il giovane imperatore non fu indotto a promulgarlo da ragioni politiche o da sentimenti di generosità, bensì dal desiderio di estendere a tutti i nuovi cittadini il pagamento dell'**imposta di successione** e delle **tasse sulla liberazione degli schiavi** stabilite da Augusto per i soli Romani. D'altra parte, l'iniziativa di Caracalla contribuì alla

CAUSE ED EFFETTI DELL'EDITTO DI CARACALLA

Editto di Caracalla

Finalità	Conseguenze	Importanza storica
Desiderio di **estendere** a tutti i nuovi cittadini il **pagamento dell'imposta di successione** e **delle tasse sugli affrancamenti** degli schiavi fissate da Augusto per i soli Romani	**Diffusione in tutto l'impero** non solo della **legge** di Roma, ma anche della sua **lingua** e della sua **cultura giuridica**	Segna la **fine dello Stato romano fondato sull'istituzione del senato** come rappresentante del volere del popolo e l'inizio di un periodo estremamente incerto

---

CITAZIONE D'AUTORE

La concessione della cittadinanza

L'imperatore Cesare Marco Aurelio Severo Antonino Augusto proclama: "Ritengo di poter fare in modo magnifico e degno degli dèi cosa rispondente alla loro magnificenza, se tante decine di migliaia di uomini quante sono penetrate fra la popolazione del mio impero, io faccia entrare come Romani nei templi degli dèi. Concedo perciò a tutti coloro che abitano il mondo abitato la cittadinanza romana, senza che rimanga al di fuori della cittadinanza nessuno. E questa mia disposizione espanderà la magnificenza del popolo romano: accadrà infatti che anche gli altri siano investiti del medesimo onore che fin dalle origini dà preminenza ai Romani."

(***Editto di Caracalla***, III secolo d.C.)

◀ **Busto di Caracalla**
Busto che ritrae l'imperatore in abiti militari.

diffusione in tutto l'impero non solo della legge di Roma, ma anche della sua lingua e della sua cultura giuridica, ormai non più privilegio di una ristretta comunità, ma patrimonio comune di tutte le genti. L'editto di Caracalla ebbe quindi un'importanza storica grandissima, poiché segnò la **fine del primato degli Italici** sugli altri popoli dell'impero, aprendo peraltro la strada a un periodo dalle incerte e oscure prospettive.

Morte di Caracalla e inizio dell'anarchia militare

Caracalla morì alcuni anni dopo l'emanazione dell'editto, nell'aprile del 217 d.C., ucciso dai suoi stessi soldati durante una campagna in Oriente contro i Parti. Alla sua scomparsa seguirono **nuove lotte civili**, nel corso delle quali vennero eletti dai soldati imperatori dalle limitate capacità politiche e militari e dalle scarse doti morali quali **Eliogabalo** (218-222 d.C.), nipote di Caracalla, e **Alessandro Severo** (222-235 d.C.), con il quale termina la dinastia dei Severi. Si ritornò così ai tempi del dispotismo, dando inizio a un periodo detto dagli storici di **anarchia militare**, che si sarebbe interrotto brevemente con Aureliano (270-275 d.C.), per poi concludersi nel 284 d.C. con la nomina a imperatore di Diocleziano. Durante questo cinquantennio si alternarono 28 imperatori, quasi tutti comandanti militari proclamati per breve tempo dagli eserciti che unicamente a loro erano legati, esautorando totalmente il senato, l'aristocrazia senatoria e le altre istituzioni. Molti degli imperatori erano nominati in contemporanea in aree diverse dell'impero, e altrettanto rapidamente uccisi o deposti per l'incapacità o l'impossibilità ormai di governare un impero così vasto e difficile da controllare.

IL PRIMO PERIODO DELL'ANARCHIA MILITARE		
IMPERATORE	ANNO	CAUSA DELLA MORTE
Massimino il Trace	235-238	assassinato
Gordiano I	238	suicida
Gordiano II	238	guerra
Balbino	238	assassinato
Pupieno	238	assassinato
Gordiano III	238-244	assassinato
Filippo	244-249	assassinato
Decio	249-251	guerra
Treboniano	251-253	assassinato
Volusiano	251-253	assassinato
Emiliano	253	assassinato
Valeriano	253-260	morto prigioniero
Gallieno	260-268	assassinato
Claudio il Gotico	268-270	peste

GUIDA allo STUDIO

1. Che cosa prevedeva la riforma dell'esercito attuata da Settimio Severo?
2. Quali conseguenze ebbe l'istituzione dell'annona militare?
3. Quali effetti ebbe l'estensione della cittadinanza alla quasi totalità degli abitanti liberi dell'impero prevista dall'editto di Caracalla?

▼ **Le Terme di Caracalla**
Il complesso termale fatto costruire dall'imperatore Caracalla, uno dei più vasti e a oggi meglio conservati.

società e cultura

5.2 La crisi del III secolo

Dalla crisi politica alla crisi demografica

Oltre che dall'anarchia militare, il periodo che seguì la morte di Caracalla fu caratterizzato da gravi **difficoltà ai confini** dell'impero, sia lungo il fiume Reno, dove incombeva la pressione di Franchi e Alemanni, sia lungo il Danubio, minacciato dalle incursioni dei Goti. Questa instabilità politica, insieme ad altri fattori, fu allo stesso tempo causa e conseguenza di una lunga fase di decadenza economica e di degrado sociale, definita dagli storici **crisi del III secolo**.

Per tutto questo periodo si verificò infatti un costante **rallentamento delle attività economiche**, che invece nel periodo precedente avevano avuto un grande sviluppo, e una decisa **diminuzione della popolazione**. Entrambi i fenomeni furono dovuti a una serie di cause, fra cui, oltre alle incessanti **guerre** interne ed esterne, l'**eccessivo fiscalismo**, le **ricorrenti carestie** che impoverirono le masse urbane e rurali, e le continue ondate di **pestilenze**, che per anni e anni afflissero vaste regioni dell'impero, spopolando città e campagne.

La decadenza economica e la crisi monetaria

A entrare in crisi fu prima di tutto l'agricoltura, indebolita dalla carenza di manodopera e dominata dal latifondo per la sparizione della piccola proprietà terriera: per comprendere la gravità delle condizioni del settore agricolo basti pensare alla scomparsa, in vaste aree del Mediterraneo, di colture specializzate, come quelle della vite e dell'olivo, un tempo orgoglio e ricchezza dell'economia romana. Al declino dell'impero contribuì anche la progressiva riduzione delle esportazioni a fronte di un notevole incremento delle importazioni di merci pregiate e assai costose, provenienti dalle regioni più lontane dell'Asia e dell'Africa: questo commercio a senso unico provocò una continua fuoriuscita di oro e, a lungo andare, una tremenda **crisi monetaria**, tanto che in alcune zone si

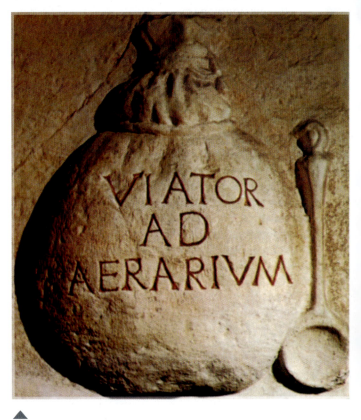

L'oppressione fiscale
Particolare di un bassorilievo che mostra una borsa di un *viator ad aerarium*, un addetto alla riscossione dei tributi.

giunse a un progressivo **ritorno ai pagamenti in natura** e allo scambio dei prodotti.

A rendere la situazione economica ancora più instabile contribuì anche la politica di **inasprimento fiscale** seguita da alcuni imperatori, in parte motivata dalle crescenti spese militari, in parte legata al progressivo aumento dell'apparato burocratico. Ad ogni modo l'eccessivo fiscalismo spinse numerosi contribuenti a fuggire dalle città, dai villaggi e dai campi e a dedicarsi ad attività quali il banditismo e la pirateria, sottraendosi al pagamento delle pesantissime tasse pretese dallo Stato.

> **lessico**
> **Recessione** in economia, termine che indica una fase di flessione transitoria dello sviluppo economico.

concetti chiave

Crisi

Il termine deriva dal greco *krísis*, "separazione, decisione, giudizio": indica un periodo più o meno lungo, caratterizzato da difficoltà e instabilità, seguite da profondi mutamenti. Si tratta di un'espressione del tutto particolare che aiuta a capire i momenti di spaccatura con il passato e la transizione verso nuove forme politiche, economiche, religiose. In ogni caso gli storici di oggi, quando parlano di crisi, tendono a sottolineare i processi di fermento, di mutamento e di rinascita connessi con i momenti di crisi vera e propria, per evidenziare una continuità tra fasi di ristagno e **recessione** e fasi più positive di ripresa economica, sociale, politica che caratterizzano la storia.

Il declino dei centri urbani

Il lento ma continuo declino dell'impero riguardò prima di tutto le **città**, troppo dipendenti dagli approvvigionamenti esterni. Gli organi governativi infatti non riuscivano più a organizzare gli agglomerati urbani come centri di produzione: di qui un altro motivo dell'abbandono delle città da parte della popolazione. La decadenza e l'impoverimento dei centri urbani contribuirono infatti in modo determinante alla crisi della civiltà romana, la quale, pur non avendo mai smesso di avere le proprie radici in un'economia essenzialmente rurale, aveva conosciuto l'ampia parentesi di sviluppo di un'economia artigiana e mercantile e la conseguente crescita delle città nei primi secoli dell'impero. Ora, invece, si avviava a ritornare a una vita e a un'economia agricola e pastorale, con un lento ma profondo regresso produttivo generale in tutto l'impero.

Le epidemie di peste

Ad aggravare la situazione contribuì poi, tra il 180 e il 192 d.C., il diffondersi, in particolare nell'area mediterranea, di un'**epidemia di peste bubbonica**, che ridusse di oltre la metà la popolazione dell'impero. L'inevitabile conseguenza fu quella di un'ulteriore e pesante diminuzione della manodopera disponibile e quindi della produzione, cui seguì un drastico aumento dei prezzi, soprattutto per certi prodotti di prima necessità (per esempio, quelli alimentari), divenuti sempre più rari e insufficienti a soddisfare le pressanti richieste del mercato.

La difficile situazione della penisola italica

Se l'impero nel suo insieme si trovava in condizioni assai precarie, particolarmente grave si presentava la situazione economica della penisola italiana. Qui fin dal I secolo d.C. l'agricoltura era in crisi per una serie di motivi:

- anzitutto perché le distribuzioni di terre ai veterani non avevano raggiunto lo scopo per cui erano state effettuate, non avendo portato alla creazione di una nuova classe di piccoli proprietari;
- poi perché i grandi proprietari avevano cessato di mostrare interesse ai problemi della terra, abbandonandola nelle mani di persone disposte più a sfruttarla che a valorizzarla;
- infine perché l'urbanesimo aveva determinato un massiccio spopolamento delle campagne.

Allo scopo di assicurare il gettito tributario fondiario, lo Stato rispose con iniziative dagli effetti negativi: contro l'abbandono delle terre da parte dei liberi proprietari, venne istituito l'obbligo da parte dell'autorità fiscale a intentare processi a loro carico; venne inoltre istituito il **colonato**, un sistema che vietava ai coloni, di padre in figlio, di abbandonare le terre che gli erano state affidate e in cui vivevano.

> **lessico**
>
> **Colonato**
> condizione giuridica in cui, a partire dal III secolo, si trova il contadino che, pur essendo libero nella persona, è costretto per legge a coltivare in modo permanente la terra che gli è stata assegnata.

Non molto diversa si presentava la situazione nei settori dell'artigianato e del commercio. A Roma si erano diffuse fra il I secolo a.C. e il I secolo d.C. le tecniche dei paesi ellenistici, assai progrediti in ogni campo. Tuttavia già sotto Traiano l'Italia aveva cominciato a perdere la posizione di egemonia economica: lo testimoniano il costante aumento delle importazioni rispetto alle esportazioni e il conseguente deflusso di capitali. L'attività produttiva però non raggiunse mai livelli quantitativamente significativi, in quanto faceva ricorso più alla vasta manodopera schiavile che alle macchine, ed era inoltre legata all'iniziativa di singoli artigiani. Nel III secolo d.C. la produzione artigianale si trasformò addirittura in un'**attività più propriamente domestica** a carattere chiuso, con la fabbricazione in loco di utensili, oggetti e prodotti di prima necessità: si importavano solo quelle merci che non potevano essere prodotte sul posto.

---

concetti chiave

Decadenza

È, con "crisi", un'altra espressione usata tradizionalmente dagli storici per indicare il processo di decadimento della civiltà e della cultura di un popolo. Secondo questa prospettiva, così come invecchiano gli individui, anche le civiltà invecchierebbero in modo irreversibile: un esempio tipico sarebbe la decadenza dell'impero romano, causato – secondo lo storico Edward Gibbon (1737-1794), portavoce di questa interpretazione – dalla diffusione del cristianesimo e dalle invasioni barbariche. La storiografia più recente tende, invece, a considerare i periodi di cosiddetta decadenza come periodi di transizione e di cambiamento.

GUIDA allo STUDIO

1. Quali cause determinarono la diminuzione di popolazione registrata nel III secolo?
2. Quali ripercussioni ebbe la crisi economica sui centri urbani?
3. Quali fattori contribuirono ad aggravare le condizioni dell'economia agricola?

5.3 La diffusione di nuovi culti e le persecuzioni contro i cristiani

Nell'impero si diffondono nuove religioni

I Severi, come del resto gli imperatori che li avevano preceduti, attribuivano molta importanza alla religione tradizionale romana, anche perché indissolubilmente legata allo Stato e ritenuta perciò un **fattore di coesione sociale**. Consentivano però che si praticassero anche altri culti, a patto che si onorassero pubblicamente gli dèi tradizionali. In questo periodo si verificò una notevole adesione alle **credenze orientali e misteriche** diffuse nella capitale dell'impero dai soldati, dagli amministratori e dai commercianti. I "misteri" erano culti segreti, riservati agli iniziati: gli adepti infatti erano vincolati a mantenere il silenzio nei confronti dei non iniziati. Alcuni di essi erano comunque noti da tempo ai Romani. Altri culti invece fiorirono proprio a partire dal II secolo.

Il mitraismo

Grande diffusione ebbe, tra il II e il IV secolo d.C., soprattutto il culto di Mitra. Nella religione iranica (mazdeismo), riformata dal profeta Zoroastro (noto anche con il nome di Zarathustra) attorno al 600 a.C., Mitra, dio della luce, era una divinità minore, che aiutava il dio supremo, Ahura Mazda, nella lotta contro il Male (le tenebre). Mitra era anche protettore dei patti e degli uomini giusti: essendo perciò un dio di giustizia e di verità, era probabile che offrisse all'iniziato l'aspettativa di un **futuro migliore** e della **salvezza**. I Severi, dal canto loro, favorirono la diffusione del mitraismo, che divenne così una delle religioni dell'impero, propagandosi in particolare tra le fila dell'esercito.

Un certo seguito a Roma lo ebbero anche le credenze provenienti dall'Asia Minore relative a **Cibele**, la Grande Madre. Come quella mitraica, anche questa religione aveva un **carattere "salvifico"**: dopo l'iniziazione, che proseguiva per vari livelli, essa prometteva infatti la rinascita dopo la morte. E proprio questo avevano in comune tutti i culti misterici: a differenza della religione tradizionale romana, cercavano di dare una risposta agli interrogativi e alle inquietudini che percorrevano la società romana, indicavano cioè un senso all'esistenza, offrivano valori in cui credere e speranze di so-

Mitra e il sacrificio del toro
Sul mitraismo non esistono fonti scritte, ma numerosissime testimonianze iconografiche, non sempre di facile interpretazione. In questo bassorilievo, il dio, ispirato da Ahura Mazda, sacrifica un toro. L'uccisione del toro, dalla cui morte derivava fecondità e vita per tutto l'universo, era sicuramente uno dei riti centrali della religione mitraica.

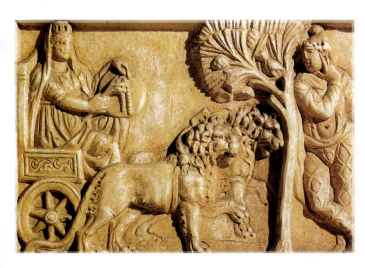

Cibele, la Grande Madre
Particolare di un'ara proveniente da Roma che mostra la dea Cibele su un carro trainato da leoni.

pravvivenza ultraterrena. Per tali motivi le nuove religioni divennero ben presto temibili concorrenti del cristianesimo.

L'espansione del cristianesimo

Se nel corso del II secolo d.C. i cristiani avevano potuto professare la loro fede più o meno indisturbati, grazie anche al fatto che spesso erano visti come una setta dell'ebraismo, ormai tollerato durante l'impero, con l'inizio del III secolo d.C. intervennero le prime repressioni. Il successo del proselitismo cristiano, non solo tra le classi più basse della società, ma in maniera sempre più decisa tra i ceti abbienti, sia in **Africa** che in **Italia**, aveva messo in allarme le autorità dell'impero. La persecuzione, tuttavia, fallì l'obiettivo di ridurre la Chiesa a un piccolo gruppo di adepti; per tutto il III secolo d.C. l'adesione al cristianesimo crebbe infatti fino a interessare territori sempre più vasti all'interno dell'impero, senza contare le comunità cristiane di **Armenia** e di **Persia** al di fuori dei suoi confini.

Il cristianesimo percepito come una minaccia

Già profondamente segnato dalla crisi politica ed economica, il mondo romano viveva la sempre più ampia diffusione della religione cristiana come un **elemento di tensione e di destabilizzazione**. Ad accrescere le preoccupazioni delle autorità c'era poi quel particolare ardore profuso dai cristiani nel fare proseliti, nel denunciare i falsi idoli e le superstizioni, nel negare quanto gli antichi avevano creduto vero o riverito come sacro. E c'erano infine le loro **misteriose riunioni**: lo Stato romano, diffidente nei confronti di ogni forma di associazione di cittadini, temeva che queste adunanze potessero rappresentare un concreto pericolo; quanti vi partecipavano, del resto, non facevano mistero di essere scontenti dell'attuale ordine di cose e di voler fondare una nuova società, un nuovo regno di Dio.

I cristiani non si limitavano, infatti, a predicare l'amore per il prossimo, ma lo mettevano in pratica con le elemosine e con altre iniziative caritatevoli di sostegno e di assistenza ai poveri e agli ammalati; assolvevano, in sintesi, un **compito sociale** al quale le strutture politiche dell'impero non erano più in grado di far fronte. E così, mentre aumentava il senso di sfiducia verso le strutture di potere vacanti e responsabili dei mali delle popolazioni, il movimento cristiano conquistava sempre nuovi seguaci. Le autorità imperiali decisero quindi di intervenire per porre un freno al dilagare della religione cristiana.

Le leggi contro i cristiani

Benché accuse e cavilli giuridici per dare corso a un'opera di repressione non mancassero, come abbiamo visto nel II secolo non esisteva ancora una legge specifica per punire il cristianesimo come reato in sé: si avevano soltanto dei precedenti che permettevano di presentarlo come una setta pericolosa e quindi perseguibile come tale. Sotto il regno dell'imperatore **Decio** (249-251 d.C.), invece, venne messa in atto una complessa procedura con la creazione di **commissioni di controllo**, di fronte alle quali tutti i sospetti di cristianesimo erano invitati a fare professione di fede nei culti ufficiali, a sacrificare vittime e a bruciare incenso in onore degli dèi romani, dopo avere pronunciato una formula blasfema contro Cristo: chi abiurava, cioè rinunciava a credere in Cristo, riceveva un apposito attestato o libello; chi si rifiutava veniva processato, torturato, ucciso. Molti furono i **martiri** che morirono per la fede; ma molti furono anche i *lapsi* ("caduti"), che, per timore, o accettarono di compiere i riti richiesti, oppure ottennero ugualmente un libello, corrompendo le guardie.

> **lessico**
> **Martire** dal greco *martyr*, "testimone", è colui che muore pur di testimoniare la propria fede religiosa (ma anche politica).

> **GUIDA allo STUDIO**
> 1. Che cosa sono i culti misterici e perché si diffondono nell'impero?
> 2. Per quale motivo il cristianesimo era percepito come una minaccia?
> 3. Chi erano i martiri? Chi invece i *lapsi*?

le FONTI — Laboratorio

Il mondo è prossimo alla fine

Nel III secolo d.C. si aprì per l'impero romano un periodo di profonda crisi dovuta a fattori interni ed esterni. Cipriano (210-258 d.C.), vescovo di Cartagine, scrisse una lettera a Demetriano, un retore pagano che accusava i cristiani di essere la causa di tutti i mali che affliggevano l'impero. Il testo, di cui riportiamo alcuni passi, vuole rispondere a tali accuse.

Autore Cipriano di Cartagine
Opera *A Demetriano*
Data III secolo d.C.
Tipologia fonte testo epistolare

Hai detto che tutte queste sventure dalle quali ora il mondo è colpito e tormentato accadrebbero per causa nostra e a noi dovrebbero essere imputate, perché non onoriamo i <u>vostri dèi</u>. [...] Il mondo stesso lo dice [...] e attesta il suo tramonto con l'evidente decadenza di ogni cosa: non ci son più d'inverno le piogge d'un tempo, necessarie per nutrire le sementi, non c'è più il calore abituale per far maturare bene d'estate le messi [...]. Dai monti scavati e tormentati si estraggono sempre meno lastre di <u>marmo</u>: le miniere ormai sfruttate offrono minor ricchezza d'argento e d'oro, i filoni impoveriti si esauriscono di giorno in giorno; e diminuiscono e mancano nei campi i contadini, nel mare i marinai, i soldati negli accampamenti, la rettitudine nella vita pubblica, la giustizia in tribunale, nelle amicizie la concordia, nelle attività pratiche la perizia, nei costumi i buoni principi [...]. Nessuno dovrebbe meravigliarsi che ogni cosa nel mondo stia per venir meno, poiché ormai il mondo stesso tutto quanto è spossato e prossimo alla fine. Che poi le guerre si susseguano con ripetuta frequenza, che la carestia e la fame divengano sempre più angosciose, che la salute sia scossa dall'infuriare di malattie, che la stirpe umana sia desolata dalla strage della peste: sappi che anche ciò è stato predetto, che cioè nei tempi ultimi si moltiplicano i mali e le sventure sono di vario genere e, avvicinandosi ormai il giorno del giudizio, il rigore e lo sdegno di Dio sempre più crescono a colpire il genere umano. Questi mali accadono, infatti, non perché i vostri dèi <u>non sono onorati da noi</u>, come proclami schiamazzando con lamenti <u>senza fondamento di verità</u> alcuna, ma perché da voi non è onorato Dio.

vostri dèi: la religione romana, che aveva un numeroso pantheon grazie anche all'assimilazione di divinità dei popoli conquistati, era strettamente legata alla sfera familiare e politica. Onorare gli dèi nel giusto modo garantiva il benessere della città e dei suoi abitanti.

marmo: grazie alle sue numerose conquiste Roma aveva sempre potuto contare su risorse pregiate, come il marmo appunto, che vennero utilizzate per celebrare la potenza e la grandezza dell'Urbe.

non sono onorati da noi: nel 250 d.C., con un editto, l'imperatore Decio ordinò che tutti i sudditi dell'impero offrissero un sacrificio pubblico agli dèi o all'imperatore stesso; chiunque si fosse rifiutato di fare ciò sarebbe stato punito con la prigionia, la tortura o la morte.

senza fondamento di verità: per Cipriano l'unica verità è quella della Chiesa, la sola grazie alla quale sia possibile guadagnare la salvezza eterna (*Extra ecclesiam nulla salus*, ovvero "non c'è salvezza fuori dalla Chiesa").

Frammento di libello, il documento che attestava la fedeltà al culto tradizionale di Roma.

Per COMPRENDERE

1. Quali sono i mali che affliggevano l'impero romano in questa fase della sua storia?
2. Perché i cristiani erano ritenuti responsabili di questi mali?
3. Quale spiegazione fornisce Cipriano riguardo a questi mali?

5 L'età dei Severi e la crisi del III secolo

SINTESI

5.1 Con la fine del regno di Commodo, uno dei periodi più oscuri nella storia dell'impero, nel giugno del 193 d.C. **Lucio Settimio Severo** diviene imperatore e dà inizio alla dinastia dei Severi. Egli riforma l'esercito e introduce l'**annona militare**. In politica estera difende i confini orientali contro i **Parti** e combatte in Britannia contro i **Caledoni**. In politica interna, favorendo l'esercito e gli abitanti delle province, indebolisce fortemente il senato. Gli succede il figlio **Caracalla** (211-217 d.C.), che, dopo essersi macchiato di fratricidio, governa con crudeltà. Per riscuotere maggiori imposte Caracalla decide di estendere la **cittadinanza romana** alla quasi totalità dei cittadini liberi dell'impero (costituzione antoniniana, 212 d.C.), portando così a termine il processo di parificazione e di romanizzazione del mondo mediterraneo.

5.2 Le continue guerre interne ed esterne contribuiscono a rendere sempre più misere le condizioni delle popolazioni, afflitte da **pestilenze e carestie**, e a favorire un preoccupante incremento dei fenomeni di banditismo e pirateria, con conseguenze negative anche per le comunicazioni e gli spostamenti. L'aumento della burocrazia e l'inasprimento fiscale sono causa di una grave crisi monetaria, che fa sì che in alcune zone si ritorni addirittura allo scambio dei prodotti e al pagamento in natura. A tutto ciò si aggiungono i danni prodotti dalla peste bubbonica, che, aggravando la crisi demografica già in atto, porta a una riduzione della manodopera e a un calo della produzione, con un notevole rialzo dei prezzi. Le città dell'impero non sono capaci di organizzarsi come centri di produzione autonomi e, di conseguenza, aumenta la loro dipendenza dalle campagne e il fenomeno dell'abbandono e della decadenza dei centri urbani, per la necessità della popolazione di trovare altrove mezzi di sopravvivenza.

5.3 I Severi attribuiscono molta importanza alla **religione tradizionale**, considerata un fattore di coesione sociale. Tra il II e il III secolo d.C., tuttavia, a Roma si diffondono anche altre credenze, in particolare quelle di origine orientale come il **mitraismo** o il **culto di Cibele**, la Grande Madre. Il successo di queste religioni è dato dal loro carattere salvifico e dalla loro capacità di dare risposta alle inquietudini che attraversano la società romana, afflitta dalla crisi politica ed economica. Su questo piano i culti misterici e orientali si pongono ben presto in competizione con il cristianesimo, che nel corso del III secolo d.C. si propaga in regioni sempre più ampie dell'impero, diffondendosi non solo tra le classi più povere, ma anche fra i ceti più abbienti. In un contesto di crisi economica e politica, tutto ciò costituisce un ulteriore fattore di destabilizzazione agli occhi delle autorità imperiali: i cristiani, infatti, sostengono la distinzione netta tra potere politico e pratica religiosa, e rifiutano il culto imperiale che era per i Romani elemento di coesione sociale. Per tali ragioni, dalla metà del III secolo d.C., con la creazione di apposite **commissioni di controllo**, chi è sospettato di professare la fede cristiana è perseguito e costretto a rinnegare Cristo. Molti sono i **martiri** che muoiono per difendere le loro convinzioni religiose, ma molti sono anche i cosiddetti *lapsi* ("caduti"), che per aver salva la vita decidono di abiurare.

PER COSTRUIRE LE COMPETENZE

TEMPO

1. Completa la cronologia.

180-192 d.C.	Si diffonde in tutto l'impero una epidemia di ....
192 d.C.	Muore Commodo e iniziano .... per la ....
193 d.C.	Diventa imperatore ....
211 d.C.	Settimio Severo muore a ....
212 d.C.	Viene promulgata la Costituzione antoniniana da ....
217 d.C.	Caracalla viene ucciso da .... durante ....
235 d.C.	Con la morte di .... si conclude la dinastia dei .... e inizia un periodo di ....

LESSICO

2. Associa a ogni termine il relativo significato.

A. Abiurare
B. Iniziato
C. Annona militare
D. Colonato
E. Lapsi
F. Libello
G. Martire
H. Mistero
I. Proselito

a. Raccolta di prodotti agricoli per le truppe
b. Istituto giuridico che vincola un contadino alla terra assegnata
c. Culto segreto
d. Rinunciare alle proprie convinzioni
e. Attestato che comprovava la non appartenenza al cristianesimo
f. Cristiani che hanno rinnegato la propria fede
g. Colui che viene ammesso a un culto segreto tramite un rituale
h. Seguace di una religione
i. Propriamente significa testimone

EVENTI E PROCESSI

3. Indica se le seguenti affermazioni sono vere [V] o false [F].
- Il soprannome Caracalla deriva da un capo di abbigliamento [......]
- L'annona militare era una tassa a carico dei legionari [......]
- Settimio Severo concesse la cittadinanza a tutti i soldati [......]
- Settimio Severo era di origine africana [......]
- Papiniano era un celebre giurista fatto uccidere da Caracalla [......]
- Settimio Severo è morto in Inghilterra [......]
- Caracalla venne ucciso dal fratello [......]
- Eliogabalo fu un imperatore romano [......]
- La peste nell'impero romano durò più di 10 anni [......]
- Il cristianesimo si diffuse anche tra i ceti più benestanti [......]
- Il cristianesimo si diffuse in tutto l'impero romano eccetto l'Africa [......]

● La politica di Settimio Severo

4. Completa la seguente tabella.

Politica interna
Sostituisce il principio dell'adozione con ....
Indebolisce il ....
Favorisce ....
Equipara le ....
Instaura una monarchia di tipo ....

Politica estera
Respinge i .... oltre il ....
Combatte in Oriente contro i ....

● La crisi del III secolo

5. Individua quali sono gli aspetti che hanno determinato la crisi del III secolo.
- ☐ Aumento delle importazioni
- ☐ I barbari spingono lungo i confini
- ☐ Scarsa raccolta delle tasse
- ☐ Affollamento delle città
- ☐ Incursioni dei vandali
- ☐ Anarchia militare
- ☐ Potere assoluto dell'imperatore
- ☐ Aumento demografico
- ☐ Calo della produzione agricola
- ☐ Diffusione del vaiolo
- ☐ Diffusione della peste
- ☐ Guerra civile
- ☐ Eccesso di manodopera agricola
- ☐ Crisi del latifondo
- ☐ Crisi della piccola proprietà
- ☐ Eccesso di esportazioni

● La crisi agraria in Italia

6. Indica se le seguenti affermazioni sono vere [V] o false [F].
- La distribuzione della terra ai veterani creò troppi proprietari terrieri [......]
- Non nacque una classe di nuovi proprietari [......]
- I terreni furono sfruttati in maniera scriteriata [......]
- C'era un eccesso di braccianti agricoli [......]
- C'era eccessiva urbanizzazione [......]
- Venne introdotta l'istituzione del colonato [......]
- Venne introdotta la mezzadria [......]

NESSI

7. Quali riforme introdusse Settimio Severo in ambito militare? Perché fu costretto a farle?

8. Quali vantaggi e quali svantaggi ebbe l'introduzione dell'annona militare?

9. Perché il cristianesimo in questo periodo trova sempre più seguaci?

● L'editto di Caracalla

10. Completa i seguenti aspetti sull'editto di Caracalla (utilizza anche lo schema a p. 88).
- Motivazione ufficiale dichiarata: ....
- Motivazione storica: ....
- Motivazione economica: ....
- Conseguenze: ....

CONFRONTI

11. Confronta le religioni diffuse a Roma durante il periodo studiato nel capitolo.

Mitraismo	Culto di Cibele	Cristianesimo
Origine:	Origine:	Origine:
Divinità:	Divinità:	Divinità:
Carattere salvifico:	Carattere salvifico:	Carattere salvifico:

Carattere comune: ....

LAVORO SULLE FONTI

12. Il primo martire cristiano è stato santo Stefano ed è per questo che viene santificato il 26 dicembre, il giorno seguente la nascita di Gesù. La sua storia ci è stata raccontata anzitutto dagli *Atti degli Apostoli*, ma è diventata anche oggetto di molta iconografia cristiana. Dopo aver letto il brano rispondi alle domande.

> E la parola di Dio si diffondeva e il numero dei discepoli a Gerusalemme si moltiplicava grandemente; anche una grande moltitudine di sacerdoti aderiva alla fede.
> Stefano intanto, pieno di grazia e di potenza, faceva grandi prodigi e segni tra il popolo. Allora alcuni della sinagoga detta dei Liberti, dei Cirenei, degli Alessandrini e di quelli della Cilìcia e dell'Asia, si alzarono a discutere con Stefano, ma non riuscivano a resistere alla sapienza e allo Spirito con cui egli parlava. Allora istigarono alcuni perché dicessero: "Lo abbiamo udito pronunciare parole blasfeme contro Mosè e contro Dio". E così sollevarono il popolo, gli anziani e gli scribi, gli piombarono addosso, lo catturarono e lo condussero davanti al sinedrio. Presentarono quindi falsi testimoni, che dissero: "Costui non fa che parlare contro questo luogo santo e contro la Legge." [...] Ma egli, pieno di Spirito Santo, fissando il cielo, vide la gloria di Dio e Gesù che stava alla destra di Dio e disse: "Ecco, contemplo i cieli aperti e il Figlio dell'uomo che sta alla destra di Dio". Allora, gridando a gran voce, si turarono gli orecchi e si scagliarono tutti insieme contro di lui, lo trascinarono fuori della città e si misero a lapidarlo. E i testimoni deposero i loro mantelli ai piedi di un giovane, chiamato Saulo. E lapidavano Stefano, che pregava e diceva: "Signore Gesù, accogli il mio spirito". Poi piegò le ginocchia e gridò a gran voce: "Signore, non imputare loro questo peccato". Detto questo, morì.
> (*Atti degli Apostoli*, 6-7)

- Dove è stato martirizzato Santo Stefano?
- Di quali colpe è stato accusato?
- Con quale supplizio è stato ucciso?
- Chi è Saulo che ha assistito all'esecuzione?

RIELABORAZIONE (verso l'orale)

13. Prepara una scaletta con i fatti e i concetti principali del capitolo che ti possa guidare in un eventuale colloquio, sviluppando questo modello.

La dinastia dei Severi
- Le riforme di Settimio Severo
- Caracalla e l'editto
- L'anarchia militare

La crisi del III secolo
- Le cause
- Aspetti economici della crisi
- La situazione italiana
- La peste

La crisi religiosa
- Nuovi fermenti religiosi dall'Oriente
- L'espansione e la persecuzione del cristianesimo

LABORATORIO DELLE COMPETENZE

STORIA GENERALE/STORIA LOCALE

14. Nel nostro Paese è molto diffuso il culto dei santi. Ti invitiamo a fare una ricerca sul patrono della tua città, del tuo paese o del tuo borgo. Di questo cerca informazioni sulla sua vita ed eventuali riferimenti iconografici.

Cittadinanza e Costituzione

I DIRITTI e le LIBERTÀ

I Romani nell'impero: cittadini-sudditi

Nel 212 d.C. l'imperatore romano Caracalla emanò un editto – la *Constitutio Antoniniana* – con cui la cittadinanza romana veniva estesa a tutti gli uomini liberi dell'impero. L'editto di Caracalla, come abbiamo visto, poneva i provinciali sullo stesso piano degli Italici e segnava il superamento delle divisioni tra i popoli che facevano parte dell'impero, accomunati ora dall'essere tutti "Romani". L'acquisizione della cittadinanza, per molti versi un fatto positivo, riduceva però tutti gli abitanti dell'impero alla condizione di **sudditi**. I **diritti** del cittadino romano durante l'impero si erano infatti sempre più svuotati a favore dell'assolutismo dell'imperatore e del suo apparato burocratico.

I diritti nelle democrazie moderne

Nelle democrazie moderne tutti i cittadini godono (o dovrebbero godere) di una serie di **diritti fondamentali e inalienabili**. Questi diritti vengono solitamente distinti in tre categorie:
- **diritti civili** (o **umani**), che tutelano l'uomo in quanto tale, senza distinzioni;
- **diritti politici**, che consentono ai cittadini di prendere parte, direttamente e indirettamente, al governo del proprio paese;

> **Costituzione Italiana**
>
> **Art. 2** • La Repubblica riconosce e garantisce i **diritti inviolabili dell'uomo**, sia come singolo sia nelle formazioni sociali ove si svolge la sua personalità, e richiede l'adempimento dei doveri inderogabili di solidarietà politica, economica e sociale.
>
> **Art. 3** • Tutti i cittadini hanno **pari dignità sociale** e sono **eguali davanti alla legge** senza distinzione di sesso, di razza, di lingua, di religione, di opinioni politiche, di condizioni personali e sociali.
> È compito della Repubblica **rimuovere gli ostacoli** di ordine economico e sociale, che, limitando di fatto la libertà e l'eguaglianza dei cittadini, impediscono il **pieno sviluppo della persona umana** e l'effettiva partecipazione di tutti i lavoratori all'organizzazione politica, economica e sociale del Paese.

- **diritti economici, sociali e culturali**, che sono più direttamente connessi allo sviluppo effettivo della personalità dei singoli individui e riguardano ad esempio il lavoro, l'istruzione o la famiglia.

◀ Il diritto allo studio fa parte dei diritti sociali ed è sancito dalla Costituzione italiana all'articolo 34. La Repubblica si impegna a rendere effettivo questo diritto attraverso opportuni sostegni economici alle famiglie e agli studenti.

Diritti civili e politici

I diritti civili ci appartengono in quanto esseri umani e consistono nel **diritto alla vita**, alle **libertà individuali** (personale, di pensiero, di espressione ecc.) e alla **piena realizzazione umana** sia individualmente sia attraverso la costruzione di una famiglia.

I **diritti politici** si riferiscono agli individui come componenti di una comunità organizzata, che in quanto tali hanno il diritto di partecipare attivamente a tutte le decisioni che riguardano la collettività, sia esprimendo la loro opinione, sia organizzandosi in gruppi, associazioni, partiti, sia scegliendo con il voto i propri rappresentanti, sia candidandosi per essere eletti a qualunque carica.

Diritti economici, sociali e culturali

Anche questa tipologia di diritti è molto importante:
- i **diritti economici** sono relativi alla possibilità di lavorare e di avere una retribuzione che consenta di vivere dignitosamente;
- i **diritti sociali** riguardano invece le forme di assistenza che sostengono gli individui nei momenti di particolare difficoltà e bisogno; comprendono il diritto alla salute (e quindi all'assistenza sanitaria in caso di malattia e invalidità), gli interventi a favore della maternità e dell'infanzia, il sostegno economico in caso di disoccupazione temporanea, la pensione per gli anziani ecc.;
- i **diritti culturali** sono relativi alla possibilità di istruirsi e di sviluppare pienamente e liberamente la propria cultura senza limiti, imposizioni e divieti esterni.

Le libertà individuali e la Costituzione

La Costituzione della Repubblica italiana (1948) enuncia, descrive e tutela le **libertà individuali** di ogni cittadino: premessa fondamentale per esercitare libertà e diritti è **rimuovere gli ostacoli** che ne impediscono il godimento (art. 3). Il diritto alla libertà personale viene esplicitato a chiare lettere con l'articolo 13, mentre la piena esplicazione della libertà personale viene garantita dall'articolo 16.

La Costituzione riconosce poi altre libertà, come quella di riunione e associazione (artt. 17 e 18), la libertà religiosa (art. 19), la libertà di **espressione** (art. 21) e di **insegnamento** e **ricerca** (art. 33).

COSTITUZIONE ITALIANA

Art. 13 • La libertà personale è inviolabile.
Non è ammessa forma alcuna di detenzione, di ispezione o perquisizione personale, né qualsiasi altra restrizione della libertà personale, se non per atto motivato dell'autorità giudiziaria e nei soli casi e modi previsti dalla legge. [...]

Art. 14 • Il domicilio è inviolabile. [...]

Art. 15 • La libertà e la segretezza della corrispondenza e di ogni altra forma di comunicazione sono inviolabili. [...]

Art. 16 • Ogni cittadino può circolare e soggiornare liberamente in qualsiasi parte del territorio nazionale, salvo le limitazioni che la legge stabilisce in via generale per motivi di sanità o di sicurezza. Nessuna restrizione può essere determinata da ragioni politiche.
Ogni cittadino è libero di uscire dal territorio della Repubblica e di rientrarvi, salvo gli obblighi di legge.

Art. 17 • I cittadini hanno diritto di riunirsi pacificamente e senz'armi. [...]

Art. 18 • I cittadini hanno diritto di associarsi liberamente, senza autorizzazione, per fini che non sono vietati ai singoli dalla legge penale. [...]

Art. 19 • Tutti hanno diritto di professare liberamente la propria fede religiosa in qualsiasi forma, individuale o associata, di farne propaganda e di esercitarne in privato o in pubblico il culto, purché non si tratti di riti contrari al buon costume.

LE LIBERTÀ INDIVIDUALI:
- personale → art. 13
- di domicilio → art. 14
- di comunicazione → art. 15
- di circolazione → art. 16
- di riunione → art. 17
- di associazione → art. 18
- religiosa → art. 19
- di manifestazione del pensiero → art. 21
- di insegnamento → art. 33

Cittadinanza e Costituzione

La Dichiarazione universale dei diritti umani

Una tappa fondamentale nel lungo e difficile cammino per il riconoscimento e la tutela delle libertà e dei diritti politici e individuali è rappresentata dalla *Dichiarazione universale dei diritti umani*, redatta nel 1948 dall'Assemblea generale delle Nazioni Unite (ONU). Elaborato all'indomani della seconda guerra mondiale (1939-1945) – che aveva visto le più degradanti e devastanti violazioni della dignità umana –, questo documento è infatti il primo della storia che enuncia dettagliatamente le libertà e i diritti fondamentali di cui tutti gli individui godono, fondandoli sul **riconoscimento basilare dell'eguaglianza di tutti gli esseri umani** (art. 1). Questa eguaglianza non deve avere nessuna eccezione (art. 2) e i diritti fondamentali sono la vita, la libertà e la sicurezza (art. 3). La *Dichiarazione* negli articoli successivi enuncia i diritti civili, politici, economici, sociali e culturali di cui gli esseri umani devono godere.

Dichiarazione Universale dei Diritti Umani

Art. 1 • Tutti gli esseri umani nascono liberi ed eguali in dignità e diritti. Essi sono dotati di ragione e di coscienza e devono agire gli uni verso gli altri in spirito di fratellanza.

Art. 2 • Ad ogni individuo spettano tutti i diritti e tutte le libertà enunciate nella presente Dichiarazione, senza distinzione alcuna, per ragioni di razza, di colore, di sesso, di lingua, di religione, di opinione politica o di altro genere, di origine nazionale o sociale, di ricchezza, di nascita o di altra condizione. Nessuna distinzione sarà inoltre stabilita sulla base dello statuto politico, giuridico o internazionale del Paese o del territorio cui una persona appartiene, sia che tale Paese o territorio sia indipendente, o sottoposto ad amministrazione fiduciaria o non autonomo, o soggetto a qualsiasi altra limitazione di sovranità.

Art. 3 • Ogni individuo ha diritto alla vita, alla libertà ed alla sicurezza della propria persona.

Le violazioni dei diritti oggi

Dopo la *Dichiarazione universale dei diritti umani* sono stati approvati numerosi altri accordi internazionali sui diritti umani, come ad esempio la *Convenzione per l'eliminazione di tutte le forme di discriminazione razziale* (1965), la *Convenzione contro la tortura o altri trattamenti o punizioni crudeli, inumani o degradanti* (1984), o ancora la *Convenzione sui diritti del bambino* (1989). Benché questi accordi siano stati sottoscritti dai paesi membri dell'ONU, quindi in pratica da tutti gli Stati del mondo, i diritti umani non sono rispettati ovunque. I rapporti annuali delle associazioni non governative che si occupano di diritti umani, come **Amnesty International**, mostrano come

L'Organizzazione delle Nazioni Unite (ONU) è stata ufficialmente istituita da 51 Stati fondatori il 24 ottobre del 1945 a New York (oggi gli Stati membri sono saliti a 193). Gli obiettivi fondamentali che l'ONU si pone sono: mantenere la pace in tutto il mondo, aiutare i popoli a migliorare le proprie condizioni di vita, tutelare l'ambiente, incoraggiare il rispetto dei diritti e delle libertà di ciascuno.

I DIRITTI E LE LIBERTÀ

in molti paesi, soprattutto a causa di regimi dittatoriali, siano ancora presenti l'uso sistematico della tortura, il ricorso alla pena di morte, la forte limitazione delle libertà di espressione politica e religiosa, la scarsità dei diritti civili e politici. Oggi il paese che esegue il maggior numero di condanne a morte è la Cina, ma la pena capitale è prevista e applicata anche in numerosi altri paesi, compresi molti Stati degli USA.

Nuovi diritti: la Carta dell'Unione Europea

La *Carta dei diritti fondamentali dell'Unione Europea*, approvata dal Parlamento europeo nel novembre 2000, ha allargato ulteriormente la sfera dei diritti. Essendo stata scritta in tempi recenti, la Carta contempla infatti una serie di "nuove" tutele che non si trovano nella nostra Costituzione e che possono essere recepite dal nostro ordinamento giuridico.
Per fare solo alcuni esempi:

- il **diritto all'integrità della persona**, che implica il rispetto del **"consenso libero e informato"** del paziente, impone il **divieto di clonazione** e il divieto di fare del corpo umano o delle sue parti una fonte di lucro;
- il **diritto all'obiezione di coscienza**;
- il diritto a **condizioni di lavoro eque e giuste**, il diritto dei lavoratori all'informazione e alla consultazione nell'ambito dell'impresa;
- il diritto alla **protezione dei consumatori**.

ATTIVITÀ

CONFRONTO

1. Distingui (attraverso una tabella come quella suggerita) e spiega i principali diritti individuali, facendo di ognuno un esempio, possibilmente tratto dall'attualità o dalla vita quotidiana. Inoltre associa i riferimenti agli articoli della Costituzione e della *Dichiarazione universale dei diritti umani*.

	Spiegazione	Esempi	Riferimenti
Diritti civili			
Diritti politici			
Altri diritti			

PROPOSTE DI DISCUSSIONE

2. Osservando la tabella riassuntiva del Rapporto annuale di Amnesty International (2013) sulla violazione dei diritti umani nel mondo, quali riflessioni ti verrebbero da fare?

capitolo 6
Le minacce ai confini e la restaurazione di Diocleziano

Le pressioni ai confini dell'impero nel III secolo d.C.

3 Il **confine germanico** (*limes*) è travolto dall'avanzata di **Franchi** e **Alamanni**, contro cui combattono gli imperatori **Valeriano** e **Gallieno**.

2 Lungo le coste del Mare del Nord, tra i fiumi Elba e Reno, sono stanziati i **Sassoni**, mentre le regioni tra l'Elba, la penisola dello Jutland e il Mar Baltico sono occupate dagli **Angli**.

1 Le terre a nord del Mar Nero ospitano i Goti orientali (**Ostrogoti**); numerosi contingenti di popolazioni non germaniche provenienti dall'Asia, tra le quali gli **Unni**, sono presenti in tutta l'Europa orientale.

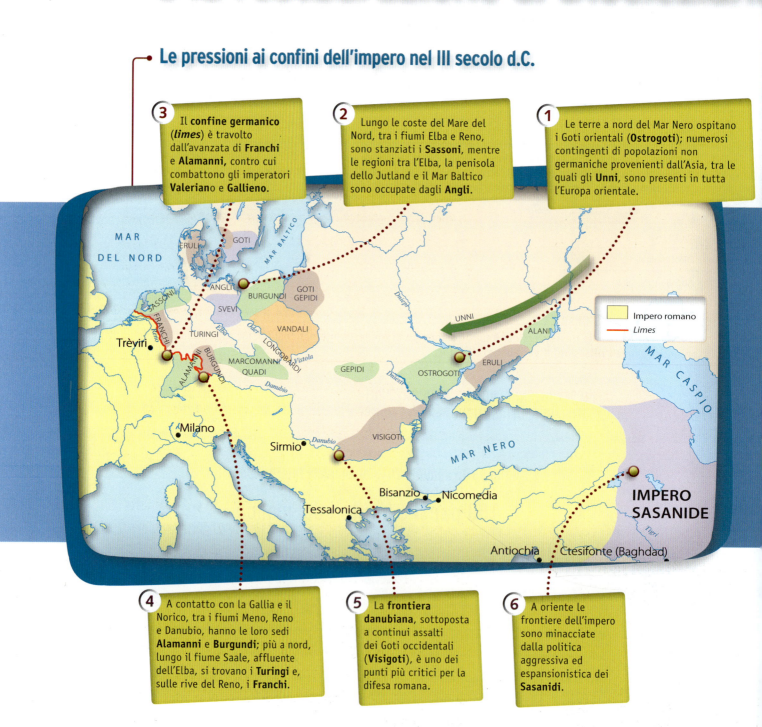

4 A contatto con la Gallia e il Norico, tra i fiumi Meno, Reno e Danubio, hanno le loro sedi **Alamanni** e **Burgundi**; più a nord, lungo il fiume Saale, affluente dell'Elba, si trovano i **Turingi** e, sulle rive del Reno, i **Franchi**.

5 La **frontiera danubiana**, sottoposta a continui assalti dei Goti occidentali (**Visigoti**), è uno dei punti più critici per la difesa romana.

6 A oriente le frontiere dell'impero sono minacciate dalla politica aggressiva ed espansionistica dei **Sasanidi**.

6 Le minacce ai confini e la restaurazione di Diocleziano

Seconda metà III secolo d.C.
Assalti dei Goti, Alamanni e Franchi alla frontiera danubiana

260 d.C.
Valeriano cade prigioniero del re sasanide Shapur

270-275 d.C.
Regno di Aureliano: costruzione delle nuova cinta muraria di Roma

293 d.C.
Diocleziano istituisce la tetrarchia

301 d.C.
Diocleziano emana l'editto sui prezzi

305 d.C.
Diocleziano si ritira a vita privata a Spalato

Nel **III secolo d.C.** l'impero era troppo vasto perché il governo potesse agire con la necessaria rapidità e quindi difendere efficacemente l'interminabile frontiera; le pressioni dei **popoli germanici** – Goti, Unni, Vandali, Franchi, Alamanni – sulle estreme regioni dell'impero erano ormai incontenibili e non facevano che accentuare il **processo di disgregazione** in atto già da tempo nei domini dell'impero.

Alla dinastia dei Severi seguì un **cinquantennio di anarchia**, durante il quale nessun imperatore riuscì a mantenere a lungo il regno. L'impero si trovava coinvolto in tumultuose vicende e sanguinose lotte sociali, nel corso delle quali la **prepotenza dei militari**, ormai in gran parte provinciali o barbari, finì per prevalere sulle norme giuridiche e sulla tradizione romana. La **sfiducia verso lo Stato**, incapace di proteggere i propri cittadini, era sempre più profonda.

Per porre termine a una lunga fase di instabilità e anarchia, l'imperatore **Diocleziano**, nel 284 d.C., suddivise l'impero in più parti in modo da poterlo governare e difendere meglio: nacque così la **tetrarchia**. La città di Roma e l'Italia intera persero definitivamente la propria posizione di privilegio.

Al fine di rendere più saldo il suo potere e di frenare il processo di dissoluzione dell'impero, Diocleziano si impose come **"sovrano assoluto"**, esautorando definitivamente il senato e le altre magistrature collettive. Il senato e il popolo si trovarono così a essere non più artefici e protagonisti della politica ma massa anonima, posta ai margini della vita dell'impero, dominata ormai da singoli individui e da grandi personalità, ben diversa da quella "corale" dell'età repubblicana.

6.1 Barbari e Sasanidi minacciano l'impero

Barbari e Romani

Di origine indoeuropea come i Greci e i Romani, i Germani comprendevano numerose popolazioni (**Angli**, **Sassoni**, **Franchi**, **Alamanni**, **Burgundi**, **Turingi**, **Vandali**, **Longobardi** e **Goti**) attestatesi fin dal III secolo a.C. nelle regioni dell'**Europa centrale** racchiuse tra i fiumi Reno, Vistola, Danubio e Dniepr. Si trattava di un territorio tanto vasto quanto impervio e inospitale, ricco di lande incolte, immense paludi e intricate foreste. Agli occhi dei Romani le terre del Nord erano prive di ogni forma di civilizzazione: non esistevano città, ma semplici villaggi di capanne, non c'erano neppure fortificazioni né residenze aristocratiche. I **Germani** erano considerati dei veri e propri barbari, ovvero stranieri analfabeti, **rozzi e primitivi**. Tale giudizio negativo tuttavia non era condiviso da tutti: alcuni Romani, infatti, forse ammirati dalla loro capacità di fronteggiare il nemico e soprattutto disgustati dalla corruzione diffusa a Roma, giunsero perfino a idealizzare i Germani, considerati un popolo incontaminato, legato alla natura, ignari dei mali che affliggevano la società urbana.

Contro i Germani aveva già combattuto Cesare ai tempi della conquista della Gallia (58-51 a.C.) e, dopo di lui, diversi imperatori, a partire da Ottaviano Augusto, cercarono di sottometterli, ma inutilmente. Nel 9 d.C. poi, nella selva di Teutoburgo, i Romani avevano subito una disastrosa sconfitta, perdendo ben 30.000 uomini: erano stati così costretti a rinunciare all'espansione verso i territori al di là del Reno e a proteggersi con una serie di fortificazioni costruite lungo il fiume, divenuto da allora il confine estremo, il *limes*, tra mondo romano e mondo germanico.

I Germani nel III secolo d.C.

Nel corso del III secolo d.C., nel mezzo di una profonda crisi economica e politica, i barbari ripresero a premere con rinnovato impeto sulle frontiere dell'impero, attirati soprattutto dal miraggio di nuove terre. In questo periodo i Germani avevano cominciato a darsi una configurazione politica e sociale più compatta che in origine. Se ai tempi di Cesare tali popoli erano divisi in piccole tribù dedite alla caccia, alla pastorizia e alla pesca, in seguito a un processo di aggregazione si erano riuniti in più **ampie leghe**, alcune delle quali avrebbero dato origine ai popoli protagonisti delle migrazioni del secolo successivo, come gli Alamanni e i Franchi. Queste genti avevano iniziato a coltivare i campi con una certa continuità e quindi erano passate dalla **vita** nomade a quella **sedentaria**; avevano introdotto la **proprietà privata**, mantenendo di uso comune solo i boschi e i pascoli; avevano inoltre adottato una forma di scrittura, basata sull'**alfabeto runico**, diffuso tra gli antichi popoli della penisola scandinava.

◀ **Combattimenti fra Romani e barbari**

Particolare del celebre sarcofago Ludovisi (metà del III secolo d.C.) in cui viene raffigurata una scena di guerra tra Romani e barbari.

I Goti

I più potenti e i più numerosi tra i Germani erano i **Goti**, popolazione di origine scandinava stanziatasi successivamente nella parte orientale della regione danubiana e lungo il Mar Nero fino alle rive del Don. In verità i Romani non li identificavano come Germani, ma come Sciti, popolo delle steppe di area orientale. In effetti i Goti erano i più esposti al contatto a oriente con i cavalieri nomadi di origine iranica o mongolica, che vivevano nelle grandi steppe euroasiatiche. Dopo che ebbero conquistato la Tauride (l'attuale Crimea), antico regno del Bosforo, vassallo di Roma, i Goti erano diventati temibili anche per le forze di mare, giacché ormai **possedevano una flotta**, con cui potevano assalire le coste dell'Asia Minore e della Grecia. In seguito, i Goti si divisero in due rami: quelli che occupavano il territorio a oriente del fiume Dniestr presero il nome di **Ostrogoti** (Goti orientali); gli altri, stanziati al di qua del Dniestr, si chiamarono **Visigoti** (Goti occidentali).

● La complessa rete difensiva, le infrastrutture e i prodotti nella regione del *limes* germanico. *Limes*, "confine" in latino, è il termine ancora oggi impiegato dagli storici per indicare il complesso sistema di fortificazioni costruito dai Romani per difendersi dalla minaccia dei barbari lungo il confine nord-occidentale. Il *limes* tuttavia non rappresentava solo una frontiera territoriale tra mondo romano e germanico, ma era anche un luogo di contatti e di scambi, soprattutto commerciali. Fra il Reno e il Danubio, sono a tutt'oggi ben visibili le tracce del *limes* romano, con gli accampamenti e le fortificazioni: il Parco archeologico della Saalburg documenta assai bene i rapporti tra Romani e barbari nell'area tedesca in età imperiale.

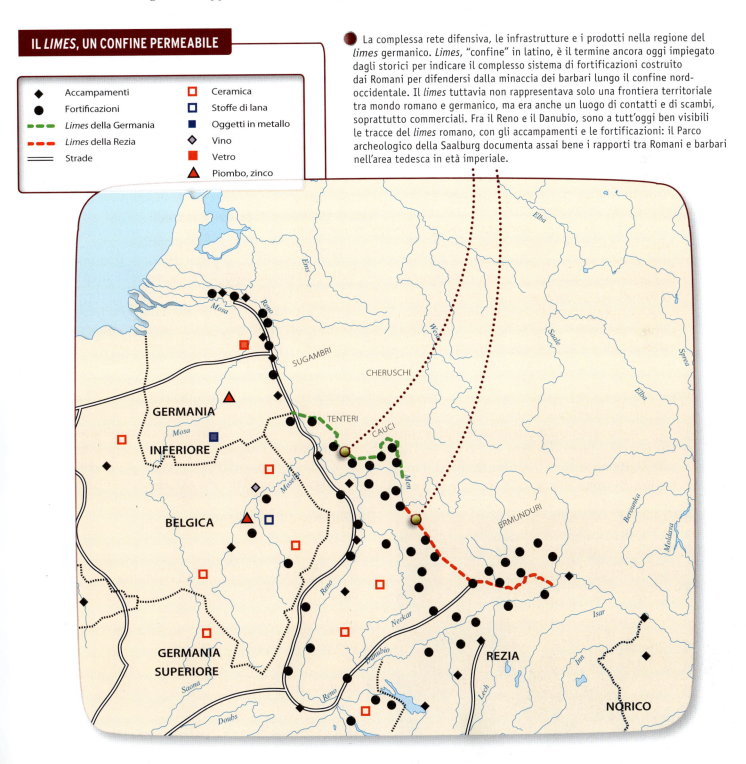

IL *LIMES*, UN CONFINE PERMEABILE

- ◆ Accampamenti
- ● Fortificazioni
- ━ ━ *Limes* della Germania
- ━ ━ *Limes* della Rezia
- ─── Strade
- ◻ Ceramica
- ◻ Stoffe di lana
- ◼ Oggetti in metallo
- ◆ Vino
- ◼ Vetro
- ▲ Piombo, zinco

La politica romana nei confronti dei barbari

Posti di fronte alla crescente spinta espansionistica dei Germani, i Romani, dopo aver capito che non sarebbero riusciti a eliminare definitivamente la minaccia di una loro penetrazione all'interno dei confini imperiali, avevano adottato una politica altalenante, continuamente sospesa tra tentativi di fusione e lotte armate. Se il pericolo di soccombere alle loro **invasioni di massa** era sempre presente, i Romani però accettavano che queste rudi popolazioni, dalle eccellenti ma rozze doti militari, si insediassero all'interno del territorio, poiché in tal modo si **ripopolavano zone** a **scarsa densità demografica** e si dava **nuovo vigore all'esercito**: nel III secolo d.C., infatti, il fenomeno dell'**arruolamento dei barbari** nell'esercito romano raggiunse il culmine. La politica romana verso i Germani non fu dunque risoluta e univoca, ma esitò sempre tra il desiderio di combattere queste popolazioni e quello di servirsene, accogliendole in talune regioni dell'impero.

L'assalto dei Goti, dei Franchi e degli Alamanni

Nella seconda metà del III secolo d.C., mentre l'impero attraversava un lungo periodo di instabilità politica, la situazione sulla frontiera danubiana venne gravemente peggiorando a causa del crescente dinamismo dei **Goti**, che in più occasioni violarono il confine costringendo gli imperatori che si susseguivano ad affrontarli. L'imperatore **Decio** li combatté per tre anni, tra il 249 e il 251 d.C., prima di sconfiggerli in uno scontro nel quale però egli stesso rimase ucciso. Nel 253 d.C., sotto **Valeriano**, fu invece il limes germanico a rimanere travolto dalla spinta dei **Franchi** e degli **Alamanni**. Fermati dal suo successore **Gallieno**, divenuto imperatore nel 260 d.C., furono poi tenuti a bada da Postumo, un generale che, dopo essersi ribellato a Roma, governava la Gallia come un territorio autonomo.

L'impero sasanide

Altrettanto difficile era la situazione sulle **frontiere orientali**. Nel 224 d.C., nel **regno dei Parti**, la dinastia ellenistica degli Arsàcidi era stata sostituita dalla **dinastia sasanide**, originaria della Perside, la regione culla della civiltà iranica. Per cancellare ogni ricordo del periodo ellenistico, i nuovi sovrani trasferirono la capitale da Babilonia a Ctesifonte (l'odierna Baghdad), sostituirono il partico e il greco con la lingua persiana e appoggiarono la ripresa dell'antica religione mazdea, la religione monoteista riformata nel 600 a.C. dal profeta Zarathustra perseguitando gli altri culti (cristiani, ebrei, induisti), fino ad allora rispettati. Imposero quindi una **monarchia assoluta e centralizzata**, che trovò il suo fondamento proprio nel mazdeismo, in base al quale il sovrano sasanide – come quello dell'antica Persia – era definito "re dei re" e veniva per questo adorato come un dio.

L'aggressiva politica dei Sasanidi

Il più ambizioso disegno della dinastia sasanide fu comunque quello di assicurarsi il totale **dominio delle vie commerciali**, che collegavano l'India e la Cina con il Mare Mediterraneo: di qui la forte pressione esercitata sulle **province romane dell'Asia Minore**. Scoppiato nel 231 d.C., sotto Alessandro Severo, il conflitto si era trascinato con alterne vicende per diversi decenni. Tra il 253 e il 260 d.C., con l'imperatore Valeriano, i Romani subirono una serie di rovesci: i Persiani, guidati dal loro re, l'abile condottiero Shapur, arrivarono fino ad Antiochia in Siria e lo stesso **Valeriano cadde prigioniero** con tutto il suo stato maggiore. La sua sconfitta venne interpretata come il segno più evidente della gravissima crisi che attraversava l'impero.

Da Gallieno ad Aureliano

I continui conflitti con i Germani e lo scontro con i Persiani contribuirono, nella seconda metà del III secolo d.C., ad aggravare l'**instabilità politica** che già da tempo affliggeva l'impero e che era in gran parte provocata dalle legioni dislocate nelle varie province, che spesso acclamavano come "imperatore" il proprio generale.

◀ **Valeriano prigioniero**
Questo bassorilievo, che si trova a Naqsh-e Rostam in Iran, raffigura il trionfo del re sasanide Shapur I su Valeriano. L'imperatore romano sarebbe morto qualche tempo dopo senza fare più ritorno a Roma.

LE MURA AURELIANE

● La mappa mette a confronto l'area della città d'epoca repubblicana difesa dalle Mura serviane con l'estensione raggiunta nei secoli dall'impero: questa seconda area è racchiusa nella cinta eretta dall'imperatore Aureliano tra il 270 e il 275 d.C.

- Area della cinta imperiale
- Area della cinta repubblicana
- Mura Serviane (IV secolo a.C.)
- Mura Aureliane (III secolo d.C.)
- Principali monumenti dell'epoca repubblicana
- Principali monumenti dell'epoca imperiale
- Grandi strade
- Acquedotti

Si creavano così continui conflitti tra questi generali e il legittimo imperatore residente a Roma. Per questa ragione tale periodo è detto di anarchia militare. Inoltre nel 260 d.C. si verificarono due secessioni e l'impero si trovò addirittura **diviso in tre parti**: Britannia, Gallia e Spagna, probabilmente dopo che si era sparsa la notizia della cattura di Valeriano da parte dei Sasanidi, si costituirono infatti in un **impero delle Gallie** autonomo da Roma; a Oriente, invece, si ribellò il governatore di **Palmira**, Odenato; al figlio di Valeriano, **Gallieno**, salito al potere insieme al padre nel 253 d.C., rimasero le province centrali dell'Italia e dell'Africa.

A inaugurare un seppur breve periodo di stabilità fu **Aureliano**, imperatore dal 270 al 275 d.C. Particolarmente energica risultò la sua azione contro i barbari: **vinse Goti e Vandali** e fermò un'invasione di Alamanni, i quali, spintisi fino nell'Umbria, giunsero a minacciare la stessa Roma. Proprio per difendere la capitale da improvvisi assalti, Aureliano la fortificò con **nuove mura** (visibili ancora oggi) e ne allargò la cinta su un tracciato di quasi 19 chilometri. Questo esempio venne poi seguito da numerose altre città romane. Aureliano riuscì inoltre a riconquistare i territori perduti, dal regno di Palmira in Oriente alle Gallie: grazie alle sue doti di grande condottiero, l'impero romano tornava così a essere di nuovo unito.

GUIDA allo STUDIO

1. Di quali regioni d'Europa sono originari i Germani e che cosa li spinge a minacciare i confini dell'impero?
2. Quali sono i caratteri della politica romana verso i barbari?
3. Quali iniziative assunse Aureliano al fine di difendere l'impero dai barbari?

6.2 Diocleziano e la tetrarchia

L'ascesa di Diocleziano (284-305 d.C.)

Con la scomparsa di Aureliano si verificò un nuovo periodo di disordini, nel corso del quale tornarono a predominare le discordie civili, la prepotenza dei soldati e la pressione barbarica, fino a che nel 284 d.C. venne eletto un condottiero di origine illirica dotato di un'eccezionale personalità: **Gaio Valerio Diocleziano**, il quale, convinto che un solo sovrano non bastasse più a governare un impero tanto vasto, decise di dividerlo in più parti.

Il problema della sicurezza

Alla base di una simile iniziativa vi era una precisa considerazione. Nei 104 anni trascorsi dalla morte di Marco Aurelio l'impero era andato progressivamente decadendo, assalito alle frontiere dai barbari e minato all'interno da frequenti episodi di anarchia. Era quindi necessaria la presenza di **grandi eserciti alle frontiere**; ma il potere dei generali, spesso indotti alle ribellioni o addirittura a usurpare il trono, si era spesso rivelato una minaccia per l'imperatore. Pertanto Diocleziano, nella sua politica di riforme, decise che prima ancora di difendere le frontiere bisognava provvedere alla **sicurezza interna**, prevenendo e scongiurando le secessioni e le rivolte. E appunto per questo pensò di attutire le ambizioni più sfrenate soddisfacendole, creando cioè egli stesso altri imperatori e associandoseli nel supremo comando, in modo da conservare l'unità dello Stato e provvedere anche alla successione al trono.

Nasce la tetrarchia

Fu così che si scelse un collega, **Marco Aurelio Massimiano**, un compagno d'armi sul quale poteva fare sicuro affidamento. Con lui nel 286 d.C. di-

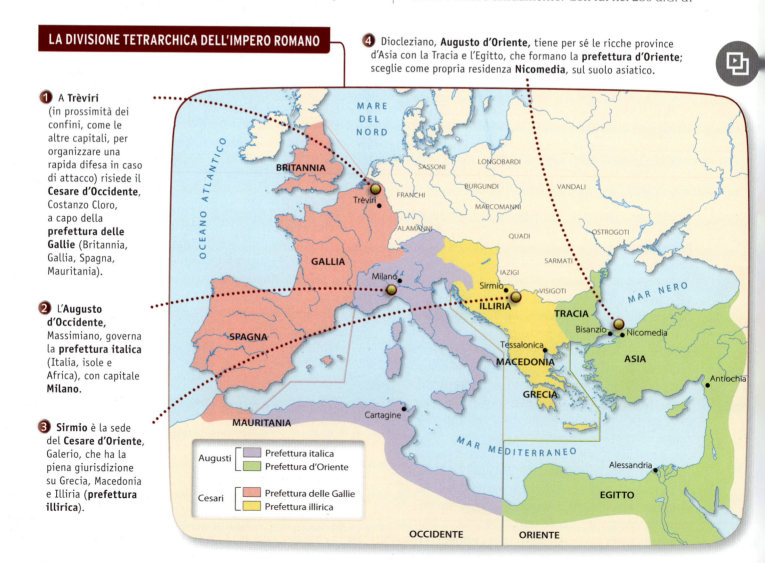

LA DIVISIONE TETRARCHICA DELL'IMPERO ROMANO

❶ A **Trèviri** (in prossimità dei confini, come le altre capitali, per organizzare una rapida difesa in caso di attacco) risiede il **Cesare d'Occidente**, Costanzo Cloro, a capo della **prefettura delle Gallie** (Britannia, Gallia, Spagna, Mauritania).

❷ L'**Augusto d'Occidente**, Massimiano, governa la **prefettura italica** (Italia, isole e Africa), con capitale **Milano**.

❸ **Sirmio** è la sede del **Cesare d'Oriente**, Galerio, che ha la piena giurisdizione su Grecia, Macedonia e Illiria (**prefettura illirica**).

❹ Diocleziano, **Augusto d'Oriente**, tiene per sé le ricche province d'Asia con la Tracia e l'Egitto, che formano la **prefettura d'Oriente**; sceglie come propria residenza **Nicomedia**, sul suolo asiatico.

vise l'impero: tenne per sé l'Oriente – stabilendo la sua residenza a **Nicomedia** – e affidò all'altro "Augusto" (appellativo usato per indicare l'imperatore) l'Occidente – con capitale a **Milano** –, dando così vita a una **diarchia**. Inoltre, nel 293 d.C. ciascuno dei **due "Augusti"**, per non lasciare mai vacante la sede imperiale, si scelse un luogotenente come successore designato, dandogli il titolo di "Cesare", e spartì con lui le proprie province. I **due "Cesari"** furono **Costanzo I Cloro** nell'impero occidentale al fianco di Massimiano e **Caio Galerio** in quello orientale con Diocleziano. Nasceva così la **tetrarchia** e si ritornava al criterio di successione basato sulla "scelta del migliore".

> **Tetrarchia** dal prefisso greco *tètra*, "quattro", e *archè*, "comando", significa alla lettera "governo dei quattro".

le FONTI — Laboratorio

L'impero diviso in quattro

Il gruppo che rappresenta i tetrarchi, situato in origine nel palazzo imperiale di Costantinopoli, è oggi murato nel lato meridionale della basilica veneziana di San Marco. Se l'interpretazione che vede nei personaggi i tetrarchi del tardo impero romano è ormai accettata, resta invece controverso se si tratti della prima tetrarchia, quella di Diocleziano, o della seconda, seguita alla divisione dell'impero fra i tre figli di Costantino.

Opera I tetrarchi
Data 330 d.C. circa
Tipologia fonte opera scultorea

- Diocleziano
- Massimiano
- Costanzo Cloro
- L'**abbraccio** simboleggia l'**armonia** tra Cesare ed Augusto, che giustifica la divisione dell'impero.
- Due dei personaggi portano la **barba**: sono gli Augusti, proposti come **figure sagge e paterne**.
- Galerio
- La **clamide purpurea** (il mantello imperiale), i copricapo, le corazze e le spade riproducono **un unico modello**, segno della **pari autorità** dei tetrarchi.
- Il **porfido rosso** veniva impiegato di preferenza per le statue di dèi e imperatori.

Per COMPRENDERE

1. Quale idea di Stato trasmette la scultura dei tetrarchi?
2. Perché, secondo te, le quattro statue presentano caratteristiche del tutto simili?
3. Quale elemento distingue i due Augusti dai due Cesari e che significato assume tale distinzione?

IL TERRITORIO COME FONTE STORICA

Milano, la nuova capitale dell'impero

Milano, *Mediolanum*, *Medhelan*. Con quest'ultimo nome nacque l'insediamento creato nel V secolo a.C. dalla tribù celtica dei **Galli Insubri**: esso significava città di mezzo oppure città santuario. Si trattava quindi un centro di culto e un **luogo strategico** per valicare le Alpi e comunicare con i Celti dell'Europa continentale. Nel 222 a.C. la città venne **conquistata dai Romani** e in seguito diventò federata con il nome di *Mediolanum* e poi un *municipium*. La progressiva rilevanza fu sancita con la divisione operata da Diocleziano: nel 286 d.C. Milano diventò **capitale dell'impero romano d'Occidente**, con il nome di *Aurelia Augusta Mediolanum* e il secondo Augusto fu Marco Aurelio Massimiano Erculio. La scelta fu dettata dalla posizione: il pericolo ormai giungeva da nord e la capitale appena sotto le Alpi doveva proteggere l'impero dall'arrivo dei Germani. Durante il periodo imperiale Milano conobbe una sensibile ristrutturazione urbanistica e una crescita di rilevanza. Con la figura del vescovo **Ambrogio** la città divenne il centro più importante della cristianità occidentale. Quest'ultimo fece costruire diverse **basiliche**, di cui quattro ai rispettivi angoli della città, per formare idealmente una croce. La basilica con il suo nome (dove il santo è sepolto) è tuttora la seconda chiesa dopo il Duomo.

◀ Carta di *Mediolanum* tra il III e il V secolo d.C.

Il **palazzo** sede del primo imperatore, Massimiano, non c'è più. Sorgeva tra Porta Romana e Porta Vercellina. Resti sono stati trovati nell'attuale via Brisa e in piazza Mentana. Uno scrittore dell'epoca, Ausonio, così descrive la città: "La città si è ingrandita ed è circondata da una duplice cerchia di mura. Vi sono il circo, dove il popolo gode degli spettacoli, il teatro con le gradinate a cuneo, i templi, la rocca del palazzo imperiale, la zecca, il quartiere che prende il nome dalle terme Erculee". (*Ordo urbium nobilium*, cap. VII, *Mediolanum*)

Della città romana, oltre alle fondamenta del palazzo imperiale, restano tratti delle **mura** massimiane, rovine delle **terme** erculee (da Massimiano Erculio), del **circo** (nell'odierna via Circo) e degli *horrea* (i granai), oltre alle **basiliche cristiane** (che hanno subito parecchi interventi successivi): San Lorenzo, San Nazaro, San Simpliciano, San Dionigi e la ricordata Sant'Ambrogio.

◀ I resti del palazzo imperiale presso via Brisa.

▶ La torre ottagonale di Massimiano, oggi visibile nel giardino del Civico Museo Archeologico.

La divisione amministrativa dell'impero

Un altro interessante aspetto dell'attività riformatrice di Diocleziano è costituito dalla **divisione amministrativa**, cui venne sottoposto l'impero. Egli, infatti, fermamente convinto che uno Stato ben organizzato e solido fosse la necessaria premessa per un ritorno all'antica grandezza, cominciò col dividere il territorio in **quattro prefetture** – ciascuna delle quali affidata a un tetrarca –, suddivise a loro volta in **dodici diocesi, ripartite** in un certo numero di **province**, affidate rispettivamente a un **alto ufficiale** (*dux*) che ne organizzava la difesa militare e a un **prefetto** che ne reggeva l'amministrazione civile. Le più piccole circoscrizioni nell'ambito delle province erano i **municipi**, che avevano come organi direttivi le **curie**, sorta di consigli responsabili della riscossione delle tasse, i cui membri (*curiales*) rispondevano di persona all'autorità competente. Oltretutto, poiché i *curiales* erano tenuti a garantire tale prelievo con il proprio denaro, e tendevano perciò ad abbandonare una carica divenuta sempre più onerosa, furono obbligati da Diocleziano a esercitare le loro **funzioni** rendendole **ereditarie**.

La complessa macchina burocratica e il declino dell'Italia

In questo modo si venne a creare una complessa **burocrazia**, che doveva a poco a poco assumere un'importanza tale da regolare con le sue infinite ramificazioni la vita dello Stato: uno **Stato** quindi **burocratico e accentrato**. Fu appunto in tale circostanza che **l'Italia perse** definitivamente **la propria posizione di privilegio**: fu infatti suddivisa in province e i suoi abitanti furono costretti per la prima volta al pagamento delle stesse tasse versate ormai da secoli dai soli provinciali.

Aureo di Diocleziano
Il ritratto dell'imperatore Diocleziano su una moneta d'oro dell'età tetrarchica.

La riforma dell'esercito

Diocleziano attese con cura particolare anche alla riforma dell'esercito, accrescendo il numero delle legioni e dividendo i vari reparti in **limitanei**, quelli stanziati nelle province, e **comitatensi**, comprendenti le guarnigioni dell'interno dislocate in punti strategici, da cui era possibile accorrere con facilità là dove si fosse resa indispensabile la loro presenza. Vennero così creati **due nuovi corpi speciali**, preposti a fronteggiare eventuali irruzioni al di qua dei confini e addestrati all'uso dei carri falcati e di poderose macchine da guerra, impiegate soprattutto contro i barbari e destinate a essere usate in gruppi numericamente consistenti e affiancati.

lessico

Carro falcato veicolo da guerra utilizzato sin da epoche antichissime, dotato di due o quattro ruote munite di lame taglienti; lanciato a grande velocità, faceva strage dei nemici.

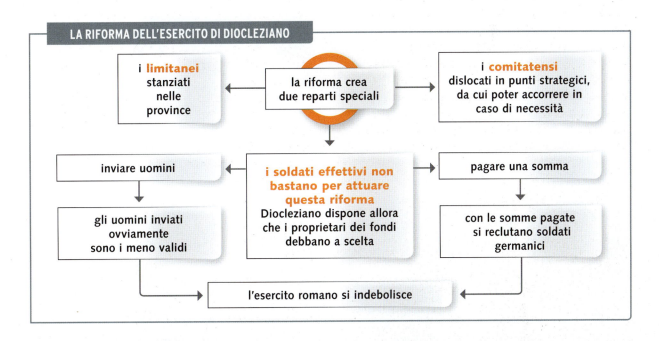

Il reclutamento obbligatorio nelle campagne

Vi è inoltre da osservare che Diocleziano, non essendo le leve volontarie e il servizio militare ereditario sufficienti a coprire il numero degli effettivi da lui previsto nella riforma, dovette ricorrere a un ripiego: egli infatti si trovò costretto a **obbligare i proprietari terrieri a fornire un certo numero di uomini**, da prelevare fra quanti erano addetti ai lavori della terra.

Era inevitabile che i proprietari di terre tendessero a cedere solo gli elementi meno validi oppure, in alternativa, a pagare una determinata somma (era infatti prevista dalla legge la possibilità di una permuta in tal senso): cosa, questa, senz'altro preferibile alla perdita di lavoratori abili e valenti, non facili da sostituire data la crescente mancanza di manodopera.

In entrambi i casi vi erano degli inconvenienti: nel primo infatti l'esercito veniva ad essere qualitativamente inferiore; nel secondo rischiava di perdere il suo carattere di compagine nazionale, dato che l'imperatore con le somme ricavate era costretto ad assoldare elementi provenienti dalle popolazioni barbariche.

La trasformazione delle classi sociali

Neppure le classi sociali sfuggirono a una profonda trasformazione, in quanto lo stesso imperatore fissò il ruolo e le funzioni da assegnarsi a ciascuna nel campo delle attività politiche ed economiche: si ebbero così i **clarissimi**, chiamati a sostituire l'antico ordine senatorio e a esercitare importanti funzioni nell'ambito della burocrazia statale; i **perfettissimi o cavalieri**, forse più considerati dei pri-

UNA SOCIETÀ DIVISA IN CLASSI CHIUSE

- **Clarissimi**: Sono i funzionari che ricoprono **alti incarichi** nella complessa **burocrazia** statale. Sostituiscono in pratica l'antico ordine senatorio
- **Perfettissimi o cavalieri**: Sono i membri dell'**ordine equestre**, forse ancor più considerati nella scala sociale rispetto ai clarissimi
- **Curiali**: Sono i **ceti "borghesi"**, costretti a tramandare di padre in figlio l'attività professionale del capofamiglia
- **Artigiani e contadini**: Gli **artigiani** sono organizzati in **corporazioni professionali** ereditarie, mentre **i contadini non possono abbandonare la terra** su cui lavorano, e per di più vengono comprati e venduti insieme ad essa

◀ **L'arco trionfale dei tetrarchi**

Arco di Diocleziano, noto anche come arco trionfale dei tetrarchi a Sbeitla, in Tunisia.

mi nella gerarchia sociale. Infine i **curiali**, cioè i ceti borghesi, costretti – come abbiamo già visto – a tramandare di padre in figlio l'attività esercitata dal capofamiglia, non diversamente da quanto avveniva per gli **artigiani**, organizzati in **corporazioni professionali ereditarie**, e per i **contadini**, i cui figli erano obbligati a seguire il mestiere paterno e a considerarsi di generazione in generazione appartenenti alla terra, comprati e venduti insieme con essa.

Così, per garantire l'efficienza di tutte le forze produttrici, Diocleziano finì per **legare ognuno al proprio stato** e per dividere la **società in classi chiuse**.

La riforma finanziaria

Nello stesso tempo egli elaborò una radicale **riforma finanziaria**, con l'intento di migliorare una volta per sempre la difficile situazione del bilancio statale, divenuta in quel momento assai grave per l'**impressionante aumento delle spese**, necessarie per finanziare la riforma dell'esercito e il potenziamento della burocrazia.

Per prima cosa pose fine alla pratica, inaugurata nel corso del III secolo d.C. da alcuni imperatori, di coniare monete con una quantità di oro o di argento inferiore a quella dichiarata, provocando così un fenomeno fino ad allora sconosciuto: l'**inflazione**. Diocleziano decise dunque di sostituire le "cattive monete" allora in corso con **aurei e argen-**

▲ **Editto dei prezzi**
Stele con parte del testo dell'editto dei prezzi conservata al Pergamonmuseum di Berlino.

tei di lega a peso fisso. Inoltre, lasciando invariate le imposte ordinarie, si preoccupò di rendere stabili quelle straordinarie e di fissare di anno in anno il quantitativo di denaro, beni e prodotti vari che ciascuna circoscrizione territoriale doveva fornire alle casse dello Stato, indipendentemente dalle reali possibilità dei contribuenti.

L'editto dei prezzi e il suo fallimento

Il provvedimento più noto preso in campo economico resta però l'**editto dei prezzi** (301 d.C.), un vero e proprio "calmiere", con il quale venivano **fissati i prezzi di vendita** di circa mille specie di generi di consumo e di merci varie valide in tutto l'impero, nonché gli **onorari** relativi a qualsiasi attività manuale o intellettuale.

Una tale iniziativa, che rivela come Diocleziano condividesse la perniciosa credenza del mondo antico nell'onnipotenza dello Stato, determinò per la sua stessa **natura forzosa e calmieristica** l'inevitabile **scomparsa dei prodotti dai mercati**, il **rincaro dei prezzi**, l'allentarsi dello sforzo produttivo e il rinvigorirsi del mercato clandestino (**mercato nero**). Non per nulla nel 302 l'editto dovette essere sollecitamente **abrogato**.

> **Lessico**
> **Calmiere** è un provvedimento fiscale dello Stato in base al quale si stabiliscono i prezzi massimi di vendita delle merci al dettaglio, nel tentativo di restituire stabilità all'economia interna di un paese.

> **Concetti chiave**
>
> ## Inflazione
>
> Oggi l'aumento dei prezzi, con la conseguente diminuzione del potere d'acquisto delle monete, viene definito inflazione. A provocarla possono essere vari fattori, come ad esempio l'eccessiva quantità della moneta in circolazione: se circolano molti soldi si acquista di più e ciò provoca l'aumento dei prezzi. Nell'antichità l'inflazione così intesa era un fenomeno sconosciuto, poiché il sistema finanziario e monetario era molto diverso da quello attuale. Noi oggi utilizziamo monete, banconote e assegni, che hanno un valore convenzionale, non intrinseco: non esiste cioè alcun rapporto tra il materiale (carta o metallo) di cui è fatto il denaro e il valore dichiarato. Nell'antichità, invece, le monete avevano un valore intrinseco, che corrispondeva esattamente a quello del peso del metallo (oro, argento o bronzo) impiegato per farle. Il conio, con l'indicazione di chi aveva fatto emettere la moneta (in genere il nome e il ritratto dell'imperatore), era una garanzia di questa corrispondenza.
> Fin dal III secolo d.C. però alcuni imperatori, nel tentativo di migliorare la difficile situazione del bilancio statale, inaugurarono la pratica di emettere monete che contenevano una percentuale di metallo inferiore a quella dichiarata. Nel giro di poco tempo tuttavia la differenza nel valore delle monete coniate veniva alla luce. I prezzi delle merci iniziavano allora ad aumentare, provocando così l'inflazione.

> **GUIDA allo STUDIO**
>
> 1. In che cosa consisteva e quali erano gli obiettivi della tetrarchia istituita da Diocleziano?
> 2. Quali effetti ebbe il reclutamento forzato nelle campagne al fine di infittire le fila dell'esercito?
> 3. Quali furono le principali iniziative di Diocleziano in campo economico e finanziario?

6.3 Diocleziano instaura una monarchia assoluta

La riforma della costituzione

Particolarmente importanti furono le riforme costituzionali operate da Diocleziano, poiché liquidarono del tutto le residue e ormai vuote forme repubblicane, e sancirono l'**assolutismo** come sistema di governo. Egli, infatti, sostituì i titoli di console, censore e tribuno – attribuiti da una plurisecolare tradizione alla persona dell'imperatore – con gli appellativi di **Dominus** (signore assoluto) e di **Augusto** aggiunti a quelli non meno comuni di Maestà, Nume, Mente Divina. Giungeva così a conclusione quel processo che, a partire dai primi successori di Augusto, aveva visto progressivamente accumularsi le prerogative proprie del senato e degli altri organi costituzionali repubblicani nelle mani del principe. Già in precedenza Vespasiano, con la sua *lex de imperio Vespasiani*, aveva legalizzato ufficialmente i poteri autocratici dell'imperatore, e Settimio Severo aveva introdotto il culto della figura dell'imperatore e adottato il titolo di *dominus ac deus* ("padrone e dio") sostituendo quello di *princeps*. Con Diocleziano e la sua riforma il **principato si era trasformato in dominato** (da *dominus*), e l'imperatore si era definitivamente trasformato in monarca assoluto.

Fasto della corte e culto dell'imperatore

Diocleziano introdusse a palazzo il fasto pomposo delle antiche corti orientali. Egli stesso indossava **vesti di seta** o trapuntate d'oro e un **diadema** tempestato di perle (invece della corona di lauro portata fino ad allora dagli imperatori).

Il peristilio del palazzo, oggi divenuto una piazza cittadina.

> ### Storia e... Arte e Architettura
> ### Il palazzo di Diocleziano a Spalato
>
> Dopo aver abdicato al trono, nel 305 d.C. Diocleziano si ritirò in un imponente palazzo che si era fatto costruire alcuni anni prima a Spalato, sulla costa dalmata dell'Adriatico, nella provincia dove l'imperatore era nato. Il palazzo assomigliava, più che a una reggia, a una fortezza militare, realizzata secondo lo schema classico dei *castra*, con un alto muro di cinta munito di torri quadrate e con due vie principali che si incrociavano ad angolo retto (cardo e decumano). Il palazzo era dotato di quattro grandi porte decorate da cui partivano dei colonnati; uno di questi terminava in un cortile, detto peristilio, dal quale si accedeva agli appartamenti privati dell'imperatore. All'interno del palazzo si trovavano anche numerosi giardini, il mausoleo di Diocleziano a forma ottagonale, il quartiere militare, un tempio dedicato a Giove. Oggi del palazzo restano numerose strutture: molte sono state trasformate nel corso dei secoli, come il mausoleo, oggi cattedrale della città, o il tempio di Giove, diventato battistero. A partire dal Medioevo, il palazzo ha costituito il nucleo originario dal quale si è sviluppata l'odierna città di Spalato.

La base del decennale

In occasione dei primi dieci anni di regno dei due Augusti e dei due Cesari Diocleziano fece erigere nel Foro romano una colonna onoraria, della quale oggi rimane solo la base.

CITAZIONE D'AUTORE

L'adorazione dell'imperatore

Diocleziano ordinò che si rendessero onori divini agli imperatori: pertanto egli, primo fra i monarchi romani, volle essere adorato come se in lui fosse una maestà celeste. [...] Gli imperatori prima di Diocleziano davano a baciare la mano ai nobili, poi li sollevavano con le proprie mani al bacio della bocca; il volgo baciava loro le ginocchia. Diocleziano ordinò con un editto che tutti, indistintamente, inginocchiati, gli baciassero i piedi e per maggiore venerazione ornò i calzari con oro, gemme e perle.
(Lattanzio, *Divinae Institutiones*, III-IV secolo)

Si circondò poi di una **folla di cortigiani**, si consultò esclusivamente con un *concistorium principis* ("consiglio del principe") formato dai massimi rappresentanti della burocrazia statale e del mondo giuridico, e stabilì **complicatissimi cerimoniali**, che resero difficile l'accesso alla sua persona. D'altra parte, nessun suddito poteva presentarsi a lui senza prostrarsi a terra e adorare la divinità del suo "signore e padrone" (*proskýnesis*). Rifacendosi alle iniziative di alcuni predecessori, Diocleziano stabilì in via definitiva il **culto** della figura e dell'opera dell'**imperatore**, dando vita a una sorta di **teocrazia imperiale**.

La persecuzione dei cristiani

Il clima di fervore religioso, promosso da Diocleziano con l'istituzione del culto imperiale e la rinnovata attenzione per le divinità tradizionali romane, favorì, nell'ultima fase del suo regno, una nuova terribile ondata di persecuzioni contro i cristiani. La **prima persecuzione** su larga scala si era avuta con l'imperatore **Decio** (249-251 d.C.), che aveva imposto a tutti i cittadini una pubblica professione di fede nei culti ufficiali. La morte in battaglia dell'imperatore e l'epidemia di peste che seguì furono immediatamente interpretate dai cristiani come una punizione divina per l'empio persecutore. Questo tuttavia non aveva dissuaso l'imperatore **Valeriano** (253-260 d.C.) dal proseguire sulla stessa strada: fu anzi introdotta la **confisca dei numerosi beni delle chiese**, un provvedimento che dimostra come ormai il cristianesimo fosse profondamente penetrato nel tessuto sociale. **Diocleziano** attuò l'**ultima persecuzione** contro i cristiani, ma anche **la più terribile**, perché provocò indiscriminate distruzioni di chiese e luoghi sacri, disumane torture e condanne a morte per tutti coloro che, di fronte all'accusa di essere cristiani e alla richiesta di rinnegare la propria religione, non si piegavano alle imposizioni imperiali.

Abdicazione dei due "Augusti"

Una simile iniziativa, presa soprattutto per istigazione del partito tradizionalista che faceva capo a **Galerio**, il "Cesare" dell'Illiria, e destinata a sconvolgere il mondo cristiano ma non a disperderlo, rappresentò però l'atto finale della politica assolutistica di **Diocleziano**. Egli infatti **nel 305**, dopo vent'anni di governo – forse per stanchezza, forse per contemplare da spettatore i risultati delle sue riforme –, **si ritirò a vita privata** a Spalato, in Dalmazia, dove si era fatto costruire un palazzo immenso.
Anche Massimiano, come era stato in precedenza convenuto, dovette imitarne l'esempio.

GUIDA allo STUDIO

1. Perché sono particolarmente importanti le riforme costituzionali operate da Diocleziano?
2. In che cosa consisteva la "teocrazia imperiale" inaugurata da Diocleziano?
3. Perché quella di Diocleziano è considerata la più terribile tra le persecuzioni contro i cristiani?

Scienza e Tecnologia

Le antiche carte stradali

Per la vastità dei domini, i Romani facevano uso di carte geografiche già in tarda età repubblicana, ma è in età imperiale che si svilupparono due tipi di "**carte stradali**": gli ***itineraria scripta***, guide stradali scritte, e gli ***itineraria picta***, guide stradali disegnate. I primi erano abbastanza simili alle guide turistiche di oggi e fornivano dati sul percorso, sulla distanza tra i luoghi, sui centri abitati e talvolta sulla presenza di locali pubblici o sulle stazioni per il cambio dei cavalli.

Al secondo tipo appartiene la cosiddetta **Tabula Peutingeriana** (leggi poitingheriana), realizzata intorno al XII o XIII secolo su un originale di epoca imperiale del IV secolo. Rinvenuta nel 1507 a Vienna, fu ceduta all'umanista Konrad Peutinger, da cui prende il nome. La carta, lunga 7 metri e alta appena 34 centimetri, mostra le **più importanti strade del mondo conosciuto** dai Romani e descrive un'immensa fascia di territorio dalla Britannia al Gange; la rappresentazione geografica, fortemente deformata, risulta estremamente allungata da ovest a est e molto schiacciata da nord a sud, con i mari e le terre ridotti a una sottile striscia. L'immagine mostra parte della penisola italiana, da Roma alla Sicilia.

Accurata risulta invece l'indicazione di città (più di 550), monti, fiumi, selve, porti, mercati, magazzini, terme, fari e luoghi di culto e stazioni di sosta. Vi sono indicate anche le distanze, nelle unità di misura delle varie regioni: miglia (1480 m) per tutto il territorio romano, leghe (2200 m) per la Gallia, parasanghe (6000 m) per il territorio persiano e miglia indiane (3000 m) per l'India.
Nell'immagine particolare della Tabula con la città di Antiochia.

SINTESI

6.1 Nel corso del III secolo d.C., nel mezzo di una profonda crisi economica e politica, i **barbari** premono con rinnovato impeto sulle frontiere dell'impero. In questo periodo infatti le **popolazioni di origine germanica** (Franchi, Goti, Longobardi) si stanziano nelle regioni del Reno e del Danubio, si danno un'organizzazione sociale più stabile e passano dalla vita nomade a quella sedentaria. I più potenti e temibili nemici dei Romani sono i **Goti**, inizialmente stanziati nella regione danubiana e lungo il Mar Nero fino alle rive del Don, in seguito divisi in **Ostrogoti** (Goti orientali) e **Visigoti** (Goti occidentali). I Romani, tuttavia, data la difficoltà ad arrestare l'avanzata dei popoli germanici, preferiscono lasciare che questi si insedino entro i confini dell'impero, con l'obiettivo di ripopolare zone a scarsa densità demografica e incrementare le fila dell'esercito. Tra il 249 e il 251 d.C. l'imperatore **Decio** riesce a limitare i primi tentativi dei Goti di sconfinare oltre il *limes*; sotto **Valeriano** invece Franchi e Alamanni oltrepassano il confine e vengono poi fermati dal suo successore **Gallieno**.

A essere minacciate sono anche le frontiere orientali dell'impero, dove la **dinastia sasanide**, originaria della Perside, intende espandersi nelle province romane dell'Asia Minore per assicurarsi il controllo delle vie commerciali che collegano l'India e la Cina con il Mediterraneo. Tra il 253 e il 260 d.C. i Romani subiscono una serie di sconfitte; i Sasanidi raggiungono Antiochia, in Siria, e lo stesso imperatore Valeriano viene fatto prigioniero.

Nella seconda metà del III secolo, questi continui conflitti contribuiscono a indebolire l'impero, destabilizzato anche dallo strapotere delle legioni che nelle varie province acclamano come imperatore i propri generali ("**anarchia militare**"). Nel 259 d.C. l'impero si divide in tre parti: l'impero delle Gallie, l'Italia e l'Africa sottoposte a Gallieno e una parte orientale in mano al governatore di Palmira (Siria). Nel 273 d.C. tuttavia **Aureliano** (270-275 d.C.) riesce a riunificare e a consolidare l'impero con la riconquista del regno di Palmira e la sconfitta dell'ultimo imperatore delle Gallie. Inoltre al fine di proteggere la città da improvvisi attacchi esterni, fortifica e amplia la **cinta muraria di Roma**.

6.2 Nel 284 d.C., è eletto imperatore **Diocleziano** che divide l'impero in più parti per governarlo meglio: nasce così la **tetrarchia** (governo di quattro, due Augusti e due Cesari), con lo scopo di reprimere più efficacemente le ribellioni scoppiate nelle province e di difendere con maggiore prontezza i confini. Amministrativamente il territorio dell'impero è diviso in **prefetture**, **diocesi** e **province** con una complessa burocrazia. L'**Italia**, che viene suddivisa in province i cui abitanti sono sottoposti al pagamento delle tasse, **perde i suoi privilegi**. Diocleziano riforma anche l'esercito ricorrendo al **reclutamento obbligatorio nelle campagne**. Per ottenere una maggiore stabilità dell'economia, la società viene organizzata in **classi** ben definite: i clarissimi, i perfettissimi, i curiali, i lavoratori e i contadini, tutti obbligati a tramandare ai figli lo stesso mestiere (classi sociali chiuse). I contadini sono considerati appartenenti alla terra, comprati e venduti insieme con essa. Per migliorare il bilancio, infine, l'imperatore sostituisce le cattive monete con **aurei e argentei di lega a peso fisso**.

Nel 301 d.C. inoltre viene emanato l'**editto dei prezzi**, che fissa i prezzi di vendita di circa mille specie di generi di consumo. Questo provvedimento, che provoca ben presto la scomparsa dei prodotti dal mercato e il conseguente rincaro dei prezzi, è abrogato l'anno successivo.

6.3 Sul piano politico Diocleziano sostituisce le antiche istituzioni repubblicane con un sistema di governo basato sul **potere assoluto dell'imperatore** e sul culto della sua immagine, dando vita così a una sorta di "**teocrazia imperiale**". Come ultimo atto del suo regno egli scatena una nuova ondata (la più terribile) di **persecuzioni contro i cristiani**, che provoca distruzioni, torture e condanne a morte. Nel 305 d.C. si ritira a vita privata in Dalmazia.

PER COSTRUIRE LE COMPETENZE

SPAZIO

1. Indica sulla carta, che rappresenta la divisione tetrarchica dell'impero, la prefettura italica, quella d'Oriente, quella delle Gallie e quella illirica; poi per ogni parte indica la capitale: Trèviri, Nicomedia, Sirmio e Milano.

TEMPO

2. Completa la cronologia.

249-251 d.C.	Guerra tra i Romani, guidati da _____ e i _____
253 d.C.	Diventano imperatori padre e figlio: _____ e _____
260 d.C.	Gallieno riesce a fermare i Franchi e gli _____
260 d.C.	L'impero si divide in _____ parti
270-275 d.C.	Impero di _____ che garantisce un periodo di stabilità
284 d.C.	Viene eletto imperatore il condottiero _____
286 d.C.	Diocleziano divide l'impero con il generale _____
293 d.C.	Ai due Augusti si aggiungono due _____: nasce la _____
301 d.C.	Diocleziano emana l'editto _____ che viene abrogato nel _____
305 d.C.	_____ si ritira a vita privata nel grande palazzo di _____

LESSICO

3. Associa a ogni termine il relativo significato.

A. Cesare
B. Curiales
C. Diarchia
D. Diocesi
E. Dux
F. Inflazione
G. Limes
H. Ostrogoti
I. Runico
J. Tetrarchia
K. Visigoti
L. Calmiere

a. Riferito all'alfabeto di origine scandinava adottato dalle tribù germaniche
b. Germani stanziati a est del fiume Dniestr
c. Germani più vicini all'impero romano
d. Confine
e. Forma di governo in cui il potere è esercitato da due persone
f. Forma di governo in cui il potere è esercitato da quattro persone
g. Nella tetrarchia, ognuno dei due vice-imperatori
h. Ognuna delle 12 parti in cui era divisa la prefettura
i. Comandante militare di ogni provincia
j. Nei municipi, erano i responsabili del prelievo fiscale
k. Diminuzione del potere d'acquisto dell'unità monetaria e conseguente rialzo dei prezzi
l. Prezzo massimo di vendita imposto dallo Stato

EVENTI E PROCESSI

4. Indica se le seguenti affermazioni sono vere [V] o false [F].
- L'impero romano si divide tra Oriente e Occidente [ ]
- Il confine tra l'impero romano e i Germani era situato lungo il Reno [ ]
- I Sasanidi erano nemici dei Persiani [ ]
- I Sasanidi con il loro re Shapur fanno prigioniero l'imperatore romano Aureliano [ ]
- I Germani comprendevano numerose e varie popolazioni [ ]
- Gli Ostrogoti e i Visigoti erano una popolazione dall'origine unica [ ]
- Aureliano fece circondare Roma di mura dopo la minaccia dei Vandali [ ]
- Milano diventa la capitale dell'impero romano d'Occidente [ ]
- Diocleziano ristabilì il valore intrinseco delle monete [ ]
- Con la riforma di Diocleziano l'Italia perse molti dei suoi privilegi [ ]
- I clarissimi erano la classe dirigente dell'impero romano [ ]
- L'editto dei prezzi fu un successo della politica finanziaria di Diocleziano [ ]

5. Cosa significa "teocrazia imperiale" riferita a Diocleziano?

_____

● Le riforme di Diocleziano

6. Sulla base di quanto studiato inserisci le seguenti riforme di Diocleziano nella rispettiva categoria e aggiungi una sintetica motivazione.

Riforma dell'esercito | Divisione dell'impero | Strutturazione delle classi sociali | Riforma della moneta | Editto dei prezzi | Persecuzione dei cristiani

Aspetti positivi	Aspetti negativi

NESSI

● Le persecuzioni contro i cristiani

7. In base a quanto studiato anche nei precedenti capitoli, completa la seguente tabella sulle tappe delle persecuzioni contro i cristiani.

Imperatore	Atto
Nerone	Primo persecutore (dopo l'incendio)
Decio	Commissioni di controllo che imponevano _____
Valeriano	Prosegue _____ e confisca
Diocleziano	

La politica di Diocleziano

8. Completa la seguente tabella.

Origini e carriera	
Problemi dell'impero	All'esterno: _____ All'interno: _____
Progetto	Condivisione del potere con: _____
Divisione dell'impero	Nasce una diarchia: _____ In seguito ai due Augusti si aggiungono due: _____
Amministrazione	L'impero viene diviso in: 4 _____ 12 _____ Ruolo del *dux*: _____ Ruolo del prefetto: _____
Esercito	Vengono creati due reparti speciali: reparti limitanei: _____ reparti comitatensi: _____ Problema e soluzione: _____ Effetto finale: _____
Società	Divisione in rigide classi: Clarissimi: _____ Perfettissimi/cavalieri: _____ Curiali: _____
Finanze	Intervento sulle monete: _____ Intervento sulle imposte: _____ Editto dei prezzi: _____ Effetti: _____
Politica interna	Creazione dell'assolutismo attraverso: _____

RIELABORAZIONE (verso l'orale)

9. Utilizzando come scaletta l'esercizio 8, redigi una breve relazione sulla figura di Diocleziano, sulle sue riforme, sugli aspetti positivi e negativi della sua figura storica. La scaletta può anche esserti utile per la gestione di un eventuale colloquio.

LABORATORIO DELLE COMPETENZE

MODELLI A CONFRONTO

10. Completa la seguente tabella che mette a confronto la gestione dell'impero romano prima e con Diocleziano.

	Prima	Diocleziano
Territorio		
Comando		
Divisione amministrativa		
Leva militare		
Classi dirigenti		
Moneta		
Cariche politiche		
Simbolo imperiale		

Da Costantino al tramonto dell'impero d'Occidente

Le principali direttrici dei barbari

3 Agli inizi del V secolo d.C., i **Visigoti**, sotto il comando di **Alarico**, entrano in Italia e **saccheggiano Roma** nel **410 d.C.**

2 I **Visigoti**, stanziati lungo il basso corso del Danubio, si scontrano con l'esercito imperiale nella battaglia di **Adrianopoli** (378 d.C.), sconfiggendolo; come conseguenza, vengono accolti entro i confini dell'impero come **federati**.

1 Sin dal IV secolo d.C. gli **Unni** cominciano a premere con violenza da est sulle popolazioni germaniche stanziate a ridosso dei confini orientali dell'impero, spingendole verso occidente. Nel V secolo d.C. il capo unno **Attila** invade la Gallia e l'Italia; sconfitto ai **Campi Catalaunici** (451 d.C.), accetta di ritirarsi in Pannonia.

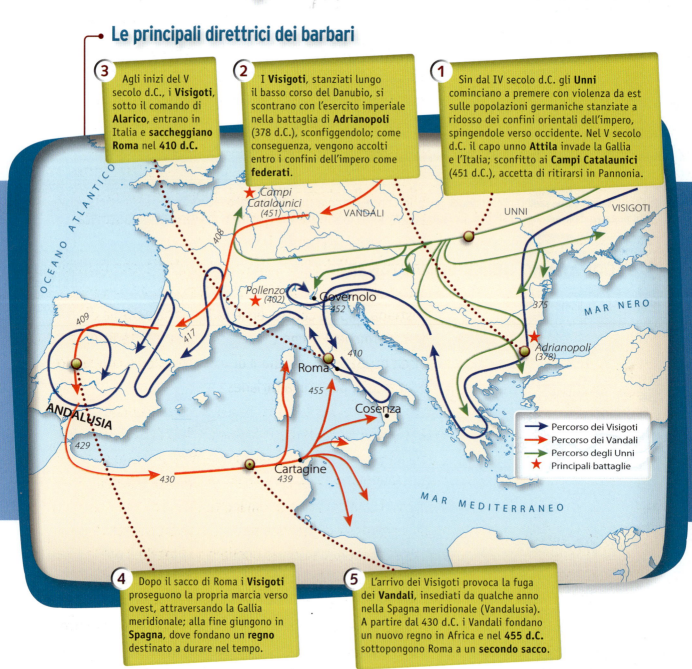

4 Dopo il sacco di Roma i **Visigoti** proseguono la propria marcia verso ovest, attraversando la Gallia meridionale; alla fine giungono in **Spagna**, dove fondano un **regno** destinato a durare nel tempo.

5 L'arrivo dei Visigoti provoca la fuga dei **Vandali**, insediati da qualche anno nella Spagna meridionale (Vandalusia). A partire dal 430 d.C. i Vandali fondano un nuovo regno in Africa e nel **455 d.C.** sottopongono Roma a un **secondo sacco**.

7 Da Costantino al tramonto dell'impero d'Occidente

313 d.C.
Editto di Milano

325 d.C.
Concilio di Nicea

361-363 d.C.
Regno di Giuliano l'Apostata

395 d.C.
Morte di Teodosio e nuova divisione dell'impero

410 d.C.
Sacco di Roma

476 d.C.
Caduta dell'impero romano d'Occidente

Nel corso del IV secolo d.C. si manifestarono grandi cambiamenti: l'età di **Costantino** si caratterizzò non soltanto per la riunificazione dell'impero dopo la tetrarchia, ma anche per la definitiva affermazione del **cristianesimo** con l'editto di Milano del 313 d.C., che riconobbe la **libertà di culto** per i cristiani e per le altre religioni dell'impero. Dopo un anacronistico tentativo di restaurazione del paganesimo, si arrivò nel 380 d.C., per volontà di **Teodosio**, alla proclamazione del cristianesimo come religione di Stato. Cristianesimo e impero iniziarono da allora in poi a procedere fianco a fianco e il potere politico dell'imperatore iniziò a essere condizionato da quello religioso delle autorità ecclesiastiche: i **papi** e i **vescovi**.

I conflitti religiosi non cessarono, tuttavia, con l'editto di tolleranza di Costantino: all'interno della Chiesa cristiana sorsero controversie dottrinarie e forme di **eresia**, finché il primo **concilio ecumenico**, tenutosi a Nicea nel 325 d.C., stabilì il dogma cattolico e condannò ogni eresia, per prima l'arianesimo.

Nel IV secolo d.C. l'impero romano dovette anche affrontare con urgenza il problema dei **barbari**, che già da tempo ne minacciavano i confini e si erano ormai stanziati all'interno dei suoi territori. Ormai ingovernabile, l'impero romano fu diviso alla morte di Teodosio tra i suoi due figli: ad Arcadio spettò la parte orientale, a Onorio quella occidentale. Sarà la parte occidentale a soccombere per prima alle forze barbariche, che misero a sacco Roma distruggendo così il mito della sua invincibilità, e che finirono per deporre l'ultimo imperatore romano d'Occidente nel **476 d.C.** Con questa data inizia tradizionalmente una nuova epoca: finisce il mondo antico e ci si avvia verso il Medioevo.

7.1 L'ascesa di Costantino: nasce l'impero cristiano

Lotte per il potere

Dopo l'abdicazione dei due Augusti (Diocleziano e Massimiano) il punto debole del sistema tetrarchico divenne subito manifesto. Finalizzato a prevenire le ribellioni interne, a difendere meglio le frontiere e a regolare in modo stabile la successione al trono, tale sistema esigeva un accordo perfetto fra i colleghi. Invece, venuto meno il vincolo che manteneva uniti a Diocleziano i suoi collaboratori, la mancanza di una completa identità di vedute fra i successori doveva inevitabilmente condurre a nuove guerre e a nuovi contrasti.

Così, dopo che i due "Cesari" **Galerio** e **Costanzo I Cloro** divennero "Augusti", ebbe inizio un periodo di anarchia e di lotte, nel corso del quale vi furono contemporaneamente ben sei "Augusti" a contendersi il trono: tre in Occidente – **Costantino** (che era figlio di Costanzo I, morto nel 306 d.C.), **Massenzio** (figlio di Massimiano) e **Massimiano** stesso, che sollecitato dal figlio aveva assunto nuovamente il titolo; altri tre in Oriente – **Galerio** (successore di Diocleziano) e due suoi favoriti, **Massimino** e **Severo**, al quale due anni dopo venne sostituito **Licinio**.

In Occidente Costantino fu il più abile e il più fortunato: si liberò anzitutto di Massimiano, facendolo prigioniero e poi obbligandolo a darsi la morte; quindi assalì e vinse Massenzio, distruggendone nel **312 d.C.** l'esercito a **Saxa Rubra**, presso il ponte Milvio alle porte di Roma.

Quasi contemporaneamente in Oriente restò solo Valerio Liciniano Licinio, uomo piuttosto rozzo e violento e apertamente ostile ai cristiani. Si ebbero così due nuovi imperatori: Costantino in Occidente e Licinio in Oriente (313 d.C.).

Costantino riunifica i due imperi

Dopo una breve convivenza pacifica, nuove lotte e discordie intervennero a turbare i rapporti tra i due "Augusti", finché nel **324 d.C.** Costantino riuscì a sconfiggere e a uccidere Licinio.

L'impero tornò così a **essere di nuovo riunito** sotto l'autorità e la guida di un unico imperatore, Costantino, che ne approfittò subito per riorganizzarlo sul piano amministrativo, suddividendolo in 4 prefetture, 13 diocesi e 117 province e sottoponendolo a un rigido accentramento con un notevole incremento della burocrazia.

Una nuova capitale

Costantino, inoltre, nel **330 d.C.** provvide a trasferire la capitale da Roma a Bisanzio, la città greca sul Bosforo, che da allora venne ribattezzata **Costantinopoli**. A compiere questa scelta egli fu indotto sia da motivi strategico-militari che politici. La nuova capitale si trovava infatti in una posizione nevralgica per il controllo delle principali vie commerciali e per la difesa delle frontiere lungo il Danubio e l'Eufrate, tra le più vulnerabili ad attacchi esterni. Inoltre l'assolutismo da lui adottato, con tutto il suo seguito di fasto a corte, aveva maggiore possibilità di consolidarsi in una città orientale, posta a contatto con l'Asia, libera da qualsiasi legame con le antiche istituzioni repubblicane e dove l'imperatore avrebbe potuto meglio neutralizzare le influenze della potentissima classe dei patrizi romani.

L'editto di tolleranza

Conseguenze ancora più importanti per il futuro dell'impero ebbe la decisione di Costantino di **avvicinarsi** sempre di più **al cristianesimo**. A quel tempo questa religione, se non ancora per il numero dei seguaci certamente per la sua capacità di fare proseliti all'interno di tutte le classi sociali, aveva acquistato tanta autorità e potenza da divenire anche tra le élite il culto emergente in tutte le province.

◀ **L'imperatore cristiano**
Il ritratto di Costantino, frammento della statua monumentale collocata in origine nella basilica di Massenzio.

7 Da Costantino al tramonto dell'impero d'Occidente

In hoc signo vinces
"Con questo segno vincerai" è la frase che, secondo la leggenda, apparve insieme a una croce a Costantino in una visione prima della battaglia di ponte Milvio. Sempre secondo la leggenda sarebbe stato lo stesso Gesù a ordinargli di porre sul vessillo delle sue truppe le prime due lettere del nome di Cristo in greco (XP). Attribuendo a questi segni la vittoria ottenuta su Massenzio, l'imperatore iniziò ad avvicinarsi sempre più alla religione cristiana.

A favorirne lo sviluppo aveva contribuito decisamente l'**editto** di tolleranza **promulgato da Costantino e da Licinio a Milano nel 313 d.C.** subito dopo la vittoria su Massenzio e la conseguente conquista dell'Italia: in virtù di esso, i cristiani si videro per la prima volta protetti – in un clima di piena libertà di culto – contro nuove persecuzioni e per di più risarciti di tutti i danni subiti durante l'impero di Diocleziano.

Costantino favorisce la diffusione del cristianesimo

Il testo prevedeva la **libertà religiosa** non solo per i cristiani, ma anche per i seguaci **di ogni** altra fede. Non va tuttavia dimenticato che l'atteggiamento di Costantino non fu in realtà di equidistanza fra i cristiani e i pagani, nei cui confronti non nascondeva un certo disprezzo. "Coloro che si tengono lontani [dalla nuova religione] – sembra aver dichiarato un giorno – conservino pure, poiché così vogliono, i templi della menzogna". Costantino fu dunque il primo imperatore romano che **abbandonò l'antica religione** di Stato per accogliere la nuova fede. In seguito, spinto da un evidente calcolo politico e nella ferma convinzione di poter ridare così vigore alla compagine della società romana, Costantino aggiunse a tale editto anche **altre leggi** decisamente **favorevoli al cristianesimo**, realizzando così un vero e proprio rovesciamento della politica religiosa seguita da Diocleziano.

L'ultima basilica pubblica
La costruzione della basilica di Massenzio, i cui resti sono visibili nel Foro Romano, fu iniziata nel 308 d.C. e portata a termine da Costantino. Fu l'ultima basilica a ospitare attività di amministrazione civile e giudiziarie: dopo l'editto di Milano i cristiani, liberi di praticare il proprio culto, iniziarono a erigere nuove basiliche o a utilizzare quelle esistenti per svolgervi le funzioni religiose.

le FONTI

Laboratorio

L'editto di Milano

Il testo dell'editto di Milano non si è conservato nella sua versione originale, ma solo in un "rescritto", cioè nella trascrizione che ne fece lo scrittore cristiano Lattanzio. Il brano che segue concerne la libertà di culto.

Autore Lattanzio
Opera *De mortibus persecutorum*
Data IV secolo d.C.
Tipologia fonte testo storiografico

Milano: Costantino aveva scelto *Mediolanum*, sede del governo dell'impero d'Occidente fin dai tempi di Diocleziano – sebbene Roma mantenesse il ruolo di capitale ideale – anche per far sposare Licinio con sua sorella Costanza.

assemblee: le comunità cristiane erano solite riunirsi periodicamente in assemblea (in greco *ekklesìa*, da cui chiesa) per pregare, rendere onore al sacrificio di Gesù e commentare le Sacre Scritture, sotto il controllo di un fedele anziano (in greco *presbyteros*, da cui "prete").

Quando io, Costantino Augusto, ed io Licinio Augusto, ci trovammo insieme felicemente a Milano, per trattare tutti gli affari relativi al bene e alla sicurezza pubblica, credemmo di dover regolare prima d'ogni altra questione quella che riguarda il culto della divinità, concedendo ai cristiani e a tutti la libera facoltà di seguire la religione che vogliono [...].
Secondo la sana e retta ragione, abbiamo creduto opportuno non negare a chicchessia la facoltà di libera professione sia del culto dei cristiani, sia di qualunque altra religione, a cui egli abbia dedicato l'anima sua e che giudichi a se stesso più confacente [...].
Ma se noi abbiamo fatto a costoro una concessione di tal genere, si comprenderà anche che agli altri noi vogliamo che sia data ugualmente piena e intera libertà, sembrandoci che questo convenga alla pace del nostro tempo; in modo che ciascuno sia libero di praticare la religione che più gli piaccia. Noi abbiamo così decretato, perché nessuna dignità e nessuna religione sembri aver subìto qualche menomazione da parte nostra.
Riguardo ai cristiani abbiamo inoltre creduto opportuno decretare che quei medesimi edifici, dove prima essi erano soliti tenere le loro assemblee, da chiunque siano stati acquistati, o dal nostro fisco o da altri, siano restituiti ai cristiani, senza pagamento di denaro né richiesta d'alcuno compenso, senza addurre pretesti né ricorrere ad equivoci: parimenti coloro che ebbero quei locali in dono li rendano quanto prima ai cristiani. Ché se poi quelli che li comprarono o li ebbero in dono chiedessero alla nostra benevolenza qualche riparazione per il danno sofferto si rivolgano al nostro vicario, affinché per il suo mezzo siano presi dalla nostra clemenza i relativi provvedimenti.

culto della divinità: con l'editto di Milano, Costantino abolisce anche il culto divino dell'imperatore, stabilito in via definitiva, qualche anno prima, da Diocleziano.

qualunque altra religione: si fa riferimento alle altre religioni praticate nell'impero: paganesimo, culti orientali di Cibele, Mitra e Dioniso e giudaismo.

restituiti: oltre a beneficiare dei beni restituiti, la Chiesa fu autorizzata a ricevere donazioni ed eredità, condizione questa che le permise di accumulare nel tempo grandi proprietà. Il clero, inoltre, fu esonerato dal pagamento delle imposte.

◀ In questo medaglione in oro, Costantino riceve dal cielo la corona imperiale a sottolineare l'origine divina del suo potere.

Per COMPRENDERE

1. Quale fu la prima, importante conseguenza dell'editto di Milano?
2. Cosa spinse Costantino a concedere la libertà di culto ai cristiani?
3. Perché la estese a tutte le religioni?

Le dottrine scismatiche ed eretiche

Era naturale che con il diffondersi della nuova fede in tutto l'impero fosse difficile mantenere l'unità nell'interpretazione del Vangelo: ben presto infatti sorsero vivacissime dispute sui **dogmi** fondamentali del cristianesimo e si formarono varie dottrine **scismatiche** (definite così in quanto coloro che le abbracciavano tendevano a distaccarsi dalla comunità) o **eretiche** (in quanto fondate su concetti rinnegati dalla Chiesa).

L'arianesimo

Fra le sette eretiche la più notevole, anche per la grande diffusione che ebbe, fu senza dubbio quella di **Ario**, un prete di Alessandria d'Egitto vissuto tra il 280 e il 336 d.C., il quale, negando la natura divina di Cristo (sosteneva che il figlio di Dio, essendo stato creato dal padre, era a questi inferiore), aveva finito per negare il mistero della Trinità e per ridurre il cristianesimo a un semplice sistema filosofico.

Dogma nella teologia cattolica, verità soprannaturale contenuta in modo implicito o esplicito nella Rivelazione e proposta dalla Chiesa come verità di fede, oggettiva e immutabile.

Scisma dal greco *schízein*, "separare", indica una separazione e, in particolare, in ambito religioso, la separazione di una comunità che vuole rendersi autonoma dalla Chiesa.

Eresia dal greco *háiresis*, "scelta", indica un'opinione diversa, che si oppone alla corrente ufficiale. In ambito religioso è una dottrina che si distacca dalla Chiesa ufficiale riguardo a questioni teologiche e che, per questo, è condannata dalla Chiesa stessa.

L'IMPERO SOTTO COSTANTINO

1 Liquidato il primo Augusto d'Occidente, Massimiano, **Costantino** muove contro **Massenzio**, figlio di Massimiano, e lo sconfigge a **Saxa Rubra**, presso Roma (312 d.C.).

2 Valerio Liciniano **Licinio**, rimasto il solo Augusto d'Oriente dopo il tramonto degli altri pretendenti Galerio, Massimino e Severo, è anch'egli **vinto da Costantino** (324 d.C.), che riunisce le due metà dell'impero.

- Impero romano
- Imprese di Costantino

4 Nel 330 d.C. Costantino **trasferisce la capitale** dell'impero in Oriente, a Bisanzio, ribattezzata **Costantinopoli**: questa scelta sottolinea il nuovo corso dell'impero.

3 Costantino sostiene attivamente il cristianesimo; è lui anzi che convoca nel 325 d.C. il **concilio di Nicea**, il primo ecumenico, nel quale l'**eresia ariana** è condannata e viene stabilita la dottrina accettata dalla Chiesa, riassunta nel **Credo**.

> **Trascendente** dal latino *trans*, "oltre", e *scàndere*, "salire", è un termine filosofico e teologico che indica una realtà assoluta, cioè al di sopra di ogni altra realtà terrena o materiale e che quindi va oltre la semplice capacità di comprensione del mondo e dell'universo da parte del genere umano.

Tale teoria, non riconoscendo alla religione cristiana il suo carattere **trascendente**, toglieva alla gerarchia ecclesiastica il diritto di parlare in nome di Dio e con esso ogni autonomia: i sacerdoti non erano più ministri di Dio, ma semplicemente dei sudditi chiamati a far parte di un'associazione, avente soltanto scopi educativi e fini di collaborazione etica con lo Stato. Ecco perché questa dottrina, nota sotto il nome di **arianesimo**, venne bene accolta e incoraggiata da tutti quegli imperatori che, volendo tutelare le proprie prerogative, miravano ad asservire l'organizzazione ecclesiastica alla loro volontà di governo.

Il primo concilio ecumenico

Nel **325 d.C.** Costantino, intenzionato a comporre ogni controversia e a mantenere l'unità della Chiesa, convocò un **concilio** generale o ecumenico, il primo, a **Nicea** in Asia Minore, alla presenza di oltre duecentocinquanta vescovi. Fu per l'appunto nel corso di esso che si dichiarò vera (ortodossa) la dottrina favorevole al dogma stesso della divinità di Cristo e si compilò una breve sintesi (simbolo) delle verità della fede, detta anche "**Credo**" e ancora oggi usata nella Chiesa cattolica. L'arianesimo, a sua volta, sconfitto a Nicea, cominciò invece a diffondersi soprattutto fra i barbari. Tanto interesse da parte di un imperatore ai problemi della cristianità e, in particolare, all'unità della Chiesa, era dovuto soprattutto alla convinzione che la nuova religione potesse costituire un prezioso e insostituibile strumento di unificazione dell'impero.

Nasce l'impero cristiano

Possiamo pertanto affermare che Costantino, scomparso nel 337 d.C. dopo essere stato battezzato sul letto di morte, secondo una consuetudine molto diffusa fra i cristiani al fine di garantirsi la vita eterna senza ulteriori ricadute nel peccato, finì per determinare con la sua opera una **svolta decisiva nella storia del mondo antico**: egli infatti dette origine a un impero cristiano, all'interno del quale – accanto alla **classe dirigente laica** – si formò lentamente ma progressivamente una classe dirigente non meno potente, quella **ecclesiastica**, dotata anch'essa di una propria gerarchia e di proprie specifiche funzioni.

> **Concilio** dal latino *concilium* (*cum*, "insieme" più *cieo*, "chiamare a raccolta"), è un'assemblea di vescovi riuniti a deliberare su questioni di particolare importanza per la Chiesa. Il concilio si definisce ecumenico (dal greco *oikoumène*, "mondo abitato") se coinvolge i vescovi di tutto il mondo, mentre se riguarda solo una parte dei vescovi viene indicato con il termine "sìnodo" (dal greco, *sỳnodos*, riunione).

GUIDA allo STUDIO

1. Qual è il punto di debolezza del sistema tetrarchico?
2. A quando risale e che cosa sancisce l'editto di Milano?
3. Perché si può affermare che il regno di Costantino ha segnato una svolta nella storia del mondo antico?

Storia e... Architettura — L'arco trionfale di Costantino

Per commemorare la vittoria di Costantino su Massenzio nei pressi del Ponte Milvio (312 d.C.), il senato decretò la costruzione a Roma di un arco trionfale, inaugurato però solo in occasione del decimo anniversario dell'ascesa al trono dell'imperatore. Il monumento, alto 26 metri e largo 21, è composto da un arco in marmo a tre fornici, riccamente decorato su tutti i lati con una serie di fregi che narrano le gesta dell'imperatore nella guerra contro Massenzio, e otto plinti che raffigurano vittorie alate e prigionieri di guerra. Accanto a questi sono presenti decorazioni che provengono da altri monumenti più antichi andati perduti e consistono in una serie di rilievi che celebrano episodi delle imprese di imperatori precedenti, in uno straordinario "collage" a significare la continuità dell'idea imperiale. Sono visibili: otto pannelli rettangolari che narrano le imprese militari dell'imperatore Marco Aurelio, le cui teste originali furono rimodellate con i tratti somatici di Costantino; otto rilievi tondi, quattro per lato, che risalgono all'epoca dell'imperatore Adriano e rappresentano scene di caccia e di sacrificio alle divinità; un fregio con battaglie probabilmente provenienti da un monumento eretto dopo le campagne militari dell'imperatore Traiano; due pannelli di epoca aureliana con una scena di distribuzione di denaro al popolo e una di clemenza nei confronti di un capo barbaro.

L'arco di Costantino, conservatosi praticamente intatto, è ancora oggi visibile a poca distanza dal Colosseo.

PASSATO PRESENTE

Bisanzio, Costantinopoli, Istanbul

L'antica città di **Bisanzio** si chiamò così da Byzas, l'ecista dei coloni greci di Megara che fondarono la città nel 659 a.C. In seguito fu conquistata da Alessandro Magno e poi dai Romani che la distrussero in più occasioni.

Quando Costantino sconfisse l'altro imperatore e avversario, Licinio, capì che la città aveva una importanza strategica enorme e decise di farne la "**nuova Roma**": nacque così Costantinopoli, la nuova capitale dell'impero romano (330 d.C.). Nel 395 d.C. con Arcadio, il primo imperatore romano d'Oriente, cominciò la **fase bizantina** destinata a durare un millennio, fino alla conquista ottomana del 1453.

L'impero ottomano finì nel 1922 e nacque la **Repubblica di Turchia**: la capitale venne spostata da Costantinopoli ad Ankara. **Istanbul** è diventato il nome ufficiale della città solo nel 1930: l'etimologia deriverebbe da un'espressione greca medievale (pronunciabile "istim bolin") che significa "alla città", dunque la città per eccellenza, la "città delle città", come i Greci chiamavano Costantinopoli.

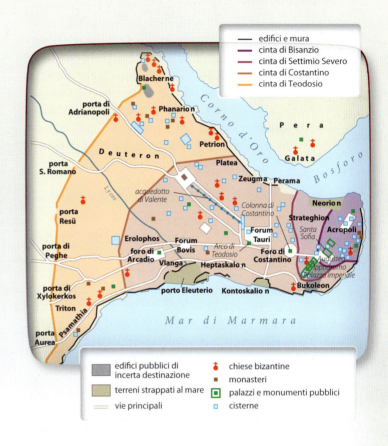

- edifici e mura
- cinta di Bisanzio
- cinta di Settimio Severo
- cinta di Costantino
- cinta di Teodosio

- edifici pubblici di incerta destinazione
- terreni strappati al mare
- vie principali
- chiese bizantine
- monasteri
- palazzi e monumenti pubblici
- cisterne

Istantanea

ISTANBUL La "città delle città", la città labirinto: un dedalo di strade, di mercati, di chiese, moschee, colonne, minareti e grattacieli, un miscuglio di colori e religioni. Ponte tra l'Asia e l'Europa, tra l'Oriente e l'Occidente, la città sorge in una posizione strategica lungo lo stretto del Bosforo, alla cui estremità meridionale si trova il Corno d'Oro, e la costa settentrionale del Mar di Marmara. È tuttora un luogo pulsante di vita e una meta turistica molto frequentata grazie ai suoi tesori, come la basilica di Santa Sofia, la Moschea blu, il palazzo imperiale Topkapi.

7.2 I successori di Costantino: Giuliano l'Apostata e Teodosio il Grande

Giuliano l'Apostata e l'utopia di un ritorno al paganesimo

Fra i successori di Costantino, due soli seppero distinguersi per nobiltà di intenti e fermezza d'azione: Flavio Claudio **Giuliano** detto **l'Apostata** (361-363 d.C.) e Flavio **Teodosio il Grande** (379-395 d.C.). L'aspetto più interessante del breve regno di Giuliano, giunto al potere in una maniera piuttosto fortunosa e inattesa, è costituito dal disperato quanto anacronistico tentativo di **restaurare il paganesimo**, colpito a morte dalla "rivoluzione" costantiniana, in un momento in cui ogni sforzo in questo senso era ormai vano. Giuliano, che fin da giovane si era avvicinato alla filosofia **neoplatonica** e all'antica letteratura pagana, una volta divenuto imperatore non scatenò una persecuzione generale nei confronti dei cristiani, ma li allontanò comunque dalla corte, dalle cariche pubbliche e dalle scuole. Si propose inoltre di confutare i princìpi del cristianesimo e di dimostrare la superiorità dell'antica religione, per cui fu soprannominato dagli autori cristiani "apostata", cioè "rinnegato".

La sua morte segnò la fine di un'epoca: tra i suoi successori nessuno tenterà mai più un'operazione di recupero degli dèi del paganesimo e del mondo che essi avevano rappresentato.

Le imprese militari di Giuliano

L'amore per la filosofia non lo distrasse dalle cure dello Stato e tanto meno dalle imprese militari. Giuliano si mostrò **abilissimo capo di Stato**, con una serie di provvedimenti tendenti a migliorare il regime fiscale, l'amministrazione della giustizia e l'organizzazione della burocrazia. Si rivelò anche **abilissimo stratega** ed **esperto comandante**, ed ebbe il merito di alcune vittoriose e decisive azioni di guerra in terra germanica. La sua ultima impresa fu una spedizione contro i Persiani, durante la quale morì (363 d.C.).

Teodosio il Grande e l'editto di Tessalonica

Dopo la morte di Giuliano si aprì un nuovo periodo di lotte tra i vari pretendenti al trono, che posero ancora una volta fine all'unità territoriale dell'impero, finché nel 379 d.C. fu eletto imperatore il generale spagnolo **Flavio Teodosio I**. La figura di Teodosio è legata in particolare alle vicende del cristianesimo. Dopo avere ricevuto il battesimo, Teodosio nel **380 d.C.** emanò da **Tessalonica** un editto, con il quale proclamava il **cristianesimo religione ufficiale dello Stato**, riconoscendo inoltre la superiorità del vescovo di Roma anche sui vescovi orientali e conseguentemente la sua supremazia sulla Chiesa universale. A incoraggiarlo in tal senso fu il vescovo di Milano **Ambrogio**, una personalità che godette al suo tempo di particolare prestigio e ammirazione.

La penitenza di Teodosio

Ambrogio è ricordato anche per essere stato il primo uomo di Chiesa a fare inginocchiare dinanzi a sé un imperatore in segno di penitenza.

◀ **L'imperatore "rinnegato"**
Statua di filosofo o sacerdote pagano a lungo ritenuta essere il ritratto dell'imperatore Giuliano.

---

lessico

Neoplatonismo orientamento filosofico che, sorto in tarda epoca classica (II secolo d.C.) e protrattosi fin nell'alto Medioevo (VI-VII secolo d.C.), rielabora il pensiero di Platone e della sua scuola.

ti ricordi?

Vescovo: fin dalle origini, nella religione cristiana il vescovo è il capo e protettore della comunità di fedeli presente in una città e nel territorio circostante, cioè la diocesi.

Sant'Ambrogio
Mosaico della basilica di Sant'Ambrogio a Milano che ritrae il celebre vescovo, personalità tanto forte da dettare la politica religiosa degli imperatori del suo tempo.

Nel 390 d.C., infatti, si diffuse la notizia che le truppe imperiali stanziate a Tessalonica (oggi Salonicco) avevano massacrato oltre settemila cittadini inermi, perché durante una sommossa era stato ucciso un alto ufficiale delle truppe dell'Illiria, colpevole di aver fatto arrestare un auriga idolo delle folle. Teodosio non aveva mosso alcun rimprovero ai suoi soldati.

Ambrogio si affrettò allora a scomunicarlo e a rifiutargli la riammissione nella comunità dei fedeli, se non avesse fatto pubblica penitenza.

Dinanzi all'iniziativa del vescovo, all'imperatore non restò che accettare, il giorno della vigilia di Natale del 391 d.C., tutto il peso dell'umiliazione inflittagli e piegarsi umilmente, come un comune peccatore, al cospetto del prelato e della comunità ecclesiale milanese. **La Chiesa aveva ormai assunto un'eccezionale autorità**, che poneva in una posizione dialettica, se non ancora di contrasto e di contrapposizione, il potere spirituale esercitato dalla gerarchia ecclesiastica e il potere temporale rappresentato dagli imperatori.

La minaccia degli Unni

L'elezione di Teodosio era avvenuta in un momento assai delicato a causa soprattutto della **forte pressione esercitata** sulla penisola balcanica **da parte dei barbari**, sospinti verso i confini dell'impero da un'ondata migratoria. A innescare questi movimenti di popolazioni intorno al 370 d.C. era stato l'arrivo degli **Unni** nelle regioni del Volga inferiore. Si trattava di nomadi di **stirpe mongolica** originari delle steppe eurasiatiche, abili guerrieri a cavallo, che in poco tempo travolsero dapprima gli Alani, poi gli Eruli, gli Ostrogoti e infine i Visigoti stanziati nella Dacia.

I Visigoti "federati" dell'impero

Al sopraggiungere degli Unni, i Visigoti ripiegarono in Tracia, nella Mesia, nella Frigia e nella Licia, e quindi all'interno dei confini dell'impero. Dopo la sonora sconfitta da essi inflitta presso **Adrianopoli** (378 d.C.) al suo predecessore Valente, a Teodosio non restò che stipulare la pace e riconoscere loro lo status di "**federati**", cioè teoricamente di "**alleati**" dell'impero, che vivevano all'interno dei suoi confini: essi potevano infatti risiedere nelle diverse province in veri e propri insediamenti militari, tipici degli accampamenti romani nelle zone di frontiera. Erano inoltre **obbligati al servizio militare**, sicché ben presto le milizie germaniche, cui fino ad allora gli imperatori avevano fatto poco ricorso, divennero una parte sempre più importante dell'esercito romano, in cui introdussero le loro abitudini a detrimento della disciplina tradizionale dei Latini.

Anche se in questo modo Teodosio salvava l'Oriente dalla rovina, i Goti, di lì a breve tempo, avrebbero approfittato delle concessioni fatte loro con la pace di Adrianopoli per mettere in crisi la stabilità dell'impero. Tuttavia, nell'immediato l'imperatore riuscì a trarre vantaggio da quell'accordo per sconfiggere le tendenze secessioniste di alcu-

> **lessico**
> **Dialettica** l'arte del discutere e del persuadere con opportuni argomenti (dal greco *dialégomai*, "conversare"). Il termine indica anche la capacità di attuare un confronto di idee proficuo.

> **ti ricordi?**
> **Federati**: dal latino *foedus*, che significa patto o alleanza, erano gli abitanti delle città che fin dal III secolo a.C. si erano alleate con Roma stipulando particolari trattati. Governate da magistrati e leggi propri, queste genti avevano l'obbligo di fornire i viveri agli eserciti romani che transitavano nel loro territorio.

I VISIGOTI DA NEMICI A "FEDERATI"

Alla fine del IV secolo d.C. gli Unni invadono i territori abitati da Alani, Eruli, Ostrogoti e Visigoti nell'alto Volga

↓

I **Visigoti** migrano verso occidente e penetrano nei **territori dell'impero**

↓

Visigoti e Romani si scontrano nella **battaglia di Adrianopoli** (378 d.C.)

↓

La sconfitta dei Romani induce l'imperatore **Teodosio** a scendere a patti con i Visigoti e concede loro lo status di "**federati**" cioè "**alleati dell'impero**"

▸ **Stilicone, tutore dell'impero**
Di origine vandala, Stilicone, qui rappresentato con la moglie Serena, percorse ogni tappa della carriera militare fino a divenire comandante di tutte le truppe dell'impero occidentale. Fu la vera mente della politica di Onorio e la sua posizione si rafforzò nel momento in cui l'imperatore sposò la figlia del generale, Maria e, alla morte di questa, l'altra figlia Termanzia.

ni usurpatori e a tenere ben saldo nelle sue mani il potere e il controllo sull'Oriente e l'Occidente.

Morte di Teodosio e divisione dell'impero

La precaria unità politica e territoriale dell'impero terminò con la morte di Teodosio, avvenuta nel gennaio del 395 d.C. Egli stesso, persuaso forse che nessuno più avrebbe potuto reggere da solo l'impero, divise il potere fra i suoi due figli e destinò l'Oriente ad **Arcadio**, di soli diciotto anni, e l'Occidente ad **Onorio**, un bimbo di appena dieci anni posto sotto la tutela di **Stilicone**, abile politico ed esperto generale che aveva sposato la figlia adottiva di Teodosio. Uno dei primi atti del giovane Onorio fu quello di trasferire la capitale da Milano a **Ravenna** (401 d.C.), città ben difesa dalle paludi e facilmente raggiungibile via mare dai rifornimenti.

Dalla morte di Teodosio **l'impero rimase diviso**: quello d'Oriente durerà ancora per dieci secoli e mezzo, fino a quando Costantinopoli verrà occupata dai Turchi nel 1453; quello d'Occidente soltanto ottantuno anni, fino al 476 d.C. con la deposizione dell'ultimo imperatore Romolo Augustolo.

LA STRUTTURA AMMINISTRATIVA NEL TARDO IMPERO

- morte di Teodosio (395 d.C.)
  - l'impero viene diviso fra i due figli
    - **impero d'Occidente**: Onorio, sotto tutela di Stilicone
    - **impero d'Oriente**: Arcadio

GUIDA allo STUDIO

1. Che cosa caratterizzò il breve regno di Giuliano l'Apostata?
2. Che cosa comportò l'atto di penitenza di Teodosio?
3. Quale fu la politica di Teodosio nei confronti dei Visigoti?

società e cultura

7.3 Il nuovo ruolo della Chiesa

L'organizzazione della Chiesa

A partire dal III secolo d.C. le numerose comunità cristiane, diffuse in gran parte dell'impero, stavano assumendo una forma organizzativa più ampia e complessa rispetto alle prime comunità. Questa era basata su una chiara e solida struttura gerarchica che faceva dei vescovi figure sempre più preminenti, in particolare quelli delle comunità con sede nelle più importanti città dell'impero. Quando il cristianesimo fu elevato a religione di Stato, la Chiesa si presentava quindi con una organizzazione molto più evoluta rispetto a quella delle origini e modellata su quella dell'amministrazione imperiale perfino nella terminologia.

Il territorio su cui il vescovo esercitava la propria autorità era chiamato **diocesi** come le circoscrizioni dell'impero. I suoi compiti, specialmente nelle città principali, dove egli era chiamato a presiedere attività che coinvolgevano anche migliaia di fedeli, richiedevano capacità diplomatiche, politiche e organizzative, oltre a una salda preparazione dottrinale. Nello svolgimento delle sue funzioni ciascun vescovo era poi affiancato da una **curia**, che comprendeva ad esempio i presbiteri e i diaconi.

Le diocesi più importanti erano chiamate **arcidiocesi** e affidate ad arcivescovi chiamati anche **metropoliti**. I metropoliti di Alessandria, Antiochia, Gerusalemme e Costantinopoli in Oriente, di Cartagine, Lione e Roma in Occidente, erano i più importanti. Gradualmente si era affermato il prestigio della diocesi di Roma, poiché la città era stata il luogo in cui avevano operato e avevano subìto il martirio gli apostoli Pietro e Paolo.

Preti e vescovi, inoltre, cominciarono a occuparsi non soltanto di questioni spirituali, ma anche dei tribunali ecclesiastici e dell'amministrazione delle proprietà terriere, sempre più vaste, che venivano donate loro dai ricchissimi membri delle élite senatoriali che si convertivano: esse finirono per eguagliare o superare persino quelle delle più potenti famiglie aristocratiche. Il termine **papa** (padre), che in origine indicava tutti i vescovi, cominciò gradualmente a essere utilizzato solo per il **vescovo di Roma**, riconosciuto, con l'editto di Tessalonica, **capo della Chiesa universale**. Roma, privata sin dai tempi di Costantino del ruolo di capitale politica, divenne allora il centro del mondo religioso cristiano.

Il paganesimo sopravvive nelle campagne

Malgrado l'editto di Tessalonica e la fermezza dimostrata da Teodosio, la religione tradizionale romana continuò comunque a essere **professata segretamente**, specie nelle campagne e nei villaggi (in latino *pagi*, da cui il termine "paganesimo", cioè religione ancora praticata nei *pagi*), anche se l'impero aveva ormai trovato quel fondamento religioso che il politeismo non gli aveva saputo dare e che invano si era cercato di creare istituendo il culto della dea Roma e dell'imperatore.

La società cristiana

Con la fine delle persecuzioni e la proclamazione della libertà di culto, nel IV secolo d.C. il cristianesimo subì dei mutamenti di non poco conto, che coinvolsero la società romana e orientale nel suo complesso. All'antico ideale di perfezione rappresentato dal martire si sostituì un nuovo modello: quello dell'**asceta**, del **monaco** che rinunciava alla vita mondana, agli affari, alle cure politiche, alle relazioni familiari e ai propri beni per ritirarsi in preghiera. Come era stato per il martire, anche l'ideale dell'asceta era valido sia per gli uomini che per le donne. Furono però soprattutto le **matrone romane**, provenienti dai ceti aristo-

---

STORIA al cinema

AGORÀ
Spagna 2009, 128'
Regia di Alejandro Amenábar

Agorà è un film storico ma romanzato, ambientato nell'anno 415 d.C. nella città di Alessandria d'Egitto, in un'età di profonda crisi dell'impero romano. Ad Alessandria convivono la religione pagana del culto di Serapide, la religione ebraica e quella cristiana. Nella cornice di tensioni, spesso dure e violente, tra appartenenti alle tre confessioni, il film ha come protagonista Ipazia, un'importante filosofa, matematica e astronoma realmente vissuta e una delle ultime eredi della cultura pagana ormai in piena decadenza. Ipazia, insieme al padre Teone, tiene delle lezioni di astronomia nella biblioteca di Alessandria, una delle più ricche dell'antichità, a un gruppo di allievi di varie confessioni religiose ma uniti dalla stessa sete di conoscenza. Alternando brevi scene di riflessioni filosofiche, teologiche e astronomiche, il film narra la rivolta dei cristiani contro la libertà di pensiero di Ipazia, uccisa perché accusata di empietà e stregoneria, la distruzione della biblioteca e il definitivo sopravvento del cristianesimo.

cratici, ad abbracciare la religione cristiana e a favorirne la diffusione presso l'élite senatoriale. Alcune di loro si dedicarono alla **vita ascetica** all'interno delle loro case, rifiutando così il matrimonio, se non erano ancora sposate, o le seconde nozze, se vedove. Altre invece frequentarono circoli, come quello creato da san Girolamo a Roma, dove partecipavano a **dibattiti teologici** e si dedicavano alla **meditazione** e alla preghiera. Altre ancora decisero di destinare gran parte dei loro consistenti patrimoni o per compiere lunghi viaggi in Terrasanta, inaugurando così la pratica del **pellegrinaggio spirituale**, o per finanziare opere di carità e la costruzione di edifici da destinare al culto.

I Padri della Chiesa

Il cristianesimo in questo periodo era in costante espansione grazie anche alla diffusione delle opere e degli scritti dei principali autori cristiani di lingua greca e latina, i cosiddetti **Padri della Chiesa**. Proprio da loro deriva la denominazione di "**patristica**" per il pensiero teologico elaborato fra il II e il VI secolo d.C., quando grazie all'impegno intellettuale di personaggi come Ambrogio, Girolamo e Agostino in Occidente, Basilio il Grande, Gregorio Nazianzeno e Giovanni Crisostomo in Oriente, furono elaborati **concetti teologici** capaci di esprimere il contenuto del messaggio salvifico di Cristo: ciò spinse i cristiani a misurarsi non solo con la filosofia ellenistica (neoplatonismo, **stoicismo**), con il giudaismo e con lo **gnosticismo**, ma anche a creare una **lingua** e **generi letterari** nuovi, nonché a elaborare un **patrimonio di idee** cui attingerà la cultura medievale.

> **ti ricordi?**
> **Stoicismo**: dottrina filosofica sorta in Grecia nel III secolo a.C., che riconosce l'esistenza di un ordine razionale dell'universo al quale l'uomo deve sottomettersi, liberandosi dalle passioni, nel tentativo di raggiungere la saggezza e la perfezione morale.

> **lessico**
> **Gnosticismo** corrente di pensiero filosofico-religiosa sviluppatasi a partire dal II-III secolo d.C., secondo cui l'uomo può ottenere la salvezza solo attraverso la profonda conoscenza (in greco *gnosis*) di sé e del mondo.

Storia al femminile — Il ruolo delle donne nelle prime comunità cristiane

Nel processo di diffusione del cristianesimo, tra il II e il IV secolo d.C., le donne rivestirono un ruolo di importanza fondamentale. Il fenomeno interessò soprattutto le donne dei ceti più elevati, che aderirono alla nuova religione partecipando attivamente alla vita delle prime comunità cristiane e facendo proseliti nella famiglia. Per altri aspetti, il cristianesimo non produsse un significativo avanzamento nella considerazione femminile: lo testimoniano le frequenti dichiarazioni di autori cristiani sulla donna come peccatrice o sul suo ruolo limitato nell'ambito della famiglia.
Per lo più le figure femminili si occupavano di questioni organizzative e assistenziali. Potevano però esercitare anche alcune responsabilità direttive, come quella di diaconessa, che aveva tra le funzioni principali quella di soprintendere al battesimo delle donne.
Particolarmente onorate nelle comunità cristiane erano le vedove, che la Chiesa auspicava non si risposassero. Si trattava a volte di donne che potevano fare ricche donazioni, senza il vincolo della mediazione maschile; più spesso invece, in quanto donne sole e madri di orfani, richiedevano assistenza e cura. Le vergini erano ammirate poiché dimostravano la capacità di distaccarsi dagli aspetti più materiali dell'esistenza per dedicarsi alla contemplazione o al servizio di Dio. L'ascetismo, in forma monastica o di verginità laica, fu un altro strumento con cui le donne scelsero di esprimere la propria indipendenza e il proprio ruolo nella Chiesa.

◀ *La cosiddetta Signora di Cartagine, mosaico del VI secolo d.C. (Cartagine, Museo Nazionale).*

DAL VESCOVO AL PAPA

Il **vescovo** esercita la propria autorità sulle chiese di un determinato territorio (**diocesi**).

⬇

Le diocesi più importanti sono dette arcidiocesi e sono presiedute da un **arcivescovo** o **metropolita**.

⬇

Con l'**editto di Tessalonica** (380 d.C.), il vescovo di Roma assume il nome di papa, capo della Chiesa universale.

GUIDA allo STUDIO

1. Come fu organizzata la Chiesa dopo l'editto di Tessalonica?
2. Quali mutamenti subì la società romana dopo l'editto di Milano?
3. Che ruolo ebbero i Padri della Chiesa nel processo di espansione del cristianesimo?

7.4 Il sacco di Roma e la fine dell'impero romano d'Occidente

Roma sotto assedio

Non passarono molti anni dalla divisione dell'impero seguita alla morte di Teodosio che la **parte occidentale dell'impero** venne sottoposta a una nuova minaccia: i Visigoti, guidati dal re **Alarico**, entrarono in Italia, assediarono Roma e, due anni dopo, nel **410 d.C.**, la saccheggiarono per poi proseguire la marcia verso ovest e insediarsi in Spagna, dove avrebbero fondato un loro regno.

Era dall'invasione dei Galli del 390 a.C. che la città non subiva l'affronto di un **saccheggio**. L'avvenimento destò enorme turbamento nelle coscienze del tempo: anche se Roma non era più la capitale di tutto l'impero, era pur sempre il suo centro spirituale e il suo simbolo di supremazia e invincibilità. Ecco perché non pochi furono coloro che, con esasperato pessimismo, vollero vedere nel **crollo dell'inviolabilità della città eterna** la fine imminente di ogni possibile forma di civiltà, compresa quella cristiana, e nello stesso tempo la caduta dolorosissima di un mito e l'inizio di un futuro pieno di angosciose prospettive per la popolazione romana, incerta sul proprio destino e ormai facile preda delle orde barbariche devastatrici e inarrestabili.

> **CITAZIONE D'AUTORE**
> **Il "centro del mondo" assediato dai barbari**
> *Ci giunge dall'Occidente una notizia spaventosa: Roma è stata assediata e conquistata dai barbari Visigoti (410 d.C.). La mia lingua si rifiuta di parlare e dalla mia bocca non escono che singhiozzi. La città, che aveva conquistato il mondo, è stata a sua volta conquistata e muore addirittura di fame prima di perire. Durante l'assedio si sono verificati episodi terribili: vi sono state persino madri, che hanno divorato i propri bambini. L'impero romano è ormai decapitato. La distruzione di una sola città ha distrutto il mondo.*
> **(San Girolamo, *Epistulae*, 410 d.C.)**

La testimonianza di sant'Agostino

In un momento di così profondo sconforto e grave smarrimento, mentre gli ultimi intellettuali pagani interpretavano la caduta di Roma come una **vendetta degli dèi offesi** per il mancato culto in seguito alla diffusione del cristianesimo, **sant'Agostino** (354-430 d.C.), vescovo di Ippona in Africa, tentò per la prima volta una riflessione sul più drammatico avvenimento del suo tempo.

"Vi sono due volontà" – egli scriveva – "che dominano il mondo. La prima genera il desiderio della potenza e della supremazia, proprio di ogni impero compreso quello romano, e trova nel diritto della forza – e perciò nel male – la propria ultima giustificazione. La seconda invece scopre l'uguaglianza degli uomini, figli tutti di Dio, e tutela perciò il diritto dei più deboli, eliminando ogni smodato autoritarismo".

È questa la **"città di Dio"** – così si intitolava l'opera del vescovo di Ippona –, fondata sull'amore e sul bene e destinata a realizzarsi pienamente solo in paradiso, ma pur già sulla terra parzialmente rappresentata dalla Chiesa cristiana. Se dunque, concludeva Agostino, è terminata la supremazia di Roma, non v'è motivo di abbattersi oltre misura: l'uomo di fede comprende che è ormai iniziata per opera della Provvidenza la costruzione di un'epoca nuova, basata su princìpi più validi e più puri.

◀ **I guerrieri barbari**

Nella società germanica esisteva una categoria di guerrieri professionisti legati al proprio capo da un sentimento di fedeltà maggiore di quello provato nei confronti del gruppo familiare di appartenenza. Nell'immagine una scena di combattimento, dal tesoro della tomba di Sutton Hoo (Gran Bretagna) databile al 650 circa.

Il generale Ezio

Alla corte di Ravenna avevano preso nel frattempo a esercitare un ruolo di primo piano generali di origine barbarica, alcuni dei quali sono passati alla storia per avere cercato di difendere l'integrità territoriale dell'Occidente. Tra essi il celebre **Ezio**, che dal 434 al 454 d.C. resse le sorti dell'impero a fianco di **Valentiniano III**. Originario della Mesia sul basso Danubio e ultimo dei grandi condottieri romani, seppe fronteggiare pericolose incursioni di barbari in Gallia e in Italia, in particolare quella degli Unni.

Gli Unni invadono l'Occidente

Guidati dal re **Attila**, detto "il flagello di Dio", gli Unni avevano intanto costituito un vastissimo regno negli attuali territori della Russia e della Siberia. Di là, dopo avere invaso e sottoposto a tributo l'impero d'Oriente, erano avanzati verso quello d'Occidente raggiungendo la ricca regione gallica, dove il generale Ezio riuscì a vincerli in una grande battaglia ai **Campi Catalaunici** nella Gallia nord-occidentale (451 d.C.). Attila allora si ritirò nella **Pannonia**, da dove l'anno seguente mosse di nuovo, invadendo l'Italia e prendendo d'assalto Padova, Verona, Milano e altre città per poi accamparsi alla confluenza del Mincio nel Po, presso Governolo, deciso a marciare su Roma.

L'intervento di papa Leone I

Mentre il generale Ezio si disponeva a opporgli resistenza e l'imperatore d'Oriente si accingeva a mandare un esercito in difesa dell'Italia, una terribile epidemia di peste era intanto scoppiata tra le orde degli Unni. Trovandosi circondato da così tanti pericoli, Attila accolse a Governolo un'ambasceria romana condotta dal papa **Leone I** e si piegò al trattato di pace che essa gli proponeva. Carico di doni e di bottino, se ne ritornò quindi in Pannonia, dove poco dopo morì. Con lui si dissolse di lì a poco il suo regno.

L'incontro di Governolo ebbe un grande valore sul piano politico e diplomatico, in quanto contribuì a dare risalto e prestigio eccezionali al papato e ad affermarne sempre più l'autorità nella coscienza dei popoli latino-cristiani, in un periodo nel quale le autorità pubbliche avevano dato prova di incapacità e di inefficienza.

Il secondo sacco di Roma

L'assassinio di Ezio nel 454 d.C. e di Valentiniano III nel 455 d.C. lasciavano l'impero sguarnito in un momento in cui una nuova minaccia si profilava, stavolta da parte dei **Vandali**. Costretti ad abbandonare la Spagna perché incalzati dai Visigoti, i Vandali si erano spostati in Africa nord-occidentale dove intorno al 430 d.C. avevano fondato un loro regno e da dove partirono per compiere numerose incursioni nell'Italia meridionale, che culminarono nel **455 d.C.** in un **nuovo saccheggio** della città eterna.

L'azione distruttiva, condotta dal re **Genserico** per quattordici giorni quasi senza incontrare resistenza, determinò devastazioni ancora maggiori di quelle causate alcuni decenni prima dai Visigoti.

◀ **Mosaico vandalo**
Mosaico vandalo con raffigurati diversi simboli cristiani, tra cui la croce.

7 Da Costantino al tramonto dell'impero d'Occidente

▶ **Galla Placidia, regina dei Visigoti e augusta romana**
Galla Placidia, figlia di Teodosio, venne rapita da Alarico durante il sacco di Roma; alla morte di questo fu data in sposa ad Ataulfo, nuovo re dei Visigoti. Quando Ataulfo fu assassinato, Galla venne rimandata da Onorio, il quale la diede in sposa al patrizio Costanzo, associato al trono. Dalla loro unione nacquero due figli, Onoria e Valentiniano, futuro imperatore.

Nel corso del saccheggio, ben poco sfuggì alla furia degli invasori, che non risparmiarono neppure il palazzo dei Cesari e il tempio di Giove, del quale giunsero perfino a scoprire il tetto per appropriarsi delle lamine di bronzo dorato di cui era ricoperto.

L'ultimo imperatore d'Occidente: Romolo Augusto

La situazione dell'impero d'Occidente si andava facendo sempre più critica, al punto che tra il 455 e il 476 d.C., in poco più di vent'anni, si succedettero ben nove imperatori, la maggior parte dei quali furono semplici fantocci, privi di effettiva autorità.

A spadroneggiare nell'impero erano, infatti, alcuni **generali barbarici**, che, non osando assumere personalmente il titolo imperiale, si facevano strada sbarazzandosi del legittimo sovrano e sostituendolo con persone di loro fiducia, delle quali avevano certezza di poter disporre completamente.

Tra essi il goto **Oreste**, il quale, con l'aiuto di mercenari al soldo di Roma e da lui comandati, nel 475 d.C. si rivoltò contro il nuovo imperatore Giulio Nepote, che pure l'aveva colmato di onori e di favori, e lo costrinse a fuggire dall'Italia.

Comunque anche questo generale barbaro rinunciò ad attribuirsi l'altissima carica e si limitò a collocare sul trono il proprio figlio **Romolo Augusto**, cui il popolo attribuì il diminutivo di **Augustolo** a causa della sua tenera età.

Odoacre sconfigge Oreste

Ben presto però, prima che fosse trascorso un anno, quegli stessi mercenari germanici che avevano aiutato Oreste a cacciare Giulio Nepote pretesero quale compenso il possesso di un terzo delle terre d'Italia; poiché la loro richiesta non fu accolta, si ribellarono e nominarono capo **Odoacre**, re degli Eruli, il più abile e il più coraggioso tra loro. Questi marciò subito contro Oreste, lo vinse e, dopo averlo fatto prigioniero a Pavia, lo uccise.

Mentre Augustolo fu relegato con i suoi familiari in un castello a capo Miseno, presso Napoli, Odoacre, rimasto signore d'Italia ma rinunciando a sua volta a prendere la porpora e il diadema, mandò le insegne dei Cesari dell'Occidente all'imperatore d'Oriente, che era in quel tempo Zenone, e prese a governare l'Italia con il titolo di "patrizio" (476 d.C.).

STORIA al cinema

L'ULTIMA LEGIONE
Gran Bretagna, Francia, Italia, Stati Uniti, 2007, 110'
Regia di Doug Lefler

Liberamente tratto dall'omonimo romanzo dello scrittore italiano Valerio Massimo Manfredi, *L'ultima legione* ripercorre l'ultimo scorcio di vita dell'impero romano d'Occidente. Il generale goto Odoacre spodesta l'imperatore Romolo Augusto e lo confina a Capri insieme con il suo precettore, Ambrosinus. La guardia personale del giovane, costituita dai soldati della legione *Nova Invicta* e comandata dal coraggioso Aurelio, è determinata tuttavia a salvare Romolo e con lui ciò che resta dell'impero. Inizia allora un lungo viaggio avventuroso che porterà i legionari a liberare i due prigionieri e a dirigersi con questi in Britannia, dove sperano di trovare l'appoggio e la protezione dell'ultima legione rimasta fedele all'impero, la *Legio IX Draco*. Proprio in Britannia si svolge l'ultima sanguinosa battaglia tra Goti e Romani, i quali, grazie all'apporto determinante dell'ultima legione, riescono a sconfiggere i nemici; la vittoria però non servirà a salvare dal definitivo tracollo l'impero, ormai caduto nelle mani dei barbari. Sul finale, in linea con il romanzo, la "narrazione storica" sconfina nella leggenda. La spada con cui Aurelio uccide il capo dei Goti, e che nel film si dice essere appartenuta al grande Cesare, viene scagliata dal giovane Romolo in segno di rifiuto di ogni futura guerra e si conficca in una roccia: ha così origine il mito di Artù e dei suoi cavalieri della tavola rotonda.

Erede dell'Occidente
Effigie su moneta dell'imperatore d'Oriente Zenone, al quale Odoacre restituì, con le insegne dei Cesari dell'Occidente, una sovranità ormai puramente nominale.

La fine dell'impero d'Occidente: la valutazione degli storici

Con la **deposizione di Romolo Augustolo** nel **476 d.C.** si è soliti far terminare la storia antica e cominciare quella del **Medioevo**.
Tuttavia gli storici sono concordi nel ritenere che il passaggio tra le due epoche, con quella radicale differenza di sistemi, di metodi e di concezioni di vita dell'umana società che ci è dato di riscontrare, non sia stato così repentino da poterne indicare con precisione la data di demarcazione.
Il 476 d.C. è dunque una **data convenzionale**, scelta perché con essa in Occidente ebbe termine il sistema di governo imperiale romano. Bisogna comunque tenere presente che non sono mai situazioni particolari e azioni individuali, anche se di rilievo, a provocare profondi rivolgimenti, bensì un complesso di eventi e fattori destinati nel loro insieme a mutare nel corso del tempo le caratteristiche essenziali di una determinata società e a dare così origine a un mondo diverso per sentimenti, costumi, ordinamenti sociali e politici, e quindi per civiltà.

concetti chiave

Medioevo

Gli storici sono soliti definire Medioevo quel periodo della storia compreso fra l'antichità e i tempi moderni, e più precisamente fra il 476 d.C., anno in cui fu deposto l'ultimo imperatore romano d'Occidente, e il 1492, anno della scoperta dell'America. Questo lungo arco di tempo viene poi suddiviso in Alto (più antico) e Basso (più recente) Medioevo. Si tratta tuttavia di semplici e convenzionali punti di riferimento, sui quali non tutti gli storici sono concordi: c'è chi considera quale data di inizio del Medioevo il 395 d.C., anno della morte di Teodosio e della suddivisione dell'impero romano in due parti; altri invece assumono il 410 d.C., anno nel quale i Goti di Alarico saccheggiarono Roma. Altrettanto variegato è il giudizio che la storiografia ha espresso su questo periodo storico. A partire dall'età umanistico-rinascimentale il Medioevo venne considerato un'epoca oscura e di barbarie, un momento di transizione tra la civiltà classica e quella moderna. Oggi questa concezione è stata quasi del tutto superata e il Medioevo è visto come un'età complessa e vitale nel corso della quale, dall'incontro di civiltà diverse – quella germanica e quella romano-cristiana – sono state poste le basi della moderna cultura europea.

GLI ULTIMI ANNI DELL'IMPERO ROMANO D'OCCIDENTE

395 d.C.
Con la morte di **Teodosio**, l'ultimo che riesce ad accentrare nelle proprie mani il potere imperiale, l'**impero viene diviso** tra Onorio (Occidente) e Arcadio (Oriente)

↓

410 d.C.
I **Visigoti** guidati da **Alarico** saccheggiano Roma

↓

434-454 d.C.
L'impero trova in **Ezio**, un generale di origine barbarica, tutore dell'imperatore Valentiniano IIII, l'ultimo grande condottiero in grado di fronteggiare le incursioni dei barbari

↓

452 d.C.
Gli **Unni** guidati da **Attila** invadono l'Italia, saccheggiando diverse città. Un'epidemia di peste li convince ad accettare il piano di pace del papa **Leone I** e a tornare indietro

↓

455 d.C.
I **Vandali**, guidati da **Genserico**, saccheggiano per la seconda volta Roma

↓

475 d.C.
Il generale goto **Oreste** depone e costringe alla fuga l'imperatore d'Occidente, **Giulio Nepote**, e investe della carica imperiale il figlio **Romolo Augusto**, detto **Augustolo**

↓

476 d.C.
Con la deposizione di Romolo Augusto, l'ufficiale germanico **Odoacre**, dopo aver sconfitto Oreste, diventa "patrizio" d'Italia

↓

l'impero d'Occidente non esiste più

GUIDA allo STUDIO

1. Che cosa rappresentò il sacco di Roma agli occhi dei contemporanei?
2. Qual è il pensiero di sant'Agostino sui tragici eventi del 410 d.C.?
3. Perché si è scelto l'anno 476 d.C. come spartiacque tra la storia antica e il Medioevo?

SINTESI

7.1 Dopo l'abdicazione di Diocleziano l'accordo tra i colleghi di governo viene meno e si apre un **periodo di nuovi contrasti**. Quando i due "Cesari" Galerio e Costanzo I Cloro diventano "Augusti", ben sei "Augusti" si contendono il trono: in Occidente, Costantino (figlio di Costanzo I), Massenzio e Massimiano; in Oriente, Galerio, Massimino e Severo, al quale si sostituisce poi Licinio. Alla fine **l'impero viene unificato da Costantino**, che riesce a liberarsi prima dei colleghi dell'Occidente, Massimiano e Massenzio (battaglia del ponte Milvio) e poi anche dell'imperatore d'Oriente, Licinio. Con la vittoria di Costantino, la capitale viene trasferita a Bisanzio, ribattezzata **Costantinopoli**. L'impero viene riorganizzato dal punto di vista amministrativo con la suddivisione in prefetture, diocesi e province e **governato in modo accentrato** grazie a un forte potenziamento della burocrazia.

Costantino imprime una svolta radicale alla politica religiosa dell'impero: nel **313 d.C.** promulga l'**editto di Milano**, che riconosce la libertà di culto per tutte le religioni. Il suo obiettivo in realtà è quello di favorire il cristianesimo, ritenendolo uno strumento efficace per consolidare la ritrovata e ancora incerta unità dello Stato. D'altra parte, proprio la diffusione della nuova fede provoca il sorgere di divergenze nell'interpretazione del Vangelo: ne nascono numerose dispute sui dogmi fondamentali del cristianesimo e si sviluppano **dottrine scismatiche o eretiche** come l'**arianesimo**, che nega la natura divina di Cristo e la Trinità.

Nel **325 d.C.** Costantino, per evitare che questi dissidi si riflettano sulla coesione dell'impero, affronta il problema dell'unità della Chiesa con la convocazione del **primo concilio ecumenico**, svoltosi a **Nicea**, in Asia Minore, nel corso del quale, viene dichiarata vera (ortodossa) la dottrina favorevole al dogma della divinità di Cristo. L'arianesimo sconfitto comincia a diffondersi soprattutto fra i barbari. Si forma da allora all'interno dell'impero una **classe dirigente ecclesiastica** di potenza pari a quella della classe dirigente laica.

7.2 A Costantino, morto nel 337 d.C., succedono, tra gli altri, Flavio Claudio **Giuliano, detto l'Apostata**, e Flavio **Teodosio il Grande**. Il breve regno di Giuliano l'Apostata (361-363 d.C.) è caratterizzato dal tentativo di **restaurare il paganesimo**: l'imperatore, studioso di filosofia neoplatonica, pur senza persecuzioni cruente allontana i cristiani dalla corte, dalle cariche pubbliche, dalle scuole e diffonde scritti anticristiani, guadagnandosi dagli autori cristiani il soprannome di "apostata", cioè "rinnegato". La politica religiosa dell'imperatore tuttavia resterà senza conseguenze e non riuscirà a scalfire concretamente la posizione di preminenza ormai acquisita dal cristianesimo. Sul piano politico Giuliano ha il merito di vincere alcuni decisivi scontri contro i Germani; ma proprio sul campo di battaglia, durante una spedizione militare contro i Persiani, egli trova la morte (363 d.C.). Dopo un periodo di lotte tra i vari pretendenti al trono, è eletto imperatore lo spagnolo Teodosio (379-395 d.C.). Nel **380 d.C.**, spinto dal vescovo di Milano **Ambrogio**, emana l'**editto di Tessalonica**, che proclama **il cristianesimo religione ufficiale dello Stato** e riconosce il primato del **vescovo di Roma** (chiamato "papa", cioè padre) sulla Chiesa universale.

Il regno di Teodosio coincide con una fase delicata per la vita dell'impero, sottoposto a una rinnovata e più forte pressione da parte delle popolazioni barbariche. Verso il 370 d.C. gli Unni, popolazione nomade di origine mongolica proveniente dalle steppe asiatiche, giungono nelle regioni del Volga. I **Visigoti**, nel tentativo di fuggire dall'invasione degli Unni, **oltrepassano i confini dell'impero** e Teodosio è costretto a concedere loro lo status di **federati**, cioè di alleati dell'impero. Alla sua morte (395 d.C.) il potere viene diviso tra i figli, **Arcadio** in Oriente e **Onorio** in Occidente, quest'ultimo sotto la tutela del generale barbaro **Stilicone**.

7.3 Quando il cristianesimo diventa religione di Stato la Chiesa assume una struttura organizzativa sempre più complessa e modellata su quella imperiale. Malgrado l'editto di Tessalonica, la **religione** tradizionale **romana** continua a essere **professata segretamente**, specie nelle campagne e nei villaggi, in latino *pagi* da cui deriva il termine "**paganesimo**", cioè religione ancora praticata nei pagi. Ciò tuttavia non impedisce che il cristianesimo acquisti una posizione di preminenza ed eserciti la sua influenza sulla società del tempo. Inizia a diffondersi la figura dell'**asceta**, che abbandona tutto per dedicare la propria vita alla preghiera. La figura della donna poi acquista un ruolo particolare: sono soprattutto le ricche matrone romane a convertirsi al cristianesimo e a diffonderne il Credo presso l'élite senatoriale. La tradizione cattolica si consolida inoltre grazie all'opera dei **Padri della Chiesa**, le principali autorità cristiane, come Ambrogio, Girolamo e Agostino in Occidente, Basilio il Grande, Gregorio Nazianzeno e Giovanni Crisostomo in Oriente.

7.4 All'inizio del V secolo l'impero d'Occidente vive una nuova e più grave minaccia. I **Visigoti**, guidati dal re **Alarico**, entrano in Italia, **assediano Roma** e, due anni dopo, nel **410 d.C.** la saccheggiano. Questo fatto suscita una grande impressione: Roma, infatti, viene considerata la capitale spirituale del mondo. Dal 434 al 454 d.C. alla corte di Ravenna, nuova capitale dell'impero d'Occidente, s'impone il generale barbaro **Ezio**, tutore dell'imperatore Valentiniano III, che nel 451 respinge vittoriosamente in Gallia l'invasione degli Unni guidati da Attila.

La minaccia degli Unni, pronti a marciare su Roma, viene neutralizzata grazie all'intervento di **papa Leone I**, che induce Attila ad accettare un trattato di pace, riuscendo così ad accrescere l'autorità politica e diplomatica del papato. Nel 455 d.C. **Roma** è vittima del **saccheggio dei Vandali** di Genserico. Negli anni seguenti si succedono ben nove imperatori fino a quando, nel **476 d.C.**, il generale barbaro **Odoacre** depone l'ultimo di essi, **Romolo Augustolo**, e invia le insegne imperiali all'imperatore d'Oriente, Zenone. Con la **caduta dell'impero d'Occidente** termina convenzionalmente l'età antica e inizia la storia del **Medioevo**.

PER COSTRUIRE LE COMPETENZE

TEMPO

1. Completa la cronologia.

312 d.C.	Battaglia a Saxa Rubra, presso il ponte MILVIO, tra le truppe di COSTANTINO e quelle di Massenzio
313 d.C.	Viene promulgato l'editto di MILANO
324 d.C.	Dopo aver sconfitto e ucciso _____ Costantino resta l'unico imperatore
_____	A Nicea viene convocato il primo _____
330 d.C.	La capitale dell'impero viene spostata da Roma a _____
337 d.C.	Muore _____ dopo essere appena stato battezzato
363 d.C.	Muore l'imperatore Giuliano detto _____
380 d.C.	Viene emanato da _____ l'editto di _____
_____	Muore Teodosio e l'impero viene diviso tra i suoi due figli: _____ e _____
401 d.C.	La capitale viene spostata da Milano a _____

2. Rimetti nel giusto ordine cronologico gli avvenimenti che hanno portato alla caduta dell'impero romano e assegna le date corrispondenti: 400 d.C., 410 d.C., 451 d.C., 452 d.C., 455 d.C., 475 d.C., 476 d.C.

- ☐ Viene messo sul trono Romolo Augusto [____]
- ☐ Odoacre uccide Oreste [____]
- ☐ Odoacre depone Romolo Augusto e diventa "patrizio" d'Italia [____]
- ☐ Il generale Oreste depone l'imperatore Giulio Nepote [____]
- ☐ I Visigoti saccheggiano Roma [____]
- ☐ I Visigoti guidati da Alarico entrano in Italia [____]
- ☐ I Vandali di Genserico saccheggiano Roma [____]
- ☐ Ezio sconfigge Attila ai Campi Catalaunici [____]
- ☐ Attila accetta la proposta di pace di papa Leone I [____]

LESSICO

3. Associa a ogni termine il relativo significato e completalo quando richiesto.

A. Arianesimo
B. Concilio
C. Dogma
D. Ecumenico
E. Editto
F. Eresia
G. Apostata
H. Simbolo
I. Sinodo
J. Scisma

a. Verità contenuta nella Rivelazione o definita dalla Chiesa come tale, imposta ai credenti come articolo di fede immutabile e assoluto
b. Separazione da una Chiesa o da una comunità religiosa
c. Ordinanza, legge
d. Opinione diversa rispetto alla dottrina della Chiesa; deriva da una parola greca che significa _____
e. Formula sintetica cristiana in cui si esprime il proprio Credo
f. Eresia che nega la natura divina di _____
g. Concilio dei vescovi
h. Che coinvolge l'intera Chiesa
i. Assemblea dei _____
j. Rinnegato

EVENTI E PROCESSI

4. Indica se le seguenti affermazioni sono vere [V] o false [F].

- La tetrarchia di Diocleziano si rivela un sistema di potere molto valido [____]
- Licinio resta l'unico imperatore d'Oriente [____]
- Costantino mantenne la struttura dell'impero in prefetture, diocesi e province [____]
- La capitale dell'impero romano diventò Bisanzio nel 320 d.C. [____]
- L'editto di Milano venne promulgato anche da Licinio [____]
- Costantino fu il primo imperatore a convertirsi al cristianesimo [____]
- L'arianesimo sarà ben visto da molti imperatori per motivi politici [____]
- Il concilio di Nicea venne convocato dal papa [____]
- Il "Credo" stabilito a Nicea viene recitato ancora oggi dai cattolici [____]
- L'imperatore Giuliano era definito l'Apostata [____]
- Il primo imperatore a inginocchiarsi davanti a un cristiano fu Ambrogio [____]
- Gli Unni erano di stirpe scandinava [____]
- Teodosio sposta la capitale da Milano a Ravenna [____]
- Il vescovo di Roma viene chiamato papa [____]

● **La battaglia di Adrianopoli**

5. Completa il seguente testo utilizzando il termine corretto.

Con la spinta provocata *dagli Unni | dai Vandali*, i Visigoti superarono il *limes | fiume* e si scontrano con i Romani nel *378 d.C. | 379 d.C. Valente | Teodosio* viene sconfitto. A *Teodosio | Valente* non resta che riconoscere i Visigoti quali *federati | cittadini* dell'impero. La conseguenza fu che i *soldati germanici | pretoriani* entreranno a far parte sempre di più dell'esercito romano e che i *Goti | Unni* saranno un fattore di instabilità.

● **L'organizzazione della Chiesa**

6. Associa i termini alle corrette definizioni.

A. Diocesi
B. Curia
C. Arcidiocesi
D. Papa
E. Padri della Chiesa
F. Metropolita

a. Vescovo che gestiva un'arcidiocesi
b. Appellativo dei vescovi e poi di quello di Roma
c. Insieme dei collaboratori del vescovo
d. Diocesi di maggior rilievo
e. Territorio gestito da un vescovo
f. Coloro che hanno elaborato il pensiero religioso cristiano

NESSI

7. Individua le motivazioni giuste che hanno portato allo spostamento della capitale da Roma a Costantinopoli.

- ☐ Alleanza con i Parti
- ☐ Base per la futura conquista della Persia
- ☐ Carattere orientale della monarchia di Costantino
- ☐ Costantino era già stato imperatore d'Oriente
- ☐ Lontananza dalla nobiltà romana
- ☐ Posizione strategica di Bisanzio
- ☐ Presenza della moschea

7 Da Costantino al tramonto dell'impero d'Occidente

● L'editto di Milano

8. Completa le seguenti affermazioni, facendo anche riferimento al Laboratorio-Lavorare con le fonti di p. 124.

Anno e luogo: ....

Le leggenda della visione: ....
....
....

Contenuto: ....
....
....

Motivo politico: ....
....

● L'arianesimo

9. Completa le seguenti affermazioni.

Teoria: ....
....

Effetti: ....
....

Motivi per cui è stato accolto dagli imperatori: ....
....

Reazione della Chiesa: ....
....

Diffusione dopo Nicea: ....
....

CONFRONTI

10. Assegna le seguenti caratteristiche al rispettivo imperatore: Costantino [C], Giuliano [G], Teodosio [T].
- Allontana i cristiani dalle cariche [___]
- Viene scomunicato [___]
- Riunifica l'impero [___]
- Segue il neoplatonismo [___]
- Migliora il sistema fiscale [___]
- Convoca il concilio di Nicea [___]
- Sconfigge Massenzio [___]
- Dà l'avvio a un impero cristiano [___]
- Promulga l'editto di Tessalonica [___]
- Muore in guerra [___]
- Si inginocchia davanti a un vescovo [___]
- Emette l'editto di Milano [___]
- Fa un accordo con i Visigoti [___]
- Divide l'impero [___]

RIELABORAZIONE (verso l'orale)

11. Prepara una scaletta con i fatti e i concetti principali del capitolo che ti possa guidare in un eventuale colloquio, sviluppando questi modelli.

Lo sviluppo del cristianesimo
- Il ruolo di Costantino: la libertà di culto
- Il suo obiettivo: il cristianesimo come fattore di coesione
- La Chiesa e la prima eresia. Il concilio di Nicea
- Con Teodosio la Chiesa si rafforza (ruolo di sant'Ambrogio ed editto di Tessalonica)
- La Chiesa si crea una struttura organizzata
- I Padri della Chiesa forniscono la dottrina

Il declino dell'impero d'Occidente
- Costantino riunisce l'impero ma sposta la capitale
- Teodosio e il patto con i Visigoti
- Dopo Teodosio l'impero si divide
- Il sacco di Roma con Alarico
- Il pericolo degli Unni
- Il secondo saccheggio di Roma
- Odoacre depone l'ultimo imperatore

▶ LABORATORIO DELLE COMPETENZE

FONTI A CONFRONTO

12. L'esperienza del Sacco di Roma ha molto impressionato i contemporanei. Ti proponiamo un brano dello storico del V secolo d.C. Paolo Orosio, da accostare alla citazione di san Girolamo e quella di sant'Agostino (di cui Orosio è stato allievo) citati nel capitolo. Spiega come ognuno dei tre autori abbia descritto e commentato l'episodio.

> Quindi, dopo tutto questo grande divampare di blasfemie senza alcun segnale di pentimento, il disastro finale a lungo incombente colpì la città. Alarico apparve di fronte a Roma, la assediò, sparse confusione, e irruppe nella Città... E a provare ulteriormente che la devastazione della città era dovuta all'ira divina più che alla forza del nemico accadde che il beato Innocenzo, il vescovo di Roma, proprio come il giusto Loth sottratto a Sodoma, in quel momento si trovasse, per opera della Divina e imperscrutabile Provvidenza, a Ravenna, non assistendo alla distruzione della popolazione peccaminosa.
>
> Il terzo giorno dopo la loro entrata in città, i barbari partirono di propria iniziativa. Avevano, certo, incendiato diversi edifici, ma persino il loro fuoco non era così grande quanto quelli causati accidentalmente in settecento anni di Roma. Ché, se si considera l'incendio offerto come spettacolo dall'imperatore Nerone, senza dubbio non si può fare alcun paragone tra l'incendio suscitato dal capriccio del principe e quello provocato dall'ira del vincitore. Né in tal paragone dovrò ricordare i Galli, che per quasi un anno calpestarono da padroni le ceneri dell'Urbe abbattuta e incendiata. E perché nessuno potesse dubitare che tanto scempio era stato consentito ai nemici al solo scopo di castigare la città superba, lasciva, blasfema, nello stesso tempo furono abbattuti dai fulmini i luoghi più illustri dell'Urbe che i nemici non erano riusciti ad incendiare.
>
> (Orosio, *Storia contro i Pagani*, VII, 39)

Cittadinanza e Costituzione

La LIBERTÀ di CULTO

La libertà di religione nel tardo impero...

L'**editto di tolleranza**, emanato nel 313 d.C. dall'imperatore Costantino principalmente allo scopo di porre fine alle persecuzioni che avevano colpito i cristiani fin dal I secolo d.C., concedeva a tutti i cittadini romani la possibilità di professare liberamente il proprio credo religioso, nei modi e nei luoghi che essi ritenevano più opportuni. Un passo indietro fu poi compiuto sotto Teodosio, dopo l'emanazione dell'**editto di Tessalonica** (380 d.C.), che elevava il cristianesimo a religione di Stato e vietava di praticare tutti gli altri culti, pena durissime persecuzioni.

... e in epoca contemporanea

Dopo secoli di intolleranza religiosa, spesso sfociata in sanguinose lotte e persecuzioni, dalle crociate medievali all'Inquisizione alle guerre di religione in Europa tra cattolici e protestanti, nella seconda metà del Novecento la libertà di culto ha trovato ampia tutela nel **diritto internazionale**. L'articolo 18 della *Dichiarazione universale dei diritti umani*, emanata dall'ONU nel 1948, è interamente dedicato alla **libertà di pensiero, di coscienza e di religione**, con la quale ogni persona può affermare la propria individualità e le proprie idee.

La libertà di culto nella Costituzione italiana

La **tolleranza religiosa** e la libertà di tutte le confessioni fanno anche parte dei principi fondamentali della nostra Costituzione (articolo 3 e articolo 8). I cittadini italiani e gli stranieri sono dunque liberi di praticare il proprio credo, ma **nel rispetto delle leggi italiane**:

> **Costituzione Italiana**
>
> **Art. 3** • Tutti i cittadini [...] sono **eguali** davanti alla legge, senza distinzione di sesso, di razza, di lingua, di **religione**, di opinioni politiche, di condizioni personali e sociali. [...]
>
> **Art. 8** • Tutte le **confessioni religiose** sono **egualmente libere** davanti alla legge.
> Le confessioni religiose diverse dalla cattolica hanno diritto di organizzarsi secondo i propri statuti, in quanto non contrastino con l'ordinamento giuridico italiano. [...]
>
> **Art. 19** • Tutti hanno diritto di **professare liberamente** la propria **fede religiosa** in qualsiasi forma, individuale o associata, di farne propaganda e di esercitarne in privato o in pubblico il culto, purché non si tratti di riti contrari al buon costume.

La presenza musulmana in Italia è legata all'aumento dei flussi migratori degli ultimi tre decenni, e in particolare all'arrivo di immigrati dai paesi del Nord Africa, dall'Albania, dal Senegal, dal Pakistan, dal Bengala. Oggi in molte città italiane sono state costruite le moschee, luoghi di culto e preghiera dell'islam.

LA LIBERTÀ DI CULTO

LE RELIGIONI IN EUROPA

L'Europa è un continente multietnico e multireligioso: insieme ai 555 milioni di cristiani (di cui 269 cattolici, 170 ortodossi, 80 protestanti, 30 anglicani) vivono in Europa 32 milioni di musulmani; 3,4 milioni di ebrei; 1,6 milioni di induisti; 1,5 milioni di buddisti e 500mila sikh.

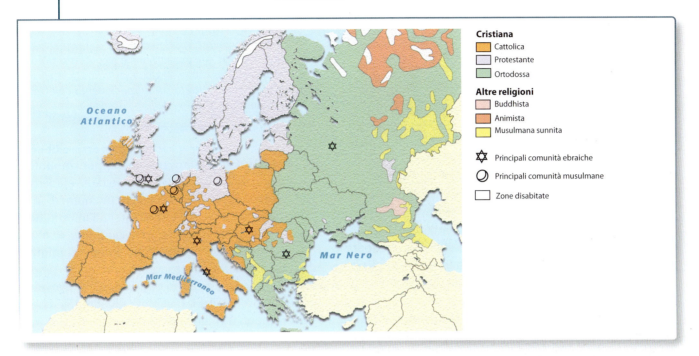

ciò significa, ad esempio, che nessun cittadino italiano può, per motivi religiosi, sottrarsi all'obbligo scolastico. La professione del culto è inoltre tutelata dall'articolo 19.
Inoltre l'articolo 8 della Costituzione, dichiarando tutte le confessioni religiose "egualmente libere davanti alla legge", intende affermare che lo **Stato italiano** è **aconfessionale**.

La libertà religiosa oggi nel mondo

Il principio stabilito dall'ONU oggi non viene rispettato a livello mondiale; sono infatti numerose le aree dove la **libertà religiosa** viene **impedita** e le professioni di fede diverse vengono perseguitate. Ciò avviene là dove i fondamentalismi sono forti o sono addirittura al potere, oppure dove esistono governi dittatoriali che impediscono o limitano ogni libertà, compresa quella religiosa.

DICHIARAZIONE UNIVERSALE DEI DIRITTI UMANI

Art. 18 • Ogni individuo ha diritto alla libertà di pensiero, di coscienza e di religione; tale diritto include la libertà di cambiare di religione o di credo, e la libertà di manifestare, isolatamente o in comune, e sia in pubblico che in privato, la propria religione o il proprio credo nell'insegnamento, nelle pratiche, nel culto e nell'osservanza dei riti.

Le minoranze cristiane e di altre fedi lamentano scarsa libertà di culto nei paesi islamici se non vere e proprie ostilità. I palestinesi criticano la politica israeliana anche per quanto riguarda l'espressione religiosa. I musulmani occidentali lamentano discriminazioni nei loro confronti. Il mondo intero conosce le persecuzioni subite dai monaci tibetani a opera della Cina, sebbene la Costituzione cinese sancisca il pieno godimento della libertà religiosa.

ATTIVITÀ

1. Che cosa ha stabilito l'editto emanato da Costantino nel 313 d.C.?
2. L'editto di Tessalonica è stato un'evoluzione o un regresso rispetto al precedente? Motiva la risposta.
3. Quali sono i documenti che oggi sanciscono la libertà di culto a livello nazionale e internazionale?
4. In una società multietnica come la nostra, come va intesa, a tuo giudizio, la libertà religiosa? In particolare: che cosa pensi della questione relativa alla presenza o meno del crocifisso nelle scuole? Per approfondire puoi consultare il sito dell'Osservatorio delle libertà ed istituzioni religiose: http://www.olir.it

CITTADINANZA E COSTITUZIONE

MIGRAZIONI e INTEGRAZIONE

UNIONE EUROPEA

L'Unione sviluppa una politica comune dell'immigrazione intesa ad assicurare, in ogni fase, la gestione efficace dei flussi migratori, l'equo trattamento dei cittadini dei paesi terzi regolarmente soggiornanti negli Stati membri e la prevenzione e il contrasto rafforzato dell'immigrazione illegale e della tratta degli esseri umani (dal *Trattato sul funzionamento dell'Unione Europea*, art. 79).

Romani e barbari dal III al V secolo

I Romani, e già i Greci, chiamavano "barbari" tutti gli stranieri (in greco *bárbaros* era "colui che balbetta"). Fin dal II secolo d.C. le regioni ai confini nord-orientali dell'impero romano erano minacciate da popolazioni barbariche, per lo più di origine germanica, che depredavano città e campagne con brevi ma violente **incursioni**. Nel III secolo le autorità romane iniziarono a stringere con alcune tribù dei patti di alleanza (in latino *foedus*), offrendo loro la possibilità di occupare un territorio all'interno dell'impero in cambio dell'obbligo di prestare servizio militare per difenderne i confini dalle pressioni di altre tribù.
Grazie a questa politica fatta di **campagne militari** e **alleanze**, le frontiere restarono sicure per almeno un altro secolo; inoltre una moltitudine di "immigrati" fu accolta nelle regioni dell'impero e andò a rinnovare profondamente la composizione etnica anche degli stessi gruppi dirigenti. Sempre più spesso i comandanti barbari – grazie al valore dimostrato in battaglia – ricevevano ricchezze e onori, e intraprendevano brillanti carriere.
In un periodo di crisi economica e demografica, l'immigrazione rappresentò inoltre una risorsa per Roma: i "federati" erano indispensabili non solo per **difendere i confini dell'impero**, ma anche per **ripopolare le campagne** devastate dalle guerre e dalle epidemie.
Dal IV secolo le invasioni si fecero più numerose e minacciose; questa volta a riversarsi all'interno dei territori dell'impero furono popolazioni intere, al punto che, più che di incursioni, si può parlare di **migrazioni di massa**: Visigoti, Ostrogoti, Alani, infatti, si spostavano verso ovest incalzati dagli Unni, che avevano occupato i loro territori. La spinta diventò tale che l'impero romano d'Occidente finì per crollare.

Le migrazioni nell'età moderna

Dalla fine del **XV secolo** si è verificato un nuovo, lungo processo migratorio, che ha portato alcuni paesi europei a popolare ed "europeizzare" vastissime regioni del mondo, a partire, dopo la "scoperta" di Cristoforo Colombo (1492), dal continente americano. A migrare non furono però interi popoli, ma gruppi più o meno numerosi di persone, spesso incoraggiati dai governi degli Stati di provenienza, che volevano consolidare il possesso di nuovi territori oppure liberarsi di minoranze politiche o religiose.
Nel corso del **XIX secolo** si sviluppa il fenomeno della **colonizzazione**, che vede come protagoniste le "potenze" europee (in primo luogo Gran Bretagna e Francia), alla ricerca di nuovi mercati e di nuovi territori, soprattutto in Africa, in Asia e Oceania. L'**Italia** tra XIX e XX secolo è stato invece un **paese di emigranti**, un fenomeno determinato dalla diffusa povertà di molte zone della penisola. In ogni caso, le migrazioni dell'età moderna hanno modificato profondamente i sistemi politici, le strutture sociali e la cultura dei paesi "ospitanti".
Si sono verificati inoltre casi di **migrazioni forzate**: tale è stata la tratta degli schiavi, che fra il XVI e il XIX secolo ha coinvolto milioni di africani, catturati, imprigionati e condotti in America a lavorare nelle piantagioni.

◀ Cippo romano di età imperiale posto sul confine (*limes*) germanico, tra i fiumi Danubio e Reno.

MIGRAZIONI E INTEGRAZIONE

I flussi migratori oggi

A partire dagli anni Settanta del **Novecento**, il fenomeno migratorio ha assunto dimensioni ancora più ampie, anche perché il mondo contemporaneo è caratterizzato da una mobilità territoriale sempre più intensa. In un pianeta fittamente popolato e segnato da forti squilibri economici, un **flusso costante di persone** provenienti da paesi poveri si sposta verso paesi più ricchi per **cercare una vita migliore** o, molto spesso, per sfuggire alla fame e alla guerra.

L'**integrazione** è sempre difficile e crea indubbiamente **problemi di convivenza** fra i nuovi arrivati e le popolazioni autoctone tanto da porre questioni nuove e complesse: nei paesi "ospitanti" infatti l'opinione pubblica è concorde nel riconoscere a singole persone o a gruppi il diritto a emigrare, ma non altrettanto nell'accettare che gli stranieri entrino liberamente nel proprio paese. I **governi** agiscono di conseguenza, decidendo di volta in volta se accogliere in massa o allontanare sistematicamente gli immigrati, oppure se fissare delle **quote di ingresso**.

Riguardo poi al problema della convivenza fra persone diverse per origine, cultura, religione, alcuni Stati hanno puntato sull'**assimilazione**, cercando di integrare gli stranieri nella cultura e nelle tradizioni del paese ospitante; in altri casi invece si è percorsa la strada del **multiculturalismo**, tutelando le specificità delle diverse culture.

La tratta dei migranti

Il traffico di uomini, donne e bambini, è oggi una delle attività più redditizie per le organizzazioni criminali di tutto il mondo, con guadagni superiori persino a quelli derivanti dal commercio di droga e armi. La ragione è semplice ed è legata a una contraddizione tipica della nostra epoca: mentre con la globalizzazione merci e capitali possono circolare molto facilmente nel mondo, per le persone è diventato **sempre più difficile migrare legalmente** perché tutti gli Stati più sviluppati hanno alzato **barriere** giuridiche e spesso anche fisiche per limitare i flussi in entrata. I migranti tuttavia cercano di attraversare illegalmente le frontiere.

Le reti criminali organizzano i trasporti dei **clandestini** (ovvero dei migranti privi di **permesso di soggiorno**) via terra o via mare, ad esempio in nascondigli ricavati all'interno di autotreni o in barconi malandati. La tratta dei migranti è tanto più redditizia quanto maggiore è la difficoltà di superare le frontiere. Con il crescere dei controlli crescono infatti anche i prezzi: qualche anno fa, ad esempio, attraversare il Mediterraneo poteva costare 500 euro, mentre oggi il prezzo può salire addirittura fino a 3000 euro.

Nel corso di questi viaggi inoltre i clandestini spesso mettono a repentaglio la loro vita: le cronache dei giornali sono piene di notizie di persone annegate durante la traversata tra il Nord Africa e le coste mediterranee dell'Europa, o di migranti assiderati o schiacciati dal peso delle merci all'interno dei camion. Impossibile quantificare con precisione i **morti**, perché di molti purtroppo non resta alcuna traccia. Ma anche le cifre sui soli casi documentati e relativi all'Europa sono impressionanti: secondo "Fortezza Europa", un sito internet che archivia tutte le notizie sui migranti morti nel tentativo di entrare in Europa, a partire dal 1988, in circa vent'anni, i giornali hanno registrato oltre 12.200 morti.

> **lessico**
> **Permesso di soggiorno**
> documento indispensabile per poter soggiornare legalmente in un paese straniero. In Italia lo devono possedere gli extracomunitari, cioè i cittadini che non fanno parte di uno Stato membro dell'Unione europea, che intendano stare nel nostro paese più di tre mesi.

La frontiera tra Messico e Stati Uniti d'America è oggi una delle più militarizzate perché l'immigrazione messicana è considerata un problema di criminalità legata al traffico di droga. Dal 1990 le autorità statunitensi hanno innalzato un muro d'acciaio lungo 30 chilometri.

CITTADINANZA E COSTITUZIONE

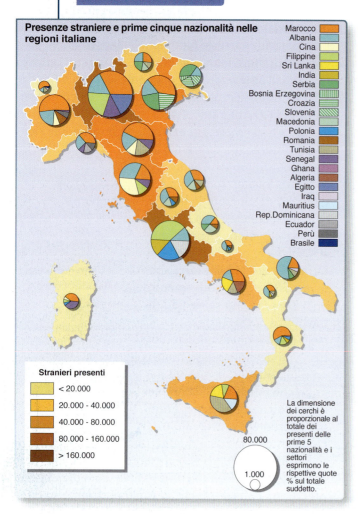

GLI STRANIERI IN ITALIA

Presenze straniere e prime cinque nazionalità nelle regioni italiane

Marocco, Albania, Cina, Filippine, Sri Lanka, India, Serbia, Bosnia Erzegovina, Croazia, Slovenia, Macedonia, Polonia, Romania, Tunisia, Senegal, Ghana, Algeria, Egitto, Iraq, Mauritius, Rep. Dominicana, Ecuador, Perù, Brasile

Stranieri presenti:
- < 20.000
- 20.000 - 40.000
- 40.000 - 80.000
- 80.000 - 160.000
- > 160.000

La dimensione dei cerchi è proporzionale al totale dei presenti delle prime 5 nazionalità e i settori esprimono le rispettive quote % sul totale suddetto.

Gli stranieri in Italia

A partire dagli anni Ottanta del Novecento l'Italia è divenuta un **paese di immigrazione**, ed è tra i primi paesi europei con il **maggior numero di stranieri residenti** (circa 5 milioni). Anche la quota di cittadini stranieri sul totale dei residenti (italiani e stranieri) continua ad aumentare: dal 6,8% del 1° gennaio 2012 è passata al 7,4% del 1° gennaio 2013.

La **manodopera straniera** è diventata una componente importante per l'economia nazionale e in alcuni settori insostituibile. Quasi la metà lavora nel settore terziario (soprattutto servizi domestici e alla persona, ristorazione, sanità, imprese di pulizia), poco più di un quarto è occupata nel settore industriale ed edilizio, circa il 12% nell'agricoltura e nella pesca. Circa il 10% dei matrimoni in Italia è rappresentato dai **matrimoni misti**, a dimostrazione di una integrazione sempre maggiore.

La questione della cittadinanza

Nel nostro paese si è inoltre acceso un dibattito sul tema della **concessione del diritto alla cittadinanza**. Diversamente da quanto avviene in altri Stati – dove le regole per acquisire la cittadinanza sono fissate dalla Costituzione e sono quindi piuttosto rigide –, in Italia queste norme sono definite dalla legge 91 del 5 febbraio 1992 e possono perciò essere più facilmente modificate e adattate ai mutamenti in corso nella società. Di fronte al grande numero di immigrati extracomunitari presenti in Italia, una parte dell'opinione pubblica vorrebbe limitare il più possibile l'allargamento della cittadinanza. Altri invece considerano non solo giusta, ma anche utile la concessione della cittadinanza italiana, proprio per facilitare l'integrazione, rendendo queste persone soggetti attivi e partecipi nella società che li ha accolti.

Manifesto per la campagna in favore della cittadinanza per i bambini che nascono in Italia da famiglie immigrate.

ATTIVITÀ

1. Cerca il testo della legge del 1992 sulla cittadinanza e fai uno schema sulle condizioni previste per ottenere la cittadinanza italiana.
2. La legge che regola l'immigrazione è la cosiddetta Bossi-Fini (L. 189/2002). Dopo aver cercato il testo su Internet, esprimi il tuo giudizio, anche sulla base di esperienze dirette e dei fatti di cronaca, sulla condizione attuale degli immigrati e sul reato di clandestinità.

unità **3**

Oriente e Occidente nell'Alto Medioevo

capitolo

8 I regni romano-barbarici e l'impero bizantino

9 L'Italia longobarda e la Chiesa di Roma

10 La nascita dell'islam e la civiltà arabo-islamica

11 Il Sacro romano impero e il feudalesimo

12 I primi regni nazionali e la restaurazione dell'impero

CITTADINANZA E COSTITUZIONE
L'istruzione
Le donne: emancipazione e pari opportunità
Il diritto al lavoro
Dall'impero di Carlo Magno all'Unione Europea

528-528
Pubblicazione del *Corpus iuris civilis*

568-774
Dominazione longobarda in Italia

962
Nascita del Sacro romano impero germanico

630
Maometto conquista La Mecca e unifica l'Arabia

728
Donazione di Sutri

800
Carlo Magno imperatore del Sacro romano impero

843
Trattato di Verdun e divisione dell'impero in tre parti

capitolo 8
I regni romano-barbarici e l'impero bizantino

L'impero romano sotto Giustiniano

1 Dopo la breve parentesi del regno di Odoacre, si afferma in Italia il dominio degli **Ostrogoti**, che sotto la guida di **Teodorico** si trasferiscono in massa nella penisola (489). Dopo la morte di Teodorico (526) il regno goto ha termine a seguito dell'intervento di Bisanzio.

2 A partire dal 527, l'imperatore **Giustiniano** attua una **politica di espansione**, con lo scopo di riconquistare i territori mediterranei (Italia, Africa, Spagna) dell'impero d'Occidente, crollato a seguito delle invasioni barbariche.

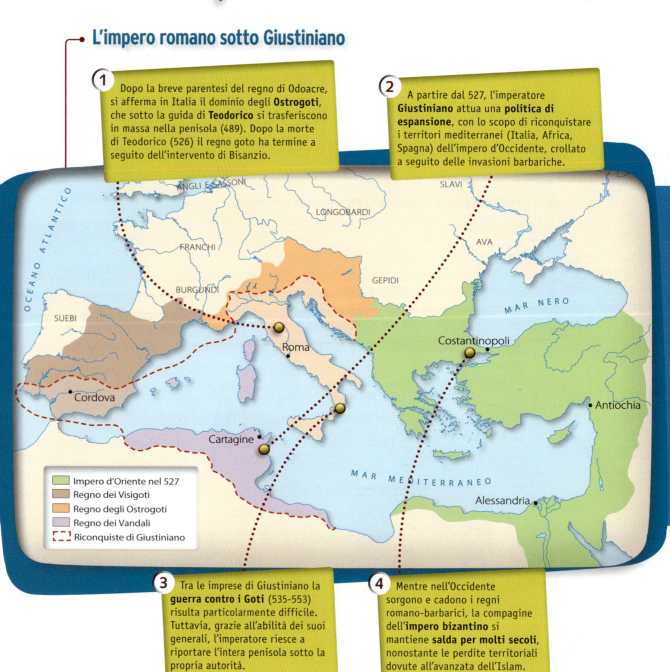

- Impero d'Oriente nel 527
- Regno dei Visigoti
- Regno degli Ostrogoti
- Regno dei Vandali
- Riconquiste di Giustiniano

3 Tra le imprese di Giustiniano la **guerra contro i Goti** (535-553) risulta particolarmente difficile. Tuttavia, grazie all'abilità dei suoi generali, l'imperatore riesce a riportare l'intera penisola sotto la propria autorità.

4 Mentre nell'Occidente sorgono e cadono i regni romano-barbarici, la compagine dell'**impero bizantino** si mantiene **salda per molti secoli**, nonostante le perdite territoriali dovute all'avanzata dell'Islam.

8 I regni romano-barbarici e l'impero bizantino

493-526
Regno di Teodorico

527
Giustiniano imperatore d'Oriente

528-529
Stesura del *Corpus iuris civilis*

535-540
Prima guerra gotica

552-553
Seconda guerra gotica

In Occidente, in seguito alla deposizione dell'ultimo imperatore, i popoli germanici avevano ormai fatto irruzione nell'impero, formando **regni romano-barbarici**. Per la prima volta, a partire dal V secolo, le popolazioni "non romane" dell'impero presero il sopravvento e dettero vita a una nuova forma di civiltà costituita da singoli popoli, ognuno con cultura e tradizioni proprie sebbene tutte accomunate da una medesima origine germanica. Queste culture andarono gradualmente a sostituirsi a quella unitaria dell'impero romano ormai disgregato, spesso con difficoltà di integrazione e convivenza.

I nuovi arrivati, tuttavia, attratti dal secolare prestigio e autorità di Roma, assimilarono alcuni importanti tratti culturali della civiltà romana, soprattutto nel settore del **diritto**. È così che vennero creati nuovi codici di leggi. A Oriente, invece, l'**impero bizantino** conservava l'unità non soltanto politica e militare ma anche culturale e religiosa: la struttura fortemente centralizzata, l'autorità indiscussa e assoluta dell'imperatore, che si imponeva anche sulla Chiesa cristiana d'Oriente, la potenza dell'esercito e della flotta sono tutti fattori che permisero a **Giustiniano** di aspirare a ricostituire un impero su scala "mondiale". È così, dunque, che nel VI secolo **Bisanzio** si riaffacciò in Occidente, riconquistando l'Africa, il Sud della Spagna e parte dell'Italia, nella quale la presenza bizantina sopravviverà in alcune aree ancora a lungo accanto ai regni romano-barbarici.

8.1 I regni romano-barbarici e l'Italia di Teodorico

L'Occidente, agglomerato di popoli diversi

Già nella prima metà del V secolo, antecedente alla deposizione di Romolo Augusto per opera del re degli Eruli **Odoacre** (476 d.C.), l'impero d'Occidente, nei fatti, non esisteva più. Con la loro travolgente avanzata, gli invasori germanici avevano infatti finito per strappare a Roma le più importanti province, cosicché alla fine del secolo il territorio che un tempo costituiva l'impero dei Cesari risultava occupato e diviso in numerosi stati "barbarici": oltre a quello creato in Italia da Odoacre, vi era quello dei **Vandali** nell'Africa settentrionale (Algeria, Tunisia e Tripolitania), in un secondo momento esteso con un'audace politica di espansione marittima alle Baleari, alla Sicilia, alla Sardegna e alla Corsica; quello degli **Svevi o Suebi**, nella Spagna occidentale; quello dei **Visigoti**, nella parte rimanente della penisola iberica e nella Gallia meridionale fino alle rive del Rodano e della Loira. Nelle altre zone della ricca provincia gallica i **Burgundi** avevano a loro volta occupato le terre presso l'alto corso del Rodano, mentre i **Franchi** quelle centro-settentrionali, corrispondenti alle valli della Senna e del basso Reno. Neppure le isole britanniche erano rimaste immuni dall'occupazione: al principio del VI secolo erano sorti infatti sette piccoli regni ad opera degli **Angli** e dei **Sassoni**, due tribù provenienti dalla regione dell'Elba.

◀ **Oreficeria barbara**
Le popolazioni germaniche, contrariamente a quanto ritenuto, producevano gioielli piuttosto raffinati come questa fibula visigota a forma di aquila del V secolo.

Il problema della legittimazione

All'alba del VI secolo l'Europa appariva dunque divisa in numerosi **regni barbarici**. Anche se diversi tra loro, questi nuovi regni presentavano **caratteristiche comuni**: in ciascuno di essi, infatti, chi deteneva il potere era a un tempo "re" del suo popolo e "governatore" di quella parte del territorio romano che le sue truppe avevano occupato.

Per rafforzare la loro posizione politica, i vari capi necessitavano quindi di un **riconoscimento formale da parte dell'imperatore romano d'Occidente, e poi di quello d'Oriente,** che li nominava "patrizi" dell'impero, cioè suoi "delegati". Questo dimostra innanzitutto che i re delle popolazioni germaniche, anche se vittoriosi in guerra, fin dai primi contatti con le secolari tradizioni di Roma ne avvertivano il fascino e aspiravano a mostrarsi come **continuatori della tradizione imperiale**, piuttosto che come sovvertitori responsabili del suo crollo. Il riconoscimento da parte dell'imperatore equivaleva a una specie di "investitura" di potere, e serviva ai capi germanici per legittimare la propria autorità nei riguardi della popolazione sottomessa.

Ciascun sovrano barbarico, inoltre, pur vietando ai vinti l'uso delle armi, ne cercava la collaborazione e affidava a essi, nella loro qualità di giuristi, di letterati e di esperti funzionari, lo svolgimento delle più delicate mansioni relative all'organizzazione politica, economica e sociale dello Stato.

Perché "romano-barbarici"?

I nuovi regni sorti in Occidente sono stati denominati romano-barbarici: **romani**, in quanto le leggi, le istituzioni e l'organizzazione statale di Roma sopravvissero più o meno integralmente per regolare i rapporti all'interno della popolazione indigena; **barbarici**, perché i dominatori, per i quali l'uso delle armi restò un'assoluta prerogativa, continuarono a seguire le loro tradizioni.

Una scelta di questo tipo era in verità obbligata, dal momento che i barbari non possedevano forme statali paragonabili a quelle romane, né avevano alcuna idea di come funzionasse una macchina così complessa come quella dell'amministrazione romana. Ciò tuttavia risultava fonte di contraddizioni e di incoerenze all'interno della nuova compagine statale e finiva con l'accentuare le diversità e i contrasti fra dominatori e dominati. Di qui la **difficile convivenza** tra barbari e Romani e la conseguente estrema **debolezza dei nuovi regni**: non a caso la maggior parte di essi avrà breve **durata**.

Il regno di Odoacre in Italia

L'Italia era stata l'ultima a cadere sotto la dominazione barbarica, ad opera di Odoacre. Quest'uomo d'armi, che si trovò a legare il suo nome a un avvenimento di tanta importanza come la fine dell'impero romano, resse il potere per alcuni anni con equilibrio e mitezza d'animo, mostrandosi, sebbene ariano, tollerante con i cattolici e **rispettoso delle consuetudini e delle leggi locali**. Egli, inoltre, nella speranza di poter accentrare nelle proprie mani la duplice autorità di capo delle sue genti e di governatore della penisola italiana per delega imperiale, lasciò in carica tutto il personale romano dell'amministrazione civile, secondo una pratica che abbiamo detto essere generalmente in uso anche presso gli altri regni barbarici.

Nonostante la sua lungimiranza in politica interna, in politica estera Odoacre suscitò il **malcontento di Zenone**, imperatore d'Oriente, il quale peraltro non gli aveva mai attribuito ufficialmente l'ambito titolo di "patrizio". Il re barbaro aveva ambizio-

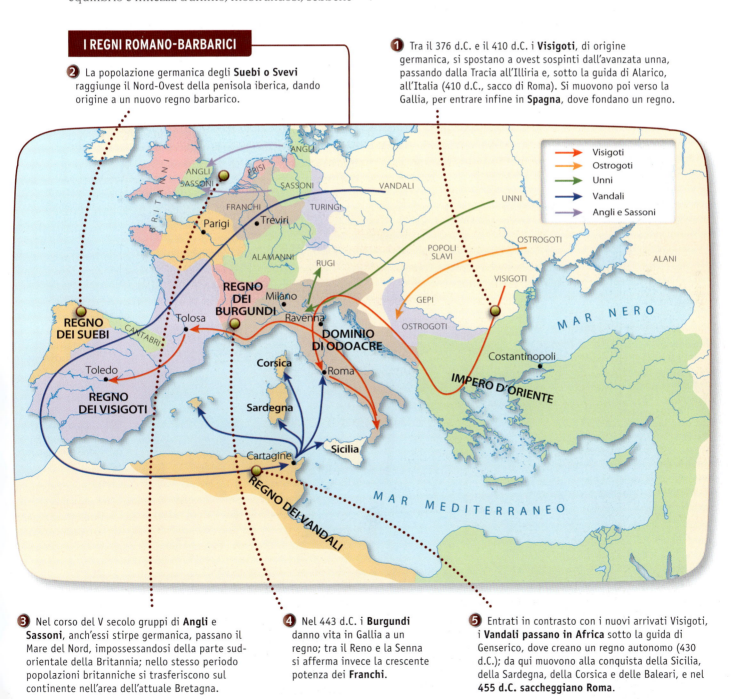

I REGNI ROMANO-BARBARICI

① Tra il 376 d.C. e il 410 d.C. i **Visigoti**, di origine germanica, si spostano a ovest sospinti dall'avanzata unna, passando dalla Tracia all'Illiria e, sotto la guida di Alarico, all'Italia (410 d.C., sacco di Roma). Si muovono poi verso la Gallia, per entrare infine in **Spagna**, dove fondano un regno.

② La popolazione germanica degli **Suebi o Svevi** raggiunge il Nord-Ovest della penisola iberica, dando origine a un nuovo regno barbarico.

③ Nel corso del V secolo gruppi di **Angli** e **Sassoni**, anch'essi stirpe germanica, passano il Mare del Nord, impossessandosi della parte sud-orientale della Britannia; nello stesso periodo popolazioni britanniche si trasferiscono sul continente nell'area dell'attuale Bretagna.

④ Nel 443 d.C. i **Burgundi** danno vita in Gallia a un regno; tra il Reno e la Senna si afferma invece la crescente potenza dei **Franchi**.

⑤ Entrati in contrasto con i nuovi arrivati Visigoti, i **Vandali passano in Africa** sotto la guida di Genserico, dove creano un regno autonomo (430 d.C.); da qui muovono alla conquista della Sicilia, della Sardegna, della Corsica e delle Baleari, e nel **455 d.C. saccheggiano Roma**.

si piani di espansione: nel 476 riuscì a strappare ai Vandali la **Sicilia**, in cambio del pagamento di un tributo; pochi anni dopo estese i suoi domini alla **Dalmazia** e a nord sconfisse i Rugi, una popolazione che aveva occupato la regione del **Norico**, forse su istigazione di Zenone: quest'ultimo, infatti, pensava di liberarsi di Odoacre ricorrendo alla tradizionale politica di contrapporre barbari a barbari.

La minaccia degli Ostrogoti

L'imperatore d'Oriente decise perciò di appoggiare le ambizioni degli **Ostrogoti** offrendogli di invadere l'Italia. Questi, giunti come i Visigoti dall'Oriente, erano riusciti a insediarsi nella Pannonia (Ungheria) e nella Mesia (Serbia) e a farsi riconoscere dall'impero d'Oriente come "federati". Non contenti di ciò e desiderosi di possedere terre più fertili, avevano cominciato a compiere atti di aggressione ai danni delle popolazioni limitrofe, rendendo così non del tutto infondato il timore di un loro attacco a Costantinopoli. Ecco perché l'imperatore Zenone pensò bene di servirsi di loro contro Odoacre e di spingerli verso l'Italia. Nel 488 gli Ostrogoti mossero infatti alla volta della penisola sotto la guida del loro re **Teodorico**.

Teodorico

La formazione, culturale e politica di Teodorico era avvenuta a Costantinopoli, dove era stato inviato ancora in tenera età come ostaggio, a garanzia di alcuni accordi di "buon vicinato" assunti con Bisan-

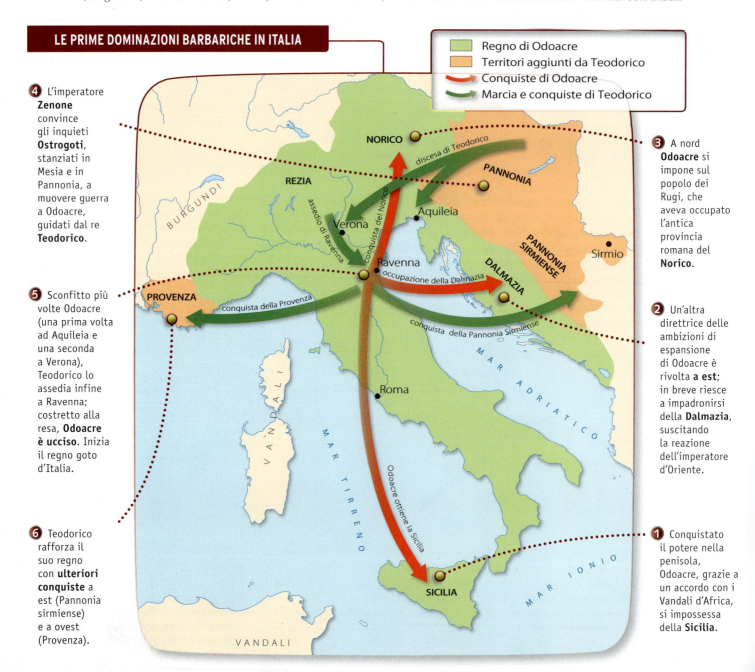

LE PRIME DOMINAZIONI BARBARICHE IN ITALIA

① Conquistato il potere nella penisola, Odoacre, grazie a un accordo con i Vandali d'Africa, si impossessa della **Sicilia**.

② Un'altra direttrice delle ambizioni di espansione di Odoacre è rivolta **a est**; in breve riesce a impadronirsi della **Dalmazia**, suscitando la reazione dell'imperatore d'Oriente.

③ A nord **Odoacre** si impone sul popolo dei Rugi, che aveva occupato l'antica provincia romana del **Norico**.

④ L'imperatore **Zenone** convince gli inquieti **Ostrogoti**, stanziati in Mesia e in Pannonia, a muovere guerra a Odoacre, guidati dal re **Teodorico**.

⑤ Sconfitto più volte Odoacre (una prima volta ad Aquileia e una seconda a Verona), Teodorico lo assedia infine a Ravenna; costretto alla resa, **Odoacre è ucciso**. Inizia il regno goto d'Italia.

⑥ Teodorico rafforza il suo regno con **ulteriori conquiste** a est (Pannonia sirmiense) e a ovest (Provenza).

zio. Per questo motivo fu considerato come **il più "grecizzato" fra i sovrani barbarici**. Eletto re alla morte del padre, il giovane si era trovato a dover scegliere fra gli impegni presi con l'impero da una parte e il desiderio di espandere il proprio dominio dall'altra. A risolvere i suoi dubbi, giunse nel 488 l'invito da parte di Zenone a occupare l'Italia in qualità di rappresentante dell'autorità imperiale sulla penisola. Aveva così inizio una nuova invasione, con caratteri però del tutto diversi rispetto a quelli propri del colpo di Stato militare compiuto da Odoacre.

Teodorico conquista l'Italia

Alla testa del suo popolo (circa 300.000 persone, di cui solo 40.000 idonee alle armi) Teodorico nell'estate del 489 varcò le Alpi Giulie e subito riportò due vittorie, una sull'Isonzo e l'altra sull'Adige. Gli occorsero tuttavia quattro anni per vincere definitivamente Odoacre, che, sconfitto in battaglia presso Verona (489), si era rifugiato a Ravenna, dove, dopo un lungo assedio, nel 493 venne catturato e ucciso. Rimasto incontrastato padrone del campo e ufficialmente riconosciuto come il **rappresentante supremo dell'autorità imperiale in Italia**, Teodorico si affrettò a gettare solide basi per la creazione del secondo regno romano-barbarico nella penisola (493-526).

La politica estera

Dotato di eccezionale vigore e di grande ingegno, egli attuò – nonostante il suo atteggiamento formalmente ossequioso nei riguardi dell'imperatore d'Oriente – una politica estera del tutto indipendente, mantenendo buone relazioni con i barbari dell'Occidente, sia tramite un sottile lavoro di **mediazione**, sia con un'attenta politica di matrimoni e di alleanze. Ciò non gli impedì di estendere, anche con le armi, il proprio regno sottraendo la Provenza ai Burgundi e la Pannonia all'impero d'Oriente. In tal modo Teodorico riuscì, sia pure non sempre agevolmente, a esercitare tra Vandali, Franchi, Visigoti e Burgundi un ruolo di primo piano, destinato a trasformarsi ben presto in governo effettivo di buona parte dell'Occidente, e a rendere l'**Italia centro di un sistema di alleanze** capace, per unità e coesione, di contrapporsi all'impero d'Oriente.

Il mausoleo di Teodorico
Il monumento, costruito con grandi blocchi di marmo bianco d'Istria, fu fatto erigere dal sovrano nei pressi della necropoli ostrogota di Ravenna per farne il suo sepolcro.

UN BILANCIO DEL REGNO DI TEODORICO

Teodorico

Politica estera
Conquistò nuovi territori, esercitò una concreta supremazia sugli altri regni romano-barbarici e fece dell'Italia il fulcro di una serie di alleanze in grado di contrapporsi all'Oriente.

Politica interna
Assicurò alla penisola un **periodo di pace e di benessere**, dimostrato dall'abbondanza delle merci in circolazione. Cercò di **integrare Goti e Romani**. Esemplare in tal senso fu l'editto con il quale il diritto dei primi recepiva e utilizzava i princìpi giuridici dei secondi.

Merito maggiore
La collaborazione stretta con **intellettuali romani** dell'epoca, la ristrutturazione dei **monumenti** e degli antichi **edifici** romani distrutti dalle invasioni, l'edificazione di **palazzi** e **basiliche**, in particolare a **Ravenna**.

Punto debole
Non essere riuscito, malgrado l'impegno posto in tal senso, a superare il **profondo contrasto tra dominatori e dominati**, che, determinato da ragioni politiche, si riacutizzò alla prima occasione, dimostrando tutta l'illusorietà del sogno di Teodorico.

La politica interna

Profondo **ammiratore della civiltà latina**, Teodorico sognò di poter fondere in un unico popolo i Romani e i Goti. Egli, infatti, dopo avere distribuito – come già aveva fatto Odoacre – un terzo delle terre alla sua gente, senza però colpire la piccola proprietà ormai quasi distrutta dall'imperante latifondismo, mirò alla **collaborazione con l'elemento romano**: cercò di attirarsi le simpatie dell'aristocrazia, affidando ai suoi membri più qualificati cariche amministrative di grande importanza e scegliendo come suoi diretti collaboratori uomini quali **Cassiodoro**, senatore e letterato di grande fama, e **Severino Boezio**, appassionato studioso della classicità, universalmente considerato l'ultimo filosofo dell'età antica e il primo dell'età medievale.

Nell'amministrazione della giustizia Teodorico distinse fra Ostrogoti e Romani, **mantenendo in vigore** per i primi il **diritto barbarico**, per i secondi quello latino. Provvide inoltre a mitigare il diritto consuetudinario dei Goti sulla base dei princìpi della giurisprudenza romana (**editto di Teodorico**), a esaltare pubblicamente la cultura e l'arte e a realizzare imponenti lavori pubblici, soprattutto a Ravenna e a Roma.

Le opere pubbliche

Conosciamo l'instancabile attività di Teodorico attraverso le numerosissime lettere che Cassiodoro, suo consigliere e segretario, scrisse in suo nome; sappiamo che egli si preoccupò di far **restaurare** le fortificazioni, i monumenti, gli acquedotti di Roma e delle altre città danneggiate dai barbari che lo avevano preceduto, e che fece costruire **nuovi edifici** nelle città dove più volentieri soggiornava: Verona, Ravenna, Pavia. Egli cercò inoltre di rianimare le amministrazioni municipali e si adoperò

▶ **Il porto di Classe**
Sotto il regno di Teodorico, così come più tardi sotto la dominazione bizantina, Ravenna potenziò lo scalo marittimo della vicina località di Classe, voluto da Augusto come base della flotta romana dell'Adriatico (mosaico della basilica di Sant'Apollinare Nuovo, Ravenna).

per la **ripresa dell'agricoltura e del commercio**, ottenendo risultati apprezzabili. Più in particolare a Roma, oltre alle ingenti spese sostenute per il restauro di molti edifici antichi, l'intraprendente sovrano procedette anche a quelle distribuzioni gratuite di viveri che costituivano un'antica tradizione imperiale (l'annona).

Difficoltà di attuazione della politica di Teodorico

Malgrado lo sforzo compiuto, la convivenza pacifica tra Goti e Romani su uno stesso territorio non poté essere realizzata, sia per la distanza di cultura e tradizioni, sia per la diversa religione, essendo ariani i primi, cattolici i secondi. Né va dimenticato che, se in ambito amministrativo l'elemento romano era predominante, l'esercizio delle armi e gli affari di governo erano saldamente ed esclusivamente in mano ai Goti. La politica di conciliazione naufragò definitivamente allorché **Giustino**, nuovo imperatore d'Oriente e fervente cattolico, nel 524 emise un **editto di persecuzione contro gli ariani** valido anche per l'Italia, da lui considerata parte integrante dell'impero. Tale iniziativa indusse il re goto a inviare forzatamente il papa Giovanni I alla corte di Bisanzio con il preciso scopo di indurre l'imperatore a ritirare l'editto.

La fine della pace religiosa

Il fallimento di questa missione segnò la fine della pace religiosa e indusse l'ormai vecchio re – reso sempre più sospettoso dagli intrighi della diplomazia bizantina e dalle congiure ordite a suo danno – a perseguitare i cattolici e in particolare quegli elementi dell'aristocrazia senatoria che erano al suo servizio. Vittime illustri di questa **politica di repressione** furono lo stesso pontefice **Giovanni I**, il capo del senato **Simmaco** e il filosofo **Severino Boezio**, il quale in prigione scrisse il *De consolatione philosophiae*, opera in prosa e versi che costituisce uno dei più significativi documenti della tarda letteratura latina e una delle più alte proteste contro la barbarie dilagante, in nome dell'innocenza e di una salda fede nei valori dello spirito. Tale politica di odio e di vendetta compromise in modo definitivo ogni possibilità di conciliazione e spinse sempre più i Romani a simpatizzare con l'Oriente e ad attendere dall'imperatore la liberazione.

La politica filobizantina di Amalasunta

Il contrasto fra dominatori e dominati, che in realtà costituì il punto debole del regime teodoriciano, esplose alla **morte di Teodorico**, avvenuta il 30 agosto del **526**, evento che segnò anche il **declino dei Goti in Italia**. Legittimo erede al trono era un nipote del defunto sovrano, un ragazzo di soli dieci anni, **Atalarico**, a nome del quale governò la madre **Amalasunta**, figlia prediletta di Teodorico. Costei, dotata di cultura e di gusti romani e ispirata dal suo consigliere **Cassiodoro**, si dimostrò subito propensa a un accordo con Bisanzio e in particolare con Giustiniano, che allora reggeva le sorti dell'impero.

Alla precoce morte di Atalarico (534), la regina Amalasunta si trovò costretta a sposare il cugino **Teodato**, che mal tollerava la sottomissione all'imperatore d'Oriente. L'uccisione di Amalasunta, da lui ordinata, offrì il pretesto a Giustiniano per dichiarare guerra ai Goti e per tentare così la riconquista dell'Italia e con essa dell'Occidente, al fine di ricomporre l'unità dell'impero smembrato dai barbari.

◀ **Nel segno della tradizione**

In questa tavoletta in avorio del VI secolo è rappresentato il console romano Oreste tra i sovrani goti Amalasunta e Atalarico. Non solo in Italia, ma in tutti i regni romano-barbarici, in alcuni casi fino al VII secolo, il personale di governo comprendeva una moltitudine di patrizi romani. Il manufatto stesso e gli abiti indossati dai protagonisti sono chiari riferimenti alla tradizione romana.

GUIDA allo STUDIO

1. Da che cosa dipendeva la debolezza dei nuovi regni romano-barbarici?
2. In che modo Teodorico tentò di ottenere una collaborazione con le popolazioni latine?
3. Che cosa fece definitivamente naufragare la già difficile conciliazione tra Goti e Romani?

8.2 Il mondo dei barbari

Una società arcaica

Nel IV secolo i popoli germanici avevano varcato a più riprese i confini dell'impero romano, sconvolgendone l'assetto. Le vecchie tribù, riunitesi in confederazioni più grandi, potevano ora mettere in campo un esercito sufficiente a contrastare in battaglia le potenti legioni romane. Su un piano politico e sociale tuttavia queste genti continuavano ad avere un'organizzazione assai semplice. La società germanica infatti aveva il suo nucleo essenziale nella **tribù gentilizia**, formata da più famiglie unite da un vincolo di parentela. Ogni tribù aveva il suo **re**, appartenente alla famiglia più nobile e per lo più dotato di un potere non assoluto. Il re era circondato da un'assemblea di guerrieri, gli **arimanni** (dal longobardo *hariman*, "uomo dell'esercito"), a lui legati da una devozione quasi sacrale, tanto da vivere come un'ignominia il sopravvivergli nel corso di una battaglia. Insieme ai guerrieri, i soli riconosciuti giuridicamente liberi nelle tribù, il re prendeva le decisioni più importanti e discuteva gli affari della comunità.

All'ultimo gradino della scala sociale stavano invece gli **aldii** (dal longobardo *ald*, "servo"), cioè i semiliberi o schiavi e, come tali, privi del diritto di portare armi e di intervenire alle assemblee; essi erano invece addetti a quelle attività – agricoltura, allevamento, artigianato – che i guerrieri disdegnavano. Soltanto in caso di guerra i Germani eleggevano un capo unico, con poteri dittatoriali, che veniva deposto al termine dell'impresa.

La giustizia: un affare privato

Se primitiva era la loro organizzazione sociale, non meno rudimentale si presentava l'amministrazione della giustizia, inizialmente considerata come un affare privato da regolarsi fra le persone direttamente interessate e autorizzate a esercitare la faida o il diritto di vendetta. Le offese riparate mediante questo tipo di vendetta privata perpetuavano la catena degli odi e dei delitti di generazione in generazione. Solo in un secondo momento alla faida venne sostituito il criterio dell'**indennità pecuniaria** o **guidrigildo**: l'entità della somma era stabilita da alcuni giudici dopo un'attenta istruttoria. A sostegno della loro innocenza gli imputati potevano ricorrere all'**ordalia**, che consisteva in un duello, nella prova del fuoco (come tenere in mano oggetti incandescenti, camminare sui carboni ardenti) o in altre prove pericolose: chi fosse uscito incolume avrebbe infatti dimostrato di godere della protezione delle potenze divine, che soccorrevano solo i giusti e gli innocenti.

Una religione politeistica

I Germani erano politeisti. Il loro pantheon era costituito da numerose divinità, a capo delle quali stava **Odino**, il cui nome significa "furore": egli era infatti il dio della guerra, e come tale si manifestava nel furore delle battaglie. A capo di una schiera di guerrieri, proteggeva i grandi eroi e prestava loro soccorso concedendo l'invulnerabilità e la vittoria. Ma a volte li "tradiva", lasciandoli morire per averli accanto a sé nella propria dimora celeste (Walhalla) e prepararli così alla lotta finale tra gli dèi e i demoni. C'erano poi **Thor**, figlio primogenito di Odino e dio del fulmine e del tuono, **Loki**, dio del male, **Balder**, dio della fertilità, che muore in au-

◀ **Le aristocrazie di cavalieri**
Stele funeraria di un soldato germanico a cavallo, armato di spada e lancia.

La Bibbia di Ùlfila
Primo documento scritto in una lingua barbarica giunto fino a noi. Grazie all'opera del vescovo Ùlfila i Goti furono il primo popolo d'Europa a disporre delle Sacre Scritture in volgare.

tunno per resuscitare in primavera, e numerosi dèmoni e spiritelli, come i Silfi e le Silfidi, i Nani ecc. Il Walhalla era anche il regno delle Walkirie, bellissime donne guerriere, e degli eroi morti in guerra.
Per quanto riguarda le forme del culto, lo storico romano Cornelio Tacito (54-120 d.C.) già nel II secolo d.C. raccontava che i Germani non avevano templi, ma riconoscevano sacri certi boschi, le cime delle montagne e le fonti. Qui, su altari, si offrivano sacrifici agli dèi, si immolavano animali, specie cavalli, e intorno ai banchetti sacrificali ci si raccoglieva per consumarne i resti. Una parte del corpo della vittima era riservata agli dèi. A partire dal IV secolo i Germani cominciarono tuttavia a convertirsi al cristianesimo e in particolare all'arianesimo, diffuso a opera del vescovo Ùlfila, che tradusse la Bibbia in lingua gotica.

Nuovi barbari dall'Oriente

Se fino al IV secolo i Germani avevano compiuto continue incursioni (caratterizzate da saccheggi, incendi e rapimenti, compiuti da cavalieri organizzati in piccole bande) nei territori dell'impero, il secolo successivo vide lo stanziamento di intere popolazioni all'interno dei confini. Ciò era principalmente dovuto all'arrivo, nell'Europa orientale, di popolazioni barbare provenienti dall'Asia, gli **Unni**, i quali, avendo occupato parte dei territori dei Goti, costrinsero questi ultimi a ripiegare all'interno dei confini dell'impero.
Queste popolazioni basavano la propria sussistenza sull'allevamento del bestiame e, legate com'erano alla costante ricerca di nuovi pascoli, si spostavano di frequente. Elemento centrale per la loro sussistenza era il cavallo, che consentiva spostamenti rapidi e di lungo raggio: temutissima era la loro cavalleria, con la quale gli Unni erano in grado di condurre aggressioni rapidissime contro i popoli vicini. Per questo, quando a partire dal IV secolo essi vennero a contatto con i Germani orientali e con i Goti, trasmisero loro l'**uso del combattimento a cavallo**, che trasformò il costume militare di molte popolazioni, ma anche il loro assetto sociale, poiché diede vita ad aristocrazie di **cavalieri**. La terribile fama di guerrieri e distruttori fu legata soprattutto al loro capo **Attila**, terrore dell'Occidente, definito "flagello di Dio". Soltanto alla sua morte il popolo unno si disgregò, disperdendosi nelle pianure dell'Europa centrale.

Elmo cerimoniale
Questo elmo da cerimonia anglo-sassone, databile tra il VI e il VII secolo, è uno dei reperti più preziosi provenienti dalla necropoli di Sutton Hoo in Gran Bretagna.

GUIDA allo STUDIO

1. Come riuscirono le antiche tribù barbare a tener testa alle potenti legioni romane?
2. Che cos'è l'ordalia?
3. In che modo gli Unni riescono a mutare il costume militare di Germani e Goti?

8.3 L'impero d'Oriente e le conquiste di Giustiniano

Le cause della durata dell'impero d'Oriente

Mentre l'impero romano d'Occidente cessava di esistere, quello d'Oriente, malgrado i gravi pericoli che lo minacciavano e la pluralità di etnie che lo componevano, restava ricco e potente e dava anzi prova di grande vitalità destinata a protrarsi ancora per un millennio.
La spiegazione di un così diverso destino va cercata:
- nella **ricchezza e** nella **produttività** dei paesi che lo costituivano e che si estendevano intorno al Mediterraneo orientale;
- nella minore pressione dei barbari ai confini e nella più favorevole posizione geografica della capitale e dei suoi centri vitali, tutti in prossimità del mare;
- nella **migliore organizzazione dell'esercito** (che comprendeva in misura ridotta elementi di origine germanica) **e della flotta**;
- nel rigoroso **funzionamento della burocrazia**, che più di ogni altra pubblica istituzione seppe fare dell'impero bizantino un organismo saldo e sicuro.

Tutto questo può aiutare a comprendere perché la "nuova Roma d'Oriente" riuscì a salvaguardare la propria originalità e ad assorbire liberamente idee ed esperienze degli altri popoli senza perdere coscienza di sé e della propria identità, così da restare a lungo in Europa l'unico Stato degno di questo nome.

I poteri dell'imperatore

Alla base di un'entità statale di questo tipo, così composita ed eterogenea, stava una **solida struttura centralizzata**, al vertice della quale era l'imperatore. Godendo dell'autorità assoluta tipica di un **monarca orientale** (*basiléus*), egli infatti accentrava nelle sue mani tutti i poteri civili e militari, promulgava le leggi, comandava l'esercito, emetteva sentenze inappellabili e giudicava sull'opportunità della pace e della guerra.

La sua figura inoltre era cinta di un alone di sacralità: considerato rappresentante di Dio sulla Terra e in tutto identico per dignità agli apostoli, l'imperatore era infatti non solo il capo politico, ma anche la **massima autorità religiosa dello Stato**, superiore allo stesso patriarca di Costantinopoli (così erano chiamati i vescovi di alcune città, fra cui anche quelli di Gerusalemme, Antiochia, Aquileia). In virtù di tale straordinario privilegio, l'imperatore infatti sceglieva i vescovi, convocava concili e dettava legge in materia religiosa; tuttavia questa subordinazione del potere religio-

> **lessico**
> **Basiléus** dal greco "re", indica in età bizantina l'imperatore d'Oriente.

Il trionfo di Giustiniano
L'imperatore Giustiniano viene omaggiato dalle popolazioni barbare (fascia inferiore) mentre trionfa sulla Terra intera, rappresentata dalla figura femminile sotto il suo cavallo.

> **concetti chiave**
> ### Cesaropapismo
> Con il termine moderno di "cesaropapismo" si è soliti indicare la tendenza del potere politico (di sovrani, imperatori, capi di Stato) a subordinare a se stesso l'ambito religioso e a prendere decisioni che spetterebbero ai capi della Chiesa. Mentre in Occidente una simile tendenza non ebbe mai modo di affermarsi, anche per la presenza di vescovi come Ambrogio di Milano, strenuo difensore dell'indipendenza della Chiesa dal potere civile (l'imperatore sta dentro la Chiesa, non al di sopra di essa), in Oriente gli imperatori, soprattutto a partire da Giustiniano, intervennero pesantemente nelle questioni della Chiesa e imposero la loro volontà ai patriarchi anche in materia teologica, di disciplina ecclesiastica, di spiritualità, collocandosi al di sopra di ogni altra autorità religiosa.

so a quello politico, detta **cesaropapismo**, non venne a lui riconosciuta in Occidente per la ferma opposizione del vescovo di Roma, il quale andava a sua volta conquistando una sempre maggiore autonomia, trasformandosi a poco a poco – in mezzo all'anarchia dilagante – nell'unica autorità riconosciuta del mondo occidentale.

Giustiniano diventa imperatore

A dare massima attuazione a uno Stato così fortemente accentrato fu senza dubbio **Giustiniano** (482-565), salito sul trono di Costantinopoli nel **527**. Di origine illirica, egli aveva percorso una brillante **carriera militare** al seguito dello zio Giustino, uomo di umili natali ma abile comandante, che nel 518 era stato chiamato a reggere le sorti dell'impero. E appunto alla morte di Giustino il nipote, già suo consigliere e coreggente, era diventato imperatore insieme alla moglie **Teodora**, un'attrice sposata nel 525.

La realizzazione di uno Stato accentrato

Sostenuto da un altissimo concetto della propria carica e della missione dell'impero nel mondo, Giustiniano riuscì in breve tempo, attraverso un'instancabile attività (era definito "l'imperatore insonne"), ad accentrare nelle proprie mani tutti i poteri dello Stato e a conquistarsi così un'autorità immensa: premessa indispensabile per un'assoluta indipendenza nelle decisioni sia nel campo della politica interna sia in quello della politica estera. Il sistema di governo di Giustiniano, ispirato a quello dioclezianeo, portò l'imperatore a sottomettere alle proprie idee politiche e religiose la stessa Chiesa. Convinto **assertore del cesaropapismo**, egli riteneva infatti che l'autorità religiosa non potesse essere disgiunta da quella politica e che le divisioni di natura religiosa fossero estremamente dannose per l'integrità dello Stato. Per questo motivo **condannò** duramente tutti **i movimenti eretici**, anche in dissenso con la moglie Teodora, che aveva abbracciato il **monofisismo**.

Per quanto riguarda la **politica interna**, Giustiniano anzitutto sviluppò e perfezionò al massimo la **burocrazia** e la **diplomazia imperiale**, quindi rafforzò e **consolidò l'esercito**, assoldando anche mercenari delle più diverse origini, in particolare Germani e Illiri, considerati allora i migliori soldati. Per rendere più sicuri i confini dello Stato e frenare la pressione dei nemici più vicini, provvide inoltre a creare un **efficace sistema di fortificazioni**.

I FATTORI DI SUPERIORITÀ DELL'IMPERO D'ORIENTE

IMPERO D'ORIENTE

Stabilità politica
- Prestigio della figura dell'imperatore insediato a Costantinopoli.
- Efficienza dell'apparato burocratico.
- Collaborazione tra Chiesa orientale e Stato bizantino

Superiorità dell'esercito
- Minore germanizzazione dell'esercito.
- Rafforzamento del sistema del *limes*

Superiorità economica
- Città e campagne più popolose e produttive.
- Minore numero di guerre

> **lessico**
> **Monofisismo** dal greco *mònos*, "unico", e *physis*, "natura", era una dottrina che non riconosceva la natura al tempo stesso umana e divina di Cristo, ma solo quella divina.

storia al femminile — Le basilisse, regine d'Oriente

La condizione femminile a Bisanzio fra il VI e l'XI secolo fu ben migliore rispetto ad altre età, specialmente per le donne della famiglia reale. A corte, infatti, le donne godevano dei privilegi del rango nobiliare: erano circondate da dame e servitori; usufruivano dei beni e degli agi più lussuosi; partecipavano a ricevimenti e spettacoli. Potevano anche conseguire un'educazione di livello elevato per l'epoca: Eudocia e Pulcheria studiavano a corte medicina e scienze naturali; l'imperatrice Zoe (1028-1050) predispose un piccolo laboratorio di chimica; Anna Comnena (1083-1148) si occupò di matematica, astronomia, medicina e filosofia e compose un poema. Alcune di queste donne divennero addirittura imperatrici di Bisanzio, dette basilisse (femminile di *basilèus*, "re"), ricordate non solo per l'abilità diplomatica e la buona preparazione politica, ma anche per la loro condotta spregiudicata, per gli intrighi di corte e le loro trame d'amore con cui spesso favorirono i loro amanti nell'ascesa al trono o eliminarono i loro mariti se ritenuti deboli o incapaci. Inoltre a Bisanzio le madri degli imperatori indirizzavano le scelte di governo dei figli; talvolta però l'amore per il potere superava gli affetti privati, spingendole a macchiarsi di reati gravi, come Irene che fece accecare e rinchiudere il figlio pur di non cedergli lo scettro.

L'imperatrice Zoe, particolare di un mosaico del X secolo (Istanbul, basilica di Santa Sofia).

Le guerre contro Vandali e Visigoti

La politica estera di Giustiniano fu contrassegnata dalla volontà di riportare l'impero sotto un'unica legge e sotto un unico governo, e di ricreare un impero universale come era stato quello romano prima della sua disgregazione, riconquistando i territori occidentali ormai occupati dai Germani. Dopo aver combattuto i Bulgari e rafforzato il confine orientale contro nuove minacce dei Persiani, Giustiniano si volse all'Occidente e, più che mai deciso ad attuare una politica di ampio respiro mediterraneo, nel 533 **assalì il regno dei Vandali**, riconquistando per opera del generale Belisario l'Africa, la Sardegna, la Corsica e le Baleari (534). Successivamente il suo esercito, agli ordini del vecchio patrizio Liberio, mosse **guerra anche contro i Visigoti**, ai quali fu tolta la parte meridionale della Spagna, subito ricostituita a provincia romana (553-554).

La guerra contro i Goti in Italia

Più dura fu la **conquista dell'Italia**, che ebbe **due fasi**. La prima, durata dal 535 al 540, si concluse con la cattura del valoroso **Vitige**, il nuovo re dei Goti succeduto a Teodato, che per due anni resistette all'assedio chiuso entro le mura di Ravenna. Nel giro di pochi anni, però, i Goti, con l'aiuto di un gran numero di schiavi e di servi, liberati dai vincoli verso i grandi proprietari, e con l'appoggio di quanti avevano già sperimentato gli onerosi tributi fiscali imposti da Bisanzio, tornarono a rioccupare quasi tutta la penisola, sotto la guida di **Totila**, divenuto poi re dei Goti.

Inviato di nuovo in Italia con il mandato di ristabilirvi l'autorità imperiale, Belisario non riuscì nell'intento e fu richiamato nella capitale, sostituito nel 552 con l'anziano generale **Narsete**, uomo di corte esperto di armi non meno che di politica. Questi, al comando di un forte esercito, sconfisse i

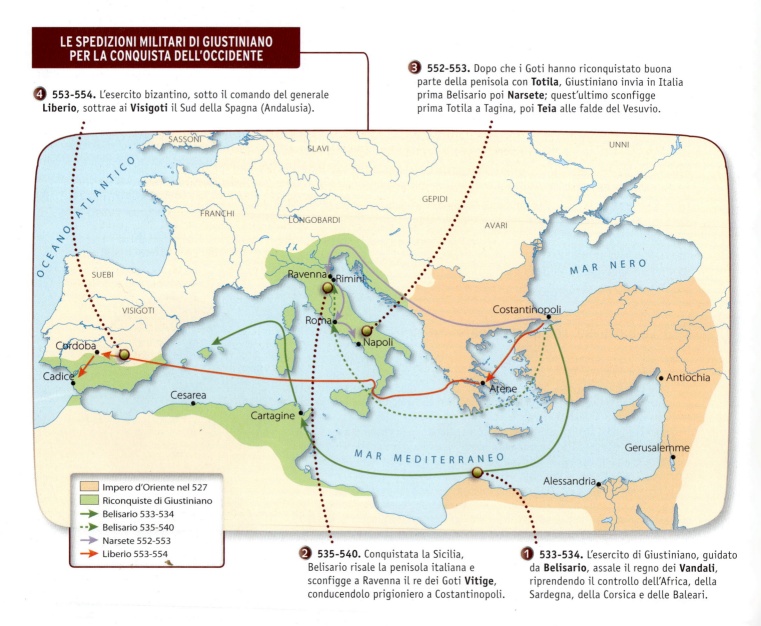

LE SPEDIZIONI MILITARI DI GIUSTINIANO PER LA CONQUISTA DELL'OCCIDENTE

❹ **553-554.** L'esercito bizantino, sotto il comando del generale **Liberio**, sottrae ai **Visigoti** il Sud della Spagna (Andalusia).

❸ **552-553.** Dopo che i Goti hanno riconquistato buona parte della penisola con **Totila**, Giustiniano invia in Italia prima Belisario poi **Narsete**; quest'ultimo sconfigge prima Totila a Tagina, poi **Teia** alle falde del Vesuvio.

❷ **535-540.** Conquistata la Sicilia, Belisario risale la penisola italiana e sconfigge a Ravenna il re dei Goti **Vitige**, conducendolo prigioniero a Costantinopoli.

❶ **533-534.** L'esercito di Giustiniano, guidato da **Belisario**, assale il regno dei **Vandali**, riprendendo il controllo dell'Africa, della Sardegna, della Corsica e delle Baleari.

le FONTI — Laboratorio

La situazione dell'Italia durante la guerra gotica

Autore Procopio di Cesarea
Opera *Storia delle guerre di Giustiniano*
Data VI secolo
Tipologia fonte testo storiografico

Lo scrittore di lingua greca Procopio di Cesarea, amico e consigliere di Belisario e compagno di tutte le sue spedizioni militari, dedica un'ampia sezione della sua opera storica, da cui è tratto il seguente brano, alle imprese militari dell'impero bizantino nella guerra gotica.

Piceno: le popolazioni che fuggivano dall'Italia settentrionale cercarono rifugio nel Piceno, regione delle Marche che, potendo contare sullo sbocco sull'Adriatico, sembrava non essere totalmente afflitta dalla carestia. In realtà anche questa zona subì le razzie dei Goti di Totila.

spettri: oltre alla fame, iniziò a diffondersi anche la peste. Molte città, dove maggiore era il pericolo che si annidasse la terribile malattia, vennero abbandonate del tutto. Roma, che aveva avuto un milione e mezzo di abitanti, alla fine della guerra contava solo 15 mila persone.

L'anno avanzava verso l'estate e già il grano cresceva spontaneo, non in tal quantità però come prima, ma assai minore: esso infatti, non essendo stato interrato nei solchi né con l'aratro né con mano d'uomo, era rimasto alla superficie e la terra non aveva potuto fecondarne che una minima parte. Né essendovi nessuno che lo mietesse, passata la maturità, ricadde giù e niente più ne nacque. La stessa cosa avvenne pure nell'Emilia. Perciò la gente di quei paesi, lasciate le proprie case, si recò nel Piceno, pensando che quella regione, essendo marittima, non dovesse esser totalmente afflitta da carestia. [...] Nel Piceno si dice che non meno di cinquantamila contadini romani morirono di fame ed anche molti di più al di là del Golfo Ionio [oggi Golfo di Taranto]. [...]
La fame intanto cresceva anche in Roma, ove gli abitanti erano ridotti quasi tutti emaciati e il loro colore erasi a poco a poco mutato in livido, rendendoli simili a spettri. Molti, mentre camminavano e masticavano fra i denti le ortiche, cadevano morti a terra improvvisamente. E già mangiavano fin gli escrementi l'uno dell'altro. Molti, tormentati dalla fame, si suicidarono non trovando più né cani, né topi, né cadaveri di animali di che cibarsi. Ecco perché ad un certo momento i rappresentanti imperiali permisero a quanti volevano di andarsene. E pochi ne rimasero; tutti gli altri fuggirono via dove potevano. Ben molti di essi, stremati di forze per la fame, morirono sulle navi o per la strada. Molti anche, còlti in via dai nemici, furono uccisi. A questo la fortuna ridusse il senato ed il popolo romano.

Roma: dopo quattro assedi, Roma sembrava un unico campo di battaglia. Verso la fine della guerra gotica, gli assediati bizantini, per far fronte alla carenza di armi, furono costretti a eliminare tutto il bronzo che rimaneva nei templi: si stima, infatti, che circa trentamila statue bronzee siano state fuse soltanto durante questi assedi.

cani: durante le gravi carestie, soprattutto quelle improvvise in cui il cibo veniva a mancare completamente, le popolazioni erano ridotte a nutrirsi di cani, topi, rospi, erba, corteccia e foglie degli alberi, e persino di cadaveri. La fame generava inoltre casi di alterazione psicologica, che sovente conducevano ad atti criminali (si uccideva per mangiare la vittima).

Scena di vendemmia, mosaico dal mausoleo di Santa Costanza a Roma (IV secolo d.C.).

Per COMPRENDERE

1. Perché l'Italia era ridotta alla fame?
2. Perché i Romani fuggivano dalla loro città?

LA CRISI DEMOGRAFICA IN EUROPA	
40 milioni di abitanti	II secolo
27 milioni di abitanti	VI secolo
17 milioni di abitanti	VII secolo

Goti in Umbria nel corso della cruenta battaglia di Tagina, nella quale morì lo stesso Totila; spintosi poi in Campania, vinse anche **Teia**, l'ultimo re dei Goti (553).

L'Italia dopo il conflitto

Al termine di questo conflitto, disastroso sia per l'Italia sia per lo Stato bizantino, costretto a uno sforzo finanziario immenso, rimasero come segni della dominazione ostrogota nella penisola soltanto i pochi monumenti ravennati. Quasi venti anni di dura lotta avevano, infatti, stremato ambedue i contendenti e reso la penisola **povera di uomini e di risorse**: centri abitati saccheggiati e distrutti, campagne spopolate e incolte, intere regioni ridotte a deserto a causa del diffondersi di **epidemie** dovute alle battaglie e ai continui passaggi di truppe; grandi città, come Milano o Roma, depredate di ogni loro ricchezza.

Tuttavia Giustiniano, una volta completata la riconquista, non solo tolse all'Italia ogni autonomia, riducendola a semplice **provincia**, ma la considerò alla stregua di una terra di conquista da sfruttare con tasse e balzelli, imposti nonostante la povertà causata dal lungo e aspro conflitto.

Divisa in **circoscrizioni territoriali**, tutte dipendenti da un **esarca** residente a Ravenna e investito dei supremi poteri, la penisola si trovò a poco a poco soffocata da una **burocrazia numerosa** e sfruttata da un **pesante fiscalismo**, finalizzato in parte a sostenere le ingenti spese per il mantenimento dell'apparato militare bizantino, in parte quelle della fastosa corte imperiale.

> **Esarca** dal greco *éxarchos*, "che è a capo, comandante". Con questo titolo venne indicato il governatore dei domini bizantini in Italia dal VI all'VIII secolo.

Questo tipo di governo finì con il suscitare un **diffuso malcontento**, acuito anche dalla politica ecclesiastica di Bisanzio, che non perdeva occasione per intromettersi negli affari interni della Chiesa di Roma. Per tutti questi motivi si verificò la tendenza da parte di certe regioni a staccarsi dal governo centrale dell'esarca e a rendersi autonome: una chiara anticipazione del **frazionamento politico**, che di lì a poco e per molti secoli avrebbe caratterizzato la storia della nostra penisola.

Ravenna, un caso particolare

Di tutte le città italiane solo **Ravenna**, in quanto **sede del governo**, trasse qualche vantaggio dalla dominazione bizantina. In questa città furono infatti costruiti **nuovi edifici e maestose basiliche**, come San Vitale, che testimoniano ancor oggi la sontuosità, il gusto del colore, delle decorazioni e soprattutto del mosaico propri dell'arte bizantina. Il resto d'Italia, città e campagne, che avrebbe avuto bisogno di una politica di aiuti per risanare i gravissimi danni della guerra, fu invece talmente gravato di **tasse** da impedire qualsiasi tentativo di ripresa economica. Anche il numero degli abitanti andò rapidamente diminuendo, al punto che persino le più grandi città – come Roma, Pavia e Milano – apparivano quasi deserte, mentre una folla di mendicanti e senzatetto bussava ogni giorno più numerosa ai conventi per chiedere di essere protetta e sfamata.

La basilica di San Vitale
San Vitale, a Ravenna, è uno dei monumenti più importanti dell'arte paleocristiana in Italia. La sua costruzione fu iniziata nel 525, sotto il regno di Teodorico, e completata nel 547, quando l'Italia era già stata riconquistata da Giustiniano.

> **GUIDA allo STUDIO**
> 1. In che modo Giustiniano riuscì a realizzare uno Stato fortemente accentrato?
> 2. Che cosa si intende per cesaropapismo?
> 3. Perché Ravenna può essere considerata un caso particolare tenendo conto della difficile situazione in cui versava l'Italia dopo la guerra contro i Goti?

lavorare con le FONTI — Laboratorio

La sfarzosa corte di Giustiniano

I due mosaici si trovano nella basilica di San Vitale a Ravenna e risalgono alla metà del VI secolo d.C. Rappresentano due cortei, collocati uno di fronte all'altro: il primo raffigura l'imperatore Giustiniano e la sua corte; il secondo la moglie Teodora, affiancata da dignitari e da nobili dame.

Opera *Giustiniano e la sua corte; Teodora e la sua corte*
Data 547 ca.
Tipologia fonte opera musiva

I quattro militari, simbolo dell'esercito, testimoniano la forza dell'impero bizantino.

Al centro è raffigurato l'imperatore **Giustiniano**, che indossa il prezioso abito delle cerimonie ufficiali e una corona tempestata di gemme. L'**aureola** sul capo indica che il suo potere è sacro e deriva da Dio.

Il personaggio con la barba è molto probabilmente il **generale Belisario**.

Il **vescovo di Ravenna Massimiano**, riconoscibile dal crocifisso e dalla veste, rappresenta il potere della Chiesa. A lui si affiancano due diaconi.

La fontana è il simbolo della salvezza cristiana attraverso il battesimo.

Sette ancelle elegantissime formano il seguito dell'imperatrice.

Al centro della scena vi è **Teodora**. Prima di divenire imperatrice, si era dedicata per anni alla recitazione e alla musica, attività che secondo la cultura ufficiale del tempo non erano molto dissimili dalla prostituzione. In seguito a una crisi mistica, Teodora aveva abbandonato la carriera artistica; fu proprio allora che Giustiniano, colpito dalla sua bellezza, decise di sposarla, non prima di aver convinto lo zio Giustino a promulgare una legge apposita dal titolo *De nuptiis*, pensata per un'attrice "pentita" che avesse condotto una vita "onorevole".

Per COMPRENDERE

1. Per quale motivo Giustiniano e il vescovo di Ravenna sono rappresentati l'uno accanto all'altro?
2. Quali simboli religiosi si possono riscontrare nel mosaico?

Storia per Immagini

I mosaici di Ravenna

Divenuta capitale imperiale, Ravenna conobbe tra il V e il VI secolo un notevole sviluppo urbanistico. I numerosi edifici che sorsero in questo periodo, soprattutto per il culto cristiano, non furono adornati da composizioni scultoree né da statue, troppo legate al paganesimo; si utilizzò invece la pittura ma soprattutto il **mosaico**. I mosaici di Ravenna, ancora oggi visibili all'interno di numerose chiese e basiliche, sono tra i più begli esempi di arte musiva di questo periodo e rappresentano un connubio tra la **tradizione classico-romana** e quella **orientale-bizantina**.

Il mausoleo di Galla Placidia Questo edificio sorse nel V secolo, quando la corte imperiale si spostò da Milano a Ravenna, per ospitare la sepoltura di Galla Placidia, figlia di Teodosio. L'interno è interamente rivestito di mosaici che rappresentano scene di santi. Nell'immagine, san Lorenzo con la croce si appresta a essere martirizzato sulla graticola mentre sulla sinistra è presente un armadietto contenente i Vangeli.

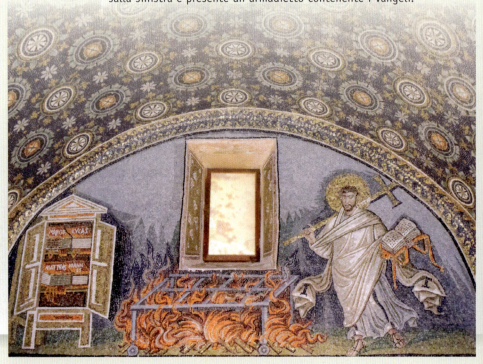

Il palazzo di Teodorico La basilica di Sant'Apollinare Nuovo venne costruita accanto alla residenza del re come chiesa palatina (cioè del palazzo). All'interno vi è un mosaico che rappresenta il cortile del palazzo di Teodorico; tra le colonne in origine c'erano dei personaggi, molto probabilmente il sovrano ostrogoto e la sua corte, che furono sostituiti con delle tende per cancellare il loro ricordo quando la chiesa passò al culto cattolico. Sono comunque rimaste alcune tracce della loro presenza: l'ombra delle teste sotto le arcate e alcune mani appoggiate sulle colonne.

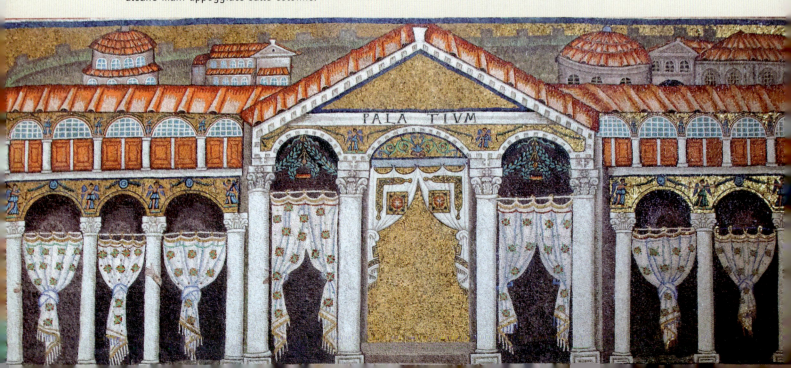

Storia per Immagini

I Re Magi I tre Magi, sulle cui teste sono visibili i nomi Balthassar (Baldassarre), Melchior (Melchiorre) e Gaspar (Gaspare), offrono i loro doni a Gesù. Il loro abbigliamento, estremamente ricco e curato, è composto da un mantello, brache e berretto frigio secondo la moda orientale.

Sant'Apollinare in Classe L'immagine mostra l'abside della basilica di Sant'Apollinare in Classe (da *classis*, "flotta", poiché in questo luogo c'era un porto che ospitava la flotta dell'impero romano). Al centro si nota un grande disco con una croce dorata tempestata di pietre preziose, ai lati del quale sono rappresentati Elia e Mosè; sotto, una valle fiorita con al centro sant'Apollinare, primo vescovo di Ravenna, ritratto mentre sta per innalzare le sue preghiere a Dio perché conceda la grazia ai suoi fedeli ritratti come agnelli.

Il corteo delle vergini Particolare della processione delle sante vergini che si trova lungo la navata della basilica di Sant'Apollinare Nuovo. Le sante, che recano ognuna una corona da offrire alla Vergine Maria, in apparenza sono vestite tutte uguali ma in realtà i colori e i ricami delle loro vesti sono tutti diversi.

8.4 Sviluppo economico e riordinamento politico dell'impero

L'agricoltura e l'industria

Sul piano economico Giustiniano si preoccupò di **difendere** con opportuni provvedimenti **la piccola proprietà** contro la prepotente invadenza dei grandi latifondisti, che costituivano una grave minaccia per la compagine dell'impero, pur senza riuscire a eliminare i fortissimi squilibri esistenti tra le varie classi sociali, divise da profondi contrasti e da gravi tensioni. Cercò inoltre di promuovere con ogni mezzo lo **sviluppo delle attività manifatturiere**. Durante il suo regno ebbero un eccezionale incremento la lavorazione dei metalli, dell'avorio e della ceramica e soprattutto l'**industria della seta**: quest'ultima, divenuta monopolio imperiale, si sviluppò particolarmente dopo l'importazione dall'Oriente del bozzolo del baco da seta.

Lo sviluppo dei commerci

Data la presenza di porti assai attivi e la convergenza verso di essi di un'ampia rete stradale e fluviale proveniente dall'interno dell'Asia, dell'India e persino della Russia, il territorio dell'impero bizantino costituiva un **ponte di scambio tra l'Oriente e l'Occidente**. Si trattava di uno snodo commerciale fondamentale, attraverso il quale i porti dell'Occidente potevano essere riforniti delle merci più preziose: sarà proprio questo a indurre alcuni secoli più tardi le città europee, e in particolare le città marinare italiane, a stringere accordi commerciali con Costantinopoli e a iniziare una vasta opera di insediamento coloniale lungo le coste e sulle isole dell'impero bizantino.
Allo sviluppo degli scambi contribuì anche la **diffusione delle monete d'oro** (i famosi "bisanti",

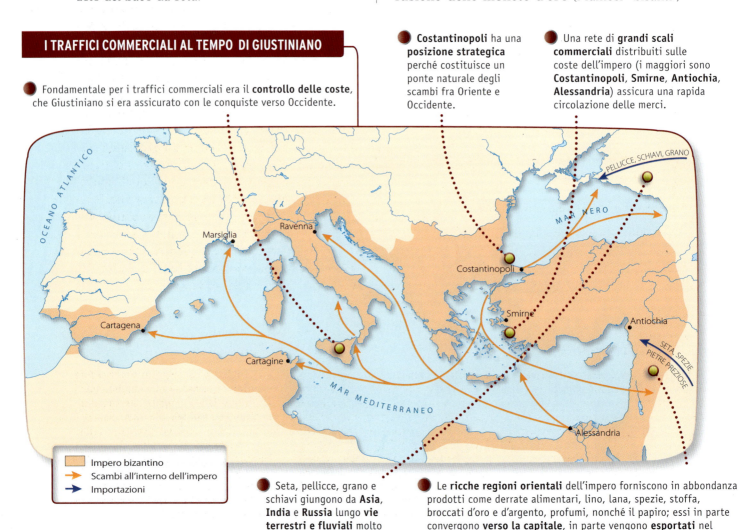

I TRAFFICI COMMERCIALI AL TEMPO DI GIUSTINIANO

- Fondamentale per i traffici commerciali era il **controllo delle coste**, che Giustiniano si era assicurato con le conquiste verso Occidente.

- **Costantinopoli** ha una **posizione strategica** perché costituisce un ponte naturale degli scambi fra Oriente e Occidente.

- Una rete di **grandi scali commerciali** distribuiti sulle coste dell'impero (i maggiori sono **Costantinopoli**, **Smirne**, **Antiochia**, **Alessandria**) assicura una rapida circolazione delle merci.

- Seta, pellicce, grano e schiavi giungono da **Asia**, **India** e **Russia** lungo **vie terrestri e fluviali** molto frequentate.

- Le **ricche regioni orientali** dell'impero forniscono in abbondanza prodotti come derrate alimentari, lino, lana, spezie, stoffa, broccati d'oro e d'argento, profumi, nonché il papiro; essi in parte convergono **verso la capitale**, in parte vengono **esportati** nel Mediterraneo, verso l'Asia e le regioni a nord del Mar Nero.

▸ **Il codice giustinianeo**
Pagina miniata proveniente da un codice del XIII secolo del *Corpus iuris civilis*, conservato alla Biblioteca Ambrosiana di Milano.

stantinopoli in particolare. L'Italia invece non beneficiò più di tanto di questa fase di sviluppo; ma anche in altre regioni dell'impero larghi strati di popolazione continuavano a **vivere ai limiti della sopravvivenza**, ed erano sempre pronti a manifestare il proprio malcontento con **ribellioni e sommosse** regolarmente soffocate nel sangue. Per **contrastare la disoccupazione** Giustiniano si fece promotore di grandiose opere pubbliche, come ponti, strade, porti e chiese.

Il Corpus iuris civilis

Ma Giustiniano è famoso soprattutto per il riordinamento giuridico dell'impero, attuato mediante la codificazione di tutto il diritto pubblico e privato e la stesura del ***Corpus iuris civilis*** ("Raccolta di diritto civile"), noto anche come **codice giustinianeo**, ad opera di una commissione di sedici giureconsulti presieduta dal questore **Triboniano**. Sin dai tempi ormai remoti della compilazione delle XII Tavole (451 a.C.) gli editti annualmente pubblicati dai pretori, le costituzioni fissate dagli imperatori, le disposizioni di legge emesse sugli argomenti più diversi dal popolo o i provvedimenti emanati dal senato, nonché i non sempre concordi pareri dei giureconsulti, si erano accumulati fino a costituire un **patrimonio giuridico immenso**, ma **disperso** e **disorganico**, nel quale non era facile orientarsi, date le inevitabili confusioni e contraddizioni che lo caratterizzavano. Ecco perché Giustiniano sollecitò la stesura di un codice unico in dodici libri, che la commissione riuscì a completare in poco più di un anno, tra il 528 e il 529. In esso furono raccolte tutte le più importanti leggi imperiali da Adriano in poi.

cioè monete di Bisanzio), assai apprezzate e ricercate su tutti i mercati.

Opere pubbliche e disoccupazione

Tutto ciò spiega il permanere in Oriente di un'intensa operosità, favorita dall'instancabile energia di un imperatore come Giustiniano, proteso a sviluppare l'economia dell'impero in generale e di Co-

---

concetti chiave

Corpus iuris civilis

La raccolta di leggi voluta dall'imperatore Giustiniano ha rappresentato la base del diritto moderno e ha costituito non solo la base del diritto nei paesi dell'Europa occidentale fino al XVII secolo, ma ha anche ispirato le codificazioni successive. Dalla sua redazione in poi, infatti, chiunque in Occidente abbia esercitato il potere legislativo non ha potuto ignorare quanto codificato nel *Corpus iuris civilis*. Il lavoro della commissione consistette nel catalogare e ordinare le norme giuridiche e le sentenze prodotte nei secoli dall'impero romano. L'opera rappresenta quindi l'espressione di una società viva e matura, che nel corso del tempo era riuscita a dare corpo a istituti giuridici fondamentali e assai moderni quali la famiglia, il matrimonio o la proprietà. Ma attraverso quale processo il *Corpus iuris civilis* ha inciso sul moderno diritto occidentale? Per capirlo dobbiamo risalire al Medioevo, quando il codice fu riscoperto e attentamente studiato da numerosi giuristi. Tra questi si distinse Irnerio (1060-1130), fondatore dello Studio di Bologna, la prima scuola di diritto civile, il quale studiò, riordinò e commentò il *Corpus*, adattando e rielaborando le norme, ormai vecchie di secoli, per renderle di nuovo applicabili. Ampie tracce del *Corpus* si trovano in buona parte degli ordinamenti giuridici attualmente in vigore nell'Europa occidentale.

Il Digesto

Nei tre anni seguenti Triboniano, validamente aiutato dai suoi collaboratori, attese allo spoglio e al riordino dei pareri e dei giudizi emessi sui più diversi argomenti da giureconsulti dell'età classica, e li pubblicò nel 533 divisi in cinquanta libri sotto il titolo di **Digesto** (dal latino *digèrere*, "ordinare") o **Pandette** (dal greco *pandéktai*, "che comprendono tutto"). Vennero infine aggiunte le **Novelle**, comprendenti le leggi emanate da Giustiniano dopo il 534 (dopo cioè la compilazione del Codice) e i quattro libri di **Istituzioni**, un'esposizione dei fondamentali principi della giurisprudenza ad uso delle scuole.

Un'unica legge per tutto l'impero

La pubblicazione delle varie parti del *Corpus iuris civilis*, ben presto divenuto famoso ed esteso anche in Italia mediante un editto particolare (**Prammatica Sanzione**), fece sì che tutto l'impero tornasse sotto un'unica legge. D'altra parte, non va neppure dimenticato che esso contribuì in modo decisivo a dare concretezza legale all'assolutismo giustinianeo e alla volontà accentratrice di un imperatore, che pretendeva di dire l'ultima parola su ogni questione.

L'impero bizantino dopo Giustiniano

Con la morte dell'imperatore Giustiniano, nel 565, il progetto di ricostituire un **impero romano universale** si rivelò **irrealizzabile**. Molte delle sue **conquiste in Occidente**, infatti, **andarono perdute**: in Italia, per l'arrivo dei Longobardi; nella penisola balcanica per l'arrivo di Slavi e Bulgari; in Spagna per la pressione dei Visigoti. Un'altra minaccia proveniva, in Asia Minore, dai Persiani, i quali occuparono la Siria, l'Egitto e la Palestina, giungendo quasi a Costantinopoli.

Quando sembrava che l'impero fosse sull'orlo di cedere, due validi imperatori ne risollevarono le sorti. **Maurizio** (582-602) riorganizzò le province occidentali dell'impero nominandovi un governatore, detto esarca, che riuniva ampi poteri amministrativi e militari. Sorsero così **l'esarcato d'Italia** con capitale a Ravenna e **l'esarcato d'Africa** con capitale a Cartagine. In seguito a una rivolta Maurizio fu ucciso; seguirono alcuni anni di gravi disordini, fino a quando salì al trono **Eraclio** (610-641), uno dei più importanti imperatori della storia bizantina. Per far fronte alla condizione di precarietà dell'impero, Eraclio ne riorganizzò i territori suddividendoli in circoscrizioni militari, i **temi**, governati da un comandante militare, lo **stratega**, con poteri anche amministrativi e civili ma alle dirette dipendenze dell'imperatore. Poi, con un'efficace **riforma militare**, sostituì le costose truppe mercenarie con soldati arruolati tra la popolazione locale, ben più fedeli perché ricompensati con terre che erano motivati a difendere. Forte del nuovo esercito, con una decisiva controffensiva Eraclio **attaccò i Persiani**, riportando una **definitiva vittoria**.

Nonostante le coraggiose azioni di Eraclio, l'impero era destinato a essere di lì a poco ridimensionato dalla inarrestabile diffusione degli Arabi. L'impero bizantino riuscirà comunque a sopravvivere, sebbene progressivamente più ridotto, fino all'anno 1453.

▲ **La vittoria di Eraclio**
L'imperatore Eraclio sottomette il sovrano persiano Cosroe II durante la battaglia di Ninive del 628.

◀ **L'aquila imperiale**
L'aquila, simbolo del potere imperiale, trionfa sulla minaccia dei barbari, rappresentata dalla serpe, mosaico bizantino proveniente dallo scomparso Palazzo imperiale di Costantinopoli.

> ### GUIDA allo STUDIO
> 1. In che modo Giustiniano tentò di contrastare la forte disoccupazione?
> 2. In che cosa consiste l'importanza del codice giustinianeo?
> 3. Che cos'è la *Prammatica Sanzione* e che funzione svolse?

SINTESI

8.1 Alla fine del V secolo l'impero romano d'Occidente risulta diviso in più regni, detti **romano-barbarici** perché i dominatori barbari, che restano fedeli alle loro tradizioni, lasciano che le popolazioni romane si regolino secondo le proprie leggi, istituzioni e organizzazione amministrativa. Differenze di religione, di istituti giudiziari, di struttura economica e sociale rendono però spesso difficile la convivenza tra Romani e barbari. In Italia **Odoacre**, che ha deposto l'ultimo imperatore d'Occidente, è signore incontrastato per circa vent'anni. I suoi ambiziosi piani di espansione suscitano però l'ostilità dell'imperatore d'Oriente Zenone, che convince i turbolenti Ostrogoti a muovere guerra al sovrano erulo. Conquistata l'Italia sotto la guida del re **Teodorico**, il nuovo regno goto assicura alla penisola trent'anni di pace e una relativa prosperità economica. Teodorico non riesce tuttavia a raggiungere il suo principale obiettivo, la fusione in un solo popolo di Goti e Romani, di ariani e cattolici: il dialogo dei primi anni si trasforma nell'ultimo scorcio del suo regno in un regime repressivo. Alla morte di Teodorico (526) sua figlia **Amalasunta** imposta una politica di accordo con il nuovo imperatore Giustiniano. L'uccisione della sovrana offre a quest'ultimo il pretesto per dichiarare guerra ai Goti.

8.2 Nel IV secolo i Germani varcano a più riprese i confini dell'impero romano. Si tratta di popoli dalla **struttura sociale molto semplice**, basata su tribù formate da più famiglie unite da un vincolo di parentela. Ogni tribù è governata da un **re**, appartenente alla famiglia più nobile. Nell'esercizio del suo potere egli è affiancato da un'assemblea di guerrieri, gli **arimanni** (dal longobardo *hariman*, "uomo dell'esercito"). Nel gradino più basso della scala sociale vi sono gli schiavi, gli aldii (dal longobardo *ald*, "servo"). Altrettanto semplice è l'amministrazione della giustizia, considerata come un affare privato da regolare con il ricorso alla **faida** o al diritto di vendetta. Solo in un secondo momento viene adottato il criterio dell'indennità pecuniaria o **guidrigildo** per riparare a qualche colpa. I Germani professano la religione politeista. Il loro pantheon è costituito da numerose divinità, a capo delle quali sta **Odino**, dio della guerra e protettore degli eroi combattenti, cui concede l'invulnerabilità e la vittoria. A partire dal IV secolo tuttavia i Germani cominciano a **convertirsi al cristianesimo** per opera del vescovo Ùlfila, che traduce la Bibbia in lingua gotica. Intorno al IV secolo nei territori dell'Europa orientale fanno la loro comparsa gli **Unni**. Si tratta di una popolazione nomade che basa la propria economia sull'allevamento del bestiame. Elemento centrale per la loro sussistenza è il cavallo, che consente loro rapidi spostamenti alla ricerca costante di nuovi pascoli da poter sfruttare. La terribile fama di guerrieri e distruttori è legata soprattutto al loro capo **Attila**, terrore dell'Occidente. Alla sua morte tuttavia il popolo unno si disgrega, disperdendosi nelle pianure dell'Europa centrale.

8.3 Mentre l'Occidente si frantuma politicamente, l'**impero romano d'Oriente si riorganizza** su basi tanto solide da garantirgli una durata millenaria. La produttività delle regioni orientali, la favorevole posizione geografica, la solida struttura militare e burocratica, fortemente centralizzata, spiegano questa straordinaria vitalità. La figura dominante di quest'epoca è **Giustiniano**, imperatore dal 527; oltre a potenziare l'apparato burocratico, la diplomazia imperiale e l'esercito, rende più sicuri i confini dell'impero e imprime un notevole impulso alla vita economica, civile e culturale. Dopo aver proceduto con energia e successo contro Bulgari, Persiani, Vandali e Visigoti (riconquistando l'Africa e una parte della Spagna), Giustiniano interviene in Italia. La guerra devasta la penisola per vent'anni e si conclude con la morte degli ultimi re goti, **Totila** (552) e **Teia** (553). L'Italia viene in seguito riorganizzata come provincia, suddivisa in circoscrizioni dipendenti da un **esarca** che risiede a **Ravenna**, unico territorio a trarre vantaggi dal nuovo governo bizantino. Le basi dell'autorità imperiale in Italia si dimostrano infatti fragili. Il pesante fiscalismo bizantino esaspera la tendenza all'autonomia di alcune regioni, mentre la politica religiosa trova un ostacolo nella Chiesa di Roma, che non gradisce le pesanti intromissioni del potere civile.

8.4 In buona parte dei territori imperiali (tranne che in Italia) la politica di Giustiniano ottiene **effetti positivi in campo economico** e **sociale**. Grande impulso ricevono i **commerci**, grazie alla collocazione geografica dell'impero, ponte fra l'Oriente asiatico e l'Occidente mediterraneo, e le opere pubbliche, valvola di sfogo per le classi più povere della società bizantina. A Giustiniano si deve anche l'iniziativa di una vasta **riorganizzazione dell'eredità giuridica romana**, che dà forma al celebre *Corpus iuris civilis*, un codice di diritto concepito come un insieme organico ed esaustivo. Accanto alla raccolta delle costituzioni imperiali precedenti (il vero e proprio *Codice*), vengono forniti un'antologia di pareri di illustri giuristi (*Digesto* o *Pandette*), un manuale per l'insegnamento in quattro libri (*Istituzioni*) e una collezione dei decreti successivi al 534 (*Novelle*). La nuova legislazione viene estesa a tutto l'impero, Italia compresa, mediante l'emanazione di un particolare editto, la *Prammatica Sanzione*. Dopo la morte di Giustiniano molte delle sue conquiste vanno perdute e l'impero sembra sull'orlo di cedere. Nonostante una ripresa sotto il regno di **Maurizio** (582-602) e poi di **Eraclio** (610-641), l'impero è destinato a essere di lì a poco ridimensionato dalla inarrestabile espansione degli Arabi.

PER COSTRUIRE LE COMPETENZE

SPAZIO

1. Inserisci nella carta i seguenti luoghi e indica l'avvenimento a loro correlato.
   - Ravenna
   - Verona
   - Aquileia
   - Roma

TEMPO

2. Completa la cronologia.

476	L'ultimo imperatore romano _____ viene deposto da _____
489	Gli Ostrogoti guidati da _____ arrivano in Italia
493	Odoacre viene sconfitto e ucciso dagli Ostrogoti a _____
524	Editto dell'imperatore d'Oriente _____ contro gli _____
526	Muore a Ravenna il re d'Italia _____
527	_____ diventa imperatore d'Oriente
533	Il generale Belisario attacca il regno dei _____ stanziati in Africa
535	Inizio della prima guerra _____ che si concluderà con la cattura del re Vitige
552	Il generale Narsete muove guerra contro il nuovo re dei Goti in Italia _____, che muore in battaglia
553	Giustiniano, attraverso il generale Liberio, sottrae la _____ ai Visigoti

LESSICO

3. Associa a ogni termine il relativo significato e completalo quando richiesto.

   A. Basilèus
   B. Cesaropapismo
   C. Guidrigildo
   D. Monofisismo
   E. Ordalia
   F. PRAMMATICA SANZIONE
   G. Bisante
   H. Patriarca
   I. Patrizio
   J. Esarca
   K. Coreggente

   a. Prova fisica a cui veniva sottoposto un accusato presso i popoli germanici, il cui esito era ritenuto responso divino sulla sua innocenza o colpevolezza
   b. Legge imperiale
   c. Sottomissione del potere religioso a quello politico
   d. Governatore bizantino in Italia
   e. Vescovo di alcune città per lo più orientali
   f. Nell'antico diritto germanico, indennità dovuta dall'uccisore alla famiglia dell'ucciso, per riscattarsi dalla vendetta
   g. Delegato dell'imperatore d'Oriente
   h. Imperatore d'Oriente
   i. Moneta d'oro
   j. Che gestisce una carica insieme ad un altro
   k. Dottrina che nega la duplice natura di Cristo, ammettendo solo quella divina

EVENTI E PROCESSI

4. Indica se le seguenti affermazioni sono vere [V] o false [F].
   - Alcune popolazioni germaniche si convertirono al cattolicesimo [ ]
   - Gli Unni provenivano dalla Mongolia e non entrarono in contatto con i Germani [ ]
   - I Germani erano popolazioni guerriere [ ]
   - I re barbari venivano nominati patrizi dell'impero [ ]
   - I Vandali avevano occupato i territori degli antichi Cartaginesi [ ]
   - L'organizzazione sociale dei Germani era tribale [ ]
   - Ùlfila era un vescovo che diffuse l'arianesimo [ ]
   - Odoacre fu un feroce persecutore dei cristiani [ ]
   - L'imperatore Zenone era un fedele alleato di Odoacre [ ]
   - Teodorico entrò in Italia su suggerimento dell'imperatore di Costantinopoli [ ]
   - Nell'Italia di Teodorico venne adottato il sistema giudiziario degli Ostrogoti [ ]
   - Teodorico si era convertito al cattolicesimo [ ]
   - Dopo Teodorico l'Italia fu governata da sua figlia Amalasunta [ ]
   - L'artefice del codice giustinianeo fu il giurista Belisario [ ]

● **I regni romano-barbarici**

5. Spiega perché i nuovi regni sorti in Occidente vengono chiamati romano-barbarici.

6. Associa la popolazione al territorio occupato.

   A. Vandali
   B. Visigoti
   C. Suebi
   D. Angli e Sassoni
   E. Burgundi
   F. Franchi
   G. Eruli

   a. Penisola italica
   b. Gallia (tra il Reno e la Senna)
   c. Penisola iberica e Gallia meridionale
   d. Africa settentrionale, Corsica, Sardegna
   e. Spagna occidentale
   f. Isola britannica
   g. Gallia (alto Rodano)

Il *Corpus* di Giustiano

7. Scegli la corretta opzione.
- Motivazione: diventare il massimo giurista orientale **|** mettere ordine a una secolare confusione giuridica
- Realizzazione: commissione di 16 giuristi guidata da Triboniano **|** lunghissima realizzazione **|** commissione di filosofi
- Struttura: il *Corpus* è organizzato in 4 parti **|** il *Corpus* è diviso in 12 libri
- Codice: raccoglie tutte le leggi dalle XII Tavole in poi **|** raccoglie le leggi imperiali da Adriano a Giustiniano
- Digesto: raccoglie i giudizi dati dai maggiori giuristi romani **|** è diviso in 12 libri **|** significa "esposizione ordinata" **|** è stato reso pubblico nel 633 **|** è detto anche "Pandette"
- Novelle: ci sono le nuove leggi **|** comprende racconti sulla vita di Giustiniano **|** raccoglie leggi anteriori al 534
- Istituzioni: raccoglie le leggi imperiali **|** ha uno scopo didattico
- Diffusione: in tutto l'impero d'Oriente **|** solo in Italia **|** in tutto il mondo conosciuto **|** anche in Italia con una legge imperiale detta *Prammatica sanzione*
- Importanza storica: scarsa perché il *Corpus* viene bruciato alla morte dell'imperatore **|** diventa la base del futuro diritto

NESSI

● La figura di Teodorico

8. Completa la tabella inserendo i seguenti fatti o concetti nella giusta cella.

Integrazione con la romanità **|** Diventa re alla morte del padre **|** Repressione degli avversari **|** Autonomia rispetto all'imperatore **|** Realizzazione di opere pubbliche **|** Incentivi alla ripresa economica **|** Mancata integrazione tra Romani e Goti **|** Zenone lo spinge a conquistare l'Italia **|** Collaborazione con l'aristocrazia **|** Ricostruzione delle strutture distrutte dai barbari **|** Doppio sistema giudiziario **|** Politica di mediazione **|** Creazione di alleanze **|** Scontro con il papa **|** Educazione a Costantinopoli **|** Sconfigge Odoacre e diventa il secondo re d'Italia

BIOGRAFIA	
POLITICA INTERNA	
POLITICA ESTERA	
FALLIMENTO	

● La figura di Giustiano

9. Completa la tabella inserendo i seguenti fatti o concetti nella giusta cella.

Riconquista l'Italia contro i Goti **|** Carriera militare **|** Accentra i poteri **|** Cesaropapista **|** Efficiente burocrazia **|** Rafforza l'esercito **|** Originario dell'Illiria **|** Sposa Teodora **|** Condanna delle eresie **|** Fortifica i confini **|** Guerra contro i Vandali **|** Guerra contro i Visigoti

BIOGRAFIA	
POLITICA INTERNA	
POLITICA ESTERA	

RIELABORAZIONE (verso l'orale)

10. Prepara una scaletta con i fatti e i concetti principali del capitolo che ti possa guidare in un eventuale colloquio, sviluppando questi modelli.

I barbari
- Civiltà e organizzazione sociale
- I regni romano-barbarici
- Da Odoacre a Teodorico in Italia

Giustiniano
- Oriente: organizzazione dell'impero
- Occidente: la guerra gotica, la crisi e Ravenna
- Il Codice

LABORATORIO DELLE COMPETENZE

PASSATO/PRESENTE

11. Immagina di dover organizzare una gita scolastica per la tua classe a Ravenna, la città protagonista di questo capitolo. Utilizzando le informazioni presenti sul libro di testo e le fonti che ritieni opportune (come il sito dell'Ufficio turistico della città: http://www.turismo.ra.it/ita), prepara una scheda per informare la classe sui luoghi da visitare, preceduta da una sintesi storica sul ruolo della città 3 volte capitale. I monumenti da prendere in considerazione sono quelli considerati Patrimonio dell'umanità dall'Unesco:
- Basilica di San Vitale
- Mausoleo di Galla Placidia (per la parte storica vedi anche il par. 7.4)
- Basilica di Sant'Apollinare Nuovo
- Basilica di Sant'Apollinare in Classe
- Mausoleo di Teodorico (vicino a questo c'è anche la tomba di Dante)

capitolo 9
L'Italia longobarda e la Chiesa di Roma

L'Italia fra Longobardi e Bizantini

1 I **domini longobardi** comprendono la valle Padana, la Liguria e l'Appennino emiliano nel Nord, la Toscana e i ducati di Spoleto e Benevento nel Centro-Sud. La capitale del regno è **Pavia**.

2 Sotto il dominio dell'**impero d'Oriente** restano nel Centro-Nord l'Esarcato (Ravenna, la capitale, e la regione circostante), un'ampia zona tra l'Adriatico e l'Appennino umbro-marchigiano (le Pentapoli, due gruppi di cinque città) e il Lazio (ducato di Roma).

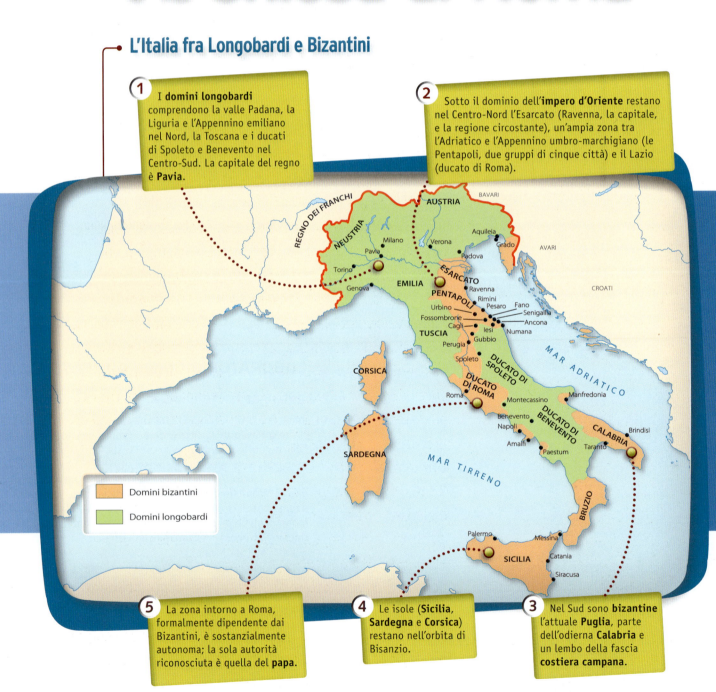

5 La zona intorno a Roma, formalmente dipendente dai Bizantini, è sostanzialmente autonoma; la sola autorità riconosciuta è quella del **papa**.

4 Le isole (**Sicilia**, **Sardegna** e **Corsica**) restano nell'orbita di Bisanzio.

3 Nel Sud sono **bizantine** l'attuale **Puglia**, parte dell'odierna **Calabria** e un lembo della fascia **costiera campana**.

9 L'Italia longobarda e la Chiesa di Roma

568
I Longobardi invadono l'Italia

590
Elezione di Gregorio Magno al soglio pontificio

614
San Colombano fonda il monastero di Gubbio

643
Editto di Rotari

728
Donazione di Sutri

Al termine della conquista longobarda l'**Italia** si trovò **divisa** tra **Longobardi** e **Bizantini**. La situazione di frattura che si era venuta a creare rimase per circa due secoli, dato che i Longobardi non avevano uomini e forze sufficienti per occupare l'intera penisola, né i Bizantini per respingerli al di là delle Alpi. La **Longobardìa**, divisa in ducati, era il territorio dei Longobardi, e soltanto l'attuale Lombardia ne conserva ancora il nome. Essa comprendeva tutta la Pianura Padana, l'Emilia, la Liguria, la Tuscia (l'odierna Toscana) e i due ducati di Spoleto e Benevento; capitale dell'Italia longobarda era Pavia.

La **Romània** (il cui nome rimane oggi al solo territorio della Romagna) era il territorio dei Bizantini, i quali si definivano *Romàioi* ritenendosi gli autentici eredi dei Romani, e comprendeva: Ravenna e il territorio circostante, noto come **Esarcato**; la Pentapoli marittima e la Pentapoli annonaria, che riunivano cinque città costiere e cinque città dell'interno; una piccola zona costiera della Campania, la Calabria (nome allora riferito all'attuale Puglia), il Bruzio (l'attuale Calabria), la Sicilia, la Sardegna e la Corsica.

Una situazione a sé era quella di **Roma**. La città con il suo territorio apparteneva formalmente all'impero bizantino, ma di fatto chi vi esercitava la propria autorità, e in maniera sempre più indipendente e autonoma da ogni potere politico, era il **papa**. I pontefici, in particolare **Gregorio Magno**, si distinsero anche per lo slancio evangelizzatore verso i popoli barbari, con grande successo grazie alla presenza sempre più capillare in tutto l'Occidente di una rete di diocesi, oltre che alla diffusione del **monachesimo**.

9.1 La nascita del regno longobardo

Un'avanzata inarrestabile

Erano trascorsi appena quindici anni da quando l'Italia era passata dal dominio ostrogoto a quello bizantino, quando, nella primavera del **568**, subì una nuova massiccia invasione da parte di una delle più feroci popolazioni germaniche: i **Longobardi**. Sospinta dagli Avari, questa bellicosa tribù, sotto la guida del suo capo **Alboino**, lasciò le sedi fino allora occupate in **Pannonia** (nell'odierna Ungheria) e attraversò le Alpi Giulie dilagando nella pianura padano-veneta senza incontrare alcuna resistenza, favoriti anche dalla crisi demografica delle zone invase, dalla scarsezza delle forze militari messe in campo da Bisanzio, nonché dalla passività degli abitanti. I Longobardi occuparono nel giro di pochi anni gran parte dell'**Italia centro-settentrionale** e successivamente anche **alcune regioni del Meridione**, procedendo senza un ordinato piano di conquista. I Bizantini riuscirono a mantenere soltanto l'Esarcato di Ravenna, Roma e gran parte del Lazio, collegato all'Esarcato da un corridoio appenninico, parte delle zone costiere nel Sud Italia e le isole, grazie anche alla presenza della flotta e alla scarsa pratica marinaresca dei nuovi arrivati. Da allora la penisola italiana iniziò a presentare una **frammentazione politica** che resterà caratteristica di gran parte della sua storia nel corso del Medioevo e della successiva età moderna.

> **lessico**
>
> **Longobardi**
> secondo lo storico longobardo Paolo Diacono il nome del suo popolo derivava dalle lunghe barbe (in tedesco *Bart*) dei suoi uomini. Secondo un'interpretazione moderna invece il nome deriva dall'uso di lance lunghe (in tedesco *Barte*, "scure, lancia").

La suddivisione in ducati

Quello che invase l'Italia nel 568 non era semplicemente un esercito, ma un **intero popolo**: si trattava infatti di circa 250.000 persone, di cui solo una piccolissima parte atta alle armi. I Longobardi, inoltre, molto più degli Ostrogoti, erano ignari di ogni altro diritto che non fosse quello germanico. Per questo **presero possesso di tutte le terre conquistate**, senza alcun rispetto per la proprietà pubblica e privata, e procedettero alla **sostituzione del vecchio ordinamento amministrativo** dei Romani – al quale si erano invece più o meno uniformati tutti gli altri invasori – con il nuovo sistema dei **ducati**.

Questi erano retti da capi militari o **duchi**, che a loro volta avevano alle loro dipendenze i cosiddetti **gastaldi**, i quali risiedevano nei centri rurali con il compito di controllare la produzione agricola: gli abitanti locali infatti erano ridotti al ruolo di "**tributari**" e come tali costretti a lavorare per il mantenimento dei nuovi occupanti.

Mentre il potere del sovrano era più formale che effettivo, i 36 ducati – tale era il loro numero – godettero subito di una notevole autonomia, al punto che si trasformarono con il passare del tempo in altrettanti principati ereditari.

IL DOMINIO LONGOBARDO IN ITALIA

- **Re**
  - **duchi** — capi militari territoriali
    - **gastaldi** — amministratori nei centri rurali
      - **popolazione contadina** — tributaria dei conquistatori longobardi

◀ **La corona ferrea**

La corona ferrea fu così chiamata per il sottile cerchio di ferro che tiene unite all'interno le diverse lamine di cui è composta. Questo cerchio, secondo la leggenda, sarebbe stato forgiato da uno dei chiodi usati per la crocifissione di Cristo, fu donato da papa Gregorio Magno alla regina Teodolinda. Questa corona, conservata presso il Museo del tesoro del Duomo di Monza, è stata utilizzata per l'incoronazione di tutti i "re d'Italia" dal Medioevo fino al XIX secolo, tra i quali Carlo Magno, gli imperatori germanici e persino Napoleone Bonaparte.

► Una parata regale longobarda

Questa lastra frontale di elmo del VII secolo, detta Lamina di Agilulfo, mostra una parata regale che rappresenta simbolicamente il potere sovrano. Le due vittorie alate testimoniano la sintesi tra i modelli antichi e lo stile longobardo.

Dall'interregno ad Agilulfo

È facile a questo punto comprendere quanto caotica fosse la situazione interna della penisola. A rendere ancor più precarie le sue condizioni contribuì poi un problema di successione verificatosi alla morte di **Clefi**, che era subentrato ad Alboino nell'esercizio del potere regio (574). I duchi, infatti, in quella occasione non si accordarono sulla designazione del successore e fecero seguire un **decennio di interregno**, nel corso del quale si scontrarono in una serie di guerre sanguinosissime.

Soltanto nel 584, di fronte alla minaccia di un intervento dei Franchi, alleatisi in quella circostanza con i Bizantini, i duchi furono spinti a nominare come nuovo re il figlio di Clefi, **Autari**, che aveva sposato **Teodolinda**, la figlia del sovrano dei Bavari, la quale professava il cattolicesimo, al contrario dei Longobardi, che erano invece – come anche i Goti – pagani o ariani. Fu allora che ebbe inizio nell'Italia longobarda un processo di rafforzamento della monarchia, oltre che di "civilizzazione" degli invasori.

Il nuovo re, infatti, riuscì in breve tempo a respingere i nemici esterni, estendendo il proprio dominio ai danni dei Bizantini. Inoltre, ammiratore della cultura latina, egli vagheggiava – come a suo tempo aveva fatto Teodorico – una più solida unione e collaborazione fra vincitori e vinti.

Purtroppo egli morì appena sei anni dopo la sua ascesa al trono, ma il suo programma fu ripreso dal successore **Agilulfo** (590-616), duca di Torino, che ne sposò la vedova, ampliò i confini del regno e ne consolidò il governo. Agilulfo però è ricordato soprattutto per l'atteggiamento da lui tenuto nei confronti del cattolicesimo. In seguito alle pressioni di Teodolinda, e indirettamente del pontefice Gregorio Magno, fece infatti battezzare il proprio figlio secondo il rito cattolico e non secondo quello ariano, contribuendo in tal modo alla **conversione al cattolicesimo** di gran parte del suo popolo. Con tale scelta Agilulfo favorì non soltanto i rapporti con le popolazioni vinte, ma anche la conclusione di una pace durevole con l'impero d'Oriente e il conseguente **riconoscimento del predominio longobardo in Italia**.

Rotari e l'editto del 643

Dopo la morte di Agilulfo i rapporti fra vincitori e vinti si intensificarono e un significativo risultato fu la **prima raccolta di leggi scritte**, redatta in latino ma con numerosi termini in longobardo e pubblicata nel **643** dal re Rotari (636-652). L'**editto di Rotari**, pur risentendo solo in parte del diritto romano – a differenza di quello di Teodorico – e pur rispecchiando una concezione assai primitiva della società, costituisce un documento di grande importanza, perché getta luce sulle consuetudini e sulle tradizioni di una società di origine germanica che da circa un secolo viveva in Italia. Pubblicato con il consenso dei duchi e considerato valido per tutti i sudditi – comprese le popolazioni italiche – l'editto manteneva la rigida **suddivisione in classi** propria della società germanica – distinta in **arimanni** (uomini liberi), **aldii** (uomini semiliberi) e **servi**; le pene, per esempio, oltre che in base alla gravità del crimine commesso, erano stabilite a partire dalla classe di appartenenza del colpevole e della vittima: un'offesa a un uomo libero era considerata molto più grave di quella fatta a un servo.

> **GUIDA allo STUDIO**
>
> 1. Che tipo di organizzazione territoriale introdussero in Italia i Longobardi?
> 2. Come avvenne la conversione dei Longobardi al cattolicesimo?
> 3. In che cosa consiste l'importanza dell'editto di Rotari?

le FONTI — Laboratorio
Lavorare con

L'editto di Rotari

Autore Rotari
Data 643
Tipologia fonte raccolta di leggi

L'editto di Rotari costituì un tentativo di adeguare le antiche consuetudini germaniche, proprie dei Longobardi, ad alcuni principi del diritto romano. Il risultato fu una legislazione singolare, che non a caso spesso non trovò concreta applicazione, ma che servì comunque a regolare alcuni aspetti della vita e dei rapporti umani nella società dell'Italia longobarda.

Se qualcuno avrà pensato o tramato qualcosa contro la persona del re, sarà <u>condannato a morte</u> e i suoi beni saranno confiscati.

Se qualcuno insieme col re avrà tramato la morte di un altro ossia avrà ucciso un uomo per comando di lui, non sarà ritenuto colpevole. Perché, credendo noi essere il cuore dei re nelle mani di Dio, non è possibile che un uomo possa vendicare colui che fu ucciso per ordine del re.

Se qualcuno avrà ucciso il proprio padrone, sarà lui stesso ucciso [...]

Se qualcuno avrà prodotto una piaga nel capo a un libero, in maniera di rompere la sola cute coperta dai capelli, darà una <u>composizione di soldi</u> 6. Se avrà prodotto due piaghe darà soldi 12. Se saranno fino a tre, darà una composizione di soldi 18. Se invece saranno di più, non si conteranno e si comporranno solamente queste tre.

Se qualcuno percuoterà un aldio o un servo ministeriale altrui e comparirà una ferita o un livido, per una ferita paghi un soldo; se ne avrà fatte due, paghi due soldi; se ne avrà fatte tre, paghi tre soldi; se ne avrà fatte quattro paghi quattro soldi; se saranno di più, non si conteranno. [...]

Se un servo avrà osato unire a sé in matrimonio una <u>donna</u> o fanciulla libera, incorrerà nella pena di morte. Nei riguardi di quella, che fu consenziente al servo, i parenti abbiano la potestà di ucciderla o venderla e di fare quel che vogliono delle cose di lei.

condannato a morte: la pena di morte per gli uomini liberi era applicata solo per crimini ritenuti di estrema gravità, come i regicidi o le congiure contro il sovrano, ma anche la diserzione in battaglia.

composizione di soldi: questo principio suggeriva di preferire il guidrigildo, ovvero la multa pecuniaria (dal termine tedesco *wer* "uomo", e *geld* "prezzo"), alla faida (diritto di vendetta). L'entità della somma era naturalmente diversa a seconda della classe sociale del danneggiato.

donna: uno degli istituti più importanti del diritto civile longobardo era il mundio, ovvero il diritto di tutela del capofamiglia sugli altri membri (dal tedesco *munt*, "protezione"). Mentre un figlio maschio, raggiunta l'età per portare armi, poteva sottrarsi alla tutela paterna e formare un'altra famiglia, le donne non potevano liberarsi dal mundio, ma solo passare dalla potestà del padre a quella del marito e, in caso di vedovanza, del figlio o del parente maschio più prossimo.

Re Rotari, ritratto in una miniatura del *Codex Legum Langobardorum*, risalente all'XI secolo, mentre promulga le leggi del regno longobardo.

Per COMPRENDERE

1. Quali caratteristiche dell'organizzazione sociale longobarda emergono dalla lettura di questi articoli?
2. Dalla lettura dell'ultimo articolo, quale pensi sia stato il ruolo della donna nella società longobarda?
3. Sottolinea nel testo gli elementi che ti sembrano tipici di un diritto ancora arcaico.

società e cultura

9.2 Economia e società nell'Italia longobardo-bizantina

Il declino delle città

Una delle più dirette conseguenze dell'occupazione longobarda è senza dubbio da individuarsi nello **spopolamento** e nella **decadenza economica delle città** dell'entroterra. Questo processo, che, come abbiamo visto, era già incominciato nel III secolo al tempo delle prime invasioni, non aveva riguardato soltanto la penisola italiana. Qui però, più che altrove, si rovesciò completamente la tipologia di insediamento che era stata dei Romani, scesi dalle acropoli fortificate – sul modello etrusco – per stabilirsi nelle pianure bonificate; gli insediamenti dell'Alto Medioevo, invece, arroccati su alture lontane dalle strade, erano accessibili solo attraverso tortuosi sentieri rupestri, spesso vere e proprie scale scavate nella roccia.

Lo smantellamento delle strade

Utile in tempo di pace e vanto dell'Italia fin dai tempi della repubblica, la rete viaria romana si era rivelata controproducente, allorché i barbari avevano preso a invadere ripetutamente la penisola, dal momento che essi avevano seguito proprio le vie del sistema stradale romano. La reazione delle popolazioni era stata dapprima quella di arretrare, allontanandosi dalle strade e **spostando gli insediamenti su colline e alture**. In seguito, per arrestare l'avanzata degli invasori o comunque per rallentarne e ostacolarne il percorso, si era cominciato anche a **demolire deliberatamente interi tratti di strada**, in particolare i ponti e i viadotti. Per buona parte del Medioevo le strade finirono dunque per essere associate all'idea di pericolo:

Storia e... Arte e Architettura — L'arte longobarda

Nonostante l'incertezza dei tempi e pur conoscendo senz'altro una fase di ristagno, nei territori sottoposti ai Longobardi la cultura e le attività artistiche e intellettuali non vennero meno del tutto. Le fonti sui Longobardi in Italia, almeno quelle relative al VI secolo, sono comunque piuttosto scarse. Le uniche informazioni di cui disponiamo nei riguardi delle loro forme d'arte e di artigianato sono i reperti archeologici, provenienti soprattutto dalle necropoli. Anche dopo la loro conversione al cattolicesimo, i Longobardi mantennero, infatti, l'usanza di seppellire i loro morti con un corredo di oggetti, costituito per lo più di armi e altri utensili per gli uomini e di gioielli per le donne. Fu, del resto, nell'artigianato e nell'oreficeria, più che nell'architettura o nella pittura, che si espresse la loro creatività, almeno in una prima fase: coppe, corone, gioielli, croci votive, fibule, lavorati con il ferro o l'oro o l'argento, in cui gli artisti longobardi amavano incastonare pietre, gemme e smalti.

Alcuni storici dell'arte preferiscono parlare di un'arte longobarda vera e propria a partire dal VII secolo, più precisamente dopo la conversione al cattolicesimo sostenuta da Teodolinda. Nacquero allora anche una produzione di sculture in marmo, originali nella forma e nella ispirazione, che preannuncia l'arte romanica del Medioevo, e un'architettura "longobarda", di cui rimangono il Tempietto di Cividale del Friuli, il Duomo di Monza e la chiesa di Santa Maria Foris Portas a Castelseprio (Varese). Famosa è anche la Cappella di Teodolinda, appartenente al vasto complesso del Duomo di Monza, sorto, secondo quanto ci ha tramandato Paolo Diacono, sul luogo dove Teodolinda dedicò un oratorio a san Giovanni Battista.

Bassorilievo dell'Altare di Rachis, duca del Friuli (Cividale del Friuli, Museo Cristiano).

continuamente minacciate dall'assalto di briganti e banditi, insicure, difficilmente praticabili, prive ormai delle efficienti stazioni di sosta e di rifornimento dove far tappa lungo il viaggio, erano ormai abbandonate a se stesse, deserte e dissestate.

La crisi delle attività commerciali e il sorgere di un'economia chiusa

L'assoluta mancanza di sicurezza delle poche strade ancora transitabili rendeva inoltre sempre più precaria qualsiasi attività commerciale e industriale e favoriva lo **sviluppo dell'agricoltura e dell'economia "curtense" o "chiusa"**, organizzata intorno alla corte (*curtis*) e basata sull'autosufficienza e sullo scambio in natura, tanto più che la circolazione monetaria tendeva a scomparire. Le esigenze difensive avevano finito col prevalere sulle necessità di comunicazione e di scambio e quindi con l'isolare i centri abitati l'uno dall'altro. Anche questo spiega la tendenza all'autosufficienza dei centri altomedievali.

D'altra parte, come abbiamo visto, anche nell'**Italia bizantina** le condizioni di vita della popolazione, oppressa dal dispotismo e dalle richieste fiscali dei dominatori, non erano molto migliori, anche se le **città costiere** avevano ancora una certa vitalità commerciale grazie ai collegamenti marittimi con i ricchi porti d'Oriente.

> **lessico**
>
> **Corte** dal latino *cohors* (cioè "spazio limitato"), il termine indica, in senso stretto, il recinto che nella villa romana circondava l'abitazione del signore e dei domestici, le stalle del bestiame e i magazzini. Più in generale, la *curtis* era un'unità aziendale agricola, ma iniziò a essere chiamata in questo modo anche la residenza del signore o del re, dove egli espletava le sue funzioni di governo.

La fuga nelle campagne

Abbandonate le città e le attività tradizionalmente praticate nei centri urbani, le popolazioni **si rifugiarono nelle campagne** presso i proprietari di grandi estensioni di terreno (**latifondisti**), diventando **coloni**, ossia lavoratori disponibili a lavorare gratuitamente la terra dei loro protettori e padroni. In cambio essi ricevevano un piccolo appezzamento di terreno da sfruttare in proprio, e inoltre godevano della **sicurezza personale** che le milizie private del latifondista potevano garantire loro contro ogni tipo di nemici esterni: banditi, esattori di tasse, predoni o barbari che fossero. Proprio da un simile stato di cose l'aristocratico latifondista si era trasformato in effettivo **signore del luogo e dei suoi abitanti**, mentre i coloni avevano perso ogni libertà d'iniziativa, compresa quella di potersi allontanare dal fondo e cercare migliore fortuna altrove.

In Italia, la migrazione verso le campagne si accentuò sotto i Longobardi, anche perché i dominatori stessi preferivano dimorare in **castelli fortificati**, anziché nei centri abitati. Città come Padova, Roma o **Pavia** – che pure era stata prescelta come capitale del nuovo regno – non contavano che poche migliaia di abitanti; molte altre si ridussero ben presto a villaggi (*vici*).

LE CAUSE DELLA FUGA NELLE CAMPAGNE

Guerre e invasioni determinano un **crollo demografico**

↓

Diminuisce la sicurezza di strade e città

↓

La **popolazione** abbandona i centri urbani, ridotti a villaggi, e **si rifugia nelle campagne**, al servizio e sotto la protezione di ricchi proprietari

↓

La difficoltà degli scambi commerciali determina la nascita di un'**economia curtense**, "chiusa" cioè all'interno di una corte, centro del latifondo

↓

L'economia curtense è basata sull'autosufficienza: gli scambi avvengono in natura, mentre tende a scomparire la circolazione monetaria

---

GUIDA allo STUDIO

1. Quali fattori determinarono la decadenza delle città in Italia?
2. Quali conseguenze comportò la fuga delle popolazioni nelle campagne?
3. In che cosa consiste l'economia curtense?

Primi centri longobardi in Italia

Questo scorcio del paese di Ferentillo in Umbria, arroccato su un costone di roccia e abitato dai Longobardi fin dall'VIII secolo, testimonia la tendenza dei nuovi invasori a seguire la pratica diffusasi sul territorio italiano nell'Alto Medioevo di costruire i centri abitati sulle alture e lontano dalle principali vie di comunicazione.

9 L'Italia longobarda e la Chiesa di Roma

una finestra sul mondo

LA CINA

La CINA dei TANG

Nel 618 la Cina venne unificata da **Li Yuan**, un comandante militare, che diede inizio alla **dinastia Tang**, destinata a regnare fino al 907. La capitale era l'antichissima città di **Chang'an**. Cominciò allora per la Cina un periodo di stabilità politica (grazie alla centralizzazione del potere e al potenziamento della burocrazia) e di espansione territoriale, di prosperità economica e di fermenti culturali.

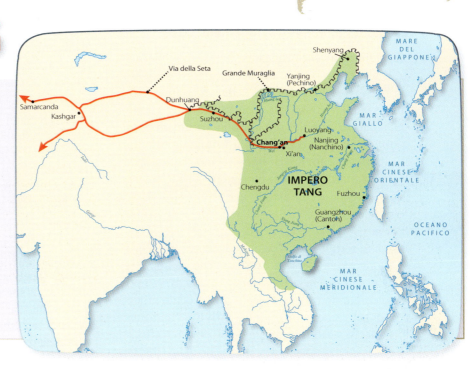

L'intraprendenza degli imperatori Tang contribuì a inserire la Cina nel sistema internazionale: furono avviati **rapporti con il Giappone** e **con l'impero romano d'Oriente** e le frontiere si aprirono all'influenza straniera e alla diffusione di nuovi culti – oltre al buddismo e al confucianesimo –, quali l'ebraismo o lo zoroastrismo. Durante il regno dell'imperatore **Taizong** (626-649), figlio di Li Yuan, considerato uno dei migliori sovrani che la Cina abbia mai avuto, l'impero diventò la **più grande potenza asiatica** del tempo, grazie a un uso sapiente della diplomazia e della forza militare.

◀ L'imperatore Taizong.

Il periodo della dinastia Tang si caratterizzò inoltre per la **fioritura di tutte le arti**, dalla poesia alla pittura alla scultura. A quest'epoca risalgono probabilmente due importanti innovazioni tecnologiche destinate a incidere sulla storia dell'umanità: la **polvere da sparo** (seppur in una forma ancora rudimentale) e la **stampa**.

◀ Statuetta in terracotta dipinta di epoca Tang.

9.3 Gregorio Magno e la nascita dello Stato della Chiesa

I vescovi e l'amministrazione delle città

Sin dall'epoca delle prime invasioni barbariche, ma specialmente a partire dall'occupazione longobarda nel VI secolo, i **vescovi** delle varie città d'Italia avevano assunto una molteplicità di funzioni: dalla **protezione dei più deboli** all'**amministrazione della giustizia e della finanza** locali, alle più **diverse forme di beneficenza**, rese peraltro possibili dall'ingente patrimonio che le chiese erano andate accumulando nel tempo, soprattutto grazie a donazioni e lasciti dei fedeli. Nel clima di anarchia e di violenza che imperava nella penisola in seguito alle invasioni, l'autorità del clero si era perciò talmente accresciuta che gli abitanti delle città presero a considerare il vescovo, capo della comunità religiosa locale, anche come unico responsabile delle **pubbliche attività**. Nei territori ancora sotto il controllo dei Bizantini, l'attività di assistenza spirituale e materiale della Chiesa fu resa possibile anche dal fatto che gli stessi imperatori, da Costantino a Giustiniano, avevano a più riprese rinunciato alle proprie funzioni, riconoscendo particolari diritti e privilegi alla più prestigiosa delle diocesi cristiane, Roma.

La Chiesa e l'Occidente

Del resto l'autorevolezza della Chiesa romana non si limitava alla sola Italia, ma era andata accrescendosi in tutto l'Occidente. Grazie all'**opera di mediazione** svolta da alcuni grandi pontefici in seguito alla formazione dei regni barbarici, la Chiesa era riuscita infatti non solo a mantenere i suoi possedimenti territoriali, ma anche a stabilire con i nuovi occupanti rapporti, prima di faticoso equilibrio, poi di pacifiche intese, fino ad arrivare alla loro cristianizzazione. Nessuna meraviglia quindi se i cittadini di Roma finirono per ritenere il loro vescovo, il papa, quasi un continuatore dell'autorità imperiale.

Tuttavia, ancora nel VI secolo, la Chiesa riconosceva lo Stato bizantino come protettore legittimo. Quando però gli imperatori d'Oriente iniziarono a interferire più frequentemente e apertamente nelle questioni spirituali, la Chiesa avvertì la necessità di sganciarsi dalla tutela della potestà terrena e di garantire la propria libertà religiosa mediante l'**indipendenza politica**: sarà questo il motivo ispiratore della sua "politica" nei secoli futuri.

L'opera pastorale e sociale di Gregorio Magno

Un ruolo di primo piano in tal senso lo ebbe il papa **Gregorio Magno** (590-604). Discendente da un'antica e **nobile famiglia** (gli Anici) e dotato di eccezionale energia e cultura, Gregorio era sta-

---

Storia e... Arte e Architettura — La basilica cristiana

Uscita dall'ombra dopo l'editto di Costantino, la Chiesa cercò una norma architettonica alla quale rifarsi nell'edificazione dei propri luoghi pubblici di culto. Rifiutò il modello offerto dal tempio greco-romano, per sottolineare il distacco dalle credenze pagane, e si ispirò invece, anche nel nome, alla basilica, l'edificio pubblico per eccellenza dell'antica Roma, luogo dei mercati e delle pratiche giudiziarie.

La basilica cristiana, nel suo impianto primitivo, era costituita da una navata centrale, che faceva capo a un'abside semicircolare; questa ospitava l'altare, mentre la navata centrale era affiancata da due navate laterali, delimitate da un doppio colonnato, dove spesso trovavano posto i sarcofagi contenenti le spoglie dei cristiani più benestanti. Per le decorazioni interne fu utilizzata principalmente la pittura in quanto espressione semplice e diretta dei simboli della fede e della storia sacra e illustrazione delle norme di comportamento prescritte al fedele, tanto più che, come scrisse papa Gregorio Magno, essa poteva "servire all'analfabeta quanto la scrittura a chi sa leggere".

All'interno delle basiliche vennero spesso ospitate anche le reliquie dei santi, talmente importanti che talvolta nuove chiese vennero appositamente fondate per accoglierle.

Interno della basilica paleocristiana di Santa Sabina a Roma.

to chiamato a ricoprire a Roma altissime cariche politiche, alle quali però aveva rinunciato per ritirarsi nel silenzio di un monastero benedettino sul Celio. Qui rimase fino a quando il papa Pelagio II lo inviò a Costantinopoli come nunzio, ovvero come suo rappresentante diplomatico. Quattro anni dopo il suo ritorno a Roma, Gregorio fu nominato pontefice (590).

A rendere particolarmente famoso il papa Gregorio Magno furono sia la sua **attività missionaria**, sia l'intensa **attività politica e sociale** da lui svolta. Durante i quattordici anni del suo pontificato, egli si batté infatti senza sosta per la **diffusione del cristianesimo** presso tutti i popoli, ariani o pagani che fossero, riuscendo a convertire oltre ai **Longobardi** anche i **Visigoti** di Spagna e gli **Angli** e i **Sassoni** d'Inghilterra.

Sul fronte sociale, essendosi convinto nel corso di una sua missione a Costantinopoli che l'imperatore nulla avrebbe fatto per liberare l'Italia dai Longobardi, egli usò ogni mezzo per **alleviare** le pene e **le miserie del popolo romano** e per risollevare Roma dalla rovina in cui era precipitata. Era sua ferma convinzione che aiutare i bisognosi altro non fosse che una doverosa restituzione. "Quando noi diamo il necessario per vivere ai poveri – era solito affermare – non elargiamo beni nostri, bensì restituiamo loro il proprio: ecco perché possiamo dire di compiere un atto più di giustizia che di bontà e misericordia". A Gregorio si deve inol-

LA DIFFUSIONE DEL CRISTIANESIMO TRA VI E IX SECOLO

1 Tra i regni formatisi sulle rovine dell'impero d'Occidente il primo ad accettare la fede cattolica è quello dei **Franchi**, grazie alla conversione del re Clodoveo (V-VI secolo).

2 Nel VI secolo la **Spagna visigota** abbandona l'arianesimo e diventa anch'essa cattolica.

3 Tra VI e VII secolo, per impulso di papa Gregorio Magno, viene avviata la **conversione** degli **Angli** e dei **Sassoni** stanziati nel Sud della Britannia.

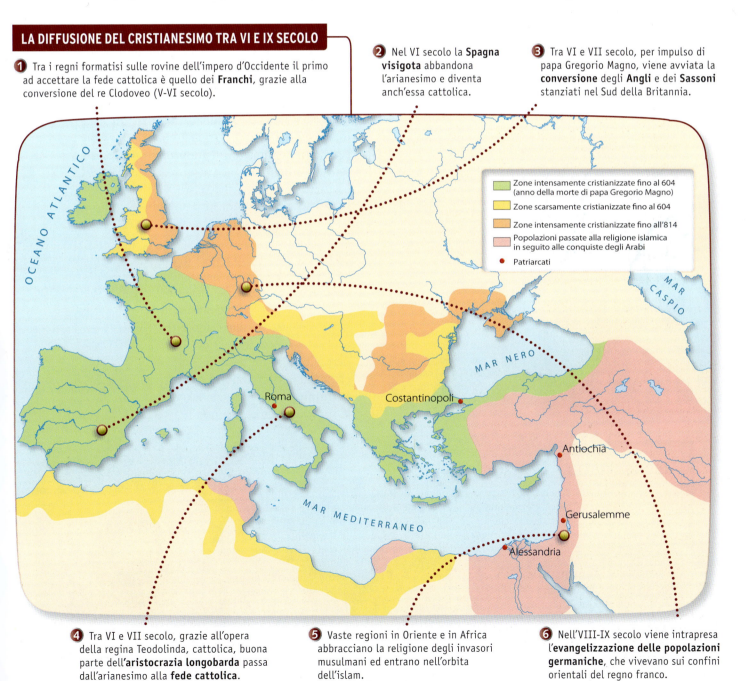

4 Tra VI e VII secolo, grazie all'opera della regina Teodolinda, cattolica, buona parte dell'**aristocrazia longobarda** passa dall'arianesimo alla **fede cattolica**.

5 Vaste regioni in Oriente e in Africa abbracciano la religione degli invasori musulmani ed entrano nell'orbita dell'islam.

6 Nell'VIII-IX secolo viene intrapresa l'**evangelizzazione delle popolazioni germaniche**, che vivevano sui confini orientali del regno franco.

tre l'adozione nella liturgia cattolica del cosiddetto **canto gregoriano**, ovvero un canto rituale in latino che, con la semplicità delle sue melodie, era destinato a ravvivare la partecipazione dei fedeli.

Gregorio fondatore del potere temporale della Chiesa

Sul fronte politico, Gregorio fu il solo che con il suo prestigio riuscì ad arrestare le mire espansionistiche dei Longobardi sul Lazio e su Roma, il solo a provvedere alla difesa e all'approvvigionamento dell'antica capitale. Svolse inoltre quella **funzione di protezione** – che competeva essenzialmente al potere politico – ma che nessun'altra autorità in quel momento svolgeva.
È evidente che il pontefice non avrebbe potuto portare a compimento tutto ciò e tanto meno sviluppare una politica autonoma, se la Chiesa non avesse potuto già contare su una **solida base economica** e su un proprio consistente patrimonio, costituito in gran parte da **vaste proprietà fondiarie**.
Possiamo quindi affermare che papa Gregorio, avendo inaugurato di fatto se non di diritto un governo papale a Roma, può ben essere considerato il **fondatore del potere temporale della Chiesa**.

LE INIZIATIVE DI PAPA GREGORIO MAGNO

- Si impegna per garantire l'approvvigionamento di Roma.
- Dà vita a una serie di innovazioni liturgiche (per esempio il canto gregoriano).
- **Gregorio Magno**
- Si dedica alla conversione dei Longobardi.
- Rivendica un riconoscimento maggiore rispetto a quello concesso all'esarca bizantino.
- Si adopera per eliminare le ultime sacche di paganesimo.

La politica di Liutprando tra Bisanzio e la Chiesa di Roma

Un ruolo fondamentale nella lunga e complessa storia relativa alla formazione del potere temporale dei papi lo ebbe senza dubbio il **re longobardo Liutprando**, un uomo di alte capacità politiche e militari, giunto al trono nel 712 dopo una lunga serie di lotte intestine seguite alla morte di Rotari.
L'ambizione di Liutprando era quella di cacciare i Bizantini dall'Italia. L'occasione gli venne offerta nel 726, allorché l'imperatore bizantino **Leone III l'Isaurico** – timoroso di veder degenerare la religione cristiana in idolatria e desideroso di smentire l'accusa mossa ai Bizantini in tal senso da parte soprattutto degli Arabi in lotta contro l'impero – emanò un editto col quale ordinava la **distruzione di tutte le immagini sacre** (iconoclastia). In seguito a tale provvedimento, che non teneva in alcun conto

◀ Gregorio Magno e la cultura
Restituire all'Europa sconvolta dalle invasioni le basi della sua cultura fu uno dei grandi obiettivi di papa Gregorio I. Egli si occupò di far copiare antichi manoscritti perché non andassero perduti.

lessico

Potere temporale il potere relativo ai beni della vita terrena, soggetti a deperimento nel corso del tempo, in contrapposizione ai beni spirituali, eterni e incorruttibili.

Idolatria termine che deriva dal greco *éidolon* "immagine" o *latréia* "venerazione", è una forma di religione basata sul culto degli idoli (immagini o altri oggetti).

---

concetti chiave

Iconoclastia

I sostenitori dell'iconoclastia (la parola viene dal greco *eikon*, "immagine", e *kláein*, "spezzare") affermavano che Cristo non può essere rappresentato, pena il cadere nell'eresia. Da qui la distruzione fanatica di ogni immagine della divinità, che risvegliò un'altrettanto fanatica resistenza soprattutto da parte dei monasteri. L'atteggiamento iconoclastico, a partire dall'editto di Leone III (726), prevalse a lungo nel territorio dell'impero d'Oriente, e le cose cambiarono soltanto durante la reggenza di Irene (752-803). Il settimo concilio di Nicea (787) trovò l'accordo su una formula di compromesso, riservando l'*adorazione* al Dio invisibile, ma tollerando la *venerazione* delle immagini. Il conflitto tra favorevoli e contrari alla rappresentazione della divinità si trascinò ancora per decenni, finché il concilio di Costantinopoli (841), in accordo con l'imperatore Michele III, ristabilì la piena legittimità del culto delle immagini.

Il volto di Cristo sfigurato dalla mano di un iconoclasta (miniatura bizantina).

né l'attaccamento delle popolazioni al tradizionale culto delle icone, né l'opinione più conciliante del papato, scoppiarono numerosi **tumulti** a Costantinopoli, in Grecia e anche in Italia.

Ritenendo fosse giunto il momento di cacciare i Bizantini, Liutprando si affrettò a **occupare l'Esarcato, compresa Ravenna** e ad **avanzare nel territorio romano**, conquistando Narni e Sutri, presso l'odierna Viterbo. Di fronte al pericolo di nuove calamità e distruzioni per Roma, il papa **Gregorio II** (715-731) mosse subito incontro al re longobardo e lo indusse non solo a desistere dal suo intento, ma addirittura a consegnargli il castello di Sutri e altri centri del Lazio (**donazione di Sutri**, 728). Con tale gesto, che sul piano giuridico costituiva un fatto assolutamente nuovo, il re longobardo riconosceva la **sovranità territoriale del papa** e dava ufficialmente inizio al dominio temporale della Chiesa.

Un falso storico: la donazione di Costantino

Verso la fine dell'VIII secolo la Chiesa prese l'iniziativa di dare una veste legale al suo potere temporale, redigendo nel segreto della curia romana un documento che risultava indirizzato dall'imperatore Costantino a papa Silvestro all'indomani dell'editto di Milano (313 d.C.). Tale documento, noto come **donazione di Costantino**, fu ritenuto autentico per tutto il Medioevo.

Solo nel XV secolo l'umanista **Lorenzo Valla** riuscì a dimostrarne in modo inconfutabile la non

IL "PATRIMONIO DI SAN PIETRO"

● La carta mostra il lento ma progressivo sviluppo del "patrimonio di san Pietro", a partire dai territori donati ai pontefici dai sovrani longobardi, che costituiranno la base del futuro Stato della Chiesa (o Stato pontificio).

autenticità. La "donazione", che legittimava – in quanto dono di un imperatore romano – la sovranità del papa su Roma e sui territori circostanti, doveva servire a frenare lo spirito di conquista dei Longobardi e a consolidare il potere temporale della Chiesa. **Aveva così origine lo Stato pontificio**, che, ingrandendosi sempre più, era destinato a dividere il Nord dal Sud dell'Italia fino alla metà del XIX secolo.

LA CHIESA VERSO LA CONQUISTA DEL POTERE TEMPORALE

Protezione della popolazione e amministrazione ecclesiastica
Durante le invasioni delle popolazioni barbariche, l'organizzazione ecclesiastica assicura protezione agli abitanti delle città e supplisce alle carenze dell'amministrazione civile e militare

↓

Roma e il papa
Questo fenomeno assume particolare rilievo nella diocesi di Roma; con Gregorio Magno la Chiesa romana assume in pieno i poteri di governo temporale della città

↓

Distacco da Bisanzio
La Chiesa si sottrae progressivamente alla tutela dell'imperatore d'Oriente, facendo anche leva sui contrasti tra Longobardi e Bizantini per il controllo della penisola

↓

Le donazioni longobarde e lo Stato pontificio
Con la cessione del castello di Sutri e di altre terre del Lazio si pongono le basi di una sempre più ampia sovranità territoriale e di un vero e proprio Stato pontificio

GUIDA allo STUDIO

1. Quali erano i compiti di cui si erano fatti carico i vescovi in seguito alla dissoluzione dell'impero d'Occidente?
2. Perché Gregorio Magno può essere considerato come il fondatore del potere temporale della Chiesa?
3. In che cosa consisteva la disputa sulle immagini sorta fra Leone III l'Isaurico e papa Gregorio II?

le FONTI
Laboratorio

La donazione di Costantino *L'affresco riprodotto, di autore ignoto, fa parte di una serie dedicata alla figura di papa Silvestro I (314-335 d.C.), nella chiesa romana dei Santi Quattro Coronati; qui è illustrato l'episodio della "donazione di Costantino". L'affresco risale al 1246 e serviva, in un momento di forte contrasto tra papato e impero, a ribadire il supposto fondamento storico del potere e del primato temporale dei pontefici: appunto quel leggendario riconoscimento del primo imperatore cristiano, che qui viene presentato come il modello al quale i sovrani cristiani d'Occidente avrebbero dovuto adeguarsi.*

Autore anonimo
Opera ciclo di affreschi della chiesa dei Santi Quattro Coronati a Roma
Data XIII secolo
Tipologia fonte affresco

Un **diacono** alle spalle di **papa Silvestro** regge un'asta sormontata dalla croce, **emblema della fede** cristiana.

Il papa **Silvestro**, avvolto nei paramenti propri del vescovo di Roma, **benedice Costantino**.

Il capo del pontefice è circonfuso da un **alone luminoso**, che ne esprime l'eccellenza spirituale, e coronato dalla **mitria**, simbolo dell'autorità religiosa del capo della cristianità occidentale.

L'**imperatore Costantino**, in ginocchio davanti al capo della Chiesa assiso in trono, gli porge la **tiara papale**, simbolo del primato spirituale e temporale del pontefice su Roma, l'Italia e l'intero Occidente.

Dietro a Costantino un dignitario leva in alto la **corona imperiale**, che, in segno di rispetto per la superiore autorità ecclesiastica, non poggia sulla fronte dell'imperatore.

Per COMPRENDERE

1. Perché le origini del potere temporale della Chiesa furono fatte risalire proprio a Costantino?
2. Quali elementi nell'affresco sottolineano il primato del potere temporale del papa su quello dell'impero?
3. Ripensa alla politica religiosa di Costantino: ti sembra corrispondere all'atteggiamento di sottomesso riguardo verso papa Silvestro espresso nell'affresco dei Santi Quattro Coronati?

società e cultura

9.4 Le origini del monachesimo

Dagli eremi ai monasteri

A partire dal VI secolo, nello stesso periodo in cui le invasioni barbariche travolgevano le popolazioni latine d'Occidente, accanto all'attività di carità e sostegno fornita dalle diocesi, si andava diffondendo in tutta l'Europa cristiana il fenomeno del **monachesimo**, che in breve tempo avrebbe messo radici profondissime nella società medievale. Espressione e strumento di un estremo desiderio di perfezionamento, da conseguire attraverso un **cammino di ascesi** (cioè di rinuncia agli agi e di intensa meditazione), il monachesimo si sviluppò inizialmente nel mondo orientale, soprattutto in Palestina e in Egitto, dove sin dal III secolo fra i cristiani si diffuse la consuetudine di **ritirarsi in solitudine per meditare e pregare**: molti devoti sentivano infatti il bisogno di isolarsi in luoghi lontani dai centri abitati e da ogni comodità materiale, per entrare in contatto con Dio attraverso le pratiche della povertà, dell'astinenza, della meditazione, della preghiera. Coloro che sceglievano questo volontario esilio in assolati deserti o in oscure caverne erano chiamati **eremiti**.

A partire dal IV secolo prevalse invece la tendenza a riunirsi a gruppi in **cenobi**, detti anche **conventi** o monasteri, sotto la guida di un **abate** che fissava le "regole" del culto e della vita in comune. Mentre in Oriente la regola più celebre fu quella fissata da Basilio, vescovo di Cesarea, nel IV secolo, il cristianesimo occidentale si uniformò alla regola di **san Benedetto da Norcia**, vissuto tra il V e il VI secolo, che impose ai monaci, oltre ai tre voti di castità, povertà e obbedienza, anche l'obbligo della stabilità: soltanto in casi eccezionali il monaco, per brevi periodi e previa autorizzazione dell'abate, poteva abbandonare il monastero in cui aveva scelto di compiere il suo cammino di perfezione.

lessico

Eremita la parola deriva dal greco *éremos*, "solitario".

Cenobio dal greco *koiné*, "comune", *bios*, "vita", era una struttura adibita alla vita delle comunità monastiche.

Convento dal latino *conventus*, "riunione", era il luogo in cui i religiosi in Occidente vivevano in comunità.

Abate dall'aramaico *abbà*, "padre", era la guida spirituale dei monaci cenobiti.

◀ **San Benedetto da Norcia**
Miniatura del X secolo che mostra san Benedetto a colloquio con l'abate Desiderio di Montecassino. Sotto una veduta odierna del monastero di Montecassino.

PASSATO PRESENTE

La diffusione del cristianesimo

Il cristianesimo è oggi la **religione più diffusa al mondo** con più di due miliardi di fedeli. È diviso in varie confessioni, che nel corso della storia sono state in contrasto tra di loro, scatenando delle vere e proprie guerre di religione.

La componente più diffusa del cristianesimo è il **cattolicesimo** (dal greco *katholikòs*, "universale") che comprende attualmente oltre un miliardo di seguaci. I cattolici riconoscono nel **papa**, il vescovo di Roma e successore di Pietro, la più alta autorità religiosa.

L'altro grande gruppo è il **protestantesimo** che conta circa mezzo miliardo di fedeli. Esso è nato dalla **Riforma protestante** del XVI secolo: un movimento religioso e culturale avviato dal monaco tedesco Martin Lutero che, criticando profondamente il comportamento morale e teologico della Chiesa romana, produsse una vasta scissione del cristianesimo in varie comunità: oltre alla Chiesa luterana, si costituirono le Chiese riformate (soprattutto il Calvinismo, lo Zwinglismo e la Chiesa Valdese, diffusa in Italia), l'Anglicanesimo (nato in Inghilterra nel 1534) e le Chiese battiste. Negli Stati Uniti è molto diffuso l'Evangelismo, anch'esso originato dalla rivolta di Lutero e caratterizzato dal ritorno allo spirito del Vangelo. In questo paese sono poi nati, a partire dal XIX secolo, anche i cosiddetti gruppi "restaurazionisti" (come gli Avventisti, i Testimoni di Geova e i Millenaristi), che hanno in comune il rifarsi alla religione cristiana delle origini.

La terza grande confessione cristiana è la **Chiesa Ortodossa** (dal greco *orthòdoksos*, "pensiero giusto"), che conta oggi circa 250 milioni di credenti. Essa nacque da un'altra profonda rottura che si verificò all'interno del cristianesimo in epoca più antica, il **Grande Scisma del 1054**. La Chiesa ortodossa è divisa in più comunità guidate da un patriarca; oggi quelle più conosciute sono la Chiesa ortodossa russa, la Chiesa ortodossa greca e la Chiesa ortodossa copta (in Egitto).

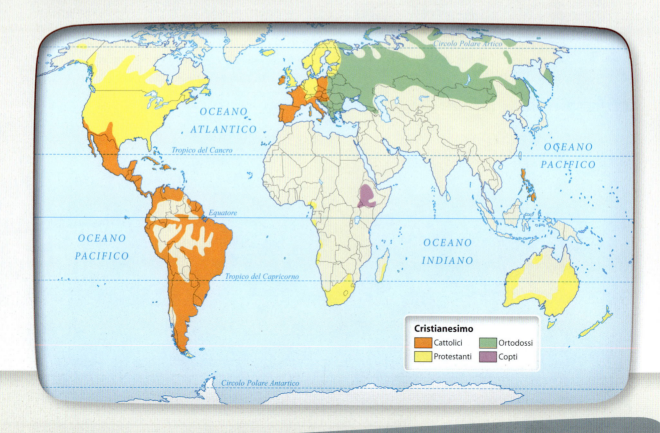

PASSATO PRESENTE

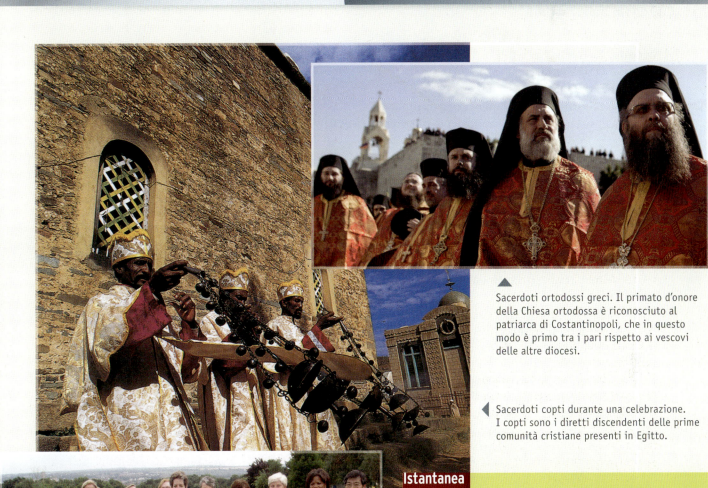

Sacerdoti ortodossi greci. Il primato d'onore della Chiesa ortodossa è riconosciuto al patriarca di Costantinopoli, che in questo modo è primo tra i pari rispetto ai vescovi delle altre diocesi.

Sacerdoti copti durante una celebrazione. I copti sono i diretti discendenti delle prime comunità cristiane presenti in Egitto.

▲ Gruppo di pastori protestanti. La Chiesa protestante riconosce anche alle donne la possibilità di esercitare il ministero pastorale.

Istantanea

La Chiesa cattolica oggi subisce l'effetto positivo della figura di **papa Francesco** (Jorge Mario Bergoglio, di nazionalità argentina e origine italiana), eletto a Sommo Pontefice il 13 marzo 2013. È il primo papa che ha scelto il nome di san Francesco d'Assisi, il primo papa gesuita e il primo proveniente dal continente americano. Fin da subito ha mostrato una forte carica di umanità, unita ad una semplicità e straordinaria efficacia comunicativa, nonché una grande sensibilità verso le problematiche mondiali della disuguaglianza sociale, delle emarginazioni, della tutela dell'ambiente e dei diritti umani. Ha inoltre mostrato una decisa volontà di dialogo con le altre confessioni religiose.

La regola benedettina

Per i benedettini, seguaci della regola di san Benedetto, la miglior preghiera era il **lavoro**, sia materiale che intellettuale. *Ora et labora* ("prega e lavora") fu il loro motto, che fondava armoniosamente la **vita attiva** e quella **contemplativa**; né lo smentirono mai, dedicandosi alle più diverse attività, alternate alle ore di meditazione e preghiera: dalla coltivazione dei campi al prosciugamento delle paludi, dalla costruzione di fattorie alla fondazione di ospizi e ospedali.

Si trattava di un atteggiamento che si può definire "rivoluzionario", perché basato sulla rivalutazione del lavoro manuale all'interno di una società che privilegiava le attività intellettuali e relegava quelle materiali esclusivamente alle classi inferiori e agli schiavi.

Il **lavoro era** inoltre ritenuto dai benedettini il migliore **complemento della preghiera**, un mezzo di elevazione morale, alla base di un nuovo concetto di società, fondata sulla solidarietà collettiva e non più su una visione ristretta ed egoistica della proprietà privata: una società autosufficiente, che lavorava e produceva.

Un'autosufficienza economica e culturale

Il monastero diventò così un **centro economico autonomo**, proprio come lo era il castello. La produzione in eccesso veniva messa in vendita e per questo spesso nelle sue vicinanze sorgeva un **mercato** o una **fiera**.

I monaci però non trascurarono neppure il lavoro intellettuale. In un'epoca in cui l'ignoranza imperava, si dedicarono con passione alla **creazione di biblioteche**, continuamente accresciute grazie al lavoro degli **amanuensi**, cioè i monaci preposti all'opera di **trascrizione e copiatura dei codici**, ovvero i preziosi testi manoscritti del mondo antico. Così facendo, provvidero alla conservazione di opere filosofiche, religiose, lettera-

---

LE PRINCIPALI COMUNITÀ MONASTICHE

Nella carta a fianco, i **principali monasteri benedettini** in Svizzera e in Italia tra il VI e l'XI secolo. Istituzioni simili erano sorte anche a Fulda in Germania, a Westminster in Inghilterra e a Cluny e Tours in Francia.

Il lavoro di una vita
Un monaco consegna all'abate il codice al quale ha lavorato per tutta la vita con grande dispendio di energia. Per questo motivo il miniaturista lo ha rappresentato con due volti: uno giovanile, all'inizio della sua fatica, e un altro che mostra i segni dell'età avanzata, a opera compiuta.

MONACHESIMO ORIENTALE E OCCIDENTALE

Monachesimo orientale	Monachesimo occidentale
Ispiratore san Basilio (329-379)	**Ispiratore** san Benedetto da Norcia (480-547)
Attività esclusivamente preghiera e meditazione	**Attività** preghiera unita alle attività pratiche e al lavoro

rie, scientifiche e tecniche che altrimenti sarebbero andate perdute. Si deve a loro se gran parte del patrimonio spirituale della cristianità, oltre a importanti opere di autori latini e greci, ha potuto giungere fino a noi. Né va dimenticato che le uniche **scuole** allora funzionanti erano, oltre a **quelle vescovili**, proprio quelle **monastiche**.

L'attività missionaria e il monachesimo irlandese

Nonostante l'iniziale prevalenza della dimensione ascetica individuale, il monachesimo benedettino assunse anche un'importantissima **funzione missionaria**: monaci itineranti affrontavano infatti viaggi pieni di pericoli per dissodare e coltivare terre incolte, ma soprattutto per diffondere il cristianesimo nelle regioni più periferiche d'Europa. Uno di loro fu **san Bonifacio** (675-754), un benedettino inglese che si spinse al di là del Reno per convertire le popolazioni germaniche ancora pagane.

Tra il VI e il VII secolo quest'opera di evangelizzazione si incrociò e si fuse con quella del **monachesimo irlandese**. Sorte fin dal V secolo, le comunità monastiche irlandesi si spostarono nel corso del tempo verso la Scozia e l'Inghilterra per poi giungere sul continente.

La rinuncia alla patria e l'esilio volontario in terre lontane erano considerati una forma di ascesi; per questo numerosi monaci irlandesi si misero in marcia attraverso l'Europa, fondando lungo la strada monasteri e comunità. Il più grande rappresentante della spiritualità irlandese fu **san Colombano** (543-615), che, dopo aver fondato un monastero a Luxeuil, in Borgogna, giunse settantenne in Italia. Qui organizzò (614) una nuova comunità a **Bobbio** in Val Trebbia, sull'Appennino emiliano,

▲ **Il Libro di Kells**
Pagina miniata con i quattro Evangelisti (angelo-san Matteo, leone-san Marco, bue-san Luca, aquila-san Giovanni). La pagina proviene dal *Libro di Kells*, noto anche come *Evangelario di san Colombano*, un manoscritto realizzato dai monaci irlandesi all'inizio del IX secolo, attualmente conservato presso il Trinity College di Dublino.

destinata a diventare, grazie anche all'appoggio dei sovrani longobardi, un importantissimo centro economico e culturale, dotato di una ricchissima biblioteca, che, alla fine del X secolo, conservava oltre 700 codici antichi.

Ecco perché, insieme alla Chiesa, anche i monasteri possono essere considerati **elementi** fondamentali **di stabilità e di continuità** nella crisi di trasformazione che scuoteva l'Europa dominata dai barbari: solidi **fari di civiltà** in mezzo a un mondo in rovina.

> **GUIDA allo STUDIO**
> 1. Quali motivazioni spingevano alcuni cristiani a ritirarsi in luoghi isolati per pregare?
> 2. Perché la regola benedettina può considerarsi "rivoluzionaria"?
> 3. In un'Europa dominata dai barbari, che cosa rappresentarono i monasteri?

SCIENZA E TECNOLOGIA

Copisti, codici e miniature:
la trasmissione del sapere nel Medioevo

Prima dell'invenzione della stampa (avvenuta nel XV secolo per opera di Gutenberg), la **produzione del libro** era affidata agli **amanuensi**, abili artigiani-artisti della scrittura. Dopo la caduta dell'impero romano, fino alla cosiddetta rinascita culturale del XII secolo, coloro che erano in grado di **leggere e scrivere** erano **pochi** e in prevalenza ecclesiastici. La **Chiesa**, infatti, era rimasta l'unica **depositaria della cultura**. Oltre alle Sacre Scritture e ai testi di argomento religioso, i monaci riprodussero anche le **grandi opere** di poesia e prosa dell'antichità classica, che, nonostante il loro carattere pagano, costituivano comunque la base della formazione culturale medioevale. Solo grazie a questo prezioso lavoro di copiatura gran parte della letteratura antica si è conservata fino a oggi.

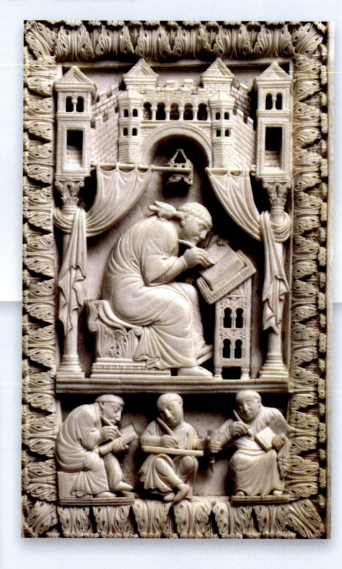

Il lungo e paziente lavoro degli amanuensi, che consisteva nel copiare a mano i testi, poteva in alcuni casi durare anche degli anni. Per scrivere i **copisti** utilizzavano il **calamo**, una piccola canna o una penna d'oca intinta nell'**inchiostro**; questo era essenzialmente nero anche se talvolta si utilizzava il rosso per i titoli e le maiuscole (che in tal caso si dicevano rubricate, dal latino *ruber*, "rosso"); per correggere gli eventuali errori si grattava via l'inchiostro dalla pagina con il **raschietto**, mentre una **riga** permetteva di tracciare sul foglio le linee dritte su cui scrivere.

Scienza e Tecnologia

Prima di iniziare a scrivere era necessario preparare il "foglio". Fino ad allora in tutta Europa si era utilizzato il **papiro** che veniva avvolto in rotoli ed era chiamato *volumen* (dal latino *volvere* "avvolgere", da cui l'italiano "volume"). Nel V secolo si iniziò a utilizzare la **pergamena**, ricavata dalla pelle di animale, di solito pecora. Dopo essere stata pulita e trattata, la pelle veniva tesa su un telaio e levigata per renderla liscia e sottile. A questo punto si tagliava la pergamena in fogli, che a loro volta venivano piegati e cuciti insieme a gruppi. Completata la fase della rilegatura si otteneva il libro o **codice** (dal latino *codex*), in tutto simile ai libri moderni. Sulle pagine venivano poi tracciate le righe guida: solo allora poteva cominciare la copiatura.

I codici pregiati erano solitamente abbelliti con illustrazioni colorate, dette **miniature** (da *minium*, un tipo di inchiostro rosso). I miniaturisti, spesso diversi dai copisti, decoravano quasi sempre la prima lettera del capitolo, il **capolettera**, che veniva trasformato in un motivo floreale, animale oppure in scene più complesse. Anche la **coperta** veniva abbellita: generalmente si utilizzavano due tavole di legno rivestite di cuoio e talvolta impreziosite con oro, argento, pietre dure e avorio.

Tutte queste attività avvenivano nello ***scriptorium***, un locale interno all'abbazia dotato di ampie finestre per garantire luce sufficiente alla lettura e alla scrittura; spesso era l'unico locale riscaldato d'inverno, anche se le stanze dovevano essere comunque molto fredde se rapportate ai nostri criteri. Nello *scriptorium* i monaci copiavano i testi in rigoroso silenzio seduti ai loro banchi, gli **scrittoi**.

le FONTI — Laboratorio

Norme di vita monastica

La più celebre tra tutte le regole monastiche occidentali fu quella di Benedetto da Norcia, risalente agli inizi del VI secolo. Impostata su un perfetto equilibrio tra attività spirituale, lavoro manuale e lavoro intellettuale, essa era caratterizzata da semplici norme, esposte in maniera chiara e volte a regolare i rapporti tra i membri della comunità e a garantire il mantenimento dell'ordine e della disciplina interiore ed esteriore.

Autore Benedetto da Norcia
Opera *Regula sancti Benedicti*
Data VI secolo
Tipologia fonte documento religioso

---

letto: i monaci dormivano in una camerata comune, il dormitorio. Quando i monaci erano tanti, venivano divisi tra più dormitori. Con gli anni si passò dalla camerata alle celle singole per isolare il monaco dalle inevitabili distrazioni di una sala comune, incompatibili con le esigenze di meditazione e solitudine.

certe ore: la giornata del monaco iniziava prima dell'alba: al suono della campana tutti si recavano in chiesa per pregare. Il resto del giorno era scandito dall'alternanza di lavoro e di preghiera, da compiersi nelle ore canoniche.

lettura divina: secondo la *Regola* la glorificazione di Dio avveniva soprattutto attraverso la preghiera: per questo la giornata era incentrata sulla recita corale dell'ufficio divino, non escludendo tuttavia l'orazione privata, che doveva essere un intimo e intenso colloquio con il Signore.

> Nessuno ardisca dare o ricevere qualcosa senza il permesso dell'abate, né avere alcunché di proprio, assolutamente nulla, dato che i monaci non sono ormai più padroni né del loro corpo, né della loro volontà.
> Tutto sia comune a tutti e nessuno dica o consideri qualche cosa come sua.
> Come arredamento del <u>letto</u> bastino un pagliericcio, un lenzuolo, una coperta e un cuscino. I letti però devono essere di frequente ispezionati dall'abate, perché non si trovi qualche oggetto conservato privatamente. Se ad alcuni venisse trovata qualche cosa non ricevuta dall'abate, il colpevole sia sottoposto a una gravissima punizione. E affinché questo vizio della proprietà sia totalmente sradicato, l'abate deve fornire tutto ciò che è necessario, in modo da togliere ogni pretesto di bisogno.
> L'ozio è nemico dell'anima, e perciò i fratelli in <u>certe ore</u> devono essere occupati nel <u>lavoro manuale</u>, in altre ore nella <u>lettura divina</u>. [...] Se le esigenze del luogo o la povertà richiedono che essi si occupino personalmente di raccogliere le messi, non se ne affliggano, giacché allora sono veramente monaci, se vivono del lavoro delle proprie mani, come i nostri padri e gli apostoli. Tutto però sia fatto con misura, avendo riguardo per i deboli. [...] Dopo il <u>pasto</u> attendano alle proprie letture o ai salmi.

lavoro manuale: grazie a san Benedetto, nella vita monastica fecero il loro ingresso attività di grande valore, che erano state mortificate dagli asceti orientali. Seguendo il motto *"ora et labora"* i Benedettini infatti bonificarono o irrigarono vaste aree a vantaggio dell'agricoltura; fu sempre merito loro inoltre se i codici antichi in lingua greca e in lingua latina furono trascritti e conservati attraverso i secoli.

pasto: ai monaci era consentito fare un solo pasto al giorno a metà giornata, da svolgersi in comune, ascoltando in silenzio la lettura di brani della Bibbia. I pasti dovevano essere molto frugali: la carne era consentita solo per i malati e gli ospiti, il pesce e il formaggio solo nei giorni di festa. C'erano anche giorni di digiuno totale o parziale: generalmente il mercoledì, giorno del tradimento di Giuda, e il venerdì, giorno della morte di Cristo. Non si giunse però agli eccessi degli asceti orientali: Benedetto ebbe la sensibilità di adattare le rinunce alle condizioni climatiche, alle necessità fisiche dei monaci impegnati nei duri lavori dei campi.

Manoscritto della *Regola di san Benedetto* in un codice miniato del XII secolo.

Per COMPRENDERE

1. Chi dirigeva il convento?
2. Perché era severamente proibito ai monaci possedere oggetti personali?
3. Perché la regola benedettina sosteneva che l'ozio è il nemico dell'anima?

SINTESI

9.1 Nella primavera del **568**, sotto la spinta degli Avari, la bellicosa **tribù germanica** dei **Longobardi** marcia verso l'Italia: al comando di Alboino, varca le Alpi Giulie e invade la pianura padano-veneta. I Longobardi occupano in pochi anni gran parte dell'Italia centro-settentrionale e alcune zone del Meridione. I **Bizantini** abbandonano le zone interne della penisola e mantengono l'Esarcato di Ravenna, parte delle zone costiere e le isole.
I Longobardi dividono il territorio italiano in **trentasei ducati**, che godono da subito di una certa autonomia dal potere centrale. Sotto il regno di **Autari** (584-590) e sotto quello di **Agilulfo** (590-616), i Longobardi adottano **modi di vita meno primitivi**, e si convertono **al cattolicesimo**, con il sostegno della regina Teodolinda e di papa Gregorio Magno. Questi cambiamenti producono anche condizioni favorevoli per una riappacificazione con l'impero bizantino e il conseguente riconoscimento del predominio longobardo in Italia.
Nel 643 è promulgato l'**editto di Rotari**, la prima raccolta di leggi scritte redatta in latino; pur essendo basata su concetti tipici della giustizia germanica, l'editto lascia intravedere qualche influsso del diritto romano. L'editto mantiene la suddivisione in classi tipica della società germanica: gli **arimanni**, uomini liberi, gli **aldii**, uomini semiliberi e i **servi**.

9.2 Durante l'occupazione longobarda si accentua lo **spopolamento delle città antiche**. La **rete viaria romana decade** quasi del tutto, in quanto continuamente minacciata dall'assalto di barbari e banditi, mentre gli insediamenti si spostano su alture lontane dalle strade, accessibili solo attraverso tortuosi sentieri. La mancanza di sicurezza delle vie di comunicazione favorisce inoltre un processo di **decadenza delle attività commerciali e industriali**, determinando contemporaneamente lo **sviluppo dell'economia "curtense" o "chiusa"**, basata sull'autosufficienza e sullo scambio in natura.
Le popolazioni si rifugiano nelle campagne presso i grandi proprietari terrieri, diventando **coloni**, ossia lavoratori disponibili a coltivare gratuitamente la loro terra in cambio di protezione e **sicurezza** da ogni tipo di nemico esterno. Nell'Italia longobarda, la migrazione verso le campagne si accentua perché i dominatori stessi preferiscono dimorare in castelli fortificati, anziché nei centri abitati.
Pur conoscendo una fase di **ristagno**, sia nei territori sottoposti ai Bizantini sia in quelli sottoposti ai Longobardi, le **attività artistiche e intellettuali** non vengono meno del tutto. L'arte longobarda si esprime principalmente nell'artigianato e nell'oreficeria, ma dal VII secolo nasce anche una produzione scultorea e architettonica di pregio.

9.3 Durante l'occupazione longobarda l'autorità dei vescovi delle città cresce notevolmente e si costituisce una salda organizzazione ecclesiastica facente capo al vescovo di Roma, il papa. Nel consolidamento del **prestigio della Chiesa** e nell'instaurazione di buone relazioni con i Longobardi un ruolo di primo piano è svolto da **san Gregorio Magno**, eletto al soglio pontificio nel 590. Egli si batte per la diffusione del cristianesimo e provvede a riformare la liturgia, anche attraverso l'introduzione del canto, chiamato appunto "gregoriano".
Quando nel **726** l'imperatore bizantino **Leone III l'Isaurico** emana un editto per la distruzione di tutte le immagini sacre (**iconoclastia**), scoppiano molti tumulti popolari sia nei territori dell'impero sia in Italia. Di questi disordini seppe approfittare il re longobardo **Liutprando** per conquistare Ravenna con l'intento di cacciare i Bizantini dall'Italia. Dopo avere occupato anche alcuni centri del Lazio, tra cui Sutri, Liutprando viene convinto da papa Gregorio II a non portare avanti il suo progetto di espansione. Con la **donazione del castello di Sutri** (728), ha inizio il **potere temporale del papa** e si costituisce il primo nucleo del futuro Stato della Chiesa.

9.4 Sin dall'età tardo-antica molti fedeli, desiderosi di vivere secondo l'insegnamento del Vangelo, sentono il **bisogno di isolarsi** in luoghi lontani dai centri abitati e da ogni comodità materiale, per entrare in contatto con Dio attraverso le pratiche della povertà, dell'astinenza, della meditazione e della preghiera (**eremiti**). A partire dal IV secolo prevale invece la tendenza a **riunirsi in gruppi nei monasteri**, sotto la guida di un abate: si diffonde così il fenomeno del **monachesimo**. I monasteri occidentali si uniformano alla **regola di san Benedetto da Norcia**, che ha un carattere pratico e operoso, e divengono perciò centri economici e di cultura, oltre che di preghiera e meditazione: il motto della regola di san Benedetto è infatti *Ora et labora*, che considera il lavoro il miglior complemento alla preghiera e mezzo di elevazione morale. Tra il VI e l'VIII secolo i monasteri diventano elementi fondamentali di stabilità e continuità in un'Europa profondamente scossa dalle trasformazioni provocate dalle invasioni barbariche.

PER COSTRUIRE LE COMPETENZE

SPAZIO

1. Completa il seguente testo in base anche alle informazioni ricavate dalla carta.
   - Il territorio in viola è quello occupato dai _____; gli altri territori sono invece controllati dai _____;
   - Ravenna è _____;
   - Pavia è _____;
   - Spoleto e Benevento sono due _____;
   - Roma è _____, il Lazio è _____

TEMPO

2. Completa la cronologia.

568	I Longobardi guidati dal loro re _____ entrano in Italia
574	_____ diventa re dei longobardi
____	Dopo dieci anni di _____, viene eletto re Autari, marito di _____
590	Diventa re _____, che prima era duca di Torino
590	Diventa pontefice _____
604	Muore _____ dopo 14 anni di pontificato
____	San _____, di origine _____, fonda un monastero a Bobbio
643	Il re _____ pubblica un _____ che contiene le leggi scritte longobarde
712	Diventa re dei Longobardi _____ dopo le lotte interne per la successione
726	L'imperatore d'Oriente Leone III emana un editto a favore dell' _____
728	Incontro tra il re longobardo _____ e papa _____

LESSICO

3. Associa a ogni termine il relativo significato e completalo quando richiesto.

A. TRIBUTARIO
B. POTERE TEMPORALE
C. MONACHESIMO
D. IDOLATRIA
E. ICONOCLASTIA
F. GUIDRIGILDO
G. GASTALDO
H. FAIDA
I. CURTIS
J. ARIMANNO
K. ALDIO

a. Amministratore longobardo
b. Obbligato al pagamento di tributi
c. Uomo libero
d. Servo semilibero
e. Nell'antico diritto germanico, indennità dovuta dall'uccisore alla famiglia dell'ucciso, per riscattarsi dalla vendetta
f. Vendetta privata
g. In origine recinto che delimitava la villa romana, poi _____
h. Orientamento religioso e politico che vietava il culto delle _____ e ne propugnava la distruzione
i. Governo politico gestito dal _____
j. Adorazione di oggetti o immagini
k. Scelta di vita caratterizzata dal distacco dal mondo e dalla rinuncia ai beni e agli interessi terreni, per conseguire la perfezione spirituale

EVENTI E PROCESSI

● **La conquista longobarda**

4. Completa il seguente testo scegliendo la giusta opzione.

I Longobardi giunsero in Italia con un *piccolo esercito* | *con un intero popolo* e *si integrarono alle popolazioni locali* | *sottomisero le popolazioni locali*. Divisero il territorio in *44* | *36* *province* | *ducati*, con a capo *dei governatori* | *duchi*, a loro volta aiutati da amministratori locali detti *prefetti* | *gastaldi*. L'integrazione comincia con il re *Autari* | *Clefi*, che aveva sposato la bavara *Teodolinda* | *Teodora*, di religione *ariana* | *cattolica*. Essi si espansero a danno dei *Bizantini* | *Goti*. Gli succedette Agilulfo, che era duca di *Milano* | *Torino*. Questo re, oltre a *conquistare* | *perdere* territori, fece battezzare il figlio secondo il rito *cattolico* | *ariano*, avviando così il suo popolo verso la conversione. Inoltre il re fece la pace con l'imperatore *d'Oriente* | *persiano*, che così riconobbe la conquista longobarda dell'Italia.

5. Indica se le seguenti affermazioni sono vere [V] o false [F].
   - San Bonifacio era un monaco irlandese che convertì alcune popolazioni germaniche [ ]
   - Nella regola benedettina viene esaltato il lavoro perché l'ozio porta al peccato [ ]
   - Le necropoli longobarde sono una grande fonte di informazioni [ ]
   - L'editto di Rotari precede il Codice di Giustiniano [ ]
   - L'abate era la guida spirituale dei monaci eremiti [ ]
   - Il monachesimo irlandese era nato in maniera autonoma [ ]
   - I Longobardi si adeguarono alla giurisprudenza romana [ ]
   - I Longobardi seguivano le leggi di tradizione germanica [ ]
   - I Longobardi erano originari della Pannonia (l'odierna Ungheria) [ ]
   - Gregorio Magno era di umili origini [ ]
   - Con l'età longobarda ci fu un aumento demografico nelle città [ ]

NESSI

● L'Italia longobarda

6. Completa la parte sugli effetti e metti in ordine logico-cronologico i passaggi.

☐ Rete stradale romana → Facilitazione per le invasioni ....

☐ Necessità di ostacolare le invasioni → Distruzione di ....

☐ Scarsità della rete viaria → Diminuzione dei ....

☐ Economia chiusa → Economia basata sull'auto..............

☐ Invasioni barbariche → Spostamento della popolazione verso ....

☐ Insediamenti sicuri e arroccati → Spopolamento ....

☐ Scarsità dei commerci → Sviluppo di una economia ....

ARCHEOLOGIA ED EPIGRAFIA

7. La storia e la cultura dei Longobardi sono conosciute principalmente grazie ai reperti archeologici. Nel 2003 è stata scoperta una necropoli a Spilamberto (Modena). Ti invitiamo a fare una ricerca su questo sito (o su altri) finalizzata a reperire le seguenti informazioni:
- Come venivano seppelliti i guerrieri e i servi
- La tipologia di oggetti che venivano messi nelle tombe
- Gli oggetti quotidiani più frequenti
- La qualità dell'artigianato

LAVORO SULLE FONTI

8. La donazione di Costantino è stato il falso storico su cui la Chiesa ha giustificato la legittimità del potere temporale. Con un'attenta analisi linguistica e filologica l'umanista Lorenzo Valla nel 1440 svelò che il documento, ritenuto autentico per tutto il Medioevo, non poteva risalire all'epoca di Costantino. Dopo aver letto il testo, tratto dall'opera originale di Valla, e ricorrendo anche al Laboratorio-Lavorare con le fonti di pag. 182, rispondi alle seguenti domande.

> Scegliamo che il principe degli Apostoli e i suoi vicari siano nostri sicuri patroni presso Dio. E per quanto è nella nostra terrena imperiale potenza, abbiamo deciso di onorare con debita venerazione la sacrosanta chiesa di Roma ed esaltare gloriosamente la sede sacra di san Pietro più del nostro impero e del trono terreno; perciò al papa assegniamo ogni potere, gloria e dignità, forza e onori imperiali. [...] E decretiamo e stabiliamo che tenga il primato tanto sulle quattro sedi di Alessandria, Antiochia, Gerusalemme, Costantinopoli, quanto su tutte le chiese dell'universa terra. Anche il pontefice, che nei secoli futuri sarà a capo della sacrosanta Chiesa romana, sia il più in alto e capo di tutti i sacerdoti e di tutto il mondo, e tutte le cose che toccano il culto di Dio e servano a rafforzare la fede dei cristiani, siano disposte dal papa.
> (in L. Valla, *La falsa donazione di Costantino*, a cura di G. Pepe, Firenze, Ponte alle Grazie, 1992, XII, 41, XIII, 43)

- Chi è che parla in prima persona? Che ruolo storico ha avuto?
- Perché il vescovo di Roma è il più importante?
- Guardando l'affresco, da quali elementi si capisce l'intenzione di privilegiare il potere del papa su quello imperiale?

RIELABORAZIONE (verso l'orale)

9. Prepara una scaletta con i fatti e i concetti principali del capitolo che ti possa guidare in un eventuale colloquio, sviluppando questi modelli.

I Longobardi
- Origine
- Ruolo di Alboino e prima organizzazione
- Agilulfo e la conversione
- L'editto di Rotari
- La società e l'arte longobarda
- La figura di Liutprando

La Chiesa: spiritualità e temporalità
- Il ruolo di Gregorio Magno
- Nascita del potere temporale della Chiesa cattolica
- Nasce la spiritualità monastica
- Sviluppo del monachesimo: il cenobitismo e l'importanza dei benedettini

▶ LABORATORIO DELLE COMPETENZE

PASSATO/PRESENTE

10. Molte parole (circa 180) dell'italiano corrente sono di origine longobarda. Dopo averne scelte alcune, tra quelle proposte, e attraverso l'uso di un dizionario crea uno schema di questo tipo.

Lemma	Significato	Etimologia dal longobardo
Bara	Cassa da morto	*bāra "lettiga"

anca; arraffare; astio; balcone; ciuffo; faida; federa; grinza; guancia; melma; milza; palco; palla; panca; ricco; riga; risparmiare; russare; sala; schernire; scherzare; schiena; schiuma; slitta; spaccare; spanna; spranga; spruzzare; staffa; stamberga; stecca; sterzo; stinco; tanfo; tonfo; tuffare; zaino; zanna; zazzera.

STORIA GENERALE/STORIA LOCALE

11. Individua sulla carta di p. 186 tra i monasteri indicati quello a te più vicino (oppure scegline uno di tua conoscenza) e fai una ricerca partendo da queste informazioni:
- Fondazione
- Rapporti con i Longobardi
- Funzione del monastero
- Eventuale biblioteca
- Stato attuale di conservazione

Cittadinanza e Costituzione

L'ISTRUZIONE

L'istruzione nell'Alto Medioevo

Presso tutti i popoli antichi, anche in Grecia e a Roma – dove pure esistevano non solo scuole private, ma anche scuole sottoposte al controllo dello Stato –, l'istruzione era un privilegio riservato al ristrettissimo numero di quanti appartenevano alle classi socialmente ed economicamente più elevate. Nei secoli dell'Alto Medioevo il numero di persone in grado di leggere e scrivere si ridusse ulteriormente, rimanendo per lo più limitato agli ambienti ecclesiastici e alle corti. Esistevano naturalmente scuole pubbliche di alto livello, ad esempio a Costantinopoli e nelle più importanti città bizantine, dove gli insegnamenti venivano impartiti sia in greco che in latino per formare al meglio i funzionari della complessa e articolata struttura amministrativa dell'impero d'Oriente.

Nell'Europa occidentale la situazione era però peggiore. Molto spesso, infatti, nelle corti dei **regni romano-barbarici** né i sovrani né i loro collaboratori sapevano scrivere: per adempiere adeguatamente alle loro funzioni, saper leggere era già largamente sufficiente. La

> **CARTA DEI DIRITTI**
>
> **Art. 14** •
> 1. Ogni individuo ha diritto all'**istruzione** e all'accesso alla **formazione professionale** e continua.
> 2. Questo diritto comporta la facoltà di accedere **gratuitamente** all'**istruzione obbligatoria**. [...]

Studenti che utilizzano le nuove tecnologie in classe.

scrittura, invece, che allora era un'attività assai complessa e di scarsa utilità nella vita quotidiana, era riservata a un ristretto numero di tecnici specializzati, come i **chierici** e i **monaci amanuensi**, che, nel silenzio degli *scriptoria*, copiavano a mano opere religiose, scientifiche e letterarie. Per buona parte del Medioevo, dunque, la **cultura** fu appannaggio esclusivo degli **uomini di Chiesa** che, dovendo impegnarsi nello studio delle Sacre Scritture, erano gli unici ad acquisire un'istruzione.

lessico
Chierico il termine deriva dal latino medievale *clericus* e indica un membro del clero che, pur non aspirando a divenire monaco o sacerdote, si consacrava al servizio di Dio; nel corso del Medioevo divenne sinonimo di uomo colto che conosceva il latino e le principali discipline che caratterizzavano l'educazione.

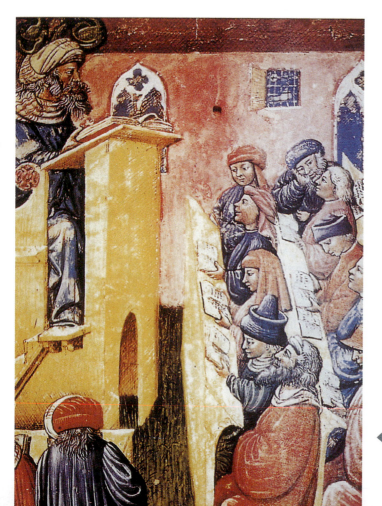

Una lezione presso un'università medievale.

L'ISTRUZIONE

Fra gli "Obiettivi di sviluppo del Millennio", che i 193 stati membri dell'ONU si sono impegnati a raggiungere entro l'anno 2015, c'è quello di rendere universale l'istruzione primaria.

Istruzione e libertà civili

Passarono secoli perché l'istruzione iniziasse a essere considerata come un diritto fondamentale di tutti. Un primo passo significativo si ebbe nel Settecento, con la diffusione dell'**Illuminismo**, un movimento che poneva l'accento sulla libertà e sull'uguaglianza degli uomini, in quanto tutti dotati del "lume" della ragione. In questo periodo cominciò a diffondersi una maggiore attenzione verso i temi della istruzione che si cercò di allargare a tutti rendendola gratuita e obbligatoria. Tuttavia, ancora un secolo dopo, nell'Ottocento, il **tasso di alfabetizzazione** in Europa si presentava **molto basso**: ad esempio, alla fine dell'Ottocento, nell'Italia unita, su 21 milioni di abitanti ben 19 milioni erano del tutto analfabeti.

Il diritto all'istruzione nella Dichiarazione universale dei diritti umani

Il diritto all'istruzione è stato sancito chiaramente nell'articolo 26 della *Dichiarazione universale dei diritti umani*, approvata dall'Assemblea generale dell'ONU nel 1948: "Ogni individuo ha diritto all'istruzione". Come si vede, già la prima frase dell'articolo è tassativa: l'istruzione è un **diritto fondamentale di tutti**. Chi ha redatto il testo della Dichiarazione, più di sessant'anni fa, aveva dunque ben presente che nella maggior parte dei paesi i livelli di istruzione erano ancora troppo bassi: estendere a tutti l'istruzione elementare e renderla obbligatoria sarebbe già stato un successo enorme.

Il diritto all'istruzione nella Costituzione italiana

Anche la Costituzione della Repubblica italiana ha dedicato uno spazio significativo all'istruzione, negli articoli 33 e 34.
L'articolo 33 tratta del diritto alla **libertà di insegnamento e di istituire scuole private**. La Costituzione quindi riconosce e tutela il diritto di ogni insegnante a esercitare la sua funzione quali che siano le sue convinzioni scientifiche e ideologiche, sulla base dell'art. 21 che sancisce la libertà di pensiero e di parola. Il **pluralismo** e il **confronto delle opinioni** sono consi-

Cittadinanza e Costituzione

derati basilari nell'educazione e nella formazione di ogni cittadino. Anche il diritto di istituire scuole private, che possono avere indirizzi particolari dal punto di vista del metodo o dell'ideologia, ne è ritenuto una garanzia. La Costituzione precisa, inoltre, che lo Stato non è in alcun modo obbligato a sovvenzionare queste scuole ("senza oneri per lo Stato").

L'articolo 34 della Costituzione tratta, poi, la questione del **diritto allo studio** e stabilisce che tutti i cittadini hanno il diritto a istruirsi, anche perché l'analfabetismo o un'istruzione inadeguata costituiscono un ostacolo al godimento di fatto di altri diritti fondamentali, come quello della libertà e dell'uguaglianza. L'articolo sottolinea – utilizzando il termine "obbligatorio" – che quello all'istruzione è un **diritto-dovere**: soltanto il cittadino che ha ricevuto un'adeguata formazione può offrire il suo contributo attivo al funzionamento della comunità a cui appartiene. La norma costituzionale stabilisce inoltre che, qualora fosse necessario, debbano essere aiutati i capaci e i meritevoli fornendo loro i mezzi per completare gli studi.

Costituzione Italiana

Art. 33 • L'arte e la scienza sono libere e libero ne è l'insegnamento.

La Repubblica detta le norme generali sull'istruzione ed istituisce scuole statali per tutti gli ordini e gradi.

Enti e privati hanno il diritto di istituire scuole ed istituti di educazione, senza oneri per lo Stato. [...]

Art. 34 • La scuola è aperta a tutti.

L'istruzione inferiore, impartita per almeno otto anni, è obbligatoria e gratuita.

I capaci e i meritevoli, anche se privi di mezzi, hanno il diritto di raggiungere i gradi più alti degli studi.

La Repubblica rende effettivo questo diritto con borse di studio, assegni alle famiglie ed altre provvidenze, che devono essere attribuite per concorso.

L'istruzione oggi in Italia

La **durata dell'obbligo scolastico**, fissata dalla Costituzione in un tempo minimo di otto anni, nel 1999 è stata innalzata a dieci, dai 6 ai 16 anni, dopo i quali è possibile accedere legalmente al mondo del lavoro. L'istruzione in Italia è gestita oggi dal Ministero dell'Istruzione, dell'Università e della Ricerca. La formazio-

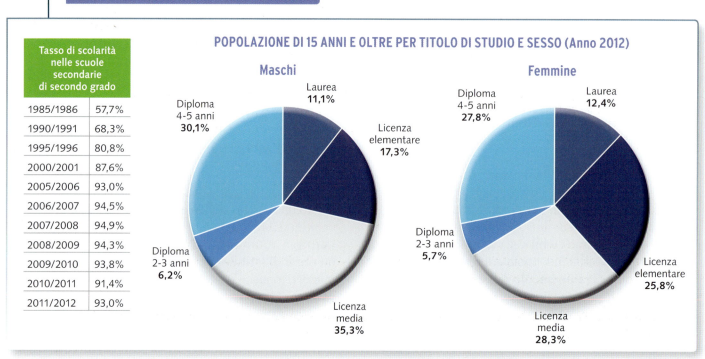

L'ISTRUZIONE OGGI — È un diritto fondamentale riconosciuto a tutti:
- Dichiarazione Universale dei Diritti dell'Uomo (1948)
- Dichiarazione universale dei diritti del fanciullo (1959)
- Carta fondamentale dei diritti dell'Unione Europea (2000)

I NUMERI DELLA SCOLARIZZAZIONE IN ITALIA

Tasso di scolarità nelle scuole secondarie di secondo grado	
1985/1986	57,7%
1990/1991	68,3%
1995/1996	80,8%
2000/2001	87,6%
2005/2006	93,0%
2006/2007	94,5%
2007/2008	94,9%
2008/2009	94,3%
2009/2010	93,8%
2010/2011	91,4%
2011/2012	93,0%

POPOLAZIONE DI 15 ANNI E OLTRE PER TITOLO DI STUDIO E SESSO (Anno 2012)

Maschi: Laurea 11,1%; Diploma 4-5 anni 30,1%; Licenza elementare 17,3%; Diploma 2-3 anni 6,2%; Licenza media 35,3%.

Femmine: Laurea 12,4%; Diploma 4-5 anni 27,8%; Diploma 2-3 anni 5,7%; Licenza elementare 25,8%; Licenza media 28,3%.

ne professionale dipende invece dalle Regioni. Secondo la normativa attuale (legge 296/2006), l'istruzione, obbligatoria e gratuita, è impartita per almeno dieci anni (dai 6 ai 16 anni) ed è finalizzata a consentire il conseguimento di un titolo di studio di scuola secondaria superiore o di una qualifica professionale di durata almeno triennale entro il diciottesimo anno d'età.

L'educazione in Europa: il progetto Erasmus

Nel 1987 la Comunità europea, allo scopo di educare le giovani generazioni di cittadini all'idea di appartenenza a quella che – dopo il Trattato di Maastricht del 1992 sarebbe divenuta Unione Europea – ha avviato il progetto **Erasmus**, dal nome dell'umanista olandese Erasmo da Rotterdam (1466-1536), il quale nella sua vita viaggiò a lungo e frequentò le più importanti università e centri culturali d'Europa. Si tratta di un programma molto popolare fra gli studenti universitari europei, che offre loro la possibilità di trascorrere un periodo di studio (dai 3 ai 12 mesi) in un'università straniera. Alla fine del 2013 è stato approvato un nuovo programma comunitario dal nome "Erasmus + (2014-2020)" che ha come obiettivo l'istruzione, la formazione, la gioventù e lo sport.

Molte sono le scuole professionali che prevedono un periodo di apprendistato finalizzato all'inserimento nel mondo del lavoro.

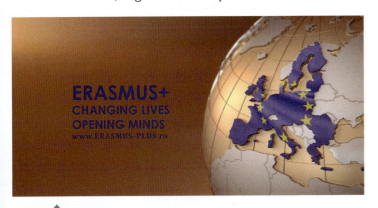

Nel progetto Erasmus (che è anche l'acronimo di *European Region Action Scheme for the Mobility of University Students*, "Piano d'azione della Comunità europea per la mobilità degli studenti universitari"), l'Italia si classifica al quinto posto come paese con maggior numero di studenti ospitati (dopo Spagna, Francia, Germania e Regno Unito).

Il diritto all'istruzione nel mondo

Anche la *Dichiarazione universale dei diritti del fanciullo*, approvata dall'ONU nel 1959, ha sancito il diritto all'istruzione in uno dei suoi primi articoli: "Il fanciullo ha diritto all'educazione, che, almeno a livello elementare, deve essere gratuita e obbligatoria. Egli ha diritto a un'educazione che gli consenta, in una situazione di eguaglianza e di possibilità, di sviluppare le sue facoltà, il suo giudizio personale e il suo senso di responsabilità morale e sociale, e di divenire un membro utile alla società" (art. 7). L'Unesco e l'Unicef, le due organizzazioni delle Nazioni Unite che promuovono e tutelano, rispettivamente, la prima l'educazione, la scienza e la cultura, la seconda i diritti dell'infanzia, si battono affinché questo principio trovi universale applicazione. Purtroppo, però, sono ancora centinaia di milioni i bambini in tutto il mondo che non frequentano la scuola primaria perché vivono in paesi che non sono in grado di sostenere i costi per finanziare un adeguato sistema di istruzione. L'educazione rimane, tuttavia, uno dei principali strumenti perché questi paesi possano uscire dalla povertà e dal sottosviluppo.

ATTIVITÀ

RIELABORAZIONE
1. Quali sono gli articoli che sanciscono il diritto all'istruzione, sia a livello internazionale che nazionale?
2. Attualmente come funziona l'obbligo scolastico in Italia?

PROPOSTE DI DISCUSSIONE
3. Sulla base della tua esperienza e delle tue conoscenze, come dovrebbe funzionare il rapporto tra scuola pubblica e scuola privata?

capitolo 10
La nascita dell'islam
e la civiltà arabo-islamica

L'impero arabo nella sua massima espansione

3 Gli eserciti arabi sottomettono tutta l'**Africa** settentrionale, passano in **Spagna**, dove abbattono il regno visigoto (711) e raggiungono la **Francia** meridionale; la spinta espansionistica si arresta con la sconfitta araba a Poitiers (732), nel cuore della Francia.

4 Le regioni attorno al Mediterraneo e l'Egitto, da più di mezzo millennio sono parte dell'**impero romano** e bizantino: eppure cedono anch'esse all'urto dei califfi arabi.

5 **Costantinopoli** viene assediata due volte, ma resiste e i rapporti di forza nel Mediterraneo orientale raggiungono un punto di equilibrio.

- Conquiste sotto Maometto (622-632)
- Conquiste sotto i primi quattro califfi (632-661)
- Conquiste sotto gli Omàyyadi (661-750) e gli Abbàsidi (750-1258)
- Impero d'Oriente

1 L'**Arabia** è un'importantissima cerniera commerciale e culturale tra il Mediterraneo e l'Estremo Oriente. La regione, per lo più desertica, è abitata da tribù di pastori **nomadi**, indipendenti tra loro. Nel VII secolo Maometto e i suoi successori raccolgono la popolazione attorno a un nuovo credo religioso, l'**islam**, e danno inizio a una fase di **espansione**.

2 A nord le tribù arabe entrano in contatto con il vasto e debole **impero persiano**, travolgendolo in breve tempo. Nell'VIII secolo hanno già raggiunto l'**Indo**.

10 La nascita dell'islam e la civiltà arabo-islamica

570
Nascita di Maometto

622
Cacciata di Maometto: ègira

632
Morte di Maometto

661-750
Dinastia degli Omàyyadi

750-1258
Dinastia degli Abbàsidi

L'**islam** nacque sull'altopiano desertico dell'**Arabia**, una penisola che si affaccia sul Mar Rosso inospitale nelle zone centrali, fertile e aperta alla navigazione e al commercio lungo le coste. Comprendendo l'importanza dell'unità e della pace per lo sviluppo economico e sociale della sua terra, **Maometto** ebbe la capacità di concentrare le energie del suo popolo, diviso in tribù, intorno all'elemento religioso. Il politeismo, fino ad allora praticato, non poteva garantire concordia e coesione e non faceva che alimentare divisioni e discordie. Dopo un periodo di meditazione e di ritiro spirituale, nel corso del quale ricevette una **rivelazione di origine divina**, Maometto si dedicò alla predicazione di una **religione monoteista**, incentrata sulla fede in un solo dio, **Allah**, e molto presto realizzò l'unità religiosa e politica degli **Arabi**. Le città di **La Mecca** e **Medina** divennero i centri religiosi dell'islam, e il **Corano** il testo sacro. Nell'arco di pochi anni il nuovo credo, l'islam, di cui Maometto dichiarava essere il vero profeta, si diffuse in tutta la penisola arabica, arrivando a superarne anche i confini.
Gli Arabi si dettero così una sapiente organizzazione civile e il loro sviluppo economico, politico e militare fu inarrestabile; i successori di Maometto gettarono le basi di un vero e proprio **impero**, che un secolo dopo la morte del Profeta si estendeva dalla Persia alla Spagna, attraverso tutta la costa nordafricana e il Medio Oriente, fino a minacciare Bisanzio, cui avevano già sottratto vasti territori, e i regni europei.
Era nata la grande **civiltà islamica**, destinata da subito a scontrarsi con le altre civiltà, per prima quella cristiana europea con la quale però seppe anche costruire nei secoli un profondo scambio culturale.

10.1 Maometto e le origini dell'islam

Un popolo diviso

Semiti di origine (come i Babilonesi, gli Assiri, i Fenici e gli Ebrei), gli Arabi occupavano sin dall'antichità la grande penisola compresa fra il Mar Rosso, il Golfo Persico e l'Oceano Indiano o Mare Arabico.

I territori desertici del Nord e del Centro erano abitati da tribù di nomadi, detti **beduini** (il nome significa infatti "figli del deserto"), dediti all'allevamento di capre, cammelli e dromedari. Spesso in guerra fra loro per il possesso dei magri pascoli e delle poche sorgenti, conducevano una vita misera e non disdegnavano di ricorrere al brigantaggio e alle razzie. Lungo le coste meridionali, accanto a oasi fiorenti, viveva invece una **popolazione sedentaria**, che si dedicava con successo all'agricoltura e ai traffici commerciali: esistevano due importanti centri stabilmente abitati, Yathrib e La Mecca, punti di snodo per i traffici provenienti dalla favolosa India e dalla lontana Cina.

La Mecca

Situata in una zona strategica, **La Mecca** era anche il principale centro religioso della penisola. Unico elemento unificante degli Arabi era infatti la religione, **politeistica e idolatrica**, da essi praticata. Nella città santa, in un tempietto interamente tappezzato di seta e detto Kaaba per la sua forma a cubo, erano raccolti i numerosissimi idoli delle varie tribù insieme a una pietra – forse un meteorite – che la tradizione diceva portata in terra dall'arcangelo Gabriele e divenuta nera in seguito ai peccati degli uomini. Ogni anno gli Arabi si recavano alla Mecca in **pellegrinaggio**, interrompendo così – anche se per breve tempo – le ricorrenti lotte e contese interne.

Maometto, il Profeta

Alla Mecca, verso il 570, nacque l'uomo destinato a imprimere una svolta essenziale al destino degli Arabi: **Maometto** (*Muhammad*, ovvero "il degno di lode"). Appartenente a una tribù di mercanti, da giovane esercitò i più umili mestieri, compreso quello del pastore e del cammelliere. Nel corso della vita errabonda che conduceva, visitò anche la Siria e lo Yemen, dove ebbe modo di conoscere la religione dei cristiani e degli ebrei, i loro costumi e la loro civiltà.

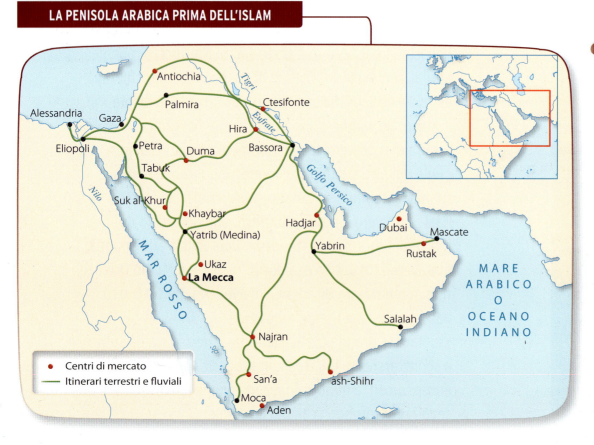

LA PENISOLA ARABICA PRIMA DELL'ISLAM

● Centri di mercato
— Itinerari terrestri e fluviali

La penisola arabica era attraversata da numerose vie carovaniere che collegavano i centri di mercato arabi ad alcune importanti città del Mediterraneo e dell'Oriente. Fra queste vie carovaniere vi era, ad esempio, la "via dell'incenso", attraverso la quale i cosiddetti "aromata" (incensi, unguenti e profumi) giungevano dall'India e dall'Etiopia fino in Siria e in Egitto. La pista era punteggiata di favolose città (come Petra e Palmira), sorte in mezzo al deserto e arricchitesi grazie a questi lucrosi commerci. Proprio per questo l'area era contesa dall'impero bizantino e da quello persiano dei Sasanidi.

Unitosi in matrimonio con una ricca vedova di nome **Khadigia**, si stabilì ormai trentenne alla Mecca; qui, dopo un periodo di meditazione e di vita contemplativa, annunciò di aver avuto delle visioni e rivelazioni di origine divina: ripudiato il politeismo arabico, Maometto iniziò a predicare in pubblico che esisteva **un solo dio**, **Allah** (dall'arabo *al-ilâh*, "il dio"), di cui egli era il vero profeta.

La fuga a Medina

La generale indifferenza con la quale la sua predicazione fu accolta si mutò ben presto in aperta ostilità, soprattutto da parte dei sacerdoti della Kaaba, appartenenti alla potente tribù dei Quraysh, i quali temevano di perdere i rilevanti guadagni e privilegi che traevano dalla custodia della "pietra nera", da sempre a loro affidata.
Nel settembre del **622** Maometto fu pertanto costretto a lasciare la città santa e a rifugiarsi a Yathrib, detta in seguito a tale evento **Medina**, cioè *al-Madinat an-nabi* ("città del Profeta"): da allora il 622 è ricordato come l'anno dell'**ègira**, cioè dell'emigrazione, e indica l'inizio dell'era maomettana, così come l'anno della nascita di Cristo segna l'inizio dell'era cristiana.

Maometto conquista La Mecca e unifica l'Arabia

A Medina Maometto trovò l'appoggio delle tribù povere e seminomadi che popolavano la zona, sulle quali era riuscito a fare presa sia per la semplicità delle teorie monoteistiche da lui predicate, sia per un generale desiderio di giustizia sociale contro l'avidità dell'oligarchia mercantile che dominava alla Mecca. Nacque così la prima comunità islamica, chiamata **umma**.
Forte di questo sostegno, dopo avere indotto i suoi sostenitori a un'**aperta guerra contro La Mecca**, nel **630** Maometto riuscì a entrare da trionfatore nella città santa e a distruggere gli idoli della Kaaba.
Trovatosi investito della **duplice autorità di profeta e di capo politico**, dotato di un eccezionale prestigio e di un sempre più vasto seguito, Maometto dapprima soggiogò quasi tutte le tribù ribelli, quindi intraprese l'organizzazione politica e militare del popolo arabo, nella speranza di poter portare al di là dei confini il nuovo credo religioso. Ma, proprio mentre l'Arabia per la prima volta nella sua storia appariva unificata e si accingeva a un attacco in forze contro la Siria, Maometto morì improvvisamente: era l'8 giugno del **632**.

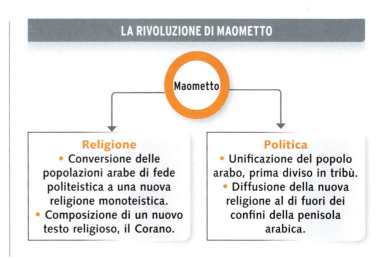

Il Corano e la "guerra santa"

La nuova religione ebbe il suo fondamento nel **Corano** (dall'arabo *al-Qur'àn*, "lettura, recitazione"), il libro sacro dei fedeli, detti **musulmani** (dall'arabo *muslìm*, "colui che professa l'islam" da cui il plurale *muslimàn*), che venne trascritto dai discepoli di Maometto solo dopo la sua morte. Egli infatti aveva trasmesso oralmente ai suoi seguaci le verità di fede rivelategli da Allah.
Questo libro si riallaccia all'ebraismo e al cristianesimo e pertanto all'Antico e al Nuovo Testamento, ma per dichiarare che in essi la verità è rivelata solo parzialmente e che a Maometto, il Profeta per eccellenza, è stato assegnato il compito di svelarla per intero.
Nei suoi 114 capitoli o **sure**, ognuno dei quali è diviso in versetti, insieme all'esistenza di un unico Dio (Allah) vengono professate come ve-

Il Profeta e la Kaaba
Maometto con alcuni discepoli davanti alla Kaaba, il santuario che custodisce la pietra nera.

lavorare con le FONTI — Laboratorio

Il Corano e le tradizioni ebraica e cristiana

Opera Corano
Data VII secolo
Tipologia fonte testo religioso

Nel brano del Corano, qui di seguito riportato, appaiono evidenti i legami tra l'islam e le altre grandi religioni monoteiste: l'ebraismo e il cristianesimo. La maggior parte delle narrazioni storiche presenti nel Corano ha infatti un parallelo biblico.

Abramo: secondo l'Antico Testamento era il primogenito che Abramo aveva avuto dalla schiava Agar. In base al racconto biblico, quando la moglie di Abramo, Sara, riuscì in tarda età a dare ad Abramo un figlio (Isacco), ottenne anche che Agar e Ismaele venissero cacciati. Ismaele si stabilì nel deserto, sposò un'egizia e divenne progenitore di dodici tribù di nomadi, che occuparono le regioni dell'Arabia centrale e meridionale e da cui i musulmani si considerano discendenti.

Ahmad: uno dei nomi con cui veniva chiamato Maometto (dall'arabo "altamente pregato").

> Dio! Non c'è altro Dio che lui, il vivente, che di sé vive. Egli t'ha rivelato il Libro con la verità, confermante ciò che fu rivelato prima, e ha rivelato il Vecchio e il Nuovo Testamento.
> In verità noi t'abbiamo dato la rivelazione come l'abbiamo data a Noè e ai profeti che lo seguirono e l'abbiamo data ad <u>Abramo</u> e a <u>Ismaele</u>, a Isacco e a Giacobbe, alle tribù, a <u>Gesù</u> e a Giobbe, a Giona, ad Aronne e a Salomone, e a Davide demmo i salmi. E rammenta quando stringemmo il patto con i profeti, con te, con Noè, con Abramo, con Mosè, con Gesù figlio di Maria, stringemmo con loro un patto solenne affinché Iddio possa chieder conto ai sinceri della loro sincerità; e ai negatori ha preparato un castigo cocente. Disse Gesù, figlio di Maria: "O figli d'Israele! Io sono il messaggero di Dio a voi inviato, a conferma della Legge che fu data prima di me, e annunzio lieto di un messaggero che verrà dopo di me e il cui nome è <u>Ahmad</u>!".

Ismaele: poiché secondo i musulmani il figlio prediletto di Abramo non era Isacco ma Ismaele, essi ritengono anche che a essere offerto in sacrificio fosse quest'ultimo e pertanto spostano l'episodio biblico dalla Palestina a una località vicino alla Mecca. Per questo, durante il pellegrinaggio alla Mecca, si svolge tutt'oggi la festa del Sacrificio di Ismaele (*Aid al Adha*), che prevede il sacrificio di un montone, a ricordo della prova superata da Abramo.

Gesù: nell'islam Gesù non è il Figlio di Dio, ma un profeta che ha preparato la venuta di Maometto. Anche se si accetta la verginità di Maria e dunque la sua nascita miracolosa, si nega la sua morte sulla croce e soprattutto la sua resurrezione.

Per COMPRENDERE

1. Secondo quanto scritto nel Corano, a chi Dio aveva rivelato la verità prima di rivelarla a Maometto?
2. Come viene presentato Gesù in questo brano?
3. Le parole espresse alla fine del brano, quale legame istituiscono tra Antico Testamento, Nuovo Testamento e Corano?

---

rità di fede l'**immortalità dell'anima**, l'**esistenza di un premio o di una pena eterna** materialisticamente concepiti, l'assoluta **uguaglianza e fratellanza di tutti i credenti** al di là di ogni distinzione di casta e di nazionalità, nonché la necessità di una loro incondizionata **sottomissione alla volontà divina**, che in arabo si esprime proprio con la parola islam.

Solo il musulmano che seguiva queste direttive poteva sperare di ottenere come premio eterno il **paradiso** e con esso una felicità senza fine, fatta di gioie e di godimenti materiali concessi in mezzo a giardini dalle fresche ombre e alberi ricchi di frutti deliziosi. Tale felicità era riservata soprattutto a coloro che combattevano per la **diffusione della nuova religione** e morivano in battaglia, mentre l'**inferno** (*Gehenna*) attendeva coloro che si mostravano vili di fronte al nemico. Per questo la **guerra**, che aveva una finalità ultraterrena, divenne "**santa**" (*jihad*).

GUIDA allo STUDIO

1. Qual era l'organizzazione sociale ed economica delle popolazioni che abitavano la penisola arabica in età pre-islamica?
2. Che cos'è l'ègira?
3. Quali sono le più importanti verità di fede contenute nel Corano?

una finestra sul mondo

LA PENISOLA INDOCINESE

L'IMPERO dei KHMER

Il più grande sito preindustriale del mondo, secondo studi recenti, sarebbe stato **Angkor**, nell'attuale Cambogia, l'antica capitale dell'impero dei Khmer. Erano questi una stirpe di guerrieri che abitavano la valle del medio **Mekong** e conquistarono i regni indiani che si erano insediati in quei luoghi, sostituendoli con dei principati. All'inizio del IX secolo un principe Khmer, Yayavarman II (802-850), unificò i principati e fondò un **potente impero** che aveva il suo cuore nell'odierna Cambogia, ma che in seguito si estese anche agli attuali Laos, Thailandia e Vietnam. In quest'area nacque una delle **civiltà più raffinate dell'Asia**, destinata a prosperare per ben cinque secoli (la lingua khmer è ancora oggi quella ufficiale della Cambogia).

Grazie all'abbondante **produzione di riso** e alla **ricchezza di giacimenti di metalli preziosi**, l'impero allacciò proficue relazioni economiche – oltre che culturali e politiche – con alcuni regni limitrofi, come quello di Srivijaya, nell'isola di Sumatra, sulla via marittima fra l'India e la Cina. I successori di Yayavarman II intrapresero imponenti lavori idraulici per rendere ancora più produttivi i terreni e ampliarono la capitale. In particolare Suryavarman II cominciò la costruzione del grandioso tempio di Angkor Wat, dedicato a Vishnu.

Una statua di Bodhisattva della Compassione.

Angkor costituisce oggi il sito archeologico più grande e spettacolare del Sudest asiatico: vi si trovano infatti più di 400 templi, che attestano i diversi culti religiosi presenti nell'impero, e che per la loro monumentalità architettonica e per la raffinatezza delle decorazioni scultoree sono stati inclusi nel Patrimonio dell'umanità dell'Unesco.

Il tempio di Angkor Wat.

10.2 I successori del Profeta e le prime conquiste

I califfi e l'inizio dell'espansione araba

Subito dopo la morte di Maometto sorse un **contrasto sulla successione** nella guida politica e religiosa del popolo arabo. Si vennero infatti a creare due fazioni: una maggioritaria dei **sunniti** (dal termine *sunna*, ovvero "tradizione"), secondo i quali qualsiasi buon musulmano poteva essere nominato successore del Profeta; e una minoritaria degli **sciiti**, legati ad **Alì**, cugino e genero di Maometto (dall'arabo *Shi'at Alì*, "partito di Alì"), per i quali la massima autorità dell'islam poteva essere soltanto un discendente del Profeta.

Alla fine vennero eletti come primi tre successori, detti anche **califfi**, i suoi "compagni" più fedeli: **Abu Bakr, Omar, Othman**, e come quarto **Alì**. Sotto la guida di questi quattro califfi gli Arabi iniziarono la **"guerra santa"** contro gli infedeli (*jihad*), cioè quel **movimento di espansione** che li doveva rapidamente portare a formare un **vasto e potente impero**, esteso dall'Asia occidentale all'Africa settentrionale, dalla Spagna alla Sicilia. Dal 632 al 661, una volta unificata tutta l'Arabia, ebbe infatti inizio una **politica di conquista a vasto raggio**: gli Arabi attaccarono l'impero bizantino e quello persiano, riuscendo a strappare loro la **Siria**, la **Palestina**, tutto il **bacino dell'Eufrate e del Tigri** e infine l'**Egitto**, una delle province mediterranee economicamente più importanti.

Gli Arabi e i popoli vinti

Questi successi furono dovuti soprattutto al **grande valore dell'esercito** e dei comandanti musulmani, guidati dalla piena fiducia nell'onnipotente volontà di Allah e sollecitati dal desiderio di conquistare nuove terre, ma furono favoriti anche dalla **debolezza degli avversari**. L'esercito bizantino infatti era ormai fiaccato dalle continue ed estenuanti guerre che aveva condotto negli anni precedenti; molte delle popolazioni poste sotto il suo dominio erano inoltre stanche dell'eccessivo fiscalismo e delle persecuzioni religiose (ad esempio nei confronti dei monofisiti di Egitto), e videro perciò l'arrivo degli Arabi quasi come una liberazione. Del resto, a quanti si convertivano all'Islam, era concessa l'**esenzione da ogni imposta**, eccetto

◀ **Alì successore del Profeta**
Maometto designa il genero Alì a succedergli nella guida dell'islam: l'immagine rispecchia le convinzioni degli sciiti.

---

concetti chiave

Jihad

La parola che oggi si è soliti tradurre come "guerra santa", significa più letteralmente "impegno", slancio mistico teso al miglioramento di se stessi e alla lotta contro il male, esterno e interno, quindi anche contro le tentazioni della carne e dello spirito. Questa è la *jihad* maggiore per un fedele, secondo le parole del Profeta. La *jihad* minore è invece l'impegno bellico per difendere l'islam e i suoi territori (*dar-al-Islam*), ma anche per diffondere la fede islamica nelle terre in cui non si è ancora affermato (*dar-al-harb*). L'islam moderato oggi non accetta l'idea di "guerra santa" come sforzo bellico contro gli "infedeli", che rimane invece una priorità per i gruppi più estremisti.

quelle cui era soggetto ogni musulmano: l'elemosina e, per chi possedeva delle terre, un'imposta fondiaria (la decima); a coloro che invece volevano mantenere fede alla religione dei padri veniva permessa la **libertà di culto**, ma **dietro pagamento di un tributo** (testatico). Tutto ciò contribuì, almeno inizialmente a rendere tollerabile la sottomissione ai nuovi dominatori; tanto più che i popoli vinti non solo continuarono a svolgere le loro attività senza dover temere la concorrenza degli Arabi – ancora poco numerosi e occupati in nuove conquiste –, ma gradualmente ebbero modo anche di assolvere importanti funzioni all'interno della nuova amministrazione.

Gli Omàyyadi e l'organizzazione dell'impero

Dopo la morte di Alì, nella seconda metà del VII secolo, il califfato cessò di essere elettivo e divenne ereditario nella famiglia degli **Omàyyadi** (da Umayya, parente di Maometto), la quale, per ragioni politiche, economiche e militari spostò la capitale da Medina alla più centrale **Damasco**, in Siria, dove tenne il potere per circa novant'anni (661-750).

La dinastia omayyade diede vita a un'organizzazione statale vera e propria, che seguiva il modello bizantino, ovvero quello di una **monarchia accentrata e assoluta**. Come l'imperatore, anche il califfo faceva derivare la sua autorità da Dio e, al contempo, aveva bisogno di un apparato che rendesse il suo potere concretamente operante. Per questo i territori conquistati furono divisi in **cinque vicereami**, i cui governanti rispondevano direttamente al califfo-principe; fu organizzato un esercito efficiente e un apparato burocratico ramificato, in modo che la volontà del califfo giungesse in tutti gli angoli dell'impero. Anche la corte ricordava quella bizantina, caratterizzata dai cerimoniali e dal fasto tipici dell'Oriente.

La minaccia all'Europa

Grazie a questa organizzazione statale, gli Omàyyadi furono in grado di governare una massa sterminata di uomini all'interno di un impero ormai più vasto di quanto lo fosse mai stato quello romano. A ovest infatti lambiva addirittura il fiume Indo, mentre a nord gli eserciti musulmani minacciarono più volte la stessa città di Bisanzio. Verso est infine, si spinsero fino in Marocco, occupando tutta l'antica **provincia romana d'Africa** (in arabo Ifriqiya): da lì, nel 711, passarono in **Spagna**, dove venne distrutto il regno dei Visigoti e, con un'avanzata travolgente, giunsero in pochi anni nella **Gallia meridionale**: la Cristianità si trovò allora compressa fra un settentrione dominato dai barbari e un mezzogiorno musulmano, l'**Andalusia**. Anche

> **lessico**
> **Andalusia** il termine, utilizzato dagli Arabi per indicare i territori della penisola iberica da loro conquistati, esisteva prima del loro arrivo e deriva probabilmente dall'espressione gota *Landahlauts* ("lotti terrieri"), le terre attribuite ai nobili visigoti.

◀ **Cavalieri arabi**
Miniatura di un manoscritto risalente al XIII secolo e conservato nella Biblioteca Nazionale di Parigi che mostra un gruppo di cavalieri arabi in procinto di partire alla conquista della Spagna.

▲ **L'Andalusia musulmana**
Finestra decorata della Mezquita, la Grande Moschea di Cordova, fondata nel 785 e considerata il massimo santuario dell'Occidente islamico.

se, nel 732, l'avanzata degli Arabi nel cuore dell'Europa avrebbe subito un'importante battuta d'arresto in seguito alla sconfitta inflitta loro dai Franchi nella celebre **battaglia di Poitiers**, il mondo cristiano avrebbe continuato ancora a lungo a sentire la minaccia di un predominio islamico.

Gli Abbàsidi e il frazionamento del mondo arabo

L'ultimo periodo di governo degli Omàyyadi, abbandonatisi ormai a una vita lussuosa e raffinata nella splendida Damasco, fu segnato da numerose rivolte, causate anche dal malcontento dei musulmani neoconvertiti per il trattamento inferiore che era loro riservato rispetto agli Arabi.
Fu così che nel 750 la dinastia degli Omàyyadi venne sostituita da quella degli **Abbàsidi**, discendenti di al-Abbas, "lo zio" di Maometto, che spostarono la capitale da Damasco verso la più centrale **Baghdad**, non lontano dall'antica Babilonia. Sia pure tra difficoltà e problemi di ogni sorta, gli Abbàsidi tennero il potere per ben cinque secoli (750-1258). Tuttavia, proprio durante la loro dinastia, il mondo arabo perdette la sua unità, dividendosi in **califfati indipendenti** retti da propri sovrani (**emiri**), costituitisi nelle province più ricche e lontane dalla capitale, come la Spagna (**califfato di Cordova**), il **Marocco**, la **Tunisia** e l'**Egitto**, l'**Iran** e il **Turkestan**: il che non frenò il movimento di espansione ancora in atto ovunque.

Storia e... Arte e Architettura — La moschea

Il termine moschea deriva dallo spagnolo *mezquita*, a sua volta derivante dall'arabo *masjid*, e indica il luogo in cui si svolgono le prosternazioni, che fanno parte dei rituali che deve compiere il fedele mentre prega. Secondo la tradizione la prima moschea venne fatta costruire da Maometto a Medina: si trattava di un edificio molto semplice, fatto di argilla con un tetto in foglie di palma, con una sala di preghiera e una corte aperta. A differenza della chiesa cristiana, nella moschea non vengono celebrate particolari cerimonie religiose. Si tratta, infatti, più semplicemente di un luogo di preghiera aperto ai fedeli, richiamati a questo dovere cinque volte al giorno dal canto del *muezzin*: dall'alto delle sottili torri, i minareti, il *muezzin* lancia a gran voce il richiamo *Allah akbar* "Dio è grande" per ricordare l'ora della preghiera.
Nel cortile antistante alla moschea si trova una fontana per le abluzioni rituali, come il lavaggio delle mani, piedi, occhi e viso. Il pavimento è ricoperto di tappeti sui quali i fedeli, scalzi, si prostrano in preghiera. All'interno si trova una nicchia, il *mihrab*, che ha la funzione di indicare ai fedeli la direzione della Mecca, verso la quale rivolgersi durante la preghiera. Sul pulpito, il *minbar*, l'*imàm*, capo della comunità di fedeli, pronuncia il sermone del venerdì.

Il minbar e il mirhab della moschea di Hassan a Il Cairo (in Egitto).

INCURSIONI E CONQUISTE ARABE IN ITALIA

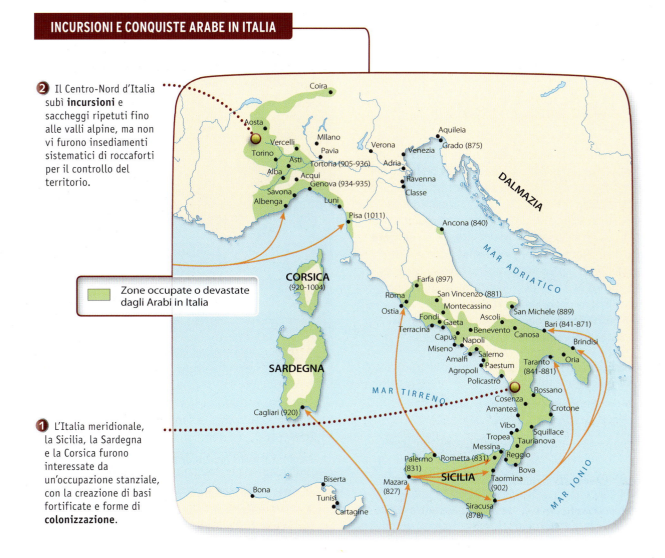

2 Il Centro-Nord d'Italia subì **incursioni** e saccheggi ripetuti fino alle valli alpine, ma non vi furono insediamenti sistematici di roccaforti per il controllo del territorio.

Zone occupate o devastate dagli Arabi in Italia

1 L'Italia meridionale, la Sicilia, la Sardegna e la Corsica furono interessate da un'occupazione stanziale, con la creazione di basi fortificate e forme di **colonizzazione**.

Le conquiste in Italia

All'espansionismo musulmano non sfuggì neppure l'**Italia**. Data la loro posizione al centro del Mediterraneo, le isole e le coste italiane bagnate dal Tirreno e dall'Adriatico subirono infatti il dominio o l'influenza degli Arabi, nelle fonti medievali detti anche **Saraceni** (forse dal termine arabo *sharqui*, cioè gli "orientali").

Muovendo dall'Africa settentrionale e dalla Spagna a bordo di velocissime navi attrezzate per la pirateria, i Saraceni tolsero ai Bizantini la **Sicilia**, che rimase per circa due secoli – e precisamente dall'827 fino all'arrivo dei Normanni – sotto il loro **diretto controllo**. Il governo dei musulmani si rivelò illuminato e lungimirante, sia nel campo intellettuale sia in quello economico, tanto che l'isola raggiunse un livello artistico e un benessere economico mai conosciuti prima.

La **Corsica**, la **Sardegna** e le coste della penisola, dalla **Calabria** alla **Puglia** e alla **Campania**, furono sottoposte a una colonizzazione più blanda rispetto a quella che investì la Sicilia, dove l'offensiva araba si limitava a **incursioni e saccheggi**. I Saraceni tuttavia non si limitarono ad attaccare località costiere, ma si spinsero anche nelle zone interne, ad esempio fino al **monastero benedettino di Montecassino**; nell'846 entrarono addirittura a **Roma**, dove incendiarono e depredarono le basiliche di San Pietro e San Paolo. La pressione saracena sull'Italia sarebbe diminuita soltanto dopo il X secolo, bloccata in Occidente dalla riconquista cristiana e in Oriente dall'espansionismo di un nuovo popolo convertito all'islam, i Turchi Selgiuchidi.

GUIDA allo STUDIO

1. Che cosa avvenne nel mondo arabo alla morte di Maometto?
2. Quali furono i motivi del successo dell'espansione araba?
3. Quali regioni italiane furono oggetto di conquista da parte dei musulmani?

IL TERRITORIO COME FONTE STORICA

L'eredità araba in Sicilia

Gli **Arabi** occuparono la Sicilia dall'827 fino al 1091, quando l'ultima città, Noto, cadde sotto la successiva conquista dei Normanni. I Bizantini, a cui era stata sottratta, si ritirano in Calabria che chiamarono la "Sicilia cismarina" (da qui il futuro appellativo di "due Sicilie"). Gli Arabi riorganizzarono il territorio in diverse signorie. Inizialmente era un **emirato dipendente** da quello tunisino, poi si impose una dinastia autonoma: i Fatimi. La presenza araba fu tollerante verso cristiani ed ebrei e fu causa di sviluppo dell'isola. Vennero fatte opere di irrigazione e canalizzazione, venne favorito l'artigianato. In questo periodo la Sicilia diventò uno dei **principali centri di commercio** del Mediterraneo.

La Zisa di Palermo, un palazzo costruito dai Normanni nel XII secolo, secondo i principi dell'architettura araba.

La capitale era **Palermo** (*Balarm*), che raggiunse i 250.000 abitanti. Il mercante geografo Ibn Hawqal parlò della presenza in città di 300 moschee, delle quali oggi non ne rimane nessuna. È comunque possibile trovare ancora segni della presenza araba sul territorio. A Palermo la chiesa di **San Giovanni degli Eremiti** mostra l'integrazione dell'architettura normanna con quella araba: le cinque cupole rosse collocate su corpi cubici, alcune finestre ogivali, una cisterna. Anche la chiesa di San Cataldo conserva simili elementi architettonici arabi. L'*alcazar* (una cittadella fortificata) di Palermo è diventato il meraviglioso Palazzo dei Normanni.

Ma le tracce arabe si trovano anche nelle parole, soprattutto nei **toponimi**. Caltanissetta e Caltagirone derivano da *khalat* "castello", Gibellina da *gebel* "monte", Racalmuto da *rahal* "casale", Marsala da *marsha* "porto". Anche alcuni **prodotti della terra** rivelano questa antica origine: pistacchio, zibibbo, zagara, per esempio, sono parole di origine araba. La stessa origine hanno alcuni **piatti tipici** come la cassata e gli arancini. Sono stati infatti gli Arabi a portare in Sicilia la canna da zucchero, il limone, il cedro, l'arancia, il mandarino e la mandorla.

Un mosaico proveniente dalla Camera di re Ruggero nel palazzo dei Normanni a Palermo, in cui è evidente l'influenza stilistica araba.

La chiesa di San Giovanni degli Eremiti.

società e cultura

10.3 La civiltà islamica

I cinque pilastri dell'islam

Il Corano definisce in modo dettagliato le pratiche religiose e i principi teologici dell'Islam. Il fedele ha vari obblighi, fra i quali cinque sono i più importanti:
- la **professione di fede**, secondo la quale "non vi è altro Dio e Maometto è il suo profeta";
- l'**elemosina** (*zakat*);
- la **preghiera** (*salat*), ripetuta cinque volte al giorno;
- il **digiuno** (*sawn*) dall'alba al tramonto durante tutto il mese del *ramadàn* (il mese caldo, che anticamente cadeva sempre in estate);
- il **pellegrinaggio** (*hagg*) alla Mecca, almeno una volta nella vita.

Particolarmente severe erano le norme che regolavano il *ramadàn*: esso implicava (e implica tutt'oggi) non solo l'astenersi da ogni cibo e bevanda, ma anche da qualsiasi contatto di natura sessuale, dal litigare o mentire e così via.

Ci sono poi altri doveri, tra cui la santificazione del venerdì come giorno festivo e la conseguente preghiera collettiva (*shahada*) nel luogo di culto dei musulmani, la **moschea**, sotto la direzione di un **imàm** ("colui che sta davanti agli altri"), che non è un sacerdote vero e proprio (l'islamismo non prevede infatti l'esistenza di un clero), ma un qualsiasi fedele buon conoscitore del rituale.

Il Corano e la società araba

Il Corano, insieme alla **Sunna** – cioè gli atti e gli insegnamenti di Maometto trasmessi dai suoi discepoli – costituisce la cosiddetta **shari'a**, ovvero l'insieme delle leggi che disciplinano tutt'oggi la società islamica, in cui convivono regole teologiche, morali, persino igieniche, con norme di diritto privato, fiscale, penale e processuale.

Fra le norme imposte ai musulmani, vi era ad esempio il divieto di praticare la vendetta, di bere alcolici (termine che deriva proprio dall'arabo *al-kúhl*), di mangiare carne di maiale, di giocare d'azzardo, di rappresentare la figura umana.

Da un punto di vista più strettamente sociale, la rivoluzione di Maometto non portò comunque delle trasformazioni significative. La società araba continuò infatti a reggersi sulla grande proprietà e sulla **divisione in classi** e continuò a esistere la **schiavitù**. Inoltre nonostante il Corano stabilisce una piena **parità fra uomini e donne** davanti ad Allah e la possibilità per queste ultime

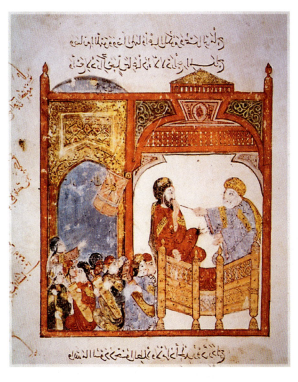

▲ **La scuola coranica**
Un maestro espone ai suoi allievi argomenti di diritto islamico (*shari'a*) in una madrasa, istituto educativo in cui ogni insegnamento, non solo letterario, ma anche morale e giuridico, è fondato sul Corano (miniatura del XIII secolo).

di accedere al paradiso, da un punto di vista sociale e giuridico continuò a permanere una generale sottomissione della donna all'uomo (che del resto era normalmente diffusa anche presso le società non musulmane dell'epoca).

Gli Arabi e la cultura greca e orientale

Di pari passo con la conquista militare e religiosa di nuove genti, la cultura islamica si diffondeva in territori sempre più vasti, insieme alla **lingua araba**, in cui era scritto il Corano e che era stata eletta a lingua comune del mondo musulmano. Nei territori bizantini e orientali, tuttavia, non solo non venne stravolto del tutto lo stile di vita e il sistema sociale precedente, anzi, nel corso dei secoli, gli Arabi **assimilarono le esperienze culturali e materiali dei paesi e dei popoli con cui venivano a contatto**. In particolare, essi seppero far tesoro di tutto il sapere delle antiche civiltà orientali e mediterranee, che, rielaborato e trasformato, tornò a vivere in forme talvolta più moderne e perfezionate; attraverso gli Arabi inoltre esso si diffuse poi anche in Europa e contribuì a dare nuovo vigore alla cultura occidentale.

Entrati a contatto con territori a predominante cultura greca, gli Arabi sentirono il bisogno di confrontarsi con la filosofia antica, al fine di approfondire la loro stessa fede e di renderla più convincente e attraente per quanti si fossero avvicinati all'islam. Così, tra l'VIII e il X secolo, nei secoli più bui della civiltà occidentale, si tradussero in arabo le più importanti opere dell'antica Grecia. Lo stesso approccio ebbero con le popolazioni iraniche e indiane, il cui sapere furono in grado per molti aspetti di valorizzare, secondo lo spirito che animava **al-Kindi** (801-866), il primo vero filosofo arabo, che così giustificava la sua grande curiosità intellettuale: "Non dobbiamo vergognarci di riconoscere la verità da qualunque parte essa giunga a noi, anche se ci viene portata da generazioni precedenti e da popoli stranieri. Per colui che cerca la verità non vi è nulla che valga più della verità stessa".

La teoria della "doppia verità"

Grazie a questa loro particolare apertura, dettero vita a una **civiltà elegante e raffinata**, cosa tanto più degna di attenzione, se si pensa che i musulmani più rigidi consideravano un'empietà ammettere che buona parte della sapienza derivasse da una fonte diversa dal Corano e quindi da Dio stesso.

Contro tale convinzione si espressero alcuni filosofi arabi, come **al-Farabi** (morto nel 950), secondo i quali la **verità** poteva essere **compresa a diversi livelli** e dunque ciò che poteva essere sufficiente per una popolazione incolta, non poteva esserlo per un'altra più progredita e complessa. A loro modo di vedere quindi, la cultura profana e quella coranica erano entrambe orientate, sia pure secondo prospettive differenti, verso la conoscenza della verità.

Tale principio, noto come teoria della "doppia verità" (quella cioè della fede e quella della cultura), verrà assunto anche dai nostri più grandi pensatori tardo-medievali quale prova della serietà del problema e dell'apertura intellettuale degli Arabi.

Scienze e letteratura

Anche le **scienze** esercitarono un particolare fascino sugli Arabi. Essi non si limitarono allo studio del pensiero scientifico delle antiche civiltà orientali ed ellenistiche, traducendo nella loro lingua le opere di Tolomeo, di Strabone, di Euclide, di Ippocrate e soprattutto di Aristotele, o mediante la divulgazione degli scritti del medico e naturalista **Avicenna** (XI secolo) e del filosofo **Averroè** (XII secolo), ma svilupparono e approfondirono ulteriormente la conoscenza della **chimica**, della **geografia**, dell'**astronomia**, della **matematica** e della **medicina**. A essi si deve la scoperta di nuovi processi chimici e la loro conseguente applicazione alla farmaceutica; l'introduzione di termini astronomici quali zenit, nadir, azimut; l'uso dello zero e dei numeri detti appunto "arabi", inventati dagli Indiani e introdotti in Europa, attraverso la Spagna, nel XIII secolo, che da un lato permettevano di eseguire qualsiasi operazione matematica con grande facilità, dall'altro consentivano di operare su numeri molto grandi; l'invenzione dell'**algebra** (dall'arabo *al-giabr*, "arte delle soluzioni") e della **trigonometria** nelle scienze matematiche. Gli Arabi coltivarono anche gli **studi giuridici e letterari**, organizzando biblioteche, circoli di cultura e scuole persino a livello universitario, nelle quali era impartito l'insegnamento di numerose discipline: grammatica, retorica, matematica, astronomia e religione.

◀ **Le traduzioni arabe**

Pagina di una traduzione araba degli *Elementi* di Euclide (codice del XII secolo). Molte opere greche furono conosciute dal mondo occidentale latino grazie alle traduzioni arabe.

Scienza e Tecnologia

I numeri
dai Romani agli Arabi

Le prime forme di numerazione sono state rinvenute su alcuni reperti neolitici, ma veri e propri sistemi numerici nacquero soltanto presso le **prime grandi civiltà**: mesopotamica, egizia e più tardi cinese. I Greci utilizzarono le prime lettere maiuscole dell'alfabeto seguite poi da altri segni.
I Romani usarono un **sistema di numerazione "additivo"**: i segni possedevano un valore fisso e il numero era il risultato della somma o della sottrazione di tali valori. Si trattava di un sistema poco adatto a numeri alti e a eseguire operazioni complesse, e questo contribuì a impedire lo sviluppo delle scienze matematiche nell'antica Roma. Più tardi, durante il Medioevo, venne introdotto in Europa l'uso delle **cifre dette "arabe"**, anche se la loro origine è indiana. Il **sistema numerico arabo** era **"posizionale"** e composto da dieci segni (da 0 a 9): il valore del segno numerico non era fisso ma dipendeva dalla sua posizione all'interno della cifra, al pari del sistema di numerazione odierno, che da quello arabo discende. Inoltre gli Arabi conoscevano anche il concetto e l'uso dello **zero**, ignoto ai Romani, e necessario in sistemi complessi per operare su numeri molto grandi per eseguire qualsiasi operazione matematica.

I numeri romani corrispondevano a sette lettere maiuscole: I (uno), V (cinque), X (dieci), L (cinquanta), C (cento), D (cinquecento), M (mille). Se il segno di valore minore precedeva uno di valore maggiore veniva sottratto, se lo seguiva veniva sommato: ad esempio, "IV" valeva 4 in quanto corrispondeva a "5 meno 1"; "VI" valeva 6 poiché corrispondeva a "5 più 1". Un medesimo segno poteva essere ripetuto fino a tre volte: così l'8 era indicato con "VIII", cioè "5 più 1 ripetuto 3 volte" mentre il 9 era indicato con "IX", cioè "10 meno 1". Nell'immagine, il numero 53 su una porta di entrata del Colosseo.

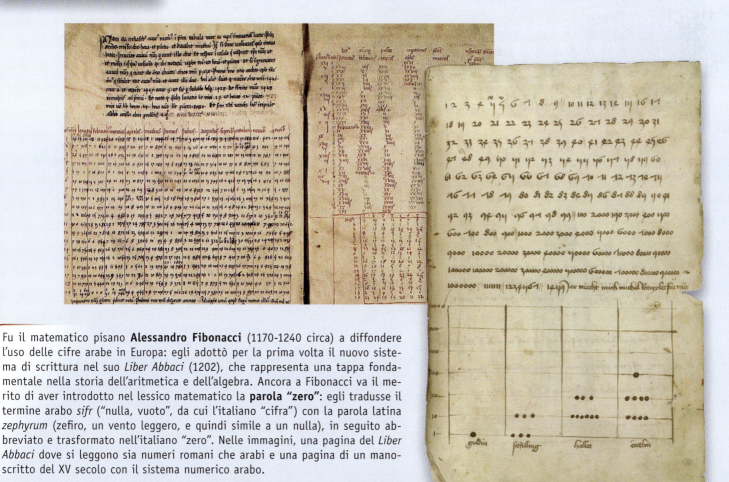

Fu il matematico pisano **Alessandro Fibonacci** (1170-1240 circa) a diffondere l'uso delle cifre arabe in Europa: egli adottò per la prima volta il nuovo sistema di scrittura nel suo *Liber Abbaci* (1202), che rappresenta una tappa fondamentale nella storia dell'aritmetica e dell'algebra. Ancora a Fibonacci va il merito di aver introdotto nel lessico matematico la **parola "zero"**: egli tradusse il termine arabo *sifr* ("nulla, vuoto", da cui l'italiano "cifra") con la parola latina *zephyrum* (zefiro, un vento leggero, e quindi simile a un nulla), in seguito abbreviato e trasformato nell'italiano "zero". Nelle immagini, una pagina del *Liber Abbaci* dove si leggono sia numeri romani che arabi e una pagina di un manoscritto del XV secolo con il sistema numerico arabo.

Nella lirica e nella novellistica produssero opere ancor oggi molto note, come la raccolta di novelle intitolata *Le mille e una notte*, forse di origine indiana ma elevata a espressione d'arte dagli Arabi.

Architettura e arte

Uno dei principali meriti degli Arabi è senza dubbio da ricercarsi nel **potenziamento dell'urbanistica** e nello **sviluppo** e nella valorizzazione **dell'architettura**: soprattutto in questo campo seppero ottenere risultati di eccezionale rilievo, come è dimostrato dall'incremento edilizio verificatosi sia nei centri minori sia nelle grandi capitali, divenute ben presto famose per la loro ricchezza e per il loro splendore. Alcuni monumenti edificati in Spagna, come l'Alhambra ("la rossa", per il colore delle mura) di Granada, palazzo e fortezza insieme; l'Alcazar ("il castello") di Siviglia e la moschea di Cordova, restano ancora oggi a testimoniare la straordinaria maestria degli architetti arabi.

Agricoltura e industria

Particolare cura dedicarono inoltre all'agricoltura, specie in seguito all'occupazione dell'Egitto e della Mesopotamia. Infatti, dopo avere sviluppato la **piccola proprietà** con la suddivisione dei latifondi conquistati, essi si preoccuparono di valorizzare la terra, ricorrendo:
- alla bonifica dei terreni paludosi e all'irrigazione di quelli troppo aridi;
- alla coltivazione intensiva del riso, degli ortaggi, del cotone, del gelso e della canna da zucchero;
- alla creazione di giardini ricchi di limoni e di aranci, di albicocchi e di palme da dattero;
- all'importazione nei paesi occupati di piante esotiche, come – per esempio – i carciofi, lo zafferano, la canapa, il pistacchio, il carrubo, l'oleandro, il geranio e i nespoli del Giappone.

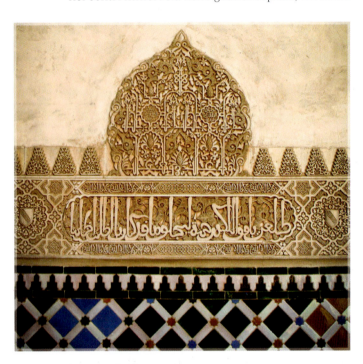

◀ **Arte islamica**
Legati alla convinzione che Dio è troppo diverso dagli uomini per essere rappresentato, numerosi artisti musulmani rispettarono il divieto di riprodurre la figura divina. Perciò la decorazione delle moschee e degli edifici musulmani si basò su giochi di colore e di luce, con ceramiche e mattoni smaltati, colonne, finissimi marmi, stucchi e decorazioni floreali e geometriche (arabeschi), arricchiti da eleganti scritte stilizzate che riproducono versetti del Corano.

LA GRANDE CULTURA ARABA

Scienze e filosofia	• **Traduzioni** di opere scientifiche e filosofiche dal greco. • Sviluppo delle **conoscenze** in campo **geografico**, **astronomico**, **matematico**, **medico**. • **Scoperta di processi chimici** e loro applicazione alla farmaceutica. • Uso dello zero e dei numeri arabi; invenzione dell'**algebra** e della **trigonometria**.
Architettura, studi giuridici e letteratura	• **Sviluppo urbanistico** con la costruzione di città e moschee. • Apertura di **biblioteche**, **circoli culturali** e **scuole** a livello universitario. • Produzione di **opere letterarie** (lirica e novellistica).
Agricoltura	• Sviluppo della **piccola proprietà**. • **Bonifica** dei terreni paludosi e **irrigazione** di quelli troppo aridi. • **Coltivazione intensiva** di riso, ortaggi, cotone, gelso e canna da zucchero. • Importazione di **piante esotiche** nei paesi occupati.
Tecnologia, industria e commerci	• Produzione di **stoffe**, **cuoio**, **seta** e **armi**. • Fabbricazione della **carta**, tecnica appresa dai Cinesi. • Introduzione dei **mulini a vento**. • Invenzione di **lettere di cambio** e di *chakk* (oggi *chèque*), per la sicurezza nella circolazione monetaria.

I TRAFFICI COMMERCIALI DEGLI ARABI (VIII-X SECOLO)

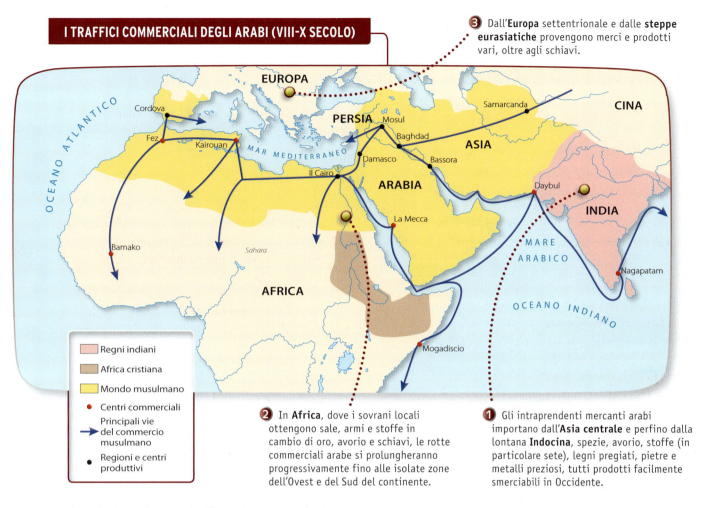

3 Dall'**Europa** settentrionale e dalle **steppe eurasiatiche** provengono merci e prodotti vari, oltre agli schiavi.

2 In **Africa**, dove i sovrani locali ottengono sale, armi e stoffe in cambio di oro, avorio e schiavi, le rotte commerciali arabe si prolungheranno progressivamente fino alle isolate zone dell'Ovest e del Sud del continente.

1 Gli intraprendenti mercanti arabi importano dall'**Asia centrale** e perfino dalla lontana **Indocina**, spezie, avorio, stoffe (in particolare sete), legni pregiati, pietre e metalli preziosi, tutti prodotti facilmente smerciabili in Occidente.

Agli Arabi si deve anche l'introduzione in Occidente dei **mulini a vento**, il cui uso avevano appreso a loro volta dai Persiani, quale nuova importante fonte di energia. Bravi industriali e perfetti artigiani, si dedicarono anche con pieno successo alla produzione delle stoffe, del cuoio, della seta e delle armi. Non bisogna dimenticare infine che furono proprio gli Arabi a diffondere la **tecnica di fabbricazione della carta**, dopo averla appresa dai Cinesi: si poteva disporre così di un nuovo supporto per la scrittura, in sostituzione del papiro e della costosa pergamena.

Il commercio e le lettere di cambio

Intensa fu anche l'attività commerciale svolta, per terra e per mare, dai mercanti arabi, che giunsero a porre le loro basi – oltre che su tutte le coste mediterranee – in un'area amplissima che si estendeva dalle lontane coste del Baltico all'Asia sud-orientale e alla penisola di Malacca.
Diretta conseguenza della vitalità commerciale degli Arabi fu la diffusione delle cosiddette **lettere di cambio**, che permettevano di evitare i rischi del trasferimento di grosse somme in contanti, nonché l'uso dello *chakk* (oggi *chèque*), ovvero un impegno a pagare in un secondo momento, adottato diffusamente dagli operatori finanziari arabi e in seguito perfezionato e sfruttato dagli intraprendenti mercanti italiani nel XIII secolo.

◀ **Dinamici mercanti**
Le navi mercantili arabe solcavano regolarmente mari e oceani. Da notare la vela triangolare, introdotta dai marinai arabi.

GUIDA allo STUDIO

1. Quali sono i cinque pilastri dell'islam?
2. Quale fu l'atteggiamento degli Arabi nei confronti delle culture greca e orientale con cui vennero in contatto nel corso delle loro conquiste?
3. Quali innovazioni introdussero gli Arabi nell'ambito delle attività economiche?

PASSATO PRESENTE

La diffusione della religione islamica

L'Islam è oggi la seconda religione più diffusa al mondo con circa un **miliardo e mezzo** di fedeli. Il 99% dei musulmani risulta diviso in due rami, quello degli **sciiti** e quello dei **sunniti**; una separazione nata all'epoca della morte di Maometto nel 632 in seguito ai contrasti per la sua successione.
I luoghi sacri dell'islam, in ordine di importanza, sono l'edificio della Kaaba a **La Mecca**, dove ogni fedele deve recarsi in pellegrinaggio almeno una volta nella vita, la Moschea del Profeta a **Medina** e la Cupola della Roccia a **Gerusalemme**. Rispettivamente sono i luoghi della nascita, della morte e dell'ascesa al cielo di Maometto.
I musulmani, oltre alle regioni dove storicamente costituiscono la maggioranza religiosa (Medio Oriente, Africa settentrionale e Indonesia), si sono diffusi negli ultimi decenni anche in Europa, dove attualmente raggiungono i 40 milioni.
L'area europea che mostra la più alta concentrazione di islamici è quella dei **paesi balcanici**, dove essi erano già presenti fino dai tempi dell'impero ottomano. Nell'Europa continentale il paese con il maggior numero di musulmani è la **Francia** (circa l'8,5% della popolazione); ciò è dovuto all'immigrazione sia dei francesi che abitavano le colonie al momento della conquista dell'indipendenza sia dei cittadini di quei paesi africani in cui si parla la lingua francese. Anche in Germania la presenza islamica è molto alta (circa il 5%) e in Inghilterra raggiunge il 3% della popolazione.
La moschea più grande d'Europa si trova a **Strasburgo**, inaugurata nel settembre 2012. Prima di questa data il primato spettava alla moschea di Roma, costruita tra il 1984 e il 1995.
In **Italia** oggi l'islam è la religione più praticata dopo il cristianesimo. Secondo la stima della Lega musulmana mondiale, i musulmani presenti nel nostro paese sono circa 1.200.000; la metà di essi proviene dal Marocco, dalla Tunisia e dall'Egitto.
In Italia le moschee ufficiali sono otto (Catania, Segrate, Palermo, Roma, Albenga, Torino, Ravenna e Colle Val d'Elsa) e i luoghi di culto islamico sono circa un migliaio.

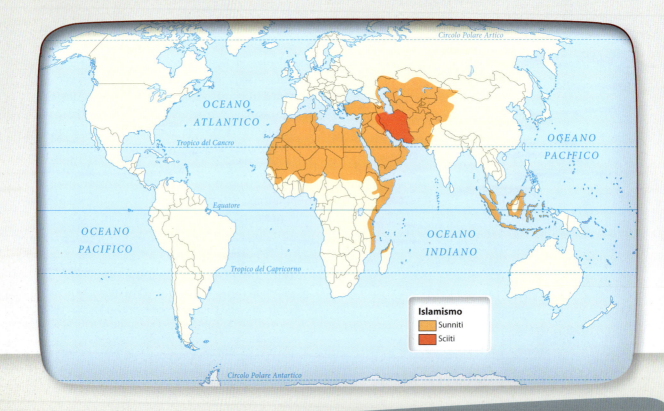

PASSATO **PRESENTE**

La Grande Moschea di Strasburgo può ospitare circa 750 fedeli, ma nei giorni di festa l'affluenza può arrivare fino a 1500 persone.

Le cinque preghiere giornaliere, le *salat*, vengono fatte nell'arco della giornata rivolti verso La Mecca. Durante la *salat* il fedele compie una serie di movimenti precisi dopo aver purificato il corpo con le abluzioni rituali (*tahara*).

Istantanea

LA MECCA è la città dove è nato Maometto e dove è stata costruita la più grande moschea del mondo, il Masjid al-Haram (che è anche il più grande edificio di culto esistente). Il cuore più sacro è la Kaaba, il cubo (alto circa 13 metri), risalente all'età preislamica. La città, che dal 1925 appartiene all'Arabia Saudita, ospita ogni anno milioni di pellegrini e sta vivendo una rivoluzione urbanistica: l'Abraj Al Bait, un gigantesco complesso architettonico, ne è il simbolo. Esso è situato all'ingresso sud della moschea e comprende l'albergo più grande del mondo contenuto in una altissima torre (601 metri) con un sofisticatissimo orologio e sulla cima la luna crescente dell'islam.

SINTESI

10.1 Gli **Arabi** sono una popolazione di origine semitica che abita la grande penisola compresa fra il Mar Rosso, il Golfo Persico e l'Oceano Indiano, punto di approdo per le navi provenienti dalla Cina e dall'India. Gli abitanti della costa si dedicano al commercio marittimo, mentre all'interno della regione vive la maggior parte della popolazione, divisa in **tribù nomadi dedite alla pastorizia**.

L'unico elemento unificante degli Arabi è la **religione politeistica** che ha il proprio centro di culto alla **Mecca**, importante snodo per il commercio tra il Mediterraneo e l'Estremo Oriente: qui, all'interno della **Kaaba**, un piccolo tempio a forma di cubo, viene venerata una pietra nera, forse un meteorite, ma secondo la leggenda portata in terra dall'arcangelo Gabriele.

È proprio alla Mecca che **inizia la sua predicazione Maometto** (*Muhammad*), un giovane pastore e cammelliere che, dopo un periodo di meditazione e di vita contemplativa, annuncia l'esistenza di **un solo dio**, **Allah**, di cui egli è il profeta. Nel settembre del 622, per sottrarsi alle persecuzioni dei sacerdoti della Kaaba dediti al politeismo, è costretto a fuggire a Medina (**ègira**) e da quella data si fa iniziare l'era maomettana.

Grazie a uno straordinario prestigio e a un vasto seguito, Maometto riesce a **unificare le numerose tribù** e organizza politicamente e militarmente il popolo arabo, ma proprio mentre sta per esportare la sua dottrina monoteistica al di là dei confini dell'Arabia, muore improvvisamente nel 632.

La nuova religione si basa sul **Corano** ("recitazione"), il libro sacro dei musulmani che contiene gli insegnamenti del Profeta trascritti dai suoi discepoli, poiché Maometto non sapeva né leggere né scrivere. Il Corano è suddiviso in 114 capitoli, nei quali, oltre all'esistenza di Allah, è affermata la necessità che tutti i credenti **si sottomettano incondizionatamente alla volontà** divina (da cui *Islam*, "abbandono alla volontà di Dio").

10.2 Dopo la morte di Maometto (632), gli Arabi sono governati da **quattro califfi**, i "vicari del Profeta", che esercitano il potere politico e religioso insieme. Sotto la loro guida ha inizio la "guerra santa" contro gli infedeli, che porta in breve alla formazione di un vasto e potente impero. Dopo la morte dell'ultimo califfo, Alì (661), il califfato diventa ereditario e passa alla famiglia degli **Omàyyadi**, che danno all'impero arabo una vera e propria organizzazione statale spostando la capitale da Medina a Damasco. Gli Omàyyadi mantengono il potere fino a quando non sono sostituiti dagli **Abbàsidi**, che trasferiscono in Mesopotamia la capitale (**Baghdad**) e mantengono il potere per cinque secoli. Sotto la guida dei successori di Maometto gli Arabi, fiduciosi nella volontà di Allah, iniziano un movimento di espansione che li porta a formare un **vasto e potente impero**. La loro avanzata verso l'Occidente è fermata a **Poitiers**, in Francia, da Carlo Martello (732).

In Italia, dove vengono chiamati **Saraceni**, gli Arabi conquistano la **Sicilia**, che rimane in loro potere per circa due secoli e che, grazie alla loro dominazione, raggiunge un benessere economico e uno splendore artistico fino ad allora mai conosciuti. I Saraceni occupano e saccheggiano anche le coste della Calabria, della Puglia e della Campania e giungono a depredare la stessa Roma.

10.3 Il Corano stabilisce i **cinque obblighi** a cui deve attenersi il fedele (*muslìm*): la professione di fede, l'elemosina, la preghiera, il pellegrinaggio alla Mecca, il digiuno durante il mese del *ramadàn*; sono inoltre riportate le **norme morali e giuridiche** della collettività, i rapporti familiari, gli obblighi sociali e le norme igieniche. Sul piano sociale la rivoluzione di Maometto non porta delle trasformazioni significative. Molto importanti sono invece i progressi compiuti dagli Arabi in ambito culturale, scientifico e tecnologico, grazie soprattutto all'assimilazione dell'eredità culturale delle antiche civiltà orientali e mediterranee, con cui entrano in contatto nel corso della loro espansione nei territori del Vicino Oriente. Forti di questo bagaglio si dedicano allo **studio del pensiero filosofico e scientifico dei Greci** per approfondire la loro fede e renderla più convincente per chi si fosse avvicinato all'islam; la **lingua araba** arriva a sostituire il greco come strumento di diffusione della cultura. Peraltro, nei territori dell'Europa da loro conquistati, gli Arabi contribuiscono ad arricchire con il proprio patrimonio culturale e spirituale quello delle popolazioni vinte.

Gli Arabi inoltre sviluppano le conoscenze della **chimica**, della **geografia**, dell'**astronomia**, della **matematica**, della **medicina** e della **filosofia**. Coltivano anche gli **studi giuridici e letterari**, organizzando scuole a livello universitario; ottengono risultati eccezionali nell'**urbanistica** e nell'**architettura** realizzando opere grandiose come l'Alhambra di Granada, l'Alcazar di Siviglia e la moschea di Cordova.

Particolare attenzione è dedicata all'agricoltura con l'introduzione di nuove colture. In Occidente gli Arabi portano il **mulino a vento**, di cui avevano appreso l'uso dai Persiani, oltre alle conoscenze necessarie per fabbricare la **carta** importate dalla Cina.

I mercanti arabi svolgono anche un'intensa attività commerciale per terra e per mare. Grazie a loro si diffondono le **lettere di cambio** e l'uso dello *chakk* (oggi *chèque*), ovvero l'impegno a pagare in un secondo momento, perfezionato dai mercanti italiani nel XIII secolo.

PER COSTRUIRE LE COMPETENZE

TEMPO

1. Completa la cronologia.

570	Presunta data di nascita di _____, a La Mecca
610	Inizio della _____ di Allah come unico dio da parte di Maometto
____	Fuga di Maometto dalla sua città e riparo a _____ (questo diventerà l'anno dell' _____)
630	Maometto ritorna a _____ e viene accolto come _____
632	_____ di Maometto
____	Alì, cugino e _____ di Maometto, diventa capo dell'islam
661	Inizia il califfato degli _____
732	Battaglia di _____ in Francia in cui gli Arabi vengono sconfitti dai _____
750	Comincia la dinastia degli _____
846	I Saraceni entrano a _____ e la saccheggiano
902	Inizio della dominazione araba in _____

LESSICO

2. Associa a ogni termine il relativo significato.

- A. BEDUINO
- B. CALIFFO
- C. CORANO
- D. EGIRA
- E. GEHENNA
- F. IMAM
- G. ISLAM
- H. JIHAD
- I. KAABA
- J. MUSULMANO
- K. SARACENO
- L. SCIITA
- M. SUNNITA
- N. SURA

a. Musulmano che dirige la preghiera
b. Nomade che vive in tribù dedite alla pastorizia
c. Piccolo edificio di forma cubica che custodiva la pietra nera
d. Propriamente significa "recitazione"
e. Inizio dell'era maomettana
f. Propriamente significa "sottomissione"
g. Seguace di Maometto (propriamente significa "sottomesso")
h. Ciascuno dei 114 capitoli in cui è diviso il Corano
i. Inferno
j. Chi sostiene che la nomina a successore di Maometto possa essere data a qualsiasi musulmano credente
k. Chi sostiene che la guida dell'islam debba essere affidata a un discendente del Profeta
l. Successore di Maometto
m. Guerra santa
n. Sinonimo di arabo

EVENTI E PROCESSI

● La nascita dell'islam

3. Completa il seguente testo inserendo i termini corretti.
Allah | pellegrinaggio | 30 | meteorite | Kaaba | costa | beduini | La Mecca | arabica | semitica | 630 | ègira | deserto | umma | nomadi | sedentari | pietra nera | Gabriele | Maometto | ostile | 622

Gli Arabi erano una popolazione di origine _____ e occupavano la penisola _____. Erano divisi in due tipologie: i _____ che vivevano per lo più nel _____, erano _____ e si dedicavano alla pastorizia e le tribù della _____, che si dedicavano al commercio ed erano _____. Il centro commerciale e religioso era _____, dove in un piccolo tempio, detto _____, veniva custodita la _____ (probabilmente un _____) mandata dal cielo, secondo la leggenda, dall'arcangelo _____. Questa pietra era oggetto di _____. In questa città nacque _____ che a _____ anni annunciò di aver visto in visione _____, l'unico dio. La popolazione gli fu _____ e lo costrinse, nel _____ a fuggire (emigrazione detta _____). Qui nacque la prima _____, la comunità islamica. Dopo uno scontro con gli avversari della Mecca, Maometto nel _____ ritornò vincitore.

● Il Corano

4. Completa la mappa.

Significato del titolo	→	È stato scritto da	→	È diviso in
				↓

I principi generali sono:
- Immortalità
- L'aldilà è _____
- Tutti i credenti sono _____
- Tutti devono essere _____
- Chi muore per la religione _____
- I vili invece _____

5. Indica se le seguenti affermazioni sono vere [V] o false [F].
- Gli Ebrei e gli Arabi sono popolazioni con la stessa origine semitica [___]
- La parola Maometto significa "il Profeta" [___]
- L'islam è una religione politeista (perché adora Allah e Maometto) [___]
- Il Corano è stato scritto da Maometto [___]
- La vita nell'aldilà islamico è fatta di pura spiritualità [___]
- Le popolazioni conquistate dai musulmani dovevano pagare più tasse [___]
- Gli Abbàsidi erano discendenti da Maometto [___]
- I musulmani sono arrivati a Roma e hanno saccheggiato le chiese [___]
- L'occupazione araba della Sicilia ha rappresentato un'involuzione [___]

6. Elenca e spiega i 5 pilastri dell'islam.

TECNOLOGIA E LAVORO

7. Indica per i settori sotto elencati le conoscenze e le abilità tecniche degli Arabi.
- Agricoltura: _____

- Architettura: _____
- Artigianato: _____
- Commercio: _____

NESSI

8. Indica quali sono stati gli effetti della predicazione di Maometto.
- ☐ Unità politica delle tribù arabe
- ☐ Passaggio dal politeismo al monoteismo
- ☐ Passaggio dal monoteismo al politeismo
- ☐ Unità religiosa delle tribù arabe
- ☐ Divisione religiosa delle tribù arabe
- ☐ Rottura tra La Mecca e Medina
- ☐ Diffusione dell'islam fuori dalla penisola arabica
- ☐ Adorazione della pietra nera

● La successione a Maometto

9. Completa il seguente testo.

Nascono due fazioni: i Sunniti (da *sunna*, "regola") che pensavano _____ e gli Sciti (dal nome di Alì, cugino e genero di Maometto), che volevano _____. Vennero eletti i collaboratori più intimi del Profeta e chiamati _____. Da loro cominciò l'espansione dell'islam, in nome della _____: termine che indica, oltre che _____ come comunemente inteso, anche la necessità di diffondere la religione.

● Le tappe della diffusione dell'islam

10. Metti nel giusto ordine gli avvenimenti e indica nella parentesi a chi è stato sottratto il territorio (usa anche la carta di p. 198.
- ☐ Unificazione di tutta la penisola arabica
- ☐ Conquista della Siria e della Palestina (_____)
- ☐ Conquista della Mesopotamia (_____)
- ☐ Conquista dell'Egitto (_____)
- ☐ Conquista fino all'Indo (_____)
- ☐ Africa settentrionale (_____)
- ☐ Spagna (_____)
- ☐ Gallia meridionale (_____)
- ☐ Sicilia (_____)

CONFRONTI

● La cultura araba incontra quella bizantina

11. Completa il testo scegliendo la giusta opzione.

L'incontro tra Arabi e Bizantini portò a una *integrazione* | *separazione* delle due culture. La cultura greca *morì* | *sopravvisse* grazie all'islam, perché molti testi vennero *tradotti* | *bruciati*. Infatti il primo filosofo arabo *al-Kindi* | *al-Alì* sosteneva la ricerca della *verità* | *fede*. Su questa scia un altro filosofo, *al-Farabi* | *Ahmed* teorizzò il concetto di doppia *giustizia* | *verità*. Le conoscenze scientifiche dei Greci vennero rielaborate da *Avicenna* | *Averroè*, così come la filosofia di Aristotele venne divulgata da *Averroè* | *Avicenna*.

LAVORO SULLE FONTI

12. Ti proponiamo il passo del Corano sulle restrizioni alimentari dei musulmani. Dopo averlo letto rispondi alle seguenti domande.

> Vi sono vietati gli animali morti, il sangue, la carne di porco e ciò su cui sia stato invocato altro nome che quello di Allah, l'animale soffocato, quello ucciso a bastonate, quello morto per una caduta, incornato o quello che sia stato sbranato da una belva feroce, a meno che non l'abbiate sgozzato [prima della morte] e quello che sia stato immolato su altari [idolatrici] e anche [vi è stato vietato] tirare a sorte con le freccette. Tutto ciò è iniquo. [...] Se qualcuno si trovasse nel bisogno della fame, senza l'intenzione di peccare, ebbene Allah è perdonatore, misericordioso.
> (Corano, Sura V, 3)

- È vietata in assoluto la carne animale?
- Quale animale viene esplicitamente vietato?
- Quale eccezione viene prevista?
- Indica alcuni tabù alimentari della nostra cultura di cui sei a conoscenza.

RIELABORAZIONE (verso l'orale)

13. Sviluppa in forma scritta (sia schematica sia discorsiva) le seguenti scalette sullo sviluppo dell'impero islamico. Lo schema ti può servire anche per la preparazione al colloquio.

Maometto
- Chi era
- Le visioni
- L'egira
- Il successo

La successione di Maometto
- Disputa
- I quattro califfi
- Califfato ereditario
- Gli Abbàsidi

La dottrina
- Testi sacri
- I cinque pilastri
- Altri doveri

La cultura
- Scienza
- Filosofia
- Matematica
- Architettura
- Letteratura
- Agricoltura

Le conquiste
- Le cause del successo
- Territori conquistati
- Il comportamento verso i popoli conquistati (convertiti e non convertiti)
- L'organizzazione (centralizzazione, divisione, burocrazia ecc.)

LABORATORIO DELLE COMPETENZE

PASSATO/PRESENTE

14. Molte parole (circa 850) dell'italiano corrente sono di origine araba. Dopo averne scelte alcune, tra quelle proposte, e attraverso l'uso di un dizionario crea uno schema di questo tipo.

Lemma	Significato	Etimologia dall'arabo
Aguzzino	Persecutore	*al–wazīr* "ministro, luogotenente"

acciacco; albicocca; alchechengi; alchimia; alfiere; algebra; ambra; ammiraglio; arsenale; assassino; azimut; azzardo; azzurro; bagarino; baldacchino; caffè; caraffa; carciofo; catrame; cifra; cotone; divano; giraffa; lilla; limone; mafia; magazzino; materasso; melanzana; mummia; nadir; pappagallo; racchetta; ragazzo; sciroppo; seno; tabacco; tamarro; tamburo; tariffa; tazza; soda; zafferano; zecca; zenit; zucchero.

Cittadinanza e Costituzione

Le DONNE: emancipazione e pari opportunità

> **COSTITUZIONE ITALIANA**
>
> **Art. 3** • Tutti i cittadini hanno **pari dignità sociale** e sono **eguali davanti alla legge** senza distinzione di sesso, di razza, di lingua, di religione, di opinioni politiche, di condizioni personali e sociali. […]

Le donne nell'Europa altomedievale

Come nell'antichità, in Occidente nell'Alto Medioevo la donna viveva una condizione subordinata rispetto agli uomini, sancita dal diritto germanico in vigore nei regni romano-barbarici nati dalle ceneri dell'impero romano. Lo *status* della donna era disciplinato dall'**istituto del** *mundio*, una forma di "protezione" del tutto simile alla *potestas* esercitata dal *pater familias* romano, al quale fa esplicito riferimento anche l'editto di Rotari del 643. In base al *mundio* le donne dovevano essere sempre sottoposte all'autorità di un uomo: prima del padre, del fratello maggiore o del parente maschio più prossimo e poi del marito. In particolare la donna non poteva disporre liberamente dei propri beni senza l'autorizzazione del *mondualdo*, cioè del suo tutore; non aveva poi alcuna voce in capitolo in merito alla scelta dello sposo, a cui veniva destinata in giovane età e, spesso, almeno tra i ceti più abbienti, con la finalità di stipulare alleanze economiche o politiche fra famiglie.

Nel regno dei Franchi la posizione di inferiorità della donna rispetto all'uomo era sancita dalla **legge salica**, un codice emanato intorno al 510 dal re Clodoveo in base al quale le figlie femmine non potevano ereditare dal padre alcun bene immobile.

Considerate fisicamente e intellettualmente "inferiori" all'uomo, le donne vivevano perlopiù confinate entro le mura domestiche o di un monastero; era loro preclusa infatti la possibilità di istruirsi e di partecipare attivamente alla vita politica, sociale ed economica della comunità. Il ruolo della donna restava perciò legato quasi esclusivamente all'essere moglie e madre.

I diritti della donna in epoca contemporanea

Frutto di aspre e lunghe battaglie condotte dai movimenti femministi a partire dalla fine del XIX secolo, la **parità di diritti fra uomo e donna** ha potuto realizzarsi concretamente, anche se non pienamente, solo nel corso del Novecento.

Oltre a essere sancita dalle carte costituzionali della gran parte degli stati democratici di tutto il mondo, la **parità di genere** è un principio tutelato anche da diversi documenti e trattati internazionali. Primo fra tutti la **Dichiarazione universale dei diritti umani** del 1948, il cui Preambolo afferma che i popoli delle Nazioni Unite credono "nell'eguaglianza dei diritti dell'uomo e della donna". Nell'art. 2 viene affermato che "ad ogni individuo spettano tutti i diritti e tutte le libertà enunciati nella presente Dichiarazione, senza distinzione alcuna per ragioni di razza, di colore, di sesso".

Il movimento delle suffragiste (chiamate anche suffragette in modo dispregiativo) sorse alla fine dell'Ottocento in Inghilterra per ottenere il diritto di voto femminile. Grazie alla loro lotta le donne inglesi riuscirono a ottenere questo diritto nel 1928. Un movimento analogo era sorto negli Stati Uniti, dove il suffragio femminile fu raggiunto nel 1920.

Cittadinanza e Costituzione

CARTA DEI DIRITTI

Art. 23 • La parità tra uomini e donne deve essere assicurata in tutti i campi, compreso in materia di occupazione, di lavoro e di retribuzione. [...]

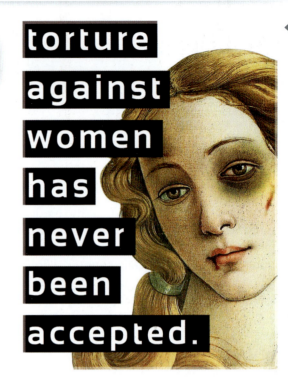

Manifesto contro la violenza sulle donne che recita "la tortura (violenza) contro le donne non deve essere mai accettata".

Nel 1979, quindi oltre trent'anni dopo quella fondamentale *Dichiarazione*, l'Assemblea generale dell'ONU ha adottato la **Convenzione sull'eliminazione di ogni forma di discriminazione nei confronti della donna**, entrata in vigore nel 1981 e ratificata dall'Italia solo 4 anni dopo, nel 1985. L'articolo 1 specifica che non vi debbano essere distinzioni e disparità tra donna e uomo "in campo politico, economico, sociale, culturale e civile o in ogni altro campo".

Un ulteriore passo verso la tutela dei diritti delle donne si è compiuto in ambito europeo con la **Carta dei diritti fondamentali dell'Unione Europea** del 2000 che, a differenza della *Dichiarazione universale*, non si limita a riconoscere i diritti politici e civili a tutti gli individui senza distinzione, ma introduce una norma specifica – l'articolo 23 – sulla parità di genere: "La parità fra uomini e donne deve essere assicurata in tutti i campi, compreso in materia di occupazione, di lavoro e di retribuzione".

Nonostante questi documenti, in molte aree del mondo la condizione della donna è sensibilmente subalterna all'uomo, soprattutto nel lavoro e nella politica. In molti paesi dell'Asia o dell'Africa, per motivi culturali o religiosi, le donne subiscono ancora forti discriminazioni che sfociano spesso nella violenza.

I diritti delle donne in Italia

La tutela dei diritti civili e politici delle donne in Italia trova la sua più completa affermazione nella Costituzione repubblicana del 1948, che nei suoi principi fondamentali stabilisce che non ci devono essere distinzioni di sesso (art. 3).

I DIRITTI DELLE DONNE OGGI
- Dichiarazione universale dei diritti umani del 1948 (preambolo e art. 2)
- Convenzione sull'eliminazione di ogni forma di discriminazione nei confronti della donna del 1979 (art. 1)
- Carta dei diritti fondamentali dell'Unione Europea del 2000 (art. 23)

Manifestazione femminile in India.

LE DONNE: EMANCIPAZIONE E PARI OPPORTUNITÀ

Dopo l'acquisizione del diritto di voto nel 1946, i **diritti politici** delle donne trovavano specifica tutela negli articoli 48 e 51 della carta costituzionale. Per la prima volta in Italia si sanciva il diritto delle donne a partecipare attivamente alla vita politica del paese, non solo in quanto elettrici ma anche in quanto "eleggibili" a una carica istituzionale.

Tuttavia, la presenza delle donne nel Parlamento nella storia della Repubblica è stata abbastanza scarsa, con una leggera crescita nelle ultime legislature; nel 2012 la percentuale di seggi parlamentari detenuti da donne ha raggiunto il 32%.

L'articolo 29 sancisce la parità all'interno della coppia e della famiglia. Anche in quest'ambito tuttavia il dettato costituzionale è rimasto in molti casi solo un'enunciazione teorica, soprattutto fino alla Riforma del **diritto di famiglia** del 1975 (legge n. 151), quando venne abolita la norma secondo cui solo l'uomo era il capo famiglia e solo il padre poteva esercitare la patria potestà sui figli, o quella in cui si obbligava la moglie a seguire il marito in qualunque luogo egli decidesse di risiedere.

Una delle conquiste più importanti contenute nella Costituzione italiana è il riconoscimento del diritto al lavoro per le donne (art. 37). L'introduzione di questa norma nella Carta costituzionale rappresentò una conquista fondamentale per le donne, che si vedevano finalmente riconosciuta una posizione importante nella sfera pubblica, non solo in quanto madri e mogli, ma anche in quanto cittadine-lavoratrici in grado di contribuire al progresso e allo sviluppo economico del paese.

Negli ultimi anni, inoltre, si è reso necessario rafforzare a livello normativo la tutela dei diritti più elementari delle donne. Infatti, il susseguirsi di eventi di grande violenza a danno delle donne e l'allarme sociale che ne è scaturito hanno spinto il Parlamento italiano a emanare un decreto-legge il 14 agosto 2013 (n. 93), poi convertito in legge (L. 119/2013), per la prevenzione e il contrasto della violenza di genere che prevede interventi urgenti preventivi e punitivi nei confronti degli autori delle violenze.

> **lessico**
> **Diritto di famiglia** è un ramo del diritto privato che disciplina i rapporti familiari in generale (parentele, matrimonio, rapporti fra i coniugi, rapporti fra genitori e figli, rapporti economici, divorzio).

> **COSTITUZIONE ITALIANA**
>
> **Art. 29** • [...] Il matrimonio è ordinato sull'eguaglianza morale e giuridica dei coniugi, con i limiti stabiliti dalla legge a garanzia dell'unità familiare.
>
> **Art. 37** • La donna lavoratrice ha gli stessi diritti e, a parità di lavoro, le stesse retribuzioni che spettano al lavoratore. Le condizioni di lavoro devono consentire l'adempimento della sua essenziale funzione familiare e assicurare alla madre e al bambino una speciale adeguata protezione. [...]
>
> **Art. 51** • Tutti i cittadini dell'uno o dell'altro sesso possono accedere agli uffici pubblici e alle cariche elettive in condizioni di eguaglianza, secondo i requisiti stabiliti dalla legge. A tal fine la Repubblica promuove con appositi provvedimenti le pari opportunità tra donne e uomini. [...]

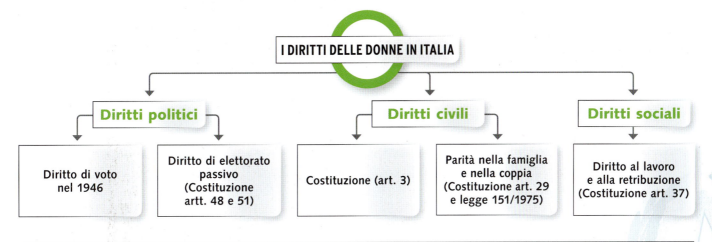

I DIRITTI DELLE DONNE IN ITALIA

- **Diritti politici**
  - Diritto di voto nel 1946
  - Diritto di elettorato passivo (Costituzione artt. 48 e 51)
- **Diritti civili**
  - Costituzione (art. 3)
  - Parità nella famiglia e nella coppia (Costituzione art. 29 e legge 151/1975)
- **Diritti sociali**
  - Diritto al lavoro e alla retribuzione (Costituzione art. 37)

ATTIVITÀ

RIELABORAZIONE
1. Attraverso una tabella schematica, mostra quale sia la condizione della donna nel Medioevo e nel mondo contemporaneo (con le opportune differenziazioni).

PROPOSTE DI DISCUSSIONE
2. Sulla base della tua esperienza scolastica, sociale e familiare, ritieni che la donna sia ancora discriminata e maltrattata nella nostra società? Supporta le tue opinioni con esempi concreti di cui sei a conoscenza.

capitolo 11
Il Sacro romano impero e il feudalesimo

L'impero carolingio

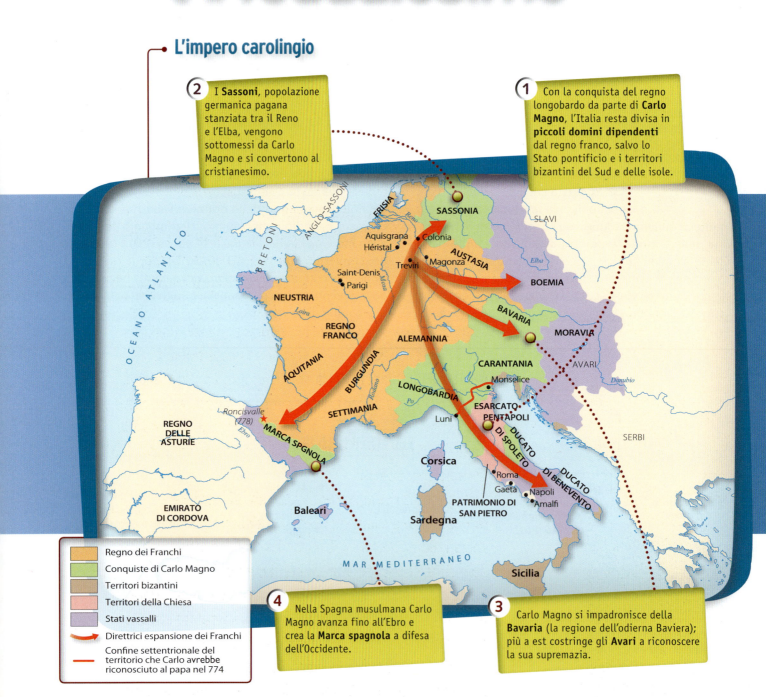

2 I **Sassoni**, popolazione germanica pagana stanziata tra il Reno e l'Elba, vengono sottomessi da Carlo Magno e si convertono al cristianesimo.

1 Con la conquista del regno longobardo da parte di **Carlo Magno**, l'Italia resta divisa in **piccoli domini dipendenti** dal regno franco, salvo lo Stato pontificio e i territori bizantini del Sud e delle isole.

4 Nella Spagna musulmana Carlo Magno avanza fino all'Ebro e crea la **Marca spagnola** a difesa dell'Occidente.

3 Carlo Magno si impadronisce della **Bavaria** (la regione dell'odierna Baviera); più a est costringe gli **Avari** a riconoscere la sua supremazia.

Legenda:
- Regno dei Franchi
- Conquiste di Carlo Magno
- Territori bizantini
- Territori della Chiesa
- Stati vassalli
- Direttrici espansione dei Franchi
- Confine settentrionale del territorio che Carlo avrebbe riconosciuto al papa nel 774

11 Il Sacro romano impero e il feudalesimo

482-511
Regno di Clodoveo sovrano dei Franchi

687
Pipino di Héristal riunifica il regno franco

800
Carlo Magno viene incoronato imperatore: nasce il Sacro romano impero

814
Morte di Carlo Magno

842
Giuramento di Strasburgo, primo documento redatto in volgare

843
Trattato di Verdun

Fra l'VIII e il IX secolo, i **Franchi**, tribù germanica convertitasi al cattolicesimo, unificarono una consistente parte del mondo occidentale, dando vita a un nuovo impero, erede della tradizione romana e cristiana. Grazie al rapporto privilegiato con la Chiesa di Roma, i Franchi si sostituirono – nella funzione di **protettori del papa** e **della cristianità occidentale** – ai Bizantini, sempre più deboli e costretti a continue guerre in Oriente.

Una volta destituito l'ultimo dei Merovingi ebbe inizio il regno di Pipino il Breve che venne consacrato re dei Franchi dal papa: un importante riconoscimento ottenuto in cambio della promessa di proteggere il papato dalla minaccia longobarda.

L'eredità politica di Pipino venne raccolta da suo figlio **Carlo Magno**. Abile politico e avveduto condottiero, egli conquistò gran parte dell'Europa e si pose a capo di un regno che riunì popoli di culture e lingue diverse e che si estese dal Nord della Spagna ai Paesi Bassi, dall'Oceano Atlantico all'Italia, nella quale finiva il regno dei Longobardi, assorbito nei domini dei Franchi. Nell'800 Carlo Magno fu consacrato imperatore dal papa; si costituì così il **Sacro romano impero**, il primo grande organismo sovranazionale dopo il crollo dell'impero romano d'Occidente.

Con la morte di Carlo Magno l'impero si disgregò rapidamente e s'impose un nuovo sistema politico, sociale ed economico: il **feudalesimo**. Diffusosi dapprima in Francia e in Germania, e poi in Inghilterra e Italia, tale sistema si caratterizzava per un graduale indebolimento e frazionamento della sovranità statale e si basava su un'organizzazione sociale gerarchica che riconosceva alla nobiltà latifondista un ruolo dominante, portando a una rigida separazione tra "signori" e "servi", destinata a sopravvivere per molti secoli.

11.1 Il regno dei Franchi e l'ascesa dei Carolingi

I Franchi da Clodoveo a Pipino di Héristal

Stanziatesi nella regione tra la Mosa e il Reno fin dal IV secolo, le tribù germaniche dei **Franchi** si erano insediate nella parte settentrionale della Gallia romana, dove avevano subito un processo di pacifica fusione con gli abitanti del luogo. Una svolta alla loro storia era stata impressa dal re **Clodoveo** (482-511), appartenente alla dinastia dei **Merovingi**, che aveva esteso il suo dominio a tutta la Gallia fino ai Pirenei, riuscendo a dare al suo popolo unità e maggiore compattezza politica. Con la sua conversione al cattolicesimo egli si era procurato inoltre il riconoscimento ufficiale del regno da parte dell'imperatore d'Oriente e l'alleanza con il papato. I successori di Clodoveo tuttavia non riuscirono a preservare l'unità del regno, che finì per essere diviso in due parti: il regno di **Austrasia** e quello di **Neustria**. I due stati ebbero due corti e due re, assistiti nell'amministrazione della casa reale e dei beni della corona da due maggiordomi o "**maestri di palazzo**", i quali a poco a poco divennero i veri detentori del potere, data l'incapacità politica e la corruzione dei sovrani merovingi, che

◄ **Il battesimo del re dei Franchi**
Clodoveo, convertito al cristianesimo, viene battezzato in presenza dei rappresentanti del clero e dell'aristocrazia (miniatura medievale).

IL REGNO DEI FRANCHI SOTTO LA DINASTIA MEROVINGIA

❶ Nel IV secolo le tribù germaniche dei Franchi, stanziate nella regione del Reno, avevano occupato la parte nord della **Gallia romana**.

❷ **Clodoveo**, appartenente alla dinastia dei Merovingi, estende il regno franco a scapito degli **Alemanni**, che perdono i territori settentrionali, e dei **Visigoti**, respinti oltre i Pirenei.

❸ Alla morte di Clodoveo, i figli completano la conquista della Gallia occupando il regno dei **Burgundi** e la **Provenza**, ottenendo così uno sbocco sul Mediterraneo.

❹ Successivamente, a causa dei conflitti interni, il regno viene **diviso** in due parti: **Austrasia** e **Neustria**.

- Territorio dei Franchi prima di Clodoveo
- Prime conquiste di Clodoveo
- Successive conquiste di Clodoveo
- Conquiste dei successori di Clodoveo

per questo motivo passarono alla storia con il nomignolo di "re fannulloni" (*rois fainéants*). Fu il maestro di palazzo di Austrasia, **Pipino di Héristal**, a ricostituire nel 687 l'unità del regno franco. Egli, infatti, dopo aver sconfitto il maggiordomo di Neustria, estese il proprio potere su tutto il territorio, pur continuando formalmente a esercitarlo in nome del re.

Carlo Martello, Pipino il Breve e l'alleanza con il papato

Il titolo di maggiordomo era ereditario e ormai la Gallia era nelle mani della casa di Héristal. Nel 714 a Pipino seguì il figlio **Carlo**, il condottiero passato alla storia per aver fermato a **Poitiers** nel 732 l'avanzata musulmana. La sua dinastia ne guadagnò in prestigio e **Carlo**, per la sua abilità militare, si meritò l'appellativo di **Martello**, cioè di "piccolo Marte". Di fatto dopo Poitiers gli Arabi non tentarono più di valicare i Pirenei e di insediarsi al di là di essi sul continente europeo: si trattava, nella propaganda dell'epoca, di un'importantissima vittoria della cristianità occidentale per mano dell'esercito franco.

Ad assumere anche di diritto quell'autorità regia che ormai possedeva di fatto fu il figlio di Carlo, **Pipino il Breve**, il quale nel 752 depose con la forza l'ultimo discendente dei Merovingi, facendosi proclamare re: iniziava così il regno della dinastia dei **Carolingi**, così chiamata proprio in onore dell'eroe di Poitiers. Poco tempo dopo lo stesso **pontefice Stefano II** riconobbe e consacrò pubblicamente il nuovo sovrano nell'abbazia di Saint-Denis presso Parigi, secondo il biblico cerimoniale dell'unzione con l'olio sacro; a Pipino fu offerto anche il titolo di "patrizio e protettore dei Romani", fino a quel momento esclusivo privilegio dell'imperatore di Bisanzio. Il papa infatti, resosi ormai conto di non poter sperare nell'aiuto dell'Oriente, aveva concepito il piano di coinvolgere i sovrani carolingi nella distruzione della potenza longobarda in Italia. Nasceva così quell'**alleanza politica tra il regno franco e il papato** che culminerà con l'istituzione del Sacro romano impero.

I Franchi in Italia

Mentre Pipino il Breve ascendeva al trono, in Italia il re longobardo **Astolfo** (749-756), in linea di continuità con il suo predecessore Liutprando, era fermamente deciso a estendere il dominio longobardo su tutta la penisola e a porre fine alla presenza dei Bizantini: aveva invaso l'Esarcato (751) e il ducato di Spoleto, minacciando di qui il territorio romano, senza troppo preoccuparsi delle proteste del papa. Nel timore di vedere ridotte le proprie funzioni a quelle di un qualsiasi vescovo, **Stefano II chiese aiuto ai Franchi**.

Re **Pipino interviene**, per ben due volte (754 e 755), e costrinse Astolfo a cedere alla Chiesa tutte le terre da lui sottratte ai Bizantini (l'Esarcato, la Pentapoli e il territorio romano). In tal modo l'autorità papale – sia pure sotto la protezione

---

I FRANCHI DA CLODOVEO A CARLO MAGNO

Il regno di **Clodoveo** (482-511) è riconosciuto dal papa e dall'impero d'Oriente

↓

Con i suoi successori il regno si smembra e il potere è in mano ai **maggiordomi di palazzo**

↓

Pipino di Héristal riunifica l'impero (687) e suo figlio **Carlo Martello** lo consolida

↓

Pipino il Breve depone l'ultimo dei Merovingi (752): inizia la dinastia dei **Carolingi**

↓

Alla sua morte il regno viene diviso tra i due suoi figli **Carlo** (detto poi **Magno**) e **Carlomanno**

↓

Morto Carlomanno, Carlo riunifica l'impero e diventa **unico signore dei Franchi** (771)

I primi Carolingi
Il maestro di palazzo Carlo Martello con il figlio Pipino, detto il Breve, destinato a divenire re dei Franchi, in una miniatura del X secolo.

FRANCHI E LONGOBARDI IN ITALIA

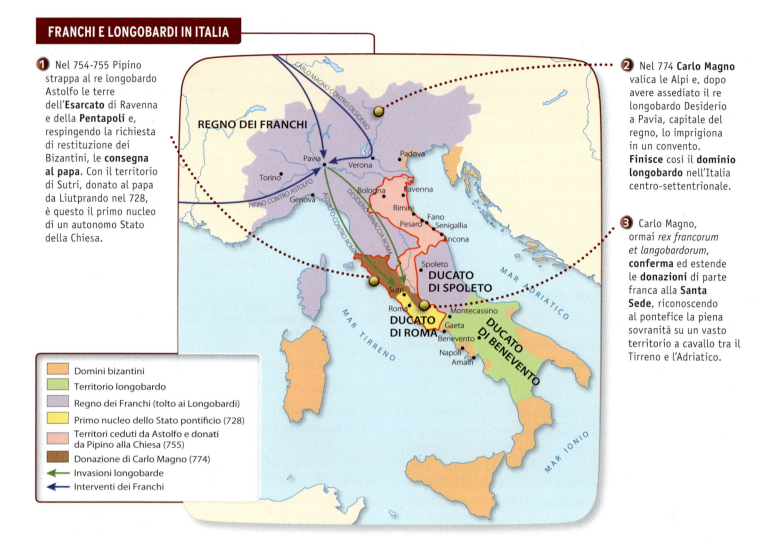

1 Nel 754-755 Pipino strappa al re longobardo Astolfo le terre dell'**Esarcato** di Ravenna e della **Pentapoli** e, respingendo la richiesta di restituzione dei Bizantini, le **consegna al papa**. Con il territorio di Sutri, donato al papa da Liutprando nel 728, è questo il primo nucleo di un autonomo Stato della Chiesa.

2 Nel 774 **Carlo Magno** valica le Alpi e, dopo avere assediato il re longobardo Desiderio a Pavia, capitale del regno, lo imprigiona in un convento. Finisce così il **dominio longobardo** nell'Italia centro-settentrionale.

3 Carlo Magno, ormai *rex francorum et langobardorum*, **conferma** ed estende le **donazioni** di parte franca alla **Santa Sede**, riconoscendo al pontefice la piena sovranità su un vasto territorio a cavallo tra il Tirreno e l'Adriatico.

Legenda:
- Domini bizantini
- Territorio longobardo
- Regno dei Franchi (tolto ai Longobardi)
- Primo nucleo dello Stato pontificio (728)
- Territori ceduti da Astolfo e donati da Pipino alla Chiesa (755)
- Donazione di Carlo Magno (774)
- Invasioni longobarde
- Interventi dei Franchi

della monarchia franca – poté esercitarsi su un'area assai vasta che si estendeva dall'Adriatico al Tirreno. Alla morte di Astolfo, nel 756, divenne re **Desiderio**, duca di Toscana, il quale, avvertendo tutta la precarietà di un regno schiacciato a nord dai Franchi e a sud dal nascente Stato pontificio, si affrettò con abile diplomazia a riallacciare l'antica amicizia con i Franchi, dando in spose le sue due figlie ai figli di Pipino, Carlo (chiamato in seguito **Carlo Magno**, ovvero Carlo il "Grande") e Carlomanno.

Carlo Magno e la fine del dominio longobardo

La situazione sembrava essersi così stabilizzata, quando nel 768 Pipino, ormai prossimo alla morte, divise il regno fra i suoi due figli. Tre anni più tardi Carlomanno, sostenitore di una politica amichevole verso i Longobardi, morì improvvisamente e **Carlo**, dopo avere ripudiato la moglie longobarda (Ermengarda), si affrettò a reclamare per sé ogni diritto alla successione, privandone la vedova e i due figli del fratello, e si proclamò **unico signore dei Franchi** (771).

A Desiderio non restò allora che prepararsi alla guerra, riprendendo la politica aggressiva attuata a suo tempo da Astolfo ai danni della Chiesa. Di fronte a tale minaccia il nuovo papa Adriano I (772-795) chiamò in soccorso Carlo Magno, il quale, attraversate le Alpi alla testa di un forte esercito, sconfisse Desiderio e il figlio di lui Adelchi e **si impossessò del loro regno**, proclamandosi re dei Franchi e dei Longobardi (774). Cessava così di esistere l'ultimo dei regni barbarici sorti dalle rovine dell'impero romano d'Occidente. Il dominio dei Longobardi nell'Italia centro-settentrionale era durato più di due secoli (568-774).

> ### GUIDA allo STUDIO
> 1. Come riuscirono i Carolingi a divenire i sovrani dei Franchi?
> 2. Quali elementi favorirono il costituirsi di un'alleanza politica tra il papato e il regno dei Franchi?
> 3. Che politica adottò Carlo Magno nei confronti dei Longobardi?

11.2 Carlo Magno unifica l'Europa occidentale

Le guerre contro i Sassoni e gli Arabi

Nel corso del suo lunghissimo regno (771-814) Carlo Magno dimostrò eccezionali qualità come guerriero, come legislatore e come statista. Molti storici lo ritengono il più grande imperatore del Medioevo e una delle più autorevoli personalità di tutti i tempi. Fra le tante guerre da lui intraprese la più lunga e la più difficile fu senza dubbio quella contro i **Sassoni**, bellicosa popolazione pagana che occupava quasi tutta la regione germanica fra l'Elba e il Reno e che operava continue incursioni nel territorio franco. La guerra si protrasse per oltre trent'anni (772-804): mentre i nobili sassoni, favorevoli all'annessione del loro territorio al regno franco, si convertirono immediatamente al cristianesimo, il resto della popolazione oppose invece una lunga resistenza. Vi furono molti massacri e deportazioni – nel 782 a Verden, nella Bassa Sassonia, furono uccisi 4500 ribelli in un solo giorno – prima che **il popolo sassone si sottomettesse** e abbracciasse la fede cristiana. Tra il 788 e il 790, nel Sud della Germania, Carlo s'impadronì anche della Bavaria (l'attuale Baviera) e, più a est, sottomise gli Avari. Sempre nel 778, approfittando delle lotte intestine che dividevano gli Arabi di Spagna, Carlo passò i Pirenei alla testa dei suoi **paladini** e si spinse fino alla valle dell'Ebro, dove **fondò la Marca spagnola**, una provincia di confine corrispondente all'attuale Catalogna e destinata a costituire un baluardo di difesa dell'Occidente cristiano contro eventuali riprese offensive dei musulmani.

Fu proprio al ritorno da questa spedizione che la sua retroguardia, comandata dal conte Orlando o Rolando, subì un'imboscata, la celebre rotta di **Roncisvalle**, a opera delle popolazioni basche. Quello che in realtà fu uno scontro di scarsa importanza militare venne tuttavia trasformato dalla fantasia popolare in una gigantesca battaglia e celebrato nelle "canzoni di gesta" medievali, fra le quali divenne molto nota la *Canzone di Rolando* (XII secolo), dedicata alla morte dell'infelice paladino, simbolo della devozione a Cristo e al proprio re.

Carlo campione del cattolicesimo e difensore del papa

Carlo era spinto a tanta intraprendenza bellica da un duplice desiderio: quello di estendere il regno dei Franchi e al tempo stesso di ampliare quello di Cristo, soddisfacendo nel primo caso l'avidità di nuove terre dei suoi guerrieri e offrendo nel secondo un vastissimo territorio alla predicazione del Vangelo da parte dei chierici e dei missionari del suo seguito. Conseguenza diretta di tale visione fu

> **lessico**
> **Paladini** dal latino *palatinum*, derivato da *palatium*, "palazzo imperiale", erano i "compagni di palazzo", titolo attribuito ai guerrieri e ai più fedeli collaboratori del re.

Storia e... Letteratura — La Chanson de Roland

Anche se la loro stesura risale a un'epoca successiva, i miti e le epopee medievali costituiscono un'importante testimonianza dell'immaginario collettivo dell'epoca compresa tra il V e l'XI secolo, e descrivono bene principi morali e modelli sociali caratteristici dei regni sorti dalle ceneri dell'impero romano. Se le opere più antiche si incentrano sulla narrazione di imprese belliche che esaltano i valori tipici della romanità (lo spirito marziale, la forza ecc.), quelle più tarde celebrano invece gli ideali dell'età feudale con l'esaltazione della fede, del senso dell'onore, della generosità, della lealtà, dello spirito di sacrificio.

La *Chanson de Roland*, scritta intorno al 1100, è particolarmente significativa da questo punto di vista e illumina alcuni aspetti centrali della società medievale. Il poema si ispira alla figura di Carlo Magno come difensore dell'unità dei cristiani e dell'Europa e ha come evento centrale la battaglia di Roncisvalle (15 agosto 778), in cui la retroguardia dell'esercito franco fu sterminata dai Baschi. Esso può essere considerato come il poema della patria (la "dolce Francia"), delle gesta coraggiose di nobili guerrieri (i paladini) legati da un vincolo di profonda fedeltà al loro signore (Carlo Magno) e animati da uno spirito religioso-patriottico che li spinge a difendere la cristianità minacciata dagli Arabi (i Saraceni). La morte di Orlando è uno degli episodi più significativi, per i sentimenti di profonda religiosità e di fedeltà verso la patria che vi sono espressi.

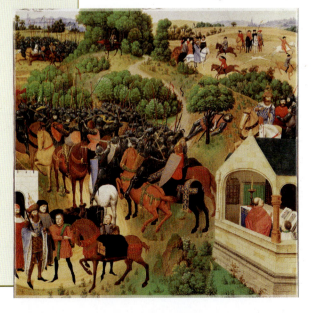

Miniatura francese con alcuni episodi della Chanson de Roland.

che gran parte dell'**Europa centro-occidentale** si venne a trovare sotto il controllo del monarca franco, ormai confermatosi difensore e **campione della fede cattolica**.

Va detto che Carlo non confuse mai il potere temporale con quello spirituale e ritenne sempre ben distinto il compito del sovrano di "combattere i nemici visibili con armi materiali" da quello proprio degli uomini di Chiesa di "lottare contro i nemici invisibili con armi spirituali".

A rendere ancora più stretti i rapporti fra Carlo e la Chiesa contribuì certamente un altro evento poi divenuto celebre. Nel corso di una solenne processione svoltasi a Roma in occasione della Pasqua del 799 il nuovo papa **Leone III** (795-816), dopo essere stato aggredito e malmenato da alcuni nobili, aveva dovuto subire l'umiliazione della prigione: egli infatti si era attirato l'odio dell'aristocrazia per aver preso posizione contro la consuetudine, diffusa da tempo fra i nobili, di contendersi con le armi le più alte cariche della Chiesa, dotate di ricchissime rendite. Essendo però riuscito a fuggire, Leone III si affrettò a raggiungere la corte dei Franchi per ottenere protezione. Poco dopo rientrò sotto buona scorta a Roma, riconfermando, grazie al sostegno di Carlo Magno, l'autorità papale.

Carlo imperatore del Sacro romano impero

Come riconoscimento ufficiale di ciò che aveva fatto in difesa della Chiesa, nella notte di Natale dell'**800**, durante la Messa solenne celebrata nella basilica di San Pietro, **Carlo** venne **consacrato imperatore** dallo stesso pontefice con la formula già in uso in altri tempi a Roma: "A Carlo Augusto, piissimo, incoronato per volontà di Dio, grande e pa-

cifico imperatore dei Romani, vita e vittoria!". Nasceva così il **Sacro romano impero**, destinato a durare, attraverso complicate e secolari vicende, fino al 1806, anno nel quale l'imperatore d'Austria Francesco I fu costretto da Napoleone Bonaparte a dichiararlo decaduto per sempre.

Il gesto di Leone III ebbe importanti effetti sui **precari equilibri politici fra Occidente e Oriente** e complicò i già difficili rapporti tra Costantinopoli e il papa, il quale, legandosi a Carlo e al suo impero, aveva finalmente sancito la propria autonomia rispetto all'impero d'Oriente. Quest'ultimo, d'altra parte, considerava Carlo come un elemento di disturbo e un usurpatore del titolo imperiale. La situazione si modificò solo nell'**812** quando con l'**accordo di Aquisgrana** l'imperatore bizantino Michele I riconobbe l'autorità imperiale di Carlo, il quale a sua volta si impegnò a non impossessarsi dell'ultimo avamposto bizantino in Italia (Venezia e la Dalmazia).

Ancor più importanti furono tuttavia le conseguenze che l'incoronazione di Carlo Magno da parte di Leone III ebbe sulle relazioni fra il papato e l'impero: non si trattava infatti solo di una ricompensa per Carlo Magno, ma volle essere una manifestazione pubblica della **preminenza del pontefice sull'imperatore** e della sua facoltà di conferire investiture regali. In realtà, se era vero che l'imperatore doveva la sua legittimazione principalmente al papa, era altrettanto vero che il papa trovava nell'imperatore il proprio campione e difensore.

---

concetti chiave

Sacro romano impero

È l'impero per eccellenza. Nel Medioevo tornò in auge la teoria della *translatio imperii* ("trasferimento dell'impero"), già nota nell'antichità, che vedeva un continuo "passaggio di consegne" del potere imperiale dagli antichi imperi d'Oriente ad Alessandro Magno, ai Romani e così via, secondo la volontà di Dio. Dai Romani l'impero sarebbe passato ai Bizantini, ma per volere del papa, vicario di Cristo, esso sarebbe poi tornato in Occidente, ai Franchi.

Con la consacrazione di Carlo Magno da parte di Leone III, l'imperatore, legittimo erede della gloria di Roma, è riconosciuto difensore di tutta la cristianità e della Chiesa stessa: da qui la denominazione di "sacro" riferita al suo impero. Il termine "impero" successivamente è stato usato per indicare ogni organismo politico che ha al suo vertice un'autorità assoluta (per esempio: impero mongolo, impero ottomano, impero cinese, impero russo ecc.). In latino, infatti, *imperare* significa "esercitare il potere supremo".

GUIDA allo STUDIO

1. Quali campagne militari intraprese Carlo Magno e quali territori riuscì a conquistare?
2. Oltre al desiderio di conquista, che cosa ispirò la politica espansionistica di Carlo Magno?
3. Quali ripercussioni ebbe negli equilibri politici fra Occidente e Oriente la nascita del Sacro romano impero?

le FONTI
Laboratorio

L'abilità diplomatica di Carlo Magno

Eginardo, storico al servizio di Carlo Magno e suo biografo, in questo brano illustra le straordinarie capacità diplomatiche del sovrano franco, che non fu soltanto un valente stratega, ma anche un abile politico. Dopo aver allargato con sanguinose guerre i confini del suo impero, Carlo seppe costruire una fitta rete di relazioni con gli altri Stati, guadagnandosi la stima di alcuni sovrani e ottenendo talvolta la pacifica sottomissione dei regni confinanti.

Autore Eginardo
Opera Vita di Carlo Magno
Data 830
Tipologia fonte biografia

Scoti: popolazione di origine celtica stanziata nella regione della Northumbria, ovvero quella regione dell'Inghilterra settentrionale corrispondente all'odierna Scozia. Nei loro confronti Carlo Magno dette particolare prova della sua abilità diplomatica in quanto erano considerati tra i popoli più feroci ed efferati dell'epoca.

Harun: Harun ar-Rashid fu califfo di Baghdad tra il 786 e l'809. Il suo regno si caratterizzò per il fiorire delle arti e delle scienze; Harun era infatti un munifico mecenate che riunì attorno a sé alcuni tra i più illustri intellettuali e artisti musulmani del tempo. Secondo la tradizione le vicende della sua vita e della sua favolosa corte sarebbero state narrate ne *Le mille e una notte*, opera che contribuì a diffondere di Harun l'immagine idealizzata del sovrano buono e giusto.

elefante: di tutti i doni ricevuti da Harun pare che Carlo Magno avesse apprezzato in modo particolare un elefante, che egli teneva nella sua reggia di Aquisgrana e del quale si dice si prendesse cura personalmente.

patto: il riferimento è al trattato di Aquisgrana, sottoscritto dai Franchi e dai Bizantini nell'812.

[*Carlo Magno*] aumentò il prestigio del suo regno, stringendo patti di amicizia con diversi re e popoli. Legò a sé così strettamente Alfonso, re di Galizia e Asturia, che questi, quando gli mandava messaggi o legati, pretendeva di non essere chiamato presso di lui altro che il "suo fedele". Si trovò ad avere ben disposti verso la sua volontà anche i re degli Scoti grazie alla sua splendida generosità, tanto che essi riferendosi a lui non lo chiamavano se non "signore", e quanto a sé si dichiararono sempre suoi sudditi e schiavi. Rimangono lettere inviate a lui da questi, nelle quali è attestata siffatta loro devozione verso di lui. Con Harun, re dei Persiani, che a parte l'India teneva quasi tutto l'Oriente, ebbe una così concorde amicizia che questi poneva il favore di lui avanti all'amicizia di tutti i re e i principi che erano sulla faccia della terra, e giudicava solo lui degno di essere onorato e gratificato generosamente. E infatti quando i legati di lui, che egli aveva mandato con doni votivi al santissimo sepolcro del nostro Signore e Salvatore e al luogo della sua resurrezione, giunsero infine da questi e gli dichiararono la volontà del loro signore, Harun non solo permise che venisse fatto quanto richiesto, ma concesse anche che quel santo e salutifero luogo venisse ascritto alla potestà di lui, e quando i legati tornarono a Carlo, egli ne aggiunse di suoi e inviò a lui, fra vesti e aromi e tutte le altre ricchezze delle terre orientali, ricchi donativi; e già pochi anni prima gli aveva mandato, su sua richiesta, l'unico elefante che allora possedeva. Anche gli imperatori di Costantinopoli, Niceforo, Michele e Leone, chiedendo anch'essi la sua amicizia e alleanza, gli mandarono molte ambascerie. Tuttavia, essendo venuto loro in sospetto a causa del titolo preso da lui di imperatore, quasi che per questo egli avesse intenzione di strappare ad essi l'impero, stabilì con essi un patto rigorosissimo perché non ci fosse alcuna occasione di discordia tra le due parti.

▶ **Carlo Magno a cavallo**
Questa statuetta in bronzo che raffigura l'imperatore a cavallo è un chiaro esempio di ripresa di modelli antichi, quasi un manifesto degli ideali politici e culturali della classe dirigente di epoca carolingia.

Per COMPRENDERE

1. Individua nel testo tutti gli elementi che evidenziano l'abilità diplomatica di Carlo Magno.
2. Eginardo è forse poco obiettivo e tende talvolta a esaltare il suo sovrano. Ritrova nel testo alcuni esempi della sua parzialità.
3. Che cosa significava per Costantinopoli l'incoronazione a imperatore di Carlo Magno?

11.3 Il Sacro romano impero

Un impero "sacro" e "romano"

Ora che un potente sovrano aveva riunito sotto il suo dominio tanti diversi territori e mostrava di volerli governare con fermezza, l'antico impero romano pareva risorto, grazie anche alla volontà del pontefice, che contava di poter trovare nello Stato carolingio un valido appoggio contro le incessanti pressioni dei barbari e degli infedeli.

Ecco perché il nuovo impero, esteso per oltre un milione e mezzo di chilometri quadrati e con circa quindici milioni di abitanti, venne detto Sacro romano impero: **sacro** in quanto rinnovato nel nome di Dio e consacrato da una cerimonia religiosa; **romano** in quanto ricostituito da un sovrano considerato successore dei Cesari ed erede della tradizione romana. Per la verità, di "romano" il nuovo impero ebbe soltanto il nome, dato che, sia con Carlo Magno che con il successivo avvento al potere della famiglia degli Ottoni, il sovrano non risiedette mai a Roma, né in Italia, ma si occupò prevalentemente delle regioni d'oltralpe e le governò grazie a strutture politiche e amministrative completamente diverse rispetto a quelle che contraddistinguevano l'impero romano caduto nel 476. Mentre quest'ultimo infatti si caratterizzava per la presenza di un forte potere centrale, soggetto alle stesse norme e alla stessa organizzazione burocratica, quello carolingio si presentava come una **entità composita**, costituita da una **pluralità di stati**, con assetti giuridici e istituzionali fra loro piuttosto diversi.

Il sovrano del Sacro romano impero
Statua di Carlo Magno con il globo, la sfera che rappresenta il potere imperiale: l'emblema deriva direttamente dalla simbologia imperiale romana.

L'organizzazione territoriale dello Stato carolingio

Carlo provvide allora all'ordinamento dell'impero sulla base di alcune istituzioni fondate sul principio del governo monarchico e sulla concezione dello Stato come "proprietà privata", come un **bene patrimoniale** concesso da Dio al sovrano e destinato a essere diviso fra i suoi eredi.

Egli divise il territorio in **contee** e **marche**: le prime, istituite nelle zone più interne e quindi più facilmente difendibili, erano affidate a un **conte** di nomina regia investito di poteri civili e militari; le seconde, istituite nelle zone di confine, e per questo più esposte agli eventuali attacchi dei popoli vicini, erano rette da un **marchese**, a sua volta nominato dal sovrano, ma incaricato di funzioni principalmente militari.

Legati da un **giuramento di fedeltà** all'imperatore, conti e marchesi vivevano della riscossione dei tributi e dei frutti delle terre loro concesse; erano di loro competenza anche l'amministrazione locale della giustizia, assistiti da giudici (scabini) scelti tra gli uomini liberi, e il reclutamento dell'esercito.

Sul loro operato l'imperatore esercitava un'attiva sorveglianza attraverso i **missi dominici** ("inviati del sovrano"), due funzionari, uno laico e uno ecclesiastico, scelti con il preciso compito di controllare le amministrazioni periferiche e di ascoltare le lamentele della popolazione per poi riferirne al sovrano, che intendeva in tal modo porre riparo agli eventuali soprusi compiuti a danno dei sudditi.

IMPERO ROMANO E IMPERO CAROLINGIO A CONFRONTO

Impero romano
- Il potere è **accentrato** e la legislazione **uniforme**
- Il baricentro territoriale è il **Mediterraneo**
- L'**apparato burocratico** è saldo e **uniforme**, le sue funzioni sopravvivono al sovrano

Impero carolingio
- Il potere è **distribuito** tra stati federati, ciascuno legato a un proprio corpo di leggi e consuetudini
- Il baricentro territoriale è l'**Europa centrale**
- La burocrazia è ridotta al minimo, il sovrano agisce in prima persona attraverso una rete di **legami personali**

Assemblee e leggi

Per comunicare con i notabili del vasto impero e per discutere e approvare le leggi, Carlo convocava a corte due volte all'anno le cosiddette **diete**, dal latino *dies*, "giorno" (fissato per l'incontro). In primavera poi riuniva all'aperto un'**assemblea plenaria** alla quale partecipavano gli esponenti delle gerarchie laiche ed ecclesiali, divenuta nota come **Campo di Maggio**. Il luogo in cui avvenivano tali convocazioni variava a seconda degli spostamenti della corte, da Paderborn a Kiersy, da Ratisbona ad Aquisgrana.

Le decisioni assunte nel corso di queste assemblee acquisivano valore giuridico e venivano promulgate nei cosiddetti **capitolari**, raccolte di norme organizzate in articoli (*capitula*), che andavano a completare le leggi in vigore in una determinata regione o ne stabilivano di nuove.

I capitolari riguardavano gli argomenti più diversi, dall'amministrazione della giustizia alla creazione di scuole presso chiese e monasteri, dalla regolamentazione della proprietà alla precettistica di natura morale e religiosa, che stabiliva la disciplina e i costumi sia degli ecclesiastici sia dei funzionari regi. Carlo, infatti, si riteneva investito – oltre che del compito politico e civile di occuparsi del benessere materiale dei sudditi – anche di una precisa missione religiosa e morale, finalizzata alla elevazione spirituale.

▲ **La Cappella palatina**
Costruita tra il 786 e l'804 su richiesta di Carlo Magno, che la utilizzò come cappella privata, era la sede del potere imperiale in quanto parte integrante del suo palazzo (da qui il nome); in seguito divenne il nucleo centrale della cattedrale di Aquisgrana.

La Scuola palatina e la rinascita carolingia

Benché sapesse scrivere appena il proprio nome, Carlo si preoccupò di elevare la preparazione culturale dei suoi sudditi: per questo riunì, nel palazzo di Aquisgrana, un gruppo di dotti, monaci e chierici, tra cui **Eginardo**, suo futuro biografo, **Paolo Diacono**, celebre storico, **Rabano Mauro**, erudito e teologo di grande fama. Insieme formarono la **Scuola palatina**, una sorta di accademia che aveva sede nel palazzo imperiale (e perciò detta dagli storici "palatina"), dove si discutevano questioni relative all'ambito religioso e non, sotto la guida del monaco anglosassone **Alcuino** e con l'aiuto di dieci dotti abati, fatti venire appositamente da Montecassino.

L'imperatore inoltre fece aprire, presso cattedrali e monasteri, numerose **scuole e biblioteche**, destinate al clero e ai laici, che potevano apprendervi – secondo la tradizione della tarda antichità – le sette **arti liberali**, divise nei due gruppi del trivio (dialettica, grammatica, retorica) e del quadrivio (musica, aritmetica, astronomia, geometria). Con la diffusione in tutti i monasteri delle regole benedettine e con un provvedimento che rendeva l'esercizio della copiatura una delle principali occupazioni della vita claustrale, Carlo contribuì anche

L'ORGANIZZAZIONE DELL'IMPERO CAROLINGIO

- **l'imperatore invia**
- le leggi sono approvate in assemblee
  - **diete**: notabili dell'impero
  - **Campo di Maggio**: gerarchie laiche ed ecclesiastiche
- *scabini (giudici)*: assistono conti e marchesi nell'amministrazione della giustizia
- *missi dominici*: controllano l'operato di conti e marchesi per disposizione dell'imperatore
- il territorio è diviso in:
  - **contee**: affidate dal re a un conte con poteri civili e militari
  - **marche**: affidate dal re a un marchese con poteri militari

> **La Scuola palatina**
> Miniatura che raffigura una lezione alla Scuola palatina, un ambiente internazionale in cui la cultura antica si fuse con elementi nuovi.

alla creazione di preziosissimi codici, arricchiti di splendide miniature e redatti con una nuova tecnica calligrafica, più chiara e leggibile di quella franco-longobarda: la **scrittura carolina**, detta pure minuscola carolina, in quanto costituita da lettere minuscole e nettamente distinte fra loro, sulle quali sarebbero poi stati modellati nel XV secolo i primi caratteri a stampa.

Carlo favorì inoltre il **fiorire dei commerci, delle industrie e delle arti**, in particolare dell'architettura religiosa, della scultura, della pittura e dell'oreficeria, così che la sua epoca – grazie anche alla ripresa degli studi classici – si è meritata l'appellativo di "**rinascita carolingia**".

Dopo Carlo Magno: il trattato di Verdun (843)

Personalità di grande prestigio e autorevolezza, Carlo Magno riuscì a mantenere unite popolazioni e territori molto diversi tra loro e a realizzare quella fusione tra elemento germanico ed elemento latino che invano era stata perseguita dagli altri sovrani barbarici. Alla sua morte, avvenuta nell'814, l'unità strutturale e politica del dominio carolingio cominciò a vacillare, sia perché era venuto meno il sovrano capace di esercitare su tutti un'indiscussa autorità, sia perché l'impero, considerato come un patrimonio personale e privato del monarca, divenne suscettibile di ripartizione tra i vari membri della famiglia, con gravissimo danno per la sua integrità.

Infatti, alla morte di Ludovico il Pio, figlio di Carlo Magno, i suoi tre eredi, Lotario, Ludovico e Carlo il Calvo, in dissidio tra loro, logorarono le forze militari ed economiche dello Stato in lunghe e rovinose lotte fratricide, fino a che nell'843 stipularono il **trattato di Verdun**, in base al quale **l'impero venne diviso in tre parti**: a Ludovico, detto il Germanico, toccarono i territori a oriente del Reno; a Carlo il Calvo i territori a occidente della Mosa e del Rodano; al primogenito Lotario, oltre al titolo imperiale, vennero assegnate le regioni intermedie che si estendevano dall'Italia al Mare del Nord.

La nascita delle lingue volgari

La profonda spaccatura tra i vari territori dell'impero era ormai evidente anche grazie ad altri importanti elementi: nelle diverse zone emergevano i primi embrioni di **lingue nazionali**.

Durante i preliminari del trattato di Verdun, infatti, fu redatto il primo documento in volgare (la lingua parlata dal popolo) della storia europea. Nell'842 Carlo il Calvo, sovrano della parte occidentale dell'impero, di **lingua francese**, e Ludovico il Germanico, sovrano della parte orientale, di **lingua tedesca**, decisero a **Strasburgo** di suggellare con un pubblico **giuramento** l'accordo raggiunto. Per poi permettere ai rispettivi eserciti di comprendere il contenuto del giuramento, provvidero a far tradurre il testo dal latino – lingua dei dotti, delle cancellerie, della Chiesa e delle scuole, ma preclusa ormai alla maggior parte della popolazione – nella

Un nuovo tipo di scrittura
Un esempio di minuscola carolina, pagina di un codice del X secolo.

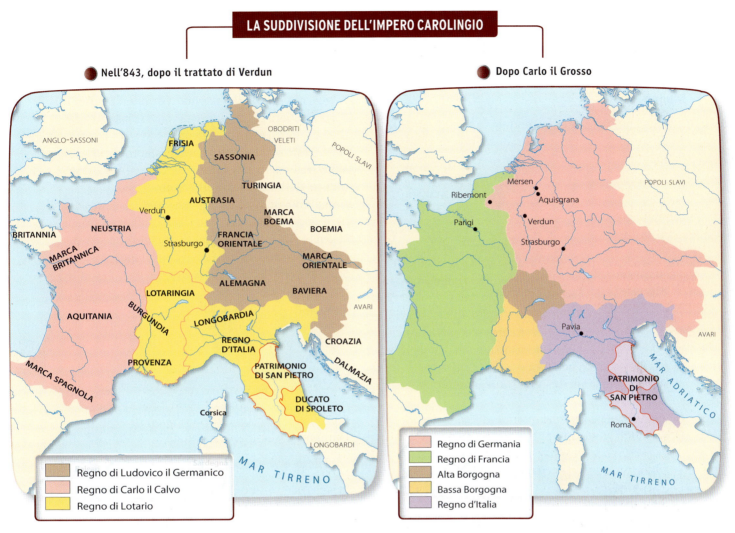

LA SUDDIVISIONE DELL'IMPERO CAROLINGIO

● Nell'843, dopo il trattato di Verdun

● Dopo Carlo il Grosso

● La prima divisione dell'impero carolingio, in tre regni distinti, avviene a Verdun nell'843; fallito il tentativo di riunificazione di Carlo il Grosso, il territorio dell'impero si fraziona in cinque principati sovrani e autonomi, premessa dei complessi equilibri che, al termine di una lunga evoluzione, caratterizzeranno l'assetto politico dell'Europa centrale nell'età moderna.

lingua comprensibile ai soldati delle due parti: la lingua "franca" (cioè il francese arcaico) e la lingua "teodisca" (cioè il tedesco arcaico).

Da Carlo il Grosso alla disgregazione dell'impero

Con l'accordo di Verdun sorsero dunque tre regni separati, che **Carlo il Grosso**, l'ultimo dei Carolingi, riuscì di nuovo a riunire nelle proprie mani (885), più che per merito personale per una serie di circostanze particolarmente favorevoli, vale a dire la morte dei suoi due fratelli, sovrani delle altre due parti in cui era stato diviso l'impero.
Carlo tuttavia non governava una compagine salda: il potere centrale era andato infatti sempre più indebolendosi a vantaggio dei poteri locali rappresentati dai nobili. Egli inoltre mostrò di non possedere le capacità politiche e militari necessarie a gestire una situazione resa ancor più difficile dalle incursioni delle popolazioni nordiche, che proprio in quel periodo minacciavano i territori del regno. Così, nell'887, un'assemblea di notabili costrinse Carlo il Grosso a deporre la corona. L'impero si disgregò allora in **cinque regni indipendenti** – di Germania, di Francia, di Alta Borgogna e di Bassa Borgogna, d'Italia – veri e propri principati autonomi, avversi al potere unitario centralizzato ed espressioni di una realtà frammentaria, che solo il prestigio e la personalità di Carlo Magno erano riusciti per qualche tempo a tenere unita attraverso una parvenza di organizzazione politica.

GUIDA allo STUDIO

1. Perché l'impero di Carlo Magno si definì "sacro" e "romano"?
2. Che tipo di organizzazione istituzionale diede Carlo Magno al suo impero?
3. Che cosa si intende con l'espressione "Rinascita carolingia?"

11.4 La nascita del feudalesimo

Dalla fine dell'impero d'Occidente a Carlo Magno

L'avvento del **sistema feudale** (o feudalesimo) fu il risultato di un lento e graduale processo iniziato negli ultimi secoli dell'impero romano d'Occidente. In quel tempo i ricchi proprietari terrieri, quasi tutti appartenenti all'aristocrazia senatoria, ampliarono notevolmente l'estensione dei loro già vasti latifondi e rafforzarono la propria autorità sui coloni e sui servi della gleba. Come abbiamo visto, posta di fronte alle incursioni barbariche, la popolazione cittadina si disperse nelle campagne, cercando protezione presso la nobiltà locale. Una situazione, questa, che prese piede in maniera sempre più decisa quando i sovrani barbarici, divenuti per diritto di guerra padroni del territorio occupato, provvidero a cedere in "godimento" agli **arimanni** – per i servizi di guerra resi – parte delle terre conquistate. Invasori del tutto privi di una tradizione di governo finirono così per aggravare il **frazionamento dell'autorità dello Stato**.

Come abbiamo visto, la consuetudine di concedere terre in usufrutto ai propri collaboratori fu adottata fra l'VIII e il IX secolo dallo stesso Carlo Magno, che, dopo avere diviso l'impero in contee e marche, le aveva assegnate ai grandi dignitari laici ed ecclesiastici della sua corte, ricevendone giuramento di fedeltà. In un primo momento conti e marchesi, vescovi e abati godettero nei territori loro concessi solo di alcune prerogative; viceversa, sotto i successori di Carlo Magno ottennero una sempre maggiore autonomia e un'autorità quasi assoluta, realizzando così quel **passaggio di poteri dallo Stato ai privati** che costituisce la caratteristica fondamentale del feudalesimo.

> **ti ricordi?**
> **Arimanno**: nelle società barbariche era il libero proprietario di terre anche di estensione ridotta, che portava le armi al servizio del re. Il termine viene dal longobardo *hariman*, "guerriero, soldato".

Il beneficio e il vassallaggio

La cessione di terre da parte del re al suddito fedele perché le amministri in sua vece e ne goda i frutti – fermi restando i diritti di proprietà del sovrano – è indicata dagli storici con il nome di **beneficio** o **feudo**. D'altra parte, chi riceve il beneficio si lega a sua volta con un giuramento di fedeltà e di obbedienza a chi glielo concede, dichiarandosi suo *homo* o *vassus*, cioè suo **vassallo**: tale atto, per il quale un uomo libero nell'accettare un appezzamento di terreno si dichiara sottoposto al suo signore, è detto **vassallaggio**.

La concessione del beneficio avveniva nel corso di una solenne cerimonia detta "investitura", che seguiva il rito dell'omaggio, ovvero l'atto con cui il vassallo giurava fedeltà al signore, il quale gli consegnava un oggetto (una spada, una zolla, un

> **lessico**
> **Feudo** termine di antica origine germanica, forse da *fehu*, "possesso di bestiame", attraverso il latino medievale *feudu(m)*, indica un territorio o un complesso di beni e di diritti concessi dal sovrano a un suo vassallo.
>
> **Vassallo** parola di origine celtica, da *gwassalw*, "servitore".

◀ **L'omaggio feudale**
La cerimonia dell'omaggio feudale prevedeva che il signore prendesse tra le sue mani quelle del vassallo, inginocchiato davanti a lui, a suggerire l'accordo che da ora in poi li avrebbe legati.

anello), simbolo del beneficio concesso. Durante l'"investitura" il beneficiario assumeva tutta una serie di obblighi, riassunti in due parole, *auxilium* e *consilium*, "aiuto" e "consiglio": egli infatti **assicurava al signore appoggio militare e finanziario**, fedeltà nell'amministrazione delle terre, **contributi in denaro** e in natura in caso di necessità, **consigli** onesti e disinteressati in pace e in guerra. Il signore, a sua volta, aveva il **dovere di proteggere il suo vassallo** in qualsiasi caso e di rispettare la sua dignità di uomo libero.

Il rapporto di vassallaggio decadeva se il vassallo, contravvenendo al giuramento, non manteneva fede agli impegni: in tal caso si macchiava del reato di **fellonia** e diventava "fellone", cioè traditore, e come tale oggetto di riprovazione generale e indegno della protezione del suo signore, che poteva a quel punto riprendersi il feudo. Del resto, anche il vassallo non doveva più nulla al signore nel caso che quest'ultimo fosse venuto meno ai propri doveri.

> **lessico**
>
> **Fellonia** dal latino medievale *fello-fellonis*, ovvero "traditore", "ribelle".
>
> **Allodiale** dal franco *alod*, "proprietà (*od*) intera (*al*)", indicava nel Medioevo una proprietà libera da vincoli e tributi feudali, detenuta in pieno possesso.

Immunità e benefici ereditari

Con il tempo, i singoli vassalli riuscirono a ottenere anche il riconoscimento di speciali prerogative o **immunità** (dal latino *immunitas*, "esenzione") che erano del sovrano, quali il diritto di battere moneta, di amministrare la giustizia straordinaria, di imporre tributi, di chiamare gli abitanti alle armi oppure di imporre prestazioni gratuite di lavoro.

L'atto di liberalità compiuto dal sovrano venne dunque progressivamente trasformandosi in una specie di passaggio di proprietà dei beni e dei poteri della corona in favore di determinate persone, sempre meno disposte all'obbedienza e alla subordinazione e quindi sempre più decise a esautorare il potere centrale dello Stato e a trasformare il feudo **da istituzione privata in istituzione pubblica**, nella quale il feudatario poteva agire quasi come un sovrano. Fino a Carlo Magno il beneficio era vitalizio e strettamente personale e quindi non trasmissibile per eredità. Esso aveva valore solo nei riguardi della persona del vassallo e finché egli rimaneva in vita: con la sua morte, le terre dovevano tornare all'imperatore, che restava il loro legittimo proprietario. Solo i beni privati, o **allodiali**, potevano essere venduti o ceduti a un altro proprietario.

Sotto i successori di Carlo Magno, i feudatari condussero una lunga lotta per trasformare il beneficio **da usufrutto temporaneo in proprietà irrevocabile**: nell'877 Carlo il Calvo, con il **capitolare di Quierzy**, concesse l'**ereditarietà dei feudi maggiori**, riducendo a pura formalità l'approvazione sovrana. In tal modo il **feudatario** diveniva per legge un vero e proprio sovrano entro i confini delle sue terre. Solo nel 1037, con la ***Constitutio de feudis*** emanata dall'imperatore Corrado II il Salico, anche i feudi minori si vedranno riconosciuto lo stesso diritto.

I REQUISITI ESSENZIALI DEL FEUDO

- **Il beneficio** consisteva nella concessione di una **terra**
- **Il vassallaggio** era l'assunzione di determinati **obblighi di dipendenza** da parte di chi concedeva il beneficio nei riguardi di chi lo riceveva
- **L'immunità** era la **cessione** al vassallo di speciali **prerogative del potere sovrano** (battere moneta, imporre tributi e *corvées*, chiamare alle armi ecc.)

> **concetti chiave**
>
> ### Feudalesimo
>
> Con il termine "feudalesimo" si indica quel particolare sistema di organizzazione politica, sociale ed economica che caratterizzò la storia europea fra il IX e il XIII secolo, e che si affermò dapprima in Francia, poi in altri paesi d'Europa. Era caratterizzato da una rigidissima separazione fra signori e servi, da una netta prevalenza della campagna rispetto alla città e da un progressivo frazionamento della sovranità e dell'unità territoriale dello Stato.
>
> Questa forma di organizzazione è talmente compenetrata nelle vicende storiche delle popolazioni da essere presa come punto di riferimento per una periodizzazione interna dell'epoca medievale: il Medioevo viene infatti diviso in "prima età feudale" e in "seconda età feudale". Rispetto alla prima età feudale, la seconda fu caratterizzata da una maggiore anarchia, in quanto i vassalli cominciarono ad arrogarsi diritti e privilegi propri del signore, scavalcandone di fatto l'autorità e comportandosi come veri e propri sovrani assoluti all'interno del proprio territorio.

> **GUIDA allo STUDIO**
>
> 1. Che cos'è il beneficio o feudo?
> 2. Quali prerogative acquisirono con il tempo i vassalli?
> 3. Che cosa stabilì il Capitolare di Quierzy dell'877?

una finestra sul mondo

IL GIAPPONE

La nascita dell'IMPERO GIAPPONESE

A causa della sua particolare conformazione di arcipelago e della sua posizione geografica, il Giappone è stato da sempre considerato una terra alquanto isolata. Le sue lontane origini restano ancora piuttosto oscure; sappiamo che nei primi secoli dopo Cristo il paese subì una forte influenza della Cina, sia nell'organizzazione amministrativa sia nella cultura, che portò anche all'introduzione del buddismo in forma stabile nella cultura religiosa giapponese.

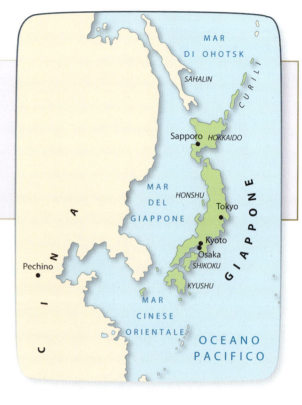

Intorno al VII-VIII secolo d.C. in Giappone sorse un'organizzazione di tipo imperiale; nell'anno 800, quando Carlo Magno venne incoronato imperatore, in Giappone era da poco iniziato il periodo Heian (794-1185, così chiamato dal nome della capitale, l'attuale Kyoto), sotto il controllo dal clan dei Fujiwara, che aveva approfittato della debolezza del potere imperiale per assumere il comando. È in quest'epoca che il Giappone cominciò ad allontanarsi dall'influenza cinese: fu il periodo della progressiva diffusione di un'autonoma arte giapponese, che culminò nel capolavoro letterario *Genji monogatari* (*Il racconto di Genji*) scritto intorno all'anno mille da una dama della corte dell'imperatrice Shoshi, Murasaki Shikibu. Si tratta di uno dei primi romanzi della letteratura mondiale, precedente ai romanzi cortesi europei, che mostra un paese ancora chiuso, se confrontato al resto dell'Asia.

▸ *Particolare di un rotolo illustrato con il Racconto di Genji (XIII secolo).*

Alla fine del XII secolo in Giappone ebbe inizio quello che è chiamato il "medioevo" giapponese, durante il quale emersero i primi clan militari, che daranno origine, in seguito, ai successivi *shogun* e alla casta dei *samurai*, simile a un ceto feudale di guerrieri.
Le prime notizie sul Giappone giunsero in Europa con le narrazioni esotiche e fantastiche de *Il Milione* di Marco Polo, che chiamava il paese Cipango (dal nome con cui i cinesi leggevano Nippon).

Il Byodo-in, tempio buddista costruito nel periodo Heian, nella città di Uji, vicino a Kyoto.
▼

società e cultura

11.5 Società ed economia nell'Europa feudale

Struttura gerarchica e dispersione dei vincoli di fedeltà

Poiché i feudi erano spesso molto grandi, i signori più potenti (grandi feudatari, *vassi* o **vassalli**), dopo aver accettato l'investitura, potevano a loro volta concedere parte del territorio ricevuto a uomini alle proprie dipendenze (**valvassori**) e questi, infine, potevano fare altrettanto con i loro uomini di fiducia (**valvassini**).

Si venne così a creare una catena di beneficiari, l'ultimo anello della quale era costituito da semplici *milites* o nobili, che, pur esercitando il mestiere delle armi, non disponevano di alcun feudo. La società quindi risultava organizzata in base a una **gerarchia**, graficamente rappresentabile con una piramide, alla cui base stavano i vassalli minori, valvassori e valvassini, e al cui vertice vi era il sovrano, il quale esercitava il potere nei riguardi dei grandi del suo regno non più come capo dello Stato, bensì come supremo signore feudale.

Il punto debole dell'organizzazione era dato dall'isolamento e dal frazionamento delle singole parti, ognuna delle quali avvertiva come unico legame di dipendenza quello che la univa a chi le aveva direttamente concesso il feudo. L'inferiore infatti, a qualsiasi livello, si sentiva obbligato e impegnato – sulla base di un rapporto esclusivamente personale – soltanto con il suo immediato superiore. Di

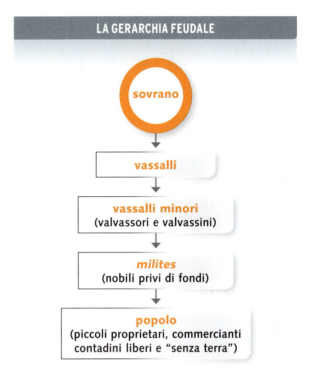

LA GERARCHIA FEUDALE

sovrano
↓
vassalli
↓
vassalli minori
(valvassori e valvassini)
↓
milites
(nobili privi di fondi)
↓
popolo
(piccoli proprietari, commercianti contadini liberi e "senza terra")

qui quel **processo di disgregazione politico-sociale** – che farà sentire tutti i suoi effetti nel IX secolo e che portò ben presto molti feudatari non solo a rifiutare al sovrano il rifornimento di armi, di denaro e di soldati, ma persino a ribellarsi apertamente alla sua autorità. Ecco perché il sovrano, quando volle fronteggiare tale anarchia politica e

▶ **L'armatura del cavaliere**

Cavalieri medievali in assetto da combattimento, vestiti con la tipica armatura costituita da una cotta in maglia (una specie di tunica fatta di tanti piccoli anelli di ferro intrecciati fra loro) e da un elmo in cuoio e metallo a protezione del capo. La sella era munita di staffe, che consentivano di cavalcare con fermezza e stabilità.

rafforzare la propria autorità, si trovò costretto a battersi per la progressiva eliminazione dei privilegi e delle prerogative feudali.

Nobili e cavalieri

La **nobiltà**, composta dai grandi, medi e piccoli feudatari, occupava un ruolo dominante nella società feudale; si trattava una nobiltà "fondiaria" in quanto possedeva fondi o terre, considerate allora l'unica fonte di ricchezza. Ne facevano parte anche gli **ecclesiastici**, dato che vescovi e abati potevano divenire vassalli del re e godere di prerogative uguali a quelle dei conti e dei marchesi.

Nella parte centrale della scala sociale si collocavano invece i ***milites***, nobili che non possedevano alcun feudo e che perciò si arruolavano nell'esercito come **cavalieri** per provvedere al proprio sostentamento. Spesso si trattava dei figli non primogeniti (cadetti), che non potevano ereditare i possedimenti paterni destinati al primo nato, e sceglievano tra la carriera militare e quella ecclesiastica.

La **nascita della cavalleria** risaliva all'epoca di Carlo Martello, il quale aveva provveduto a riorganizzare l'esercito franco affiancando alla fanteria un potente e agile reparto di soldati a cavallo. Per diventare cavaliere bisognava anzitutto poter acquistare un cavallo, poterlo mantenere e addestrarlo per la guerra, e bisognava inoltre sottoporsi a una lunga e faticosa preparazione; era perciò impensabile che fossero i contadini a intraprendere la carriera militare, che divenne così una prerogativa della classe nobiliare. L'efficienza dell'esercito dipendeva in buona parte dal valore e dalla combattività dei cavalieri, spesso spinti dal desiderio di guadagnare onorificenze e benefici. Per tali motivi, nell'esercizio delle armi, essi acquisirono tali abitudini di violenza da diventare un pericolo per la società, specie quando, riuniti in gruppi organizzati, si abbandonavano al saccheggio e al brigantaggio. Con il tempo tuttavia la figura del cavaliere verrà idealizzata e privata di ogni connotazione negativa, fino a divenire un modello di comportamento onorevole e dignitoso.

"Borghesi" e contadini

Nel gradino più basso della gerarchia sociale si collocavano i **piccoli proprietari**, gli **artigiani** e i **commercianti**, che vivevano soprattutto nelle città o nei borghi sorti fuori delle mura cittadine (di qui il nome di "**borghesi**"). Le condizioni di vita dei borghigiani e dei cittadini erano meno dure rispetto a quelle degli abitanti del contado. Essi erano sottoposti a un **controllo meno diretto** da parte del feudatario e potevano perciò dedicarsi più liberamente alle proprie attività produttive. All'interno della cerchia delle mura urbane risiedevano anche i **vescovi**, che restavano un punto di riferimento importante nelle difficoltà e nei pericoli della vita di ogni giorno.

Più che dagli artigiani e dai commercianti, il gradino più basso della società feudale era costituito dai **contadini**, che potevano essere "liberi" oppure "senza terra". Questi ultimi, definiti **servi della gleba**, venivano acquistati e venduti con la terra e costretti a fornire prestazioni gratuite, dette angherie o *corvées*. Non erano "cosa del padrone" come gli schiavi dell'anti-

▸ **I tre ordini**
In questa miniatura sono ben distinte le tre classi di cui si compone la società medievale: quella di chi combatte, quella di chi prega e quella di chi lavora.

> **CITAZIONE D'AUTORE**
> **Le tre classi della società feudale**
>
> *La Chiesa, con tutti i suoi fedeli, forma un solo corpo, ma la società è divisa in tre ordini. Infatti la legge degli uomini distingue altre due condizioni: il nobile e il servo non sono sotto una stessa legge. I nobili sono guerrieri, protettori della Chiesa, difendono con le armi tutto il popolo, grandi e piccoli, e ugualmente proteggono se stessi. L'altra classe è quella dei servi: questa razza di infelici non possiede nulla senza dolore. Ricchezze e vesti sono fornite a tutti dal lavoro dei servi e nessun uomo libero potrebbe vivere bene senza i servi.*
>
> *Dunque la città di Dio, che si crede essere una sola, è in effetti triplice: alcuni pregano, altri combattono e altri lavorano. Questi tre ordini vivono insieme e non possono essere separati; il servizio di uno solo permette l'attività degli altri due e ognuno di volta in volta offre il sostegno a tutti.*
>
> **(Adalberone di Laon, *Carmen ad Robertum regem*, X secolo)**

---

lessico

Servitù della gleba
è un'espressione con cui gli storici indicano i contadini, che nel Medioevo erano liberi nella persona, ma legati alla terra che lavoravano per conto di un signore. La loro figura costituisce un'evoluzione rispetto a quella del colono romano di epoca tardo imperiale; il termine gleba deriva infatti dal latino *glaeba*, "zolla di terra".

chità: infatti avevano una famiglia che il padrone non poteva separare, avevano il diritto di vendere parte della quota di prodotti loro assegnata e di accumulare la somma di denaro necessaria al loro riscatto, ma non potevano lasciare la terra che lavoravano; se fuggivano, il padrone aveva il diritto di catturarli e di punirli.

Migliori erano invece le condizioni dei liberi, legati al signore con il sistema del **colonato**, che consisteva nell'attribuzione di porzioni di terra a singole famiglie di coloni: in cambio dovevano versare al padrone una quota dei loro rendimenti agricoli, per lo più modesta, e lavorare gratuitamente le sue terre per un certo numero di giorni.

L'autosufficienza economica delle curtis

Il sistema feudale era incentrato, come già detto, sulla proprietà terriera, perciò l'attività economica prevalente era quella agricola, e in minor misura quella artigianale, fondata quasi esclusivamente sul **baratto** e sviluppata intorno al **castello**, eretto in luogo elevato e circondato da un gruppo di case dove trovavano riparo i contadini e i piccoli artigiani. Ciascun feudo, a causa della mancanza di strade e delle difficoltà di comunicazione e anche della quasi assoluta scomparsa della moneta,

▲ Le *corvées*
L'immagine mostra la dura vita dei servi della gleba nelle campagne.

si trovò a poco a poco nella necessità di produrre tutto quanto serviva al consumo della popolazione locale. La vita economica dovette perciò ristagnare entro limiti angusti: di qui la definizione di **economia chiusa**, per la scarsa vitalità negli scambi, o **curtense**, con riferimento alla *curtis*, che indicava il mercato recintato del castello e del borgo a esso riunito.

Storia al femminile

La donna nel Medioevo: i matrimoni per interesse

Come nella società dell'antica Roma, anche nel Medioevo, nonostante i precetti evangelici, la donna era considerata inferiore rispetto all'uomo: debole, incapace di autonomia e quindi priva di diritti e libertà. Il matrimonio continuava a essere il fondamento della società, regolato da principi sacri dettati dalla Chiesa cristiana quali la fedeltà coniugale e l'indissolubilità, anche se il suo scopo principale era la procreazione, e la mancanza di figli consentiva al marito di ripudiare la moglie. Il matrimonio consisteva in un contratto, scritto ma più spesso verbale, che prevedeva il passaggio di proprietà della donna dal padre al marito, e il più delle volte era combinato dai familiari; già a dodici anni il matrimonio era consentito.

Nel caso di famiglie nobili o ricche, il matrimonio rappresentava l'unione di due casate e dei loro interessi, attraverso accordi e cerimonie solenni; significativi sono stati i matrimoni di alcune principesse. Amalasunta, colta e intelligente, era stata data in moglie a un nobile visigoto, e dopo la morte del marito e del padre Teodorico, re degli Ostrogoti, resse il regno con abilità, e la sua uccisione fu una delle cause della guerra greco-gotica tra Bizantini e Ostrogoti. Teodolinda, di stirpe regale, fu data in sposa al re longobardo Autari per sancire l'alleanza tra Bavari e Longobardi. Rosmunda, figlia di un re della popolazione gotica dei Gepidi, andò in sposa ad Alboino, re dei Longobardi, ma una volta diventata regina tramò una congiura uccidendo il marito per difendere la sua popolazione. Ermengarda, figlia del re longobardo Desiderio, fu data in sposa a Carlo Magno come segno di amicizia tra Franchi e Longobardi, finché le successive vicende politiche dei Franchi spinsero Carlo Magno a ripudiarla.

Scena di matrimonio da un codice del X secolo.

Un simile sistema portò quindi a una progressiva **decadenza del commercio**: da fuori giungevano soltanto le merci che la manodopera locale non era in grado di produrre, come il sale, i metalli e gli utensili più sofisticati. Le **frequenti carestie**, del resto, portavano la popolazione ad accumulare i prodotti piuttosto che venderli. Dei beni più raffinati, destinati alla nobiltà, ci si riforniva addirittura in Oriente tramite dapprima i Bizantini e in seguito gli Arabi e le città marinare, che, a partire dall'XI secolo, aprirono la propria economia a concrete possibilità di sviluppo.

La vita nelle campagne

Le condizioni di vita dei contadini e degli artigiani risultavano particolarmente pesanti, a causa dell'economia chiusa e monopolistica del feudo e per l'illimitata autorità del feudatario, che degenerava spesso in abusi e prepotenze. Come si è già accennato, i servi della gleba erano obbligati a fornire al signore **prestazioni gratuite di lavoro**, nonché a sopportare ogni genere di **tasse**. Il **feudatario**, imponendo per esempio che tutti macinassero il grano nei suoi mulini o cuocessero il pane nel suo forno, versando pesanti tributi, o non vendessero i propri prodotti prima che egli avesse venduto i suoi, soffocava ogni libertà produttiva e commerciale. Egli inoltre **esercitava la giustizia** sul proprio territorio e poteva infliggere le punizioni più gravi, non esclusa la morte, senza risponderne ad alcuno.

La vita dei contadini veniva scandita dal ciclo dei lavori agricoli e dalle scadenze dei tributi da versare al signore. Gli artisti medievali hanno spesso rappresentato il calendario in miniature o sculture, in cui ogni mese era caratterizzato da un'attività particolare: a marzo, ad esempio, si zappava e si tagliava la vite; giugno era riservato alla fienagione e luglio al raccolto, agosto alla battitura del grano, settembre e ottobre alla vendemmia e alla semina e così via.

La misurazione del tempo nell'Alto Medioevo

Prima dell'avvento dell'elettricità è sempre stato il sole a imprimere al tempo il suo ritmo, con l'alternarsi delle stagioni, del giorno e della notte. Questa successione immutabile e perfetta, nella visione cristiana medievale, seguiva l'**ordinamento del cosmo fissato da Dio**, con la separazione tra luce e tenebra. Era la **Chiesa** perciò a "controllare" il tempo dell'uomo medievale, scandendo la giornata con il rintocco delle campane, i giorni con i nomi dei santi e i mesi con le festività religiose.

▲ **I lavori e le stagioni**
Su questa pagina di un codice del IX secolo è riportata una specie di calendario, dove ogni mese è illustrato con una scena di lavoro agricolo o di caccia che proprio in quel periodo veniva praticata.

La vita dei contadini era organizzata anche in base alle ricorrenze religiose, che prevedevano obblighi, digiuni, astinenze, celebrazioni e riti, feste in onore dei santi e della Madonna, processioni. Così la mietitura veniva a coincidere con la festa di san Giovanni Battista (24 giugno) o dei santi Pietro e Paolo (29 giugno), la consegna dei prodotti agricoli con la festa di san Giovanni decollato (29 agosto).

Nel corso della giornata invece la misurazione del tempo avveniva grazie a semplici strumenti come le **meridiane** o i quadranti solari; durante la notte o nei giorni senza sole si ricorreva invece a sistemi più rudimentali come le candele graduate o le **clessidre**.

> **GUIDA allo STUDIO**
>
> 1. Quale elemento di debolezza è possibile riconoscere nella struttura politico-sociale di tipo feudale?
> 2. Quali erano le condizioni di vita dei contadini?
> 3. Quali sono le caratteristiche dell'economia curtense?

il Territorio come Fonte Storica

Il borgo medievale

Le invasioni barbariche causarono un forte calo demografico e lo spopolamento delle città; soltanto le città sedi di vescovi mantennero un certo ruolo politico, religioso e culturale, mentre le altre si svuotarono e decaddero materialmente. A partire dal **IX secolo** la struttura della società e le **esigenze di difesa** contro le nuove invasioni di Arabi, Normanni e Slavi fecero sorgere una nuova realtà urbana, il **borgo** (dal latino tardo *burgus*, "luogo fortificato", a sua volta dal germanico *burg*, "castello"). Il borgo medievale, infatti, era inizialmente un **castello** o una **rocca fortificata** con varie torri e una cinta muraria merlata e ben protetta, al cui interno si trovava la dimora privata del **feudatario** e della sua famiglia, dotata di alloggi della servitù e di stalle. La popolazione contadina e artigiana, invece, viveva in case povere nelle campagne

▲ La cittadella fortificata di Carcassonne, nel sud della Francia, completamente restaurata alla fine del XIX secolo.

circostanti il castello, nel quale si rifugiava in occasioni di pericolo, e in assenza di una solida organizzazione statale, sottostava alla giurisdizione del signore feudatario.

In seguito, in virtù del **ruolo di dominio** del feudatario, all'interno del castello furono edificate le strutture per rispondere alle **esigenze della popolazione** locale: una chiesa o un monastero per le funzioni religiose, botteghe artigiane, magazzini, scuderie, foresterie per i viandanti che transitavano lungo le rotte religiose d'Europa; di conseguenza vi sorse anche un piccolo mercato. Il borgo iniziò così a trasformarsi in un **piccolo centro abitato**, in gran parte autosufficiente, che richiamava la popolazione dalle campagne e nuovi mercanti. I numerosi borghi sparsi nell'Europa centro-settentrionale estesero gradualmente la cinta muraria, inglobando il villaggio ai piedi del castello, e si ingrandirono ulteriormente, trasformandosi nel tempo in vere **città**. Molte realtà presentano ancora oggi le tracce di questa evoluzione, oltre che nel nome anche nella struttura urbanistica: in **Europa**, ad esempio, Amburgo, Brema, Magdeburgo, Verdun e molte altre.

In **Italia** molte sono le città che, al pari di quelle europee, presentano ancora tracce nella **struttura urbanistica** dell'antico borgo medievale, con segni evidenti della cinta muraria ampliata, come Bergamo, Pavia Verona, Lucca, Arezzo, Amalfi. Inoltre il territorio italiano è costellato di **piccoli borghi medievali** ancora in ottimo stato di conservazione, dove il tempo pare essersi fermato: Monteriggioni e San Gimignano in Toscana, Cittadella in Veneto, Valvasone in Friuli-Venezia Giulia, Candelo in Piemonte, Montefalco in Umbria, Montalbano Elicona in Sicilia solo per nominarne alcuni.

◀ Il borgo di Monteriggioni, nelle campagne vicino a Siena.

▲ Veduta del borgo di Cittadella in Veneto, dove oltre alle mura, è ancora presente il fossato con l'acqua.

SINTESI

11.1 La fortuna dei Franchi, dal IV secolo stanziati nella regione della Mosa, inizia quando il re Clodoveo (482-511), della dinastia dei **Merovingi**, esteso il suo dominio a tutta la Gallia, si converte al **cattolicesimo** ottenendo così dal papato il riconoscimento ufficiale del regno. Alla morte di Clodoveo il regno si divide in due parti (Austrasia e Neustria) e il potere passa nelle mani dei **maggiordomi** o maestri di palazzo. Nel 687 l'unità del regno si ricostituisce con Pipino d'Héristal, fondatore della dinastia dei **Carolingi**. Con Pipino si instaura un'alleanza politica tra il regno franco e il papato che porterà alla nascita del **Sacro romano impero**.
È **Pipino il Breve** però ad assumere di diritto quell'autorità che i suoi predecessori possedevano di fatto: nel 752 depone l'ultimo dei Merovingi, si fa proclamare re e inaugura la dinastia dei Carolingi.
Papa Stefano II si rivolge a Pipino per frenare l'avanzata del re longobardo Astolfo (749-756) che aveva invaso l'Esarcato e il ducato di Spoleto. Il sovrano franco scende per due volte in Italia e costringe Astolfo a cedere al papa i territori bizantini occupati. Segue un periodo di relativa stabilità e il re Desiderio, successore di Astolfo, dà in sposa le sue due figlie ai figli di Pipino. Ma **Carlo**, alla morte del fratello Carlomanno (771) che era stato favorevole a una politica di pace con i Longobardi, ripudia la moglie longobarda e scende in Italia dove **si impossessa del loro regno (774)**.

11.2 **Carlo Magno**, ottimo guerriero, legislatore e statista è ritenuto dagli storici come il più grande imperatore del Medioevo. Durante il suo regno estende i confini del dominio franco dal Mar Baltico al Mediterraneo, dall'Oceano Atlantico alla Germania. Combatte **contro i Sassoni** (772-804) e nel 778 fonda la **Marca spagnola** nella valle dell'Ebro. Carlo riesce anche ad avere il controllo di quasi tutta l'Europa centro-occidentale e la notte di Natale dell'800 viene **consacrato imperatore** da papa Leone III nella basilica di San Pietro: con l'incoronazione nasce il Sacro romano impero, che avrà vita sino al 1806.

11.3 Il **nuovo impero**, con una popolazione di quindici milioni di abitanti, è "**sacro**" perché consacrato da una cerimonia religiosa e "**romano**" in quanto ricostituito da un sovrano erede della tradizione romana. Carlo divide il territorio, che considera suo patrimonio personale, in **contee**, regioni interne, e **marche**, regioni di frontiera, che affida a conti e marchesi sorvegliati tramite i **missi dominici**. Per discutere con i notabili e per emanare le leggi, due volte all'anno si convocano delle assemblee (**diete**) e, in primavera, si riuniscono in assemblea plenaria le gerarchie laiche ed ecclesiastiche (**Campo di Maggio**). Carlo, per curare l'educazione intellettuale dei suoi sudditi, fonda la Scuola palatina, istituisce **scuole e biblioteche**, favorisce l'esercizio della copiatura dei codici nei conventi benedettini. Dà impulso al commercio, all'industria e alle arti e, grazie anche alla ripresa degli studi classici, questa età è detta di "rinascita carolingia".
Dopo le lunghe lotte per la successione, seguite alla morte di Carlo (814), si giunge al trattato di Verdun (843), che **divide l'impero** tra i suoi tre eredi: Lotario ottiene le regioni comprese fra l'Italia e il Mare del Nord, Ludovico la Germania e Carlo, detto il Calvo, la Francia. I tre regni vengono per breve tempo riunificati sotto Carlo il Grosso (885). Una volta deposto Carlo, l'impero si smembra e si formano i primi **regni feudali**.

11.4 Dopo la morte di Carlo Magno si consolida il **feudalesimo**, l'organizzazione politica, sociale ed economica che caratterizza la storia europea fra il IX e il XIII secolo. Tale sistema, sorto in Francia e poi diffusosi in altri paesi d'Europa, vede la netta **prevalenza della campagna** sulla città e il **frazionamento dell'autorità** e dell'unità territoriale dello Stato. La cessione di terre da parte del re in usufrutto ai propri collaboratori è detta "**feudo**" o "**beneficio**" e avviene tramite una cerimonia solenne (investitura), in cui chi riceve il beneficio si dichiara **vassallo** (servitore) del suo signore e gli giura fedeltà. I vassalli, tramite l'acquisizione di particolari prerogative (immunità), trasformano il feudo da istituzione privata in istituzione pubblica. I feudatari ottengono l'**ereditarietà dei feudi** maggiori nell'877 con il capitolare di Kiersy, con Carlo il Calvo e nel 1037, con la *Constitutio de feudis*, l'ereditarietà dei feudi minori.

11.5 I grandi feudatari concedono parte del loro territorio ai propri uomini di fiducia: di conseguenza ogni inferiore si sente obbligato solo nei riguardi del suo immediato superiore e questo favorisce un **processo di disgregazione politico-sociale** sempre più accentuato. Il sistema feudale favorisce una gerarchizzazione della società: al vertice della piramide sociale sta il re, seguito dalla **nobiltà**, cioè i feudatari e gli ecclesiastici; al centro vi sono i *milites* (nobili senza feudo) appartenenti in gran parte alla cavalleria; nella parte più bassa vi sono i piccoli proprietari, gli artigiani, i commercianti, i **contadini**, acquistati e venduti con la terra che coltivano. Migliori sono le condizioni dei contadini "liberi" (coloni), che ricevono dal signore terre in affitto.
Il feudo, per la mancanza di vie di comunicazione e per la scomparsa della moneta, produce solo per il consumo locale; la sua **economia chiusa** si definisce "**curtense**" con riferimento alla *curtis*, ovvero il mercato recintato del castello e del borgo a esso riunito.
Tutti gli abitanti del contado vivono in condizioni di estrema miseria, la vita economica diviene stagnante, dall'esterno arrivano solo alcune merci e i servi della gleba sono sottoposti a prestazioni gratuite di lavoro (*corvées*) e a numerose tasse.

11 Il Sacro romano impero e il feudalesimo

PER COSTRUIRE LE COMPETENZE

TEMPO

1. Completa la cronologia.

687	Pipino _____ riunifica il _____
728	Con la cessione di _____ al papa nasce il primo nucleo dello _____
732	Il figlio di Pipino _____ ferma gli Arabi a _____
751	Il re longobardo _____ invade l'esarcato che apparteneva ai _____
754-755	Pipino il Breve costringe _____ a cedere alla _____ i territori conquistati
768	Muore Pipino il Breve subito dopo aver diviso il regno tra i due figli: _____ e _____
771	Carlo riunifica il regno dei _____
774	Carlo si proclama _____
778	Dopo aver sconfitto gli Arabi di Spagna Carlo Magno crea la _____
800	Nella notte di Natale _____ viene consacrato _____ da papa _____
842	Giuramento di _____ fatto da _____ il Calvo e _____ il Germanico
843	Trattato di Verdun stipulato tra _____, _____ e _____
877	Carlo il Calvo, con il capitolare di Quierzy, concede _____ dei feudi maggiori
885	Carlo il Grosso riunifica _____
887	Un'assemblea di nobili depone _____
1037	Con la _____ anche i feudi minori diventano ereditari

LESSICO

2. Associa a ogni termine il relativo significato.

A. Scabino
B. Borghesia
C. Vassallo
D. Gleba
E. Campo di Maggio
F. Paladini
G. Conte
H. Dieta
I. Fellonia
J. Missi dominici
K. Feudo
L. Maestro di palazzo
M. Marchese
N. Merovingi
O. Minuscola carolina

a. Dinastia franca
b. Assemblea plenaria di notabili laici ed ecclesiastici
c. Funzionario reale
d. Nobili guerrieri
e. Delegato imperiale a capo di una zona interna
f. Delegato imperiale a capo di una zona di confine
g. Inviati del sovrano
h. Propriamente significava "servitore"
i. Stile di scrittura caratterizzato da singole lettere
j. Tradimento
k. Giudice che operava a livello territoriale
l. Assemblea
m. Popolazione che viveva fuori dalle mura cittadine
n. Territorio concesso dal re al vassallo
o. Zolla di terra

EVENTI E PROCESSI

3. Indica se le seguenti affermazioni sono vere [V] o false [F].
- Carlo Martello era il re dei Franchi vincitore a Poitiers [___]
- Desiderio è stato l'ultimo re dei Franchi [___]
- I Franchi erano una popolazione di origine germanica [___]
- Il feudalesimo è il passaggio di poteri dallo Stato ai privati [___]
- Il papa cercò l'aiuto dei Longobardi per frenare l'espansione dei Franchi [___]
- Il Sacro romano impero aveva circa cento milioni di abitanti [___]
- Il Sacro romano impero è durato più di mille anni [___]
- Il sistema feudale è cominciato dopo la caduta dell'impero romano d'Occidente [___]
- L'Austrasia e la Neustria erano le parti in cui era diviso il regno franco [___]
- La guerra contro i Sassoni fu molto lunga e cruenta [___]
- Nella battaglia di Roncisvalle i Franchi furono sconfitti dagli Arabi di Spagna [___]
- Vassalli, valvassori e valvassini sono sinonimi [___]
- L'angheria era una prestazione lavorativa obbligatoria [___]

4. Rimetti nel giusto ordine storico-cronologico i seguenti avvenimenti relativi a Carlo Magno.

☐ Accordo di Aquisgrana con l'imperatore di Bisanzio
☐ Conquista della Baviera
☐ Creazione della Marca spagnola
☐ Fine della guerra contro i Sassoni
☐ Inizio della guerra contro i Sassoni
☐ Nasce il Sacro romano impero
☐ Viene incoronato imperatore dal papa

5. Spiega in un breve elaborato le caratteristiche dell'economia feudale (usando i seguenti termini: baratto, *curtis*, chiusura, autosufficienza, carestia, tributi, agricoltura, *corvée*).

NESSI

● **Il Sacro romano impero**

6. Spiega il significato dei tre elementi che compongono il nome.
- **Impero**: deriva dal lat. *imperare* che significa _____, è quindi una forma di _____ guidata da una autorità _____.
- **Romano**: Carlo Magno era considerato _____ dei _____
- **Sacro**: il potere derivava direttamente da _____ e veniva consacrato dal _____

● **Il sistema feudale**

7. Completa il testo utilizzando i seguenti termini.

arimanni | beneficio | capitolare | ereditario | fedeltà | fellonia | feudale | feudo | Franchi | giustizia | immunità | investitura | moneta | proprietario | protezione | sostegno | tasse | tributi | vassallo | vitalizio

Il sistema _____ ha radici nell'impero romano. Nei regni barbarici il sovrano affidava delle terre in usufrutto agli _____, per i servizi resi in guerra. Questa pratica diventò molto diffusa presso i _____. Il sovrano restava sempre il legittimo _____. Questi concedeva a un suo un _____, detto anche _____. Il ricevente giurava _____ al signore durante una cerimonia detta _____ e gli assicurava _____ militare e finanziario, gli amministrava le terre e gli forniva _____. In cambio il signore dava la sua _____. Se il beneficiario tradiva la fiducia del signore si macchiava di _____. Con il tempo i vassalli ottennero alcuni privilegi detti _____: potevano battere _____, amministrare la _____, imporre _____. All'inizio il feudo era _____, poi diventò _____ i feudi maggiori con il _____ di Quierzy, anche i minori con la *Constitutio de feudis*.

CONFRONTI

8. Utilizzando quanto studiato nel capitolo, ma facendo anche riferimento alla divisione proposta da Aldaberone, e allo schema sulla "gerarchia feudale", crea una tabella sulle classi sociali nel feudalesimo seguendo l'esempio dato.

Classe	Composizione e caratteristiche
Nobiltà	
Militari	
Borghesi	
Contadini	
Servi	

LAVORO SULLE FONTI

9. Il Giuramento di Strasburgo ci è giunto attraverso Nitardo, consigliere di Carlo il Calvo. Dopo aver letto il testo rispondi alle domande.

> Per l'amore di Dio e del popolo cristiano e per la salvezza di entrambi, da oggi in poi, in quanto Dio mi concede sapere e potere, così aiuterò io questo mio fratello, così come è giusto, per diritto, che si aiuti il proprio fratello, a patto ch'egli faccia altrettanto nei miei confronti, e con Lotario non prenderò mai alcun accordo che, per mia volontà, possa recargli danno.

- Da chi e perché fu fatto questo giuramento?
- Perché tale documento è importante per la storia della lingua?

10. Negli *Annales regni Francorum* (la storia dei sovrani dei Franchi fatta scrivere dallo stesso Carlo Magno) si trova la prima testimonianza di giuramento vassallatico. Dopo averla letta rispondi alle domande.

> Il re Pipino tenne il suo placito a Compiègne con i Franchi. E là venne Tassilone, duca dei Bavari, il quale si accomandò in vassallaggio con le mani. Egli prestò molti e innumerevoli giuramenti, toccando con le mani le reliquie dei santi, e promise fedeltà a Re Pipino e ai sopraddetti suoi figli, signori Carlo e Carlomanno, come un vassallo deve fare secondo giustizia con mente leale e con salda devozione, come un vassallo deve essere con i suoi signori.

- Chi è Pipino?
- Cos'è il vassallaggio e con quale cerimonia veniva attuato?
- Cosa è accaduto dopo la morte di Carlomanno?
- In quale anno si è verificato questo episodio? Scegli una data tra queste e motivala: 750, 757, 769.

RIELABORAZIONE (verso l'orale)

11. Sviluppa in forma scritta (sia schematica sia discorsiva) i fatti e concetti proposti. Lo schema ti può servire anche per la preparazione al colloquio.

Percorso storico
- Clodoveo (unificazione e conversione)
- Divisione in Austrasia e Neustria
- Pipino di Hèristal (unità)
- Carlo Martello (Poitiers)
- Pipino il Breve (regno carolingio)
- Carlo Magno (conquiste e nascita del Sacro romano impero)

Organizzazione
- Divisione in contee e marche
- Creazione di funzionari e giudici
- Diete e Campo di Maggio
- Capitolari

Rinascita carolingia
- La Scuola palatina
- Diffusione della cultura
- Nuovo stile di scrittura

Feudalesimo
- Origine
- Vassallaggio
- Sistema sociale
- Sistema economico

LABORATORIO DELLE COMPETENZE

CONFRONTI

12. Indica le affinità e le differenze tra impero romano d'Occidente e Sacro romano impero, inserendo i concetti nella casella corretta.
Religione cattolica | Consacrazione da parte del papa | Residenza a Roma | Residenza in Italia | Residenza in Germania | Divisione in province | Lo Stato è dei Romani | Lo Stato è dell'imperatore | Divisione in contee e marche | Il senato affiancava l'imperatore

Affinità	Differenze
Impero romano:	Impero romano:
Sacro romano impero:	Sacro romano impero:

Cittadinanza e Costituzione

Il DIRITTO al LAVORO

Costituzione Italiana

Art. 1 • L'Italia è una Repubblica democratica, fondata sul lavoro. […]

Art. 4 • La Repubblica riconosce a tutti i cittadini il diritto al lavoro e promuove le condizioni che rendono effettivo questo diritto.
Ogni cittadino ha il dovere di svolgere, secondo le proprie possibilità e la propria scelta, un'attività o una funzione che concorra al progresso materiale o spirituale della società.

Il lavoro nel Medioevo

Nell'antica Grecia ogni forma di attività manuale era considerata degradante e fisicamente debilitante, e veniva perciò riservata a individui di rango inferiore e agli schiavi.

Questa concezione cambiò solo in parte nel Medioevo, grazie soprattutto alla diffusione del cristianesimo. La regola benedettina *ora et labora*, "prega e lavora", prescriveva l'accostamento dell'attività manuale a quella contemplativa, ma il lavoro veniva comunque ricondotto ai bisogni materiali dell'uomo, di gran lunga inferiori a quelli "spirituali".

D'altra parte, la società medievale era organizzata in modo tale che la ricchezza e il benessere di pochi – il clero e i cavalieri – dipendessero dal duro lavoro di molti – i servi impiegati nelle campagne e nelle più diverse mansioni. Tale situazione di sfruttamento, del resto, è rimasta pressoché invariata nel corso dei secoli; una prima forma di regolamentazione delle condizioni di lavoro e di tutela dei diritti dei lavoratori si è avuta solo nell'ultimo scorcio del XIX secolo.

Il diritto al lavoro nelle norme internazionali

Nel corso del Novecento il diritto al lavoro e la tutela dei diritti dei lavoratori sono andati sempre più precisandosi non solo nelle legislazioni interne agli stati, ma anche sul piano internazionale. L'Assemblea generale dell'ONU nell'elaborare la *Dichiarazione universale dei diritti umani* (1948) ha disciplinato in modo puntuale questa materia: l'articolo 23 enuncia i principi generali sul valore del lavoro, sulla retribuzione e sull'associazionismo dei lavoratori.

I diritti di cui godono i lavoratori sono meglio specificati nello statuto dell'**Organizzazione Internazionale del Lavoro** (ILO), un'organizzazione creata fin dal 1919 e divenuta nel 1946 un'agenzia dell'ONU, che si occupa di promuovere il lavoro dignitoso e produttivo in condizioni di libertà, uguaglianza, sicurezza e dignità umana per uomini e donne. Nel preambolo si afferma che i lavoratori hanno il diritto di lavorare in condizioni ottimali e per un tetto massimo di ore giornaliere e settimanali, di creare propri **sindacati**, di essere tutelati contro la disoccupazione, la malattia e gli infortuni; hanno inoltre il diritto a uno standard di vita dignitoso, garantito da una retribuzione equa e adeguata al tipo di lavoro svolto.

lessico

Sindacato
associazione di lavoratori che svolgono un'attività nello stesso settore produttivo e che si riuniscono per promuovere interessi comuni e difendere i propri diritti. I sindacati che riuniscono più categorie di lavoratori sono detti confederazioni sindacali.

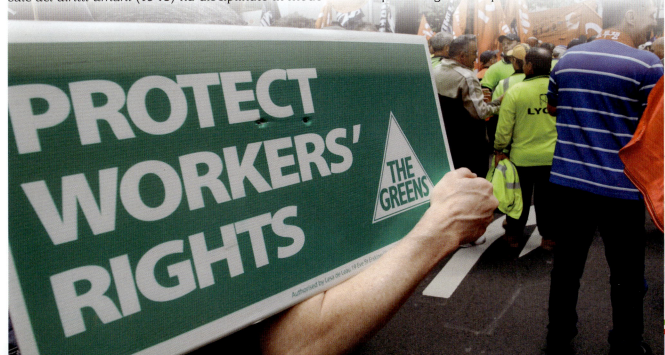

Cittadinanza e Costituzione

Costituzione Italiana

Art. 35 • La Repubblica tutela il lavoro in tutte le sue forme ed applicazioni.
Cura la formazione e l'elevazione professionale dei lavoratori. Promuove e favorisce gli accordi e le organizzazioni internazionali intesi ad affermare e regolare i diritti del lavoro. [...]

Art. 36 • Il lavoratore ha diritto ad una retribuzione proporzionata alla quantità e qualità del suo lavoro e in ogni caso sufficiente ad assicurare a sé e alla famiglia un'esistenza libera e dignitosa.
La durata massima della giornata lavorativa è stabilita dalla legge.
Il lavoratore ha diritto al riposo settimanale e a ferie annuali retribuite, e non può rinunziarvi.

Art. 37 • La donna lavoratrice ha gli stessi diritti e, a parità di lavoro, le stesse retribuzioni che spettano al lavoratore. [...]
La Repubblica tutela il lavoro dei minori con speciali norme e garantisce ad essi, a parità di lavoro, il diritto alla parità di retribuzione.

Art. 38 • Ogni cittadino inabile al lavoro e sprovvisto dei mezzi necessari per vivere ha diritto al mantenimento e all'assistenza sociale.
I lavoratori hanno diritto che siano preveduti ed assicurati mezzi adeguati alle loro esigenze di vita in caso di infortunio, malattia, invalidità e vecchiaia, disoccupazione involontaria. [...]

Art. 39 • L'organizzazione sindacale è libera. [...]

Art. 40 • Il diritto di sciopero si esercita nell'ambito delle leggi che lo regolano.

Il diritto al lavoro nella Costituzione italiana

La centralità del lavoro risulta evidente nella Costituzione italiana fin dal primo articolo, mentre la disciplina più dettagliata del **diritto al lavoro** si ha nell'articolo 4.

La Costituzione, dunque, riconosce formalmente il diritto al lavoro, ma ciò non implica che lo Stato abbia l'obbligo di assicurare un'occupazione a ogni cittadino, o che ogni cittadino abbia automaticamente diritto alla conservazione del posto di lavoro; significa invece – come attesta anche l'articolo 3, comma 2 – che lo Stato ha l'obbligo di intervenire per rendere accessibile a tutti questo diritto, facendo in modo che sia resa effettiva la possibilità di lavorare anche per le categorie più svantaggiate, come gli invalidi o i disabili.

La disposizione dell'articolo 4, in cui si parla del "dovere di ogni cittadino di svolgere un'attività", non va poi intesa come un'imposizione, ma piuttosto come un'esortazione per l'individuo a realizzarsi, sulla base dei suoi interessi e delle sue abilità, nell'ambito di una società che ha il lavoro come suo elemento fondante; al contempo, però, sancisce il valore primario attribuito dalla Costituzione al lavoro, inteso come attività

Una delle diverse Agenzie per il lavoro, introdotte nel 2003 per la gestione della domanda e dell'offerta tra le aziende e le persone in cerca di occupazione.

IL DIRITTO AL LAVORO

Negli ultimi anni il tema della sicurezza sul lavoro si è imposto all'attenzione delle forze politiche e sociali. Anche se la normativa di legge in materia è dettagliata e rigorosa, molti passi restano da fare sul piano dei controlli.

che fa di ogni individuo un cittadino che contribuisce al bene e al progresso della collettività.

Nella prima parte della Costituzione, nella sezione dedicata ai rapporti economici, viene indicato il ruolo dello Stato quale promotore e garante dei diritti (art. 35): in particolare quello relativo a una sufficiente retribuzione, a un orario adeguato e al riposo stabilito (art. 36), la **parità di genere** e i **diritti dei minori** (art. 37), la solidarietà (art. 38), la possibilità dei lavoratori di organizzarsi (art. 39) e il **diritto di sciopero** (art. 40).

Lo Statuto dei lavoratori

Oltre che dalla Costituzione, il diritto al lavoro è tutelato anche da un'apposita legge del Parlamento italiano del 20 maggio 1970 intitolata "Norme sulla tutela della libertà e dignità dei lavoratori, della libertà sindacale e dell'attività sindacale nei luoghi di lavoro e norme sul collocamento", e a tutti nota con il nome di **Statuto dei lavoratori**. Questa legge fu in buona parte il frutto delle lunghe e aspre lotte condotte nel corso degli anni Sessanta dalla classe operaia, che rivendicava non solo migliori condizioni di vita e di lavoro, ma anche più poteri all'interno della fabbrica e maggiori possibilità di incidere sul processo produttivo. Lo Statuto, oltre a vietare ogni comportamento discriminatorio nei confronti del lavoratore, ne tutela il diritto alla libertà di espressione, di pensiero e di organizzazione, e regola la delicata questione dei rapporti tra datori di lavoro, lavoratori e organizzazioni sindacali. Sancisce inoltre alcune importanti norme contro il licenziamento illegittimo: non si può infatti essere licenziati se non per una "**giusta causa**" – ad esempio l'abbandono ingiustificato del posto di lavoro, furto o atti di violenza ai danni di altri lavoratori – o per un "**giustificato motivo**" – ad esempio il verificarsi di una crisi economica o di problemi finanziari che costringano un'azienda a ridurre il personale.

Flessibilità e precarietà: il mercato del lavoro oggi

Nell'ultimo decennio il sistema di organizzazione e di produzione delle imprese ha subito una profonda trasformazione, soprattutto in seguito all'imponente utilizzo delle nuove tecnologie elettroniche e informatiche e delle reti telematiche come Internet: la grande fabbrica con migliaia di addetti sta diventando sempre meno comune in tutto il mondo. Questo nuovo sistema si incentra sul concetto di **flessibilità**, ovvero sulla possibilità di modificare il numero, le mansioni e i tempi dei lavoratori in base alle esigenze produttive dell'azienda.

In Italia le più recenti leggi sul lavoro sono la 30/2003, la cosiddetta "legge Biagi", che stabilisce le nuove norme della flessibilità e la 92/2013, la cosiddetta "riforma Fornero", che introduce nuovi criteri e va a modificare il sistema dei licenziamenti così come era disciplinato dallo *Statuto dei lavoratori*.

La situazione attuale del mercato del lavoro in Italia vede un notevole incremento della **precarietà** e della **disoccupazione** soprattutto in ambito **giovanile**; ciò ha originato un fenomeno di emigrazione di molti giovani verso l'estero alla ricerca di nuove e più sicure opportunità lavorative.

ATTIVITÀ

CONFRONTI
1. Esponi in sintesi come è cambiata la tutela dei lavoratori dal passato che hai studiato alla società di oggi.
2. Fai schematicamente un parallelo individuando i concetti comuni tra l'art. 23 della *Dichiarazione universale dei diritti umani* e gli articoli della Costituzione italiana riguardanti il lavoro.

PROPOSTE DI DISCUSSIONE
3. Come vedete il vostro futuro lavorativo? Confrontate opinioni e aspettative.

Cittadinanza e Costituzione

Dall'IMPERO di Carlo Magno all'UNIONE EUROPEA

Carlo Magno padre dell'Europa

Nel 799 un anonimo compose un poemetto in onore di Carlo Magno, in cui il re dei Franchi era definito *rex pater Europae*, "re, padre dell'Europa". In effetti, è proprio con l'imporsi di un forte regno franco al centro del continente europeo che comincia a prendere forma una prima idea di Europa.

L'impero di Roma, che comprendeva nei suoi confini tutta l'Europa occidentale e buona parte di quella centrale, era al contrario una realtà più mediterranea che continentale, dato che si allargava sulle sponde dell'Africa settentrionale e sulla costa siro-palestinese e anatolica. Il fulcro di questo vasto impero era il Mediterraneo, il *Mare Nostrum* dei Romani, attraverso il quale si snodavano i traffici fra le province, dal Libano alla Spagna e dall'Asia Minore alla penisola italica.

Il Sacro romano impero, invece, aveva il suo asse di sviluppo lungo il corso del Reno e si estendeva dalla Germania settentrionale all'Italia meridionale e dalla Catalogna alla Sassonia. Per la prima volta dopo la caduta dell'impero romano d'Occidente, la parte centrale dell'Europa si ritrovava unificata sotto un unico sovrano, un codice di leggi unico e un'unica fede. L'impero carolingio era costituito dai territori oggi occupati dagli stati che, nella metà del XX secolo, sono divenuti i protagonisti del processo di unificazione europea, a eccezione della Svizzera: Francia, Belgio, Olanda, Lussemburgo, Germania, Austria, Italia centro-settentrionale, parte dell'Italia meridionale, Spagna nord-orientale (Catalogna).

Costituzione Italiana

Art. 10 • L'ordinamento giuridico italiano si conforma alle norme del **diritto internazionale** generalmente riconosciute. [...]

Art. 11 • L'Italia ripudia la guerra come strumento di offesa alla libertà degli altri popoli e come mezzo di risoluzione delle controversie internazionali; consente, in condizioni di parità con gli altri Stati alle **limitazioni di sovranità** necessarie ad un ordinamento che assicuri la pace e la giustizia fra le Nazioni; promuove e favorisce le **organizzazioni internazionali** rivolte a tale scopo.

Busto di Carlo Magno, fondatore del Sacro romano impero.

1957 Italia, Francia, Germania, Belgio, Paesi Bassi, Lussemburgo
1973 Regno Unito, Irlanda, Danimarca
1981 Grecia
1986 Spagna, Portogallo
1995 Austria, Finlandia, Svezia
2004 Cipro, Estonia, Lettonia, Lituania, Malta, Polonia, Repubblica Ceca, Slovacchia, Ungheria, Slovenia
2007 Romania, Bulgaria
2013 Croazia

DALL'IMPERO DI CARLO MAGNO ALL'UNIONE EUROPEA

Le origini dell'Europa comunitaria

Il processo che ha portato all'Unione Europea è stato lungo e complesso. Nel 1951, in un'Europa ancora sconvolta dagli effetti della seconda guerra mondiale, i leader di sei paesi (Francia, Germania, Belgio, Italia, Lussemburgo e Olanda) si riunirono a Parigi per dare vita alla CECA, la **Comunità europea del carbone e dell'acciaio**. Si trattava di un organismo a cui i governi degli stati membri delegavano ampi poteri per la gestione della produzione e della commercializzazione di queste risorse, fondamentali per il funzionamento di tante industrie.

Ma la CECA dava anche vita a un organismo sovranazionale che rappresentava una prima tappa in vista della costruzione di una **federazione** europea.

Il passo successivo sulla strada dell'integrazione fu compiuto nel 1957 a Roma, dove i paesi membri della CECA istituirono la Comunità europea per lo sviluppo e lo sfruttamento pacifico dell'energia nucleare (CEEA o Euratom) e, soprattutto, la **Comunità economica europea** (CEE). Con la CEE si voleva costituire un Mercato comune europeo (MEC), per la libera circolazione delle merci, dei capitali, dei lavoratori, dei servizi. Questo obiettivo doveva essere raggiunto grazie alla progressiva abolizione dei **dazi** d'importazione e di esportazione fra i paesi della Comunità. Via via, nei decenni successivi, altri paesi aderirono alla Comunità: Gran Bretagna, Irlanda e Danimarca (1973), Grecia (1981), Spagna e Portogallo (1986).

> **lessico**
>
> **Federazione** insieme di stati indipendenti, all'interno del quale il potere è suddiviso fra il governo centrale di un organismo sovrastatale – lo Stato federale – e i governi dei singoli stati.
>
> **Dazio** somma dovuta allo Stato per l'entrata o l'uscita di merce dal suo territorio.

Il Trattato di Maastricht

Nella seconda metà degli anni Ottanta i membri della CEE cercano di estendere il processo di integrazione dall'ambito puramente economico a quello più propriamente politico. Dopo numerosi dibattiti e negoziati, nel 1992 i dodici paesi comunitari, riuniti nella città olandese di Maastricht, sottoscrissero il Trattato con il quale nasceva l'Unione Europea (UE), un organismo che inglobava le tre comunità esistenti (CECA, Euratom, CEE) e che si proponeva di realizzare nuovi e ambiziosi obiettivi: prima di tutto l'**unione economica e monetaria** (UEM) e poi una prima forma di unificazione politica, con l'istituzione di una politica estera e di sicurezza comune e la cooperazione in materia di giustizia. Il trattato inoltre definiva i poteri delle **istituzioni comunitarie**: il Consiglio europeo, il Parlamento europeo, il Consiglio dell'Unione Europea, la Commissione europea, la Corte di giustizia.

Una moneta unica per l'Europa: l'euro

L'evento di portata storica legato agli accordi di Maastricht era soprattutto uno: la nascita di un'unione economica e monetaria, con l'adozione della **moneta unica europea** (l'**euro**) e la gestione a livello comunitario delle economie dei paesi membri sulla base di parametri e norme condivisi da tutti. Fu quindi istituita la **Banca centrale europea** (BCE), con sede a Francoforte, a cui fu affidato il compito di coordinare le politiche monetarie e finanziarie degli stati membri, di emettere monete e banconote in euro e di combattere l'inflazione mantenendo stabili i prezzi. L'Unione economica e monetaria entrò in vigore il 1° gennaio del 1999, mentre la nuova moneta iniziò a circolare solo dal 1° gennaio del 2002 in quei paesi che rientravano nei parametri economici e finanziari previsti dal trattato: Francia, Germania, Italia, Belgio, Olanda, Lussemburgo, Austria, Spagna, Portogallo, Finlandia e Irlanda. Svezia, Danimarca e Gran Bretagna, pur essendo in grado di ottemperare a tutte le condizioni per l'ammissione, scelsero di non adottare l'euro. La Grecia aderì all'UEM nel 2001, la Slovenia nel 2007, Cipro e Malta nel 2008, la Slovacchia nel 2009, la Lettonia nel 2014.

Cittadinanza e Costituzione

La bandiera europea nata nel 1955 e adottata dal Parlamento europeo nel 1983; le dodici stelle in cerchio rappresentano gli ideali di unità, solidarietà e armonia tra i popoli d'Europa.

Da Maastricht a Lisbona

Il processo di unificazione europea, da Maastricht in poi, ha subito una notevole accelerazione, anche se non sono mancati e non mancano ostacoli e resistenze. Ai dodici paesi membri del 1986 si sono aggiunti Austria, Svezia e Finlandia nel 1995, Cipro, Estonia, Lettonia, Lituania, Malta, Polonia, Repubblica Ceca, Slovenia, Slovacchia e Ungheria nel 2004, Romania e Bulgaria nel 2007 e infine Croazia nel 2013, per un totale di 28 Stati membri.

L'allargamento dell'Unione ha implicato la revisione di alcuni aspetti del trattato di Maastricht. Nel 2007 il **Trattato di Lisbona**, entrato in vigore solo nel dicembre del 2009 dopo un lento processo di ratifica da parte dei paesi che lo avevano sottoscritto, ha riformato le istituzioni europee dotandole di maggior potere.

La cittadinanza europea

Il Trattato di Maastricht ha istituito la cittadinanza europea, per diffondere fra i suoi cittadini una "coscienza europea". Il Trattato di Lisbona stabilisce che "È cittadino dell'Unione chiunque abbia la cittadinanza di uno Stato membro. La cittadinanza dell'Unione si aggiunge alla cittadinanza nazionale e non la sostituisce." Questa definizione, tuttavia, fa capire come la cittadinanza europea sia ancora un concetto debole, perché nei fatti è subordinato alla cittadinanza dei singoli stati. Si può dire, quindi, che essa rappresenta un "complemento" alla cittadinanza nazionale: si è cittadini europei in quanto cittadini di un paese membro. I **cittadini europei** possono tuttavia godere di alcuni **importanti diritti**: il diritto di circolare, di risiedere liberamente, di studiare, lavorare, svolgere attività economiche nel territorio di tutti gli stati della UE; il diritto di voto e di eleggibilità alle elezioni per il Parlamento europeo non solo nel proprio Stato, ma anche nello Stato membro di residenza.

Manifesto per la Festa dell'Europa. La data del 9 maggio è stata scelta in ricordo dello stesso giorno del 1950 in cui il ministro francese Schuman presentò la proposta per la creazione della CECA.

L'INTEGRAZIONE EUROPEA

- 1951 Comunità europea del carbone e dell'acciaio (CECA)
- 1957 Trattato di Roma
  - Euratom
  - Comunità economica europea (CEE)
- 1992 Trattato di Maastricht: nasce l'Unione Europea
  - Unione economica e monetaria (UEM)
    - Adozione di una moneta unica europea (l'euro)
    - Nasce la Banca centrale europea (BCE)
- 2007 Trattato di Lisbona

Le principali istituzioni dell'Unione Europea

Il **Consiglio europeo** è l'organo politico principale dell'Unione Europea. Ha sede a Bruxelles e riunisce tutti i capi di Stato e di governo dei paesi membri, i loro ministri degli Esteri e il presidente della Commissione europea. Il Consiglio si riunisce due volte ogni sei mesi e stabilisce le principali strategie politiche e le priorità dell'Unione in accordo con i governi dei paesi membri. Dal 2009, col Trattato di Lisbona, è stata istituita la figura del presidente, che è nominato dal Parlamento e resta in carica per due anni e mezzo.

Il **Parlamento europeo** è composto da 750 deputati ripartiti fra i vari stati in rapporto alla popolazione. I membri del Parlamento sono eletti dal 1979 a suffragio universale nei singoli stati e rimangono in carica 5 anni. Sono organizzati non per nazionalità ma per gruppi politici di appartenenza: socialdemocratici, popolari ecc. Il Parlamento ha il potere legislativo in numerosi ambiti e in tema di bilancio; esercita poi un'importante funzione di controllo e di indirizzo nei confronti delle altre istituzioni e in particolare della Commissione. Ha sede a Strasburgo, ma alcune sedute si svolgono anche a Bruxelles.

Il **Consiglio dell'Unione Europea** ha sede a Bruxelles e riunisce i **ministri** competenti delle materie oggetto di discussione. Le sue funzioni principali sono: approvare le leggi, unitamente al Parlamento europeo; coordinare le politiche economiche generali degli stati membri; concludere accordi internazionali tra l'UE e altri stati o organizzazioni internazionali; approvare il bilancio dell'UE insieme al Parlamento. Elabora inoltre la politica estera e coordina la cooperazione fra i tribunali e le forze di polizia nazionali in materia penale.

La **Commissione europea** è l'**organo esecutivo** della UE e può essere considerata come un vero e proprio "governo europeo", indipendente dagli stati membri. Ha sede a Bruxelles ed è formata da 27 commissari, uno per ogni Stato, nominati dai governi degli stati membri. La Commissione propone le norme comunitarie e ne controlla l'applicazione, gestisce il bilancio dell'Unione e può richiedere l'intervento della Corte di giustizia contro gli stati inadempienti.

La **Corte di giustizia** rappresenta l'autorità giudiziaria dell'Unione, ha sede a Lussemburgo e vigila sulla corretta interpretazione e applicazione dei trattati istitutivi e del diritto comunitario – l'insieme di leggi e direttive emanate in ambito UE – da parte degli stati membri.

ATTIVITÀ

RIELABORAZIONE

1. Elenca i 28 stati che fanno parte dell'Unione Europea.
2. Assegna alle istituzioni dell'Unione Europea le caratteristiche e il ruolo politico.

	Composizione	Competenze	Sede
Consiglio Europeo			
Parlamento europeo			
Consiglio dell'Unione Europea			
Commissione europea			
Corte di giustizia			

PROPOSTE DI DISCUSSIONE

3. Sul sito internet dell'Unione Europea (http://europa.eu/) ci sono molte informazioni che riguardano i giovani e gli studenti. Lavorando a gruppi, cercate notizie sui tirocini all'estero, sulla frequenza delle scuole di un altro paese, sul volontariato, sui modi per viaggiare all'interno dell'Unione o su altri argomenti individuati come interessanti.

capitolo 12

I primi regni nazionali e la restaurazione dell'impero

Le ultime grandi invasioni nell'Europa post-carolingia

1 Tra l'VIII e l'XI secolo partono dal Nord le incursioni dei **Normanni** (o Vichinghi), abili navigatori ed esploratori che muovono verso le **coste britanniche**, **irlandesi** e **francesi**, risalendo i fiumi e devastando l'entroterra, attraversano i vasti spazi russi, ponendo le basi del **principato di Kiev**, e si spingono nel Mediterraneo, stanziandosi nell'**Italia meridionale**.

2 Tra IX e X secolo le scorrerie degli aggressivi **Ungari** sconvolgono l'impero bizantino e l'Europa occidentale; solo dopo la sconfitta subita a Lechfeld ad opera di Ottone I di Sassonia (955), fondano un **regno** stabile nelle pianure attorno al medio corso del Danubio, nelle terre dell'attuale **Ungheria**.

3 L'Africa settentrionale è la base della pericolosa **pirateria araba**, che si fa sentire soprattutto in **Italia** e **Provenza**, anche lontano dalle coste; tra IX e X secolo gli **Arabi** o Saraceni occupano l'intera **Sicilia**.

4 I **regni feudali** post-carolingi di Germania, Italia e Francia si trovano nel X secolo in uno stato di diffusa **anarchia**, che li indebolisce nella risposta agli attacchi provenienti dall'esterno.

Legenda:
- Normanni
- Popoli slavi
- Ungari
- Arabi

12 I primi regni nazionali e la restaurazione dell'impero

IX secolo
Inizio delle migrazioni normanne

X secolo
Inizia la *Reconquista*

962
Ottone I viene consacrato imperatore

962
Privilegio ottoniano: assenso imperiale alla nomina pontificia

1066
Con la battaglia di Hastings i Normanni conquistano l'Inghilterra

Dopo il trattato di Verdun dell'843 il **Sacro romano impero**, nato intorno alla figura di Carlo Magno, si frammentò in diverse monarchie. Accomunate dalle radici cristiane le nuove realtà nazionali, tra il X e l'XI secolo, cominciarono a differenziarsi dal punto di vista politico e culturale e a costruire una propria identità. Prime fra tutte quella di Francia, di Germania e d'Italia, dove i sovrani dovevano costantemente combattere contro l'autonomia dei grandi feudatari per contrastarne l'anarchia politica. È solo l'inizio del processo di nascita delle **nazioni europee**, basate ancora sulla semplice idea di una "comune origine" e che solo in seguito costruiranno una nazione politica ben definita.

Nello stesso periodo l'Occidente, mal difeso, subì nuove invasioni e devastazioni: gli Arabi da sud, gli Ungari da est, i Normanni da nord. In seguito a queste invasioni alcuni popoli si stabilirono in diverse aree del continente europeo creando organismi statali basati sul modello feudale. I **Normanni** in particolare svolsero un ruolo fondamentale nella storia della Francia, dell'Inghilterra, dell'Italia meridionale e della Sicilia.

Nel cuore dell'Europa, **Ottone I** diventò re di Germania, conquistò la corona d'Italia e si fece incoronare imperatore dal papa: fece dunque risorgere il Sacro romano impero, ora incentrato sull'area tedesca. Ottone inaugurò anche una politica d'intromissione da parte dell'imperatore nelle vicende della **Chiesa**: oltre a favorire lo sviluppo di una feudalità ecclesiastica sempre più legata al potere politico, egli rivendicò il diritto dell'imperatore a vigilare sulla moralità della Chiesa e di approvare la nomina dello stesso pontefice, gettando in questo modo le basi per una profonda frattura tra papato e impero.

12.1 Le ultime incursioni e la formazione dei primi stati europei

I cavalieri della steppa: gli Ungari

A cavallo tra il IX e il X secolo l'Europa fu teatro di ulteriori invasioni, dopo quelle subite nel V secolo ad opera degli **Unni** e dei **Vandali**: nuovi aggressori si riversarono sul vecchio continente, gettando nel terrore le popolazioni locali per la loro efferatezza. Sul fronte orientale infatti un popolo di origine mongolica affine agli Unni, gli **Ungari o Magiari**, tornò a minacciare l'Occidente. Stabilitisi lungo il Danubio, nella zona che ancora oggi conserva il loro nome, l'Ungheria, gli Ungari si lanciarono in una serie di incursioni devastatrici nell'Italia settentrionale e in Baviera, giungendo a colpire perfino la Francia. Solo il decisivo intervento dell'imperatore germanico Ottone I di Sassonia pose loro un freno: infatti, in seguito alla loro sconfitta nella **battaglia di Lechfeld** (955), si ritirarono nei territori della Pannonia, si convertirono al cristianesimo e costituirono un regno d'Ungheria indipendente con il sovrano Stefano I il Santo (997-1038), entrando così nell'orbita politica della *respublica christiana*.

> **ti ricordi?**
> Nel V secolo gli **Unni** avevano invaso le regioni orientali dell'impero romano, sospingendo altre tribù barbare verso ovest e creando così un "effetto domino"; fra questi popoli vi erano anche i **Vandali**, che si abbatterono su tutta l'Europa, passando dalla Gallia alla Spagna e all'Africa del Nord.

I pirati del Mediterraneo: i Saraceni

Anche gli **Arabi**, la cui avanzata era stata fermata, alla fine dell'VIII secolo da Carlo Magno, nel corso del IX secolo ripresero i loro assalti all'Occidente, soprattutto via mare. Le coste dell'Europa mediterranea subirono costanti attacchi anche da parte dei **pirati musulmani** o **Saraceni**, che seminavano ovunque il terrore, incendiando città e villaggi e catturando donne e uomini, che venivano poi venduti sul mercato degli schiavi. A essere invase, oltre all'**Italia**, furono soprattutto le città costiere della **Catalogna** e della **Provenza**. In questa regione in particolare furono creati importanti avamposti (come quello di Frassineto, vicino all'odierna Saint Tropez), di cui i pirati si servivano per raggiungere più agevolmente le zone dell'entroterra e compiere ulteriori razzie. Come abbiamo già visto, nell'Italia meridionale i Saraceni avevano creato alcune **basi** in Sardegna, Campania, Calabria: i loro interessi tuttavia si erano concentrati soprattutto sulla Sicilia, sottratta ai Bizantini nel 902 e rimasta in loro possesso fino al 1091, quando i Normanni avrebbero assunto il governo dell'isola.

Sotto gli Arabi la **Sicilia** godette di un rinnovato splendore economico e culturale: Palermo, eletta capitale, divenne il centro delle principali rot-

▸ **Cavaliere saraceno**
Il mondo islamico che minacciava la cosiddetta *respublica christiana* era molto composito anche da un punto di vista etnico: ne facevano infatti parte gli Arabi, i Berberi dell'Africa settentrionale e i musulmani provenienti dalle regioni a nord della penisola arabica. Nell'immagine, un cavaliere saraceno in un affresco francese del XIII secolo.

te commerciali del Mediterraneo e in tutta l'isola furono introdotte nuove colture (riso, agrumi, datteri, barbabietole da zucchero) e nuove tecniche di irrigazione. Le eccellenti conoscenze scientifiche, geografiche e navali degli Arabi costituirono poi un'eredità culturale fondamentale per i loro successori in Sicilia: primi fra tutti i Normanni.

I Normanni, uomini del Nord

I Normanni ("uomini del Nord") o **Vichinghi** ("guerrieri del mare" o "uomini delle baie"), come preferivano chiamarsi, erano una popolazione scandinava di stirpe germanica, differenziata nei tre gruppi di **Danesi**, **Norvegesi** e **Svedesi** e costituita essenzialmente da audaci ed esperti **navigatori** e da **pirati**. A partire dal IX secolo gruppi di Normanni cominciarono a spostarsi dalla madre patria in diverse direzioni. I motivi di questa migrazione restano in ultima analisi sconosciuti, ma si ipotizza che la spinta principale sia venuta, almeno inizialmente, dal desiderio di conquistare ingenti ricchezze.

Bande di pirati normanni dotate di veloci imbarcazioni, che consentivano loro di risalire agevolmente i fiumi, si resero protagoniste di numerose incursioni nelle città e nelle ricche abbazie dell'Europa occidentale – dall'area francese alle isole britanniche – e in quella orientale. In realtà, la loro espansione, che si svolse tra il IX e l'XI secolo, si articolò in una molteplicità di imprese, che andarono dai semplici atti di pirateria all'**esplorazione di paesi lontani** (Groenlandia, Canada), dall'insediamento in regioni inospitali e deserte (Fær Øer, Orcadi, Shetland, Islanda) all'occupazione di territori già popolati e civilizzati.

▲ **Le navi vichinghe**
Stele del X secolo sulla quale è riprodotta una nave vichinga con la vela quadrata; all'interno si notano guerrieri armati con elmi e scudi.

storia al cinema

IL 13° GUERRIERO
Stati Uniti, 1999, 102'
Regia di John McTiernan

Tratto dal romanzo *Mangiatori di morte* di Michael Crichton, *Il 13° guerriero* è un film a metà tra i generi storico, epico e d'avventura, ispirato al poema *Beowulf*, un antico romanzo dell'epica anglosassone. Ambientato nel 922, ha come protagonista un colto poeta arabo, Ahmed, originario di Bagdad, una delle più ricche città del Medio Oriente musulmano. A causa di una relazione con la donna di un nobile, Ahmed viene inviato dal califfo come ambasciatore nelle regioni del Nord, e durante il viaggio si imbatte in una nave di guerrieri normanni. Questi, memori di un'antica profezia, lo costringono a unirsi nell'impresa di proteggere il loro re e il loro villaggio. L'iniziale diffidenza dei Normanni nei confronti dell'"arabo", diverso per fede e indole, e di Ahmed verso i Normanni, considerati un popolo rozzo e barbaro, lascia gradualmente il posto a una piena fiducia e a una vera collaborazione nella lotta contro i feroci Wendol, misteriosi uomini cannibali e cacciatori di teste che indossano terrificanti pelli di orso con fauci e artigli.

Il film alterna riferimenti colti, come gli iniziali dialoghi in greco e latino, brevi e facilmente comprensibili, a scene eroiche di battaglia e di morte, talvolta crude e sanguinarie, con uno sforzo da parte del regista di far emergere un'equa presentazione dell'elemento arabo e di quello normanno.

L'espansione normanna nell'Europa orientale e settentrionale

Tra il IX e il X secolo gruppi di Svedesi, conosciuti con il nome di **Vareghi**, si proiettarono **verso l'area baltica e le attuali Ucraina e Russia**: quest'ultima, secondo alcuni studiosi, prende il suo nome proprio dai Vareghi, chiamati anche *Rus*. In queste terre, abitate fino a quel momento da genti slave, i Vareghi occuparono **Kiev**, **Smolensk** e **Novgorod**, che in un breve lasso di tempo si sarebbero trasformati da piccoli centri a prospere città, sede di **principati**.

Di qui, infatti, risalendo il corso di fiumi come il Dniepr, il Volga, la Dvina, il Don, i Vareghi si spin-

CITAZIONE D'AUTORE
La furia distruttrice dei Normanni

Il numero delle navi aumenta. La moltitudine innumerevole dei Normanni non cessa di crescere [...] e risale la Senna, mentre il male dilaga nella regione e tutte le città sono invase, saccheggiate e distrutte. Non sfugge all'opera distruttrice né centro abitato né monastero. Ovunque gli abitanti fuggono e pochi sono quelli che osano dire: "Fermatevi, resistete, lottate per il vostro paese, per i vostri figli, per i vostri fratelli". Così essi, a causa della loro ignavia e dei loro reciproci dissensi, ottengono mediante il pagamento dei tributi ciò che avrebbero dovuto difendere con le armi alla mano, mentre crolla il regno cristiano [...].

(Manoscritto anonimo proveniente da un monastero della Borgogna, 875)

sero fino al Mar Caspio, al Mar Nero e al Bosforo, entrando in contatto con i **Bizantini**. Questi non solo li reclutarono nelle loro armate come mercenari, ma avviarono con essi floridi rapporti commerciali, culturali e religiosi: proprio ai Bizantini si deve la conversione al cristianesimo del principe **Vladimir** di Kiev, nel 988, e con lui di tutto il suo popolo.

In Occidente, gruppi di Danesi, approfittando della debolezza degli ultimi Carolingi, risalirono il corso della Senna e si spinsero fino a Parigi ma – costretti a ripiegare – si impiantarono saldamente in quella vasta regione che fu appunto chiamata **Normandia** e che nel 912 venne ceduta al loro capo Rollone dal re Carlo il Semplice sotto forma di feudo ducale: con l'introduzione del sistema feudale – compresa la successione per primogenitura e l'istituto della cavalleria – i Normanni fecero proprio anche l'uso delle lingue latina e francese e si convertirono al cristianesimo.

La conquista dell'Inghilterra e la direttrice mediterranea

Verso la fine del IX secolo i Danesi conquistarono in Inghilterra un territorio molto vasto denominato Danelaw, "regione in cui vige la legge dei Danesi". In occasione di una successiva ondata di invasioni l'intera **Inghilterra,** dominata fino ad allora dagli Angli e dai Sassoni, cadde nelle loro mani, con il re Canuto il Grande, che giunse a controllare pure la Norvegia e parte della Svezia. Questo ambizioso tentativo di espansione ebbe però vita breve: alla morte di Canuto gli Anglosassoni ripresero il controllo dei loro territori, ricostituendovi il proprio regno.

Successivamente, un nuovo e più imponente attacco all'isola fu portato dai Normanni stanziati in Normandia: nel **1066** sbarcò sull'isola il duca **Guglielmo il Conquistatore**, che nella **battaglia di Hastings** travolse gli Anglosassoni guidati dal re Aroldo II, assicurandosi in tal modo il possesso di tutta l'isola. Incoronato re, il vincitore diede inizio a quella **dinastia normanna** che doveva restare sul trono d'Inghilterra fino alla prima metà del XII secolo. Il movimento di espansione dei Normanni non si limitò però al Nord, ma si estese, oltre che all'Italia, anche ad altre regioni che si affacciano sul **Mediterraneo**: quelle dell'Epiro e dell'attuale Albania sulle coste ioniche, dell'odierna Tunisia, e, verso oriente, ai territori bizantini.

Storia e... Arte e Architettura — Il castello medioevale

Nell'Alto Medioevo, nei secoli in cui guerre e incursioni costituivano una minaccia continua, le popolazioni europee abbandonarono le città per rifugiarsi nelle campagne, dove ogni grande proprietario terriero si dotò di un castello circondato da mura massicce per difendere il proprio territorio. I primi castelli erano semplici torri di guardia isolate, solitamente di legno, adatte a proteggere soltanto gli appezzamenti di terreno e a controllare le vie di comunicazione più vicine.

Verso il X secolo, tuttavia, cominciarono a comparire le prime fortificazioni in pietra. All'interno del castello si trovavano la chiesa, la dimora del signore, le scuderie, i granai, le abitazioni dei servi padronali e le loro officine. Nei periodi di guerra poi anche gli abitanti delle campagne potevano trovare riparo entro le mura del castello. Per questo le case dei contadini sorsero sempre più frequentemente vicino alle fortificazioni fino a essere inglobate nel castello, circondate da una cinta muraria più esterna. Le mura di cinta erano dotate di strette fessure o feritoie, dalle quali si potevano scagliare frecce sui nemici o far cadere olio o pece bollenti, oppure pietre sugli assalitori impegnati ad attaccare la porta del castello. Nelle numerose torri circolari e quadrate alloggiavano i corpi di guardia che mantenevano sotto controllo il territorio circostante. Quando il castello era circondato da un fossato, ulteriore espediente per frenare gli attacchi dei nemici era il ponte levatoio che garantiva l'accesso alla fortezza.

Il castello di Fénis in Valle d'Aosta.

La *Reconquista*

Verso la metà del IX secolo, i rapporti fra i piccoli regni cristiani di Spagna e i musulmani erano abbastanza pacifici. La situazione cambiò a partire dall'inizio del X secolo, quando ebbe inizio una ripresa dell'avanzata cristiana, che, pur con numerose battute d'arresto, raggiunse il suo culmine nel XIII secolo. In questa miniatura del XIII secolo è raffigurata una battaglia tra cavalieri cristiani e musulmani durante la *Reconquista* spagnola.

L'anarchia feudale

A partire dal IX secolo, il compito di respingere gli attacchi di Normanni, Ungari e Saraceni non venne più assunto dai successori di Carlo Magno, impegnati in incessanti dispute interne per il potere e ormai incapaci di mantenere il controllo del territorio.

Fu così che si rafforzarono i poteri periferici, dando luogo a una sorta di "**anarchia feudale**". I signori feudali, cioè, in un clima di costante mobilitazione militare, iniziarono ad armare eserciti e a costruire fortificazioni a protezione delle loro terre, anche senza l'autorizzazione del sovrano. Tale fenomeno, chiamato "**incastellamento**", rappresentò il culmine dell'estrema frammentazione del potere: ogni signore assunse poteri sempre maggiori e un'indipendenza illimitata sulle popolazioni che vivevano nel suo feudo, il che gli consentì di contrapporsi al sovrano e agli altri feudatari.

La nascita delle prime nazionalità

Tuttavia, nel corso del X e dell'XI secolo, nonostante l'aspra opposizione dei ricchi signori feudali all'autorità regia, in diverse regioni d'Europa prese avvio un processo di **formazione di monarchie nazionali**, dotate cioè di una certa comunanza di tradizioni e di interessi.

La monarchia inglese fu rafforzata a partire da **Guglielmo il Conquistatore**, il quale suddivise il territorio in **shires** o **contee** e favorì l'insediamento di nuovi baroni normanni come suoi vassalli; negli ultimi anni del suo regno fece inoltre compilare il *Domesday Book* (1085-1086), un registro catastale delle terre della corona, nel quale erano descritte dettagliatamente le condizioni economiche e sociali di ogni regione che faceva parte del regno. In Scandinavia si costituirono invece i tre regni di Norvegia, Svezia e Danimarca, mentre nell'Europa orientale quelli slavi di Croazia, Boemia, Serbia e Polonia, nonché quelli di Bulgaria e di Ungheria. Il territorio della penisola iberica, invece, era ancora quasi tutto nelle mani degli Arabi, attestati nel califfato di Cordova; tuttavia nel Nord, attorno alla Marca carolingia, erano sorti i piccoli regni cristiani di Leon, Navarra, Aragona e Castiglia, che sin dal X secolo iniziarono ad avanzare verso sud, dando luogo alla cosiddetta **Reconquista**, un movimento di riconquista "nazionale" ma anche una guerra contro gli "infedeli".

Per quanto riguarda il regno di Francia, nato dalla dissoluzione dell'impero carolingio insieme a quelli di Germania e d'Italia, nel 987 Ugo Capeto, conte di Parigi, riuscì a imporsi sugli altri feudatari, a farsi eleggere re e a rendere la carica monarchica ereditaria. Sotto la **dinastia capetingia** poté così avere inizio un **processo di unificazione territoriale**, che tuttavia doveva attuarsi in forma completa e definitiva solo dopo secoli di lotte contro i grandi feudatari.

GUIDA allo STUDIO

1. Quali regioni dell'Europa furono interessate, rispettivamente, dalle invasioni degli Ungari, dei Saraceni e dei Normanni?
2. Quali furono i primi stati nazionali a formarsi in Europa tra il X e l'XI secolo?
3. Come fu organizzato il regno d'Inghilterra da Guglielmo il Conquistatore?

le FONTI — Laboratorio

lavorare con

L'arazzo di Bayeux

Il più importante documento relativo all'equipaggiamento bellico e alle modalità dei combattimenti dell'esercito normanno è un arazzo, o meglio un ricamo ad ago, eseguito con fili di lana di otto colori diversi su una fascia di lino grezzo lunga 70 metri e larga 50 centimetri circa. Esso illustra la conquista dell'Inghilterra da parte di Guglielmo di Normandia, detto poi il Conquistatore, nel 1066. Fu realizzato molto probabilmente in una bottega inglese intorno agli anni 1070-1077 per volere del vescovo Odone di Bayeux, cugino di Guglielmo, anche se una tradizione popolare vuole che a eseguire l'opera sia stata la contessa Matilde, moglie dello stesso Guglielmo, mentre attendeva il ritorno del consorte dalle imprese belliche. L'episodio centrale è la battaglia di Hastings (14 ottobre 1066).

Opera Arazzo di Bayeux
Data XI secolo
Tipologia fonte ricamo su stoffa

I Normanni riparavano il corpo con giubbotti imbottiti di stracci, crine o canapa, al di sotto di una armatura leggera, l'**usbergo** o cotta di maglia, fatta di anelli metallici, che generalmente arrivava fino al ginocchio.

Di uso comune erano anche le **lance**, che potevano essere scagliate da una distanza maggiore, e gli **archi**.

Non sempre l'armatura individuale era munita di cappuccio di maglia o di cuoio; a protezione della testa si portava perlopiù un **elmo conico**.

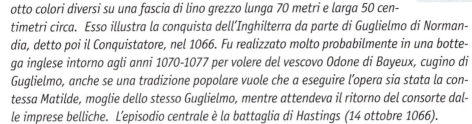

Il **drakkar**, la tipica imbarcazione usata dagli "uomini del Nord", aveva uno scafo lungo (all'incirca 25 metri), stretto e poco profondo; elementi, questi, che conferivano velocità, consentivano di navigare agevolmente in prossimità delle coste e di risalire i fiumi.

Nella scena compare la **scure da guerra** danese: questo tipo di lunga ascia, roteata sopra la spalla e lanciata al momento giusto, poteva uccidere in un solo colpo cavallo e cavaliere nemico.

La prua è finemente decorata con figure mostruose, **draghi** o **serpenti**, che nella tradizione popolare normanna avevano il compito di proteggere le imbarcazioni dai mostri marini e di spaventare i nemici.

Per COMPRENDERE

1. Quali sono gli elementi di forza delle armate normanne?
2. Quali vantaggi comportava la conformazione delle navi normanne?

12.2 Gli imperatori sassoni e il Sacro romano impero germanico

L'affermazione dei Sassoni nel regno di Germania

Dopo il trattato di Verdun, anche i due regni di Germania e d'Italia furono sconvolti da incessanti scontri fra i signori feudali e mantennero a lungo un'accentuata frammentazione territoriale. Il regno di **Germania**, esteso fra l'Elba e il Reno, si presentava diviso tra cinque potenti casate feudali in costante lotta tra loro per ottenere la corona regia: i ducati di Sassonia, di Franconia, di Svevia, di Baviera e di Lorena. Tra questi, all'inizio del X secolo, finì per prevalere il primo, sotto la guida del re **Enrico I di Sassonia**, detto l'Uccellatore (918-936). Tra i suoi meriti, quello di aver posto fine alle continue irruzioni di Slavi e Ungari grazie anche alla costruzione di un sistema di fortificazioni, dimostrando così l'importanza di un efficiente potere centrale per la difesa del territorio. I duchi tedeschi gliene furono grati e accolsero la sua indicazione di chiamare a succedergli il figlio, **Ottone I** (936).

La difficile situazione italiana

I territori centro-settentrionali d'**Italia**, dove agli antichi ducati creati dai Longobardi si erano aggiunti contee e marche di origine carolingia, vivevano in uno **stato di anarchia** e **di violenza**, di cui spesso approfittarono i più potenti signori d'Oltralpe, sempre pronti a intervenire nella penisola nella speranza di compiere nuove conquiste. Né migliori apparivano le condizioni del Sud della penisola, lacerato dalle incessanti lotte tra i Bizantini, che occupavano la Puglia e la Calabria, gli Arabi, insediati in numerose colonie collocate un po' in tutte le regioni meridionali – oltre che in Sicilia

L'ITALIA INTORNO AL MILLE

La carta mostra la situazione della penisola italiana intorno all'anno Mille; la frammentazione territoriale caratterizzerà il nostro paese fino al XIX secolo.

1. I territori dell'Italia centro-settentrionale, composti dagli **antichi ducati longobardi** e dalle **marche e contee carolingie**, erano caratterizzati da uno stato di anarchia, di cui spesso approfittarono i potenti signori d'Oltralpe.

2. Lo **Stato della Chiesa** era dilaniato dai continui contrasti tra le diverse fazioni aristocratiche, che eleggevano o detronizzavano pontefici a loro piacimento.

3. L'Italia meridionale era lacerata dalle lotte tra i **Bizantini**, stanziati in Puglia e la Calabria, gli **Arabi**, presenti soprattutto in Sicilia, e i **Longobardi** dei principati di Salerno e Benevento.

– e i prìncipi longobardi di Benevento e di Salerno. A **Roma** lo Stato della Chiesa, che aveva perso con i Carolingi i suoi autorevoli protettori e con essi anche una certa floridezza e autorità, era a sua volta dilaniato da continui **contrasti tra le famiglie aristocratiche**, che, divise in fazioni, eleggevano o detronizzavano a loro piacimento i papi, che molto spesso venivano persino fatti uccidere.

La successione nel regno d'Italia

Una simile situazione di instabilità contribuì ad alimentare in Ottone I l'ambizione di conquistare il regno d'Italia. Con tale denominazione venivano allora indicate solo le regioni dell'Italia centro-settentrionale passate dal predominio longobardo a quello franco.

Dopo la deposizione di Carlo il Grosso, nell'888 i feudatari italiani avevano eletto **re Berengario I**, marchese del Friuli, il quale vantava legami di parentela con la dinastia deposta.

Questi, in realtà, non aveva mai esercitato un'effettiva autorità, a causa delle lotte tra i feudatari rivali, aggravate dalle ingerenze straniere. Di qui il rapido passaggio della corona da un signore all'altro, finché nel 950, dopo avere avvelenato il suo predecessore Lotario, divenne re **Berengario II**, marchese d'Ivrea. Fu allora che la giovanissima vedova di Lotario, Adelaide, evasa avventurosamente dalla prigione in cui Berengario l'aveva relegata, una volta raggiunto un rifugio sicuro, chiese a Ottone I di intervenire in Italia in suo soccorso.

IL REGNO D'ITALIA DA BERENGARIO I A OTTONE I

Deposizione di **Carlo il Grosso**
↓
Elezione di **Berengario I** imparentato con i Carolingi
↓
Berengario non riesce ad acquisire autorità
↓
Scontri interni e **diverse successioni**
↓
Lotario, divenuto re, **viene avvelenato da Berengario II** che gli usurpa il trono
↓
La moglie di Lotario, **Adelaide**, si rivolge a **Ottone I** che scende in Italia

Ottone I re d'Italia e imperatore

Ottone, intuendo che quella era l'occasione favorevole per realizzare il suo disegno di egemonia sulla penisola, organizzò due spedizioni: nel corso della prima si fece incoronare **re a Pavia** (951), trasformando l'Italia in una sorta di feudo germanico; nel corso della seconda, undici anni dopo,

◀ **La sottomissione di Berengario**

Berengario II si sottomette all'autorità di Ottone I di Sassonia, che si impone come re di un'Italia troppo divisa per resistergli (miniatura del XII secolo).

ottenne invece di essere **consacrato imperatore** (962) dal pontefice Giovanni XII.
Risorgeva così, in **veste germanica**, il **Sacro romano impero**. Rispetto a quello carolingio, esso presentava però alcune differenze: dal punto di vista territoriale, comprendeva soltanto la Germania e due terzi dell'Italia; dal punto di vista politico era meno forte e coeso, sia perché i grandi feudatari mal tolleravano il controllo da parte del potere centrale, sia perché la monarchia ottoniana era elettiva e non ereditaria. Si trattava perciò di un organismo politico-territoriale per molti aspetti nuovo, intorno al quale era però destinata a ruotare tutta la storia del Medioevo.

Le linee della politica di Ottone I

Ottone I, dopo aver riunito nelle sue mani le corone di Germania e d'Italia, aspirava a risollevare il prestigio e la potenza dell'impero. Su tale strada però gli ostacoli principali erano rappresentati dall'opposizione del papato e dei grandi feudatari.

L'EUROPA E IL SACRO ROMANO IMPERO GERMANICO

❶ Il baricentro del Sacro romano impero è in **Germania**; pur essendo un territorio coeso, i grandi feudatari tedeschi mantengono parte delle loro prerogative.

❷ La **Francia**, dove prende forma il germe di una futura potente monarchia territoriale, si stacca definitivamente dall'impero.

❸ All'impero germanico sono legate strettamente le sorti dell'**Italia settentrionale**, sottoposta al dominio degli imperatori tedeschi, e il **regno di Borgogna**, anch'esso sotto la protezione dell'impero.

❹ Nonostante le spinte centrifughe, l'autorità imperiale è abbastanza forte da **neutralizzare le minacce provenienti da est**, dove sorgono regni vasti e duraturi, segno di un'epoca meno turbolenta.

Per quanto riguarda i rapporti con lo Stato della Chiesa, egli fu agevolato dalla particolare situazione di violenza e di disordine materiale in cui esso si trovava. Pertanto nel 962 Ottone emanò un documento (**Privilegio ottoniano**) con il quale, in cambio del riconoscimento delle donazioni fatte al papato da Pipino e da Carlo Magno, stabiliva di poter intervenire con il proprio **decisivo assenso nella nomina del pontefice**, affermando così un preciso controllo sulla Chiesa romana, in virtù di una proclamata superiorità dell'imperatore sul papa.

Per rendere poi la sua autorità veramente effettiva sulla riottosa nobiltà laica, Ottone I prese a **valorizzare la feudalità ecclesiastica**, molto potente e diffusa in Germania, conferendo a vescovi e abati, che già godevano dell'autorità religiosa, anche quella civile e militare nei territori a loro affidati, in cambio di un giuramento di fedeltà. Successivamente concesse loro la possibilità di gestire autonomamente la giustizia, di coniare nuove monete e di riscuotere tributi: vescovi e abati divenivano in questo modo vassalli a tutti gli effetti.

Le conseguenze della creazione dei vescovi-conti

Il suo provvedimento mirava a contrapporre ai potenti feudatari laici, che si trasmettevano di padre in figlio il governo di vasti territori, i cosiddetti **vescovi-conti**, che nella loro qualità di uomini di Chiesa erano tenuti al celibato: di qui l'importantissima conseguenza della **non ereditarietà del feudo**, che alla morte del vescovo-conte – mancando egli di eredi legittimi – rientrava a far parte del patrimonio della corona. In questo modo il sovrano era in grado di mantenere il potere nelle proprie mani e poteva ovviare ai gravi inconvenienti derivanti dalla legge sulla ereditarietà dei feudi emanata a Querzy nell'877 da Carlo il Calvo. L'istituzione dei vescovi-conti, se da un lato contribuì a rafforzare la struttura dell'impero e ad accrescere l'importanza delle città in quanto sedi vescovili, dall'altro provocò un rapido **decadimento morale e spiritua**-

La corona imperiale
La corona del Sacro romano impero, realizzata per l'incoronazione di Ottone I, è oggi conservata presso l'Hofburg di Vienna. Di forma ottagonale, la corona è composta da piastre d'oro totalmente ricoperte di perle e pietre preziose, quattro delle quali presentano scene bibliche.

OTTONE I E I VESCOVI-CONTI

I **feudatari** tedeschi tendono a rendersi sempre più **autonomi** rispetto al sovrano feudale

↓

Ottone I **privilegia i vescovi** come amministratori, perché, essendo privi di eredi legittimi, i feudi loro concessi tornano alla loro morte nelle mani dell'imperatore

↓

I vescovi, nominati dall'imperatore, assumono stabilmente funzioni pubbliche (**vescovi-conti**); aumenta di conseguenza la **corruzione** della Chiesa

Esplode il **conflitto tra imperatore e papa**, che si vede spogliato della facoltà di scegliere i capi delle chiese locali

le della Chiesa, i cui alti prelati, tutti presi da occupazioni politiche e mondane, andarono sempre più allontanandosi dal mandato morale e religioso loro affidato.

Tutto ciò comportò inoltre una sempre maggiore **interferenza dell'imperatore nella vita della Chiesa**, con il rischio di un totale suo assoggettamento all'impero. Da Ottone in poi, del resto, furono i sovrani ad attribuire ai vescovi, oltre all'investitura laica – simboleggiata dalla consegna dello scettro – anche quella ecclesiastica, rappresentata dalla consegna del **pastorale**.

> **Pastorale** lungo bastone dalla punta ricurva e decorata, portato dal vescovo ("pastore" di anime) nelle cerimonie più solenni, è il simbolo dell'autorità della Chiesa e del suo potere spirituale.

Tra Italia e Germania: da Ottone I a Enrico II

Tra le priorità della politica di Ottone I vi era poi quella di estendere il prima possibile la propria autorità su tutta la penisola. Nel 967 egli mosse verso l'Italia meridionale, dove riuscì a imporre l'**omaggio feudale** ai duchi longobardi di Benevento e di Capua. Spintosi poi in Puglia e in Calabria, **costrinse l'imperatore d'Oriente a riconoscergli il titolo imperiale** e a consentire il matrimonio fra una principessa bizantina, Teofane, e suo figlio **Ottone II**.

Alla morte del padre (973), Ottone II ne raccolse l'eredità politica. Ripreso il progetto di espansione nell'Italia meridionale, nel 982 il giovane principe scatenò contro Bizantini, musulmani e duchi longobardi di Beneven-

> L'**omaggio feudale** era l'atto di sottomissione del feudatario al suo signore, siglato da un solenne giuramento di obbedienza assoluta.

to, insieme coalizzati, un'aspra guerra, che si concluse però con la sua **sconfitta** a Stilo, in Calabria. La stessa politica nei riguardi dell'Italia, del papato e della grande feudalità, fu perseguita dal figlio **Ottone III**. Educato al culto dell'antica Roma, questi coltivava il sogno di **fare dell'Italia il centro dell'impero**: il fascino della tradizione romana era dunque ancora assai vivo nell'immaginario dell'uomo medievale. Ma il progetto di restaurazione dell'antico impero (*renovatio imperii*), era ormai fragile e inconsistente in quanto privo di ogni aderenza alla realtà; provocò inoltre lo scontento della Germania, degradata a un ruolo di secondaria importanza. Con la morte prematura di Ottone III e l'assunzione al trono del cugino **Enrico II**, le attenzioni tornarono nuovamente alla situazione tedesca – dove i grandi feudatari si erano ribellati all'autorità imperiale – e ai confini orientali, dove Enrico cercò inutilmente di imporre il suo dominio sul vicino regno di Polonia.

Arduino d'Ivrea e l'Italia asservita alla Germania

Il nuovo imperatore, comunque, continuò a ispirarsi alle linee principali della politica dei suoi predecessori e quindi ad appoggiare la feudalità ecclesiastica e a reprimere ogni tentativo di rivendicazione "indipendentistica" della feudalità laica. In tale contesto vanno inseriti i suoi reiterati interventi in Italia **contro i grandi feudatari laici**, che, contrariati per l'appoggio dato agli esponenti ecclesiastici dalla dinastia sassone, si erano ribellati e avevano incoronato re nel 1002 – prima ancora che Enrico fosse eletto in Germania – **Arduino**, marchese d'Ivrea, già noto per i suoi aperti contrasti con diversi vescovi del Piemonte. Lo scontro, dopo alterne vicende, si risolse però con la sconfitta di Arduino, che, abbandonato dai suoi stessi sostenitori, si chiuse in un convento benedettino, dove dopo appena un anno morì (1015).

Da allora il regno d'Italia restò definitivamente legato all'impero germanico. La politica di espansione verso sud della dinastia sassone e la sua costante ingerenza negli affari della penisola, considerata un **territorio vassallo della Germania**, oltre a costituire il germe di una perenne discordia tra le due nazioni, ritardò l'unificazione della stessa Germania: essa infatti, distratta dal miraggio italiano, disperse gran parte di quelle energie che le sarebbero state invece indispensabili per un'azione di consolidamento interno e per la costituzione di uno Stato moderno.

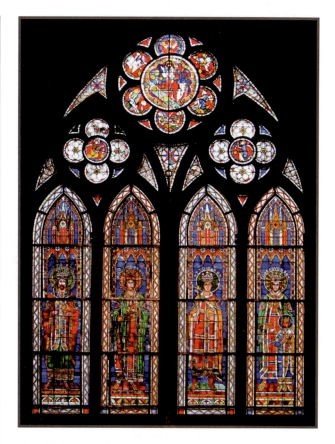

▲ **Gli imperatori germanici**
Vetrata policroma della cattedrale di Notre Dame di Strasburgo in cui compaiono gli imperatori del Sacro romano impero: Ottone I, Ottone II, Ottone III, Corrado II insieme a Enrico III.

Ottone II e le province del suo impero
Ottone II in trono, con i simboli dei poteri temporale e spirituale (lo scettro e il globo con la croce), attorniato dalle quattro parti del suo impero: Roma, Germania, Gallia e Sclavonia (miniatura del X secolo).

GUIDA allo STUDIO

1. Qual era la situazione nel regno d'Italia dopo la destituzione di Carlo il Grosso?
2. In che cosa consisteva il Privilegio ottoniano e per quali ragioni fu emanato?
3. Che conseguenze ebbe per la Chiesa l'istituzione dei vescovi-conti?

lavorare con le FONTI — Laboratorio

L'investitura di un vescovo-conte

Opera Diplomata regum et imperatorum
Data 951
Tipologia fonte diploma imperiale

Per contrastare il potere ducale, Ottone I cercò l'appoggio dei vescovati e delle grandi abbazie, non soggette al diritto ereditario e che egli poteva affidare a persone di sua completa fiducia. Si verificò così sotto il suo regno un'enorme diffusione delle concessioni di diritti e privilegi agli enti ecclesiastici: immunità, regalie e persino diritti generalmente riservati solo ai conti.

In questo documento l'imperatore concede al vescovo di Parma pieni poteri in ambito legislativo e giudiziario sul territorio diocesano a lui affidato, che diventa, in pratica, sua proprietà: su di esso nessun altro potrà esercitare la propria autorità. Il vescovo viene così a sostituire in tutto e per tutto l'imperatore all'interno del suo territorio.

Augusto: fregiandosi di questo titolo, che, in linea di continuità con la tradizione dell'impero romano, era stato assunto dagli imperatori del Sacro romano impero fin dall'epoca di Carlo Magno, Ottone si presentava come il legittimo detentore dell'eredità politica del grande sovrano franco.

> Noi, Ottone, imperatore Augusto, concediamo a Uberto, vescovo della chiesa di Parma, tutto il territorio delle città e diocesi, con il potere di deliberare, giudicare e punire i suoi abitanti, come se fosse un conte del nostro palazzo; inoltre gli affidiamo ogni pubblica funzione sia all'interno del centro abitato che fuori entro tre miglia e gli assegniamo le strade regie, i corsi d'acqua, le terre coltivate e incolte comprese entro detti limiti e tutto ciò che appartiene allo Stato. In conseguenza di ciò trasferiamo i nostri diritti e poteri in diretto suo dominio, in modo che nessun marchese, conte, visconte e qualsiasi persona grande o piccola del nostro regno abbia a occuparsi di quei beni e di quelle famiglie. Pertanto il vescovo di Parma potrà e dovrà definire, deliberare e decidere ogni cosa.

potere di deliberare, giudicare e punire i suoi abitanti: i poteri che un signore laico o ecclesiastico esercitava nell'ambito del feudo a lui assegnato dal sovrano prendevano il nome di banno (dal germanico *ban* "comando"). Il banno comprendeva una pluralità di prerogative, fra le quali vi erano quelle di giudicare e punire alcuni reati.

strade regie, i corsi d'acqua, le terre coltivate e incolte: nei poteri di banno rientrava anche la facoltà per il feudatario di imporre ai contadini il pagamento di alcune tasse, indispensabile per acquisire il diritto di usare l'acqua, attraversare i ponti e le strade, cacciare, pescare e pascolare il proprio bestiame nelle terre del signore.

▲ Nomina di un vescovo-conte con la consegna del pastorale.

Per COMPRENDERE

1. In che cosa consisteva la cerimonia di investitura di un vescovo-conte?
2. Che cosa significa il termine "banno"?
3. Quali erano i diritti di banno?

SINTESI

12.1 Tra il IX e il X secolo l'intera Europa è interessata da continue scorrerie.
Gli **Ungari**, popolo di stirpe mongola che gravita attorno al Danubio, devastano il Centro Europa (Baviera e Francia), finché, sconfitti dall'imperatore Ottone I a Lechfeld (955), cambiano politica, convertendosi al cristianesimo e fondando il regno d'Ungheria.
Dopo la battuta d'arresto nell'VIII secolo, gli **Arabi** riprendono l'assalto all'Occidente attraverso il Mediterraneo, con frequenti attacchi di pirati (detti **Saraceni**) alle coste di Catalogna, Francia e Italia. Si insediano stabilmente in Sicilia, che resta per due secoli sotto il loro controllo (902-1091) e che vive un periodo di rinascita economica e culturale.
Il Nord Europa soffre invece i ripetuti saccheggi e devastazioni operati dalle genti germaniche non cristiane della Scandinavia, indicate nell'insieme come **Normanni**. Abili navigatori, tanto da raggiungere la Groenlandia e l'attuale Canada, assaltano le coste britanniche e la Francia settentrionale. Qui, nella regione da loro chiamata **Normandia**, si insediano stabilmente integrandosi nella struttura feudale del regno francese. Dal ducato di Normandia partiranno poi le spedizioni che porteranno alla **conquista dell'Inghilterra** (1066) e alla formazione di un regno normanno nel Sud d'Italia.
Intanto, dal X secolo, fallito il programma universalistico carolingio, vanno costituendosi le **prime formazioni statali** che porteranno al moderno sistema europeo di stati: nel Nord i regni di Norvegia, Svezia e Danimarca, nell'Est quelli di Croazia, Boemia, Serbia, Polonia, Bulgaria e Ungheria, nelle isole britanniche i primi nuclei di Inghilterra e Scozia, nella penisola spagnola gli embrioni dei regni cristiani feudali del Nord (Navarra, Aragona, Castiglia). In **Francia**, la grande feudalità porta al trono un suo membro, Ugo Capeto, fondatore della **dinastia capetingia**.

12.2 In Germania, nella contesa tra le maggiori casate feudali prevale la **casa di Sassonia** con Enrico I; alla sua morte, i duchi tedeschi accettano come re di Germania il figlio Ottone I. Nel frattempo l'Italia centro-settentrionale è **politicamente frammentata** tra ducati longobardi, contee e marchesati carolingi. Nelle regioni meridionali invece si trascina uno stato di conflitto permanente fra Bizantini, Arabi, principi di Benevento e Salerno. A Roma, infine, scomparso un potente avversario-alleato come i sovrani carolingi, i contrasti fra le famiglie dell'aristocrazia cittadina provocano una profonda crisi di autorità del papato.
Della situazione approfitta **Ottone I** per impossessarsi prima del trono d'Italia, ridotto a feudo germanico, poi, nel 962, del **titolo imperiale**, facendosi incoronare dal papa Giovanni XII; suo obiettivo è la rifondazione del Sacro romano impero, circoscritto alla Germania, in posizione dominante, e all'Italia.
Il progetto ottoniano comporta inoltre il predominio dell'autorità imperiale su quella pontificia, lo spostamento del potere locale dalla feudalità laica a quella ecclesiastica (i **vescovi-conti**) e l'espansione territoriale verso il Meridione italiano.
Il piano di consolidamento imperiale, interrotto dalla sconfitta subita in Calabria dal figlio di Ottone, **Ottone II**, viene ripreso da **Ottone III**, che si scontra però con l'opposizione della feudalità tedesca, e difeso poi da **Enrico II**, contro il quale si rivolta la nobiltà laica italiana capeggiata da **Arduino** marchese **d'Ivrea**, eletto re nel 1002 e sconfitto solo dopo dodici anni di guerra.

PER COSTRUIRE LE COMPETENZE

TEMPO

1. Completa la cronologia.

888	Berengario I, marchese del Friuli, viene eletto re
902	La _____ viene occupata dai Saraceni che la sottraggono ai Bizantini
912	I Normanni danesi ricevono la _____, quale feudo da Carlo il Semplice re di
936	_____, duca di Sassonia diventa re di
950	Diventa re d'Italia _____, marchese d'Ivrea
951	Si fa incoronare re d'Italia _____, già re di Germania
955	Nella battaglia di Lechfeld gli _____ vèngono fermati dall'imperatore
962	Papa Giovanni XII incorona imperatore _____, già re d'Italia e di Germania
982	Il figlio di Ottone I _____ inizia una guerra nel Sud Italia contro Bizantini, Longobardi e Arabi
987	In Francia diventa re _____, feudatario di Parigi
988	Il principe _____ di Kiev si converte al _____
1002	I feudatari italiani eleggono re d'Italia il marchese d'Ivrea _____
1066	Il normanno _____ sconfigge gli Anglosassoni nella battaglia di _____
1086	Guglielmo il Conquistatore fa compilare il _____

LESSICO

2. Associa a ogni termine il relativo significato.

A. DOMESDAY BOOK
B. INCASTELLAMENTO
C. MAGIARI
D. NORMANNI
E. PRIVILEGIO OTTONIANO
F. RECONQUISTA
G. RENOVATIO IMPERII
H. SARACENI
I. SHIRE
J. VAREGHI
K. VICHINGHI

a. Pirati musulmani
b. Uomini del Nord
c. Una delle popolazioni normanne
d. Sinonimo di Ungari
e. Sinonimo di Normanni
f. Feudo inglese amministrato da un conte
g. Registro catastale del territorio normanno in Inghilterra
h. Possibilità dell'imperatore di intervenire nella nomina pontificia
i. Restaurazione dell'impero romano
j. Costruzione di fortificazioni a protezione delle terre
k. Cacciata degli Arabi dal Nord della penisola iberica

EVENTI E PROCESSI

● Le monarchie

3. Associa ai territori la popolazione, la dinastia o la tipologia tra quelle proposte: Sassoni [S], Normanni [N], Regno cristiano [RC], Califfato [CL], Capetingi [CP].
- Inghilterra [ ]
- Italia [ ]
- Norvegia [ ]
- Danimarca [ ]
- Leon [ ]
- Navarra [ ]
- Aragona [ ]
- Castiglia [ ]
- Francia [ ]
- Germania [ ]
- Sicilia [ ]

4. Indica se le seguenti affermazioni sono vere [V] o false [F].
- Canuto il Grande era il re degli Anglosassoni [ ]
- Gli Ungari erano una popolazione di origine mongolica [ ]
- La Pannonia corrisponde all'attuale Romania [ ]
- La *respublica christiana* era il nome con cui si indicava la repubblica romana [ ]
- I musulmani, dopo essere stati fermati da Carlo Magno, non tornano più in Europa [ ]
- La Sicilia è stata occupata dagli Arabi per circa un secolo [ ]
- Durante l'occupazione araba la Sicilia ha vissuto un momento di grande splendore [ ]
- Il principe Vladimir di Kiev era di origine slava [ ]
- Il principe Vladimir di Kiev era di origine normanna [ ]
- I Normanni danesi hanno occupato la Normandia [ ]
- I Sassoni conquistano l'Inghilterra con Ottone I [ ]
- Il Sacro romano impero di Ottone I coincide sostanzialmente con quello di Carlo Magno [ ]
- All'epoca di Ottone I c'erano ancora i Longobardi [ ]

● La penisola italiana

5. Rimetti nel giusto ordine storico-cronologico i seguenti avvenimenti relativi alla situazione italiana.
- ☐ Sconfitta di Arduino contro le truppe imperiali
- ☐ Ottone II viene sconfitto a Stilo
- ☐ Ottone I diventa re d'Italia
- ☐ L'imperatore d'Oriente riconosce il titolo imperiale di Ottone I
- ☐ Diventa imperatore Enrico II
- ☐ Carlo il Grosso è l'ultimo re carolingio
- ☐ Berengario II d'Ivrea diventa re d'Italia
- ☐ Berengario I viene eletto re d'Italia
- ☐ Arduino d'Ivrea viene incoronato re d'Italia

NESSI

● I Normanni

6. Scegli le opzioni corrette.
- Origine: *semitica* | *scandinava* | *indoeuropea*
- Caratteristica: *pastori* | *abili artigiani* | *navigatori*
- Esplorazioni: *Messico* | *Groenlandia* | *Cile* | *Canada* | *Scozia* | *Islanda* | *Irlanda* | *Cina* | *Mongolia* | *India* | *Serbia*
- I Normanni svedesi si stanziano in: *Russia* | *India* | *Ucraina* | *Grecia* | *Tracia*
- I Normanni danesi: si stanziano in: *Britannia* | *Bretagna* | *Normandia* | *Alvernia*
- I Normanni stanziati nel Nord della Francia, conquistano: *la Francia meridionale* | *l'Inghilterra* | *la Spagna*

● I vescovi-conti

7. Dopo aver completato le seguenti frasi, rimettile nel giusto ordine.
- ☐ Viene creata la feudalità ecclesiastica, consistente nel far diventare .... vescovi e abati
- ☐ Lo Stato della Chiesa è segnato dalle .... tra le famiglie aristocratiche
- ☐ La conseguenza fu il degrado .... degli ecclesiastici, sempre più interessati agli impegni
- ☐ L'imperatore Ottone I emana il ...., con cui stabilisce l'intervento imperiale nella nomina del
- ☐ In questo modo, grazie al .... dei vescovi-conti, i feudi ritornavano sempre all'
- ☐ Con la consacrazione di .... il rapporto tra .... e imperatore si rinnova

STORIOGRAFIA

8. Sulla base delle conoscenze acquisite nel capitolo, completa il seguente brano; si tratta di un estratto dalla voce Normanni del Dizionario del Medioevo.

Popolazioni scandinave migrate a sud nel Medioevo. Il nome, che significa "................", fu dovuto al loro stanziamento nel nord della Francia (l'attuale ....), in Inghilterra e nel meridione d'Italia. Mentre i conterranei vichinghi si dedicavano ad attività marinare, nel loro caso l'attività di esplorazione e di saccheggio, avviata nell'Europa continentale dalla fine dell'VIII secolo, fu ben presto integrata da insediamenti stabili in aree dell'impero franco, con la creazione di numerosi "stati" normanni, tra il IX e il X secolo, sulle coste settentrionali dell'Europa, analogamente a quanto avveniva per i .... nell'Europa orientale. Queste dominazioni furono generalmente molto effimere, con l'eccezione della Normandia francese, dove il re Carlo il .... nel 911 riconobbe formalmente l'insediamento di gruppi normanni, in prevalenza danesi, sotto la guida di .... A metà dell'XI secolo il duca .... concretizzò le proprie pretese dinastiche sul regno di Inghilterra, unendolo al ducato di Normandia, che si mantenne separato dal regno di Francia fino al XIII secolo. [...]

(dal *Dizionario del Medioevo*, a cura di Alessandro Barbero e Chiara Frugoni, Laterza, Roma-Bari, 1994)

RIELABORAZIONE (verso l'orale)

9. I due nodi affrontati nel capitolo sono: la situazione del Sacro romano impero e l'espansione dei Normanni. Sviluppa in forma scritta (sia schematica sia discorsiva) i fatti e concetti proposti qui sotto forma di scaletta. Lo schema ti può servire anche per la preparazione al colloquio.

Sacro romano impero
- La dinastia sassone
- Ottone I: ricostituzione dell'impero, il Privilegio ottoniano e le sue conseguenze
- Ottone II e III in Italia
- Il regno d'Italia come vassallo

I Normanni
- Origine
- Le direttrici di espansione
- La conquista dell'Inghilterra e l'organizzazione

LABORATORIO DELLE COMPETENZE

PASSATO/PRESENTE

10. Il fenomeno dell'incastellamento è diffuso in buona parte del territorio nazionale. Individua un castello vicino a te e prepara una scheda storico-descrittiva che contenga almeno le informazioni fondamentali:
- dove è sorto il sito e la sua funzione
- periodo di costruzione e di eventuali ampliamenti successivi
- chi lo ha fondato (famiglia)
- stato di conservazione del nucleo originale
- struttura: presenza di torri, mura, ponte levatoio, mastio, divisione interna
- eventuali passaggi di proprietà
- eventi storici maggiori legati al castello
- eventuali leggende connesse al castello